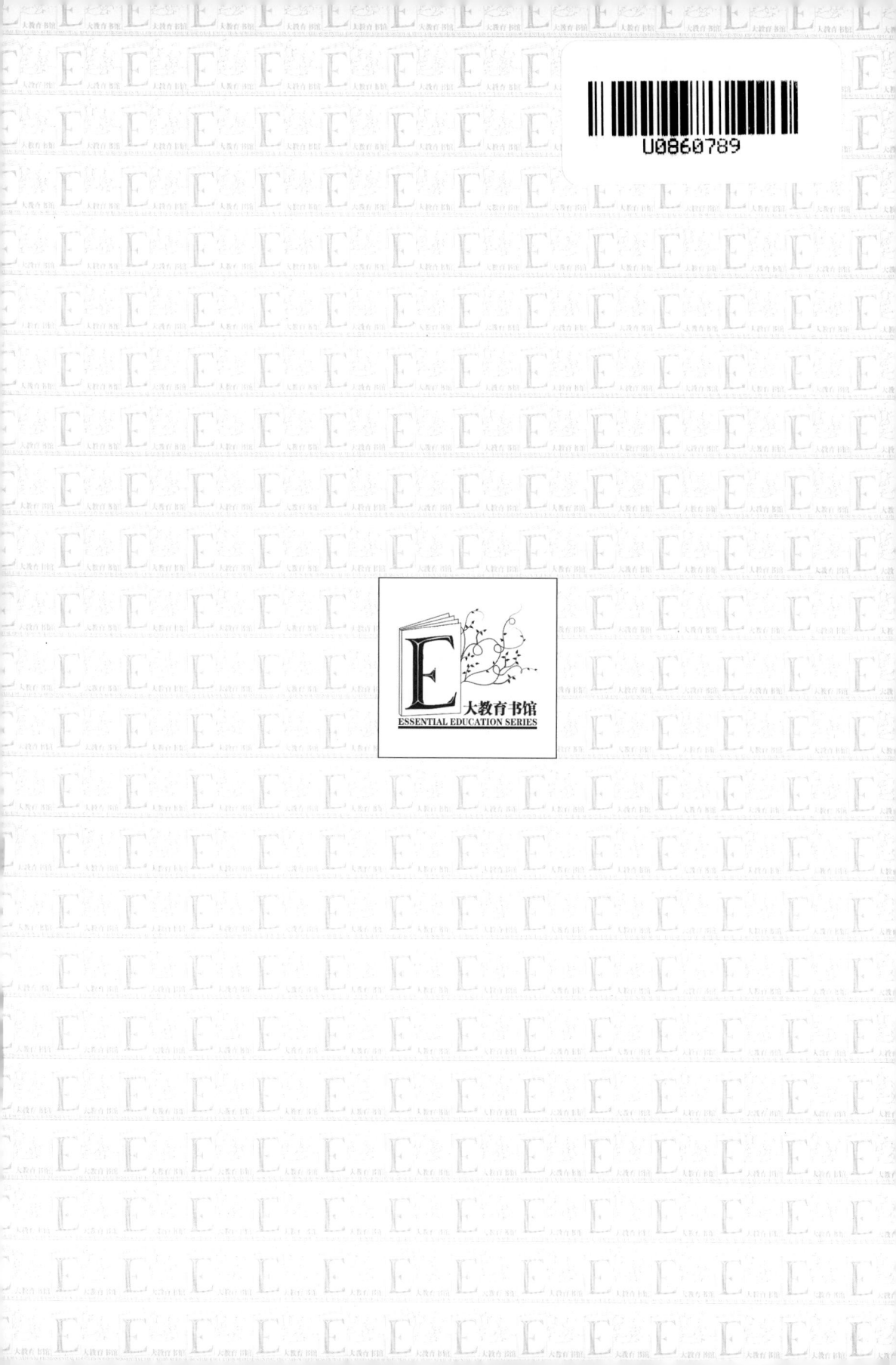

学前教育专业大学教材丛书

主　编　虞永平
副主编　顾荣芳　许卓娅

学前儿童音乐发展与教学研究

许卓娅 著

图书在版编目（CIP）数据

学前儿童音乐发展与教学研究 / 许卓娅著. —南京：江苏教育出版社，2012.3（2013.12 重印）
ISBN 978-7-5499-1087-8

Ⅰ.①学…　Ⅱ.①许…　Ⅲ.①学前儿童-音乐教育-教学研究　Ⅳ.①G613.5

中国版本图书馆 CIP 数据核字(2011)第 208538 号

学前教育专业大学教材

书　　名	学前儿童音乐发展与教学研究
作　　者	许卓娅
责任编辑	沈静明　林　琬
装帧设计	刘　俊
出版发行	凤凰出版传媒股份有限公司 江苏教育出版社（南京市湖南路 1 号 A 楼　邮编 210009）
苏教网址	http://www.1088.com.cn
照　　排	南京前锦排版服务有限公司
印　　刷	江苏凤凰通达印刷有限公司（电话 025-57572508）
厂　　址	南京市六合区冶山镇（邮编 211523）
开　　本	787 毫米×1092 毫米　1/16
印　　张	22.25
字　　数	320 000
版　　次	2012 年 3 月第 1 版　2013 年 12 月第 2 次印刷
书　　号	ISBN 978-7-5499-1087-8
定　　价	39.00 元
网店地址	http://jsfhjy.taobao.com
新浪微博	http://e.weibo.com/jsfhjy
邮购电话	025-85406265，85400774 短信 02585420909
盗版举报	025-83658579

苏教版图书若有印装错误可向承印厂调换
提供盗版线索者给予重奖

目　　录

前　言/001

第一章　国内外同行的研究/001

  本章为国内外同行的研究报告。前 3 节是准实验研究报告。中间 3 节是经验总结的研究报告。第 7 节是调查报告。最后 1 节介绍了国外同行的相关研究。

  1.1　大肌肉活动(动作)在感受音乐中的作用/001
  1.2　情节对记忆舞蹈动作的作用/003
  1.3　图画在理解音乐结构中作用的实验研究/004
  1.4　"教师移动"技术和策略水平调查/014
  1.5　教师视觉关注对幼儿学习行为的影响/019
  1.6　幼儿音乐教育活动中的教学障碍及消解策略/022
  1.7　幼儿园歌唱活动中儿童过度焦虑的原因及对策/043
  1.8　国外相关研究简述/047

第二章　许卓娅个人的研究/055

  本章第 1 节为笔者早年在阅读文献基础上形成的思辨研究报告。第 2 节是学习心理学过程中进行的一项调查研究的报告。第 3 节是硕士学位研究报告。第 4 节是使用调查、思辨和行动研究的方法得到的经验总结。第 5 节是文献综述研究报告。

  2.1　儿童音乐心理理论研究/055
  2.2　格式塔心理学理论与学前音乐教育/086
  2.3　幼儿园音乐欣赏教学改革初探/104
  2.4　民间音乐舞蹈的游戏精神与幼儿园音乐舞蹈教学
    游戏化/153
  2.5　从教学目标演进看幼儿园音乐教育的"整体化"努力/164

第三章　幼儿园教师研究/185

  本章是幼儿园教师朴素思想的质朴展现。前 2 节是准实验研究的报告。第 3 节是

反省思辨研究报告。

  3.1 中班常见乐器难易程度的实验研究/185

  3.2 直排与半圆形座位排列的比较研究/191

  3.3 快乐音乐 快乐生活/194

第四章 学位论文研究(缩略)/199

本章第1节为调查研究报告。第2节为准实验研究报告。第3节为行动研究报告。

  4.1 调查研究/199

   研究1:幼儿歌唱音准发展特点研究——以歌曲要素为分析视角的
    研究总论/199

   研究2:3~6岁幼儿自由律动发展特点研究/219

  4.2 准实验研究/227

   研究1:座位空间布局对幼儿学习积极性的影响/227

   研究2:幼儿园歌唱教学音准问题研究——教学因素的分析视角/235

  4.3 行动研究/246

   研究1:5~6岁幼儿创造性律动教学的探索性研究/246

   研究2:支架式教学理念下的幼儿园打击乐器演奏教学研究/265

第五章 教学实例与分析/291

本章为幼儿园教师撰写的教学方案及其探究分析。对于幼教工作的学习者和从业者来说,这些研究更易直接引导其进入真实的教育现场。

  5.1 歌唱教学实例与分析:《捏面人》(大班)/291

  5.2 律动教学实例与分析:《森林狂欢节》(大班)/301

  5.3 奏乐教学实例与分析:《吹气球》与《切分的时钟》(大班)/308

  5.4 欣赏教学实例与分析:《孤独的牧羊人》(大班)/312

第六章 幼儿园集体音乐教学与幼儿学习品质发展研究/319

与各种学科或领域的知识、技能的"鱼"相比,学习品质相当于"渔"。本章集结了笔者及同行最近10年对此问题积累的思考,以期引发读者更广泛的关注、实践和思考。

  6.1 在音乐活动中培养幼儿的学习品质/319

  6.2 "学习品质"关键词剖析/330

  6.3 任务调节策略与学习的内源性动机激发/336

  6.4 提升幼儿任务意识的有效策略/342

后记/350

前　言

无论是作为教材还是作为专著，作者都希望本书能够给读者提供一种以问题为中心的视角。读者不必强求从书中看出一个有关学前儿童音乐教育的严谨学术体系。我们只希望读者在与作者分享运用范例提出问题、思考问题、探索问题的过程中，能够自己提出更多的问题，并能够和作者一样，享受或是和别人分享这种围绕问题进行努力、不断发现自身价值带来的人生的乐趣。

本书的内容分为两大相对独立的部分。第一章至第四章是并非纯粹理论的理论部分，其中的内容主要包括国内外同行对各种学前儿童音乐发展、学习和音乐教育、教学的问题所进行的思辨研究和实证研究。第五、六章是并非纯粹实践的实践部分，其中的内容主要包括理论工作者和幼儿园一线教师针对一个个具体教学，以及教学研讨实例所进行的表述、分析和评论。

无论我们做什么事情，在做事的时候，我们是否清醒地追问过自己这个问题——我为什么要做这件事，我为什么要这样做——都是脱不了对背后价值追求的考量的！

因此在这里，我们希望首先申明如下价值立场：

对"价值"：音乐教育的价值是促进完整人格和谐发展。

对"应该"：任何"应该"都必须是生态视野下相对共赢的眼光。

对"方法"：不同方法解决不同问题：逻辑思辨的；历史梳理的；调查、观察的；实证实验的和实践反思的。

对"结果":科学是可以证伪的。

在这里集结的各种研究都是我们团队阶段性的研究发现,都是一些新的探索和新的思考。我们既为当下的新发现而高兴,也为未来的新未知而好奇。因为,就我们自己来说,这种新的编写教材或论著的思路再一次印证或是支持了我们自己的信念:教育研究——作为科学研究,就是一个不断证实真伪、探索真理、自我超越的过程。

因此,我们最后的希望仍旧是:亲爱的读者,请踩着我们开凿出来的阶梯继续攀登吧!

本书汇集的信息既可在儿童的音乐发展、音乐学习方面,为学前教育专业的学生、在职幼儿教师以及从事儿童音乐教育的其他教育工作者提供相关参考,也可以为读者在从事相关研究工作时提供一些思路。

南京师范大学教育科学学院　许卓娅

第一章 国内外同行的研究

● **本章简介**

本章为国内外同行的研究报告。前3节是准实验研究报告。中间3节是经验总结的研究报告。第7节是调查报告。最后1节介绍了国外同行的相关研究。

1.1 大肌肉活动(动作)在感受音乐中的作用

音乐性质往往通过旋律、节奏、力度、速度等各种不同的表现方法体现出来,而这些差异与变化有许多是可以通过肌肉活动来感受的。幼儿年龄愈小,在感受音乐与辨别音乐性质时愈需要有肌肉活动参加,可以从听听动动到多听少动到以后只听不动,外部虽不动,但身体内部的肌肉活动还存在。在这3年中,我们经常为幼儿创造随音乐活动的机会,即使在欣赏活动中我们也常常有意识地让幼儿随着音乐做动作,这对帮助幼儿更好地感受音乐性质有一定好处。关于这个问题我们曾进行了一次测验。测验材料与方法:在两个试点班——商业局幼儿园与五台山幼儿园之间进行比较。

第一次欣赏《大路歌》,第二次欣赏《伏尔加船夫曲》。两班所采用的教学步骤与方法基本一样:每次教师先介绍乐曲名称、弹奏乐曲(将原曲缩短了)、提问、解释,教师再随音乐做拉车、背东西等用力的动作。不同的地方是:五台山幼儿园试点班的幼儿在进行了这些步骤之后,幼儿有听着音乐自己随意做动作的机会,而商业局幼儿园试点班的幼儿则无随音乐活动的机会,仅再听一遍音乐。

在前两次欣赏之后,过一星期教师再弹奏《打长江》一歌的曲调给幼儿听,看他们能否说出这首乐曲的性质。

测验结果简要分析:

从测验结果可以看出,有过随音乐做动作,即有肌肉活动机会的一组幼儿对《打长江》这首乐曲一听就能较快地回答出来,不必启发就能较正确地说出其性质的人数较未能随音乐做动作的一组幼儿为多。其中有的说是"搬砖头的""拉车子的""盖房子的"等,也有的很概括地说是"劳动的"。这些感受与音乐所表达的感情是很接近的,可见动作在帮助幼儿认识音乐的性质上有很大作用。由于他们前两次欣赏《大路歌》、《伏尔加船夫曲》时都有过身体动作,感受也就比较深刻,再听到与之类似的音乐作品时,很快就能识别出来。(测验结果见表1.1)

表1.1 有/无大肌肉动作参与对音乐性质感受的影响调查表

组别	第一次听后能辨别出		启发后能辨别		辨别不出	
	人数	%	人数	%	人数	%
五台山幼儿园试点班 25人	16	64.0	9	36.0	0	0
商业局幼儿园试点班 24人	9	37.5	4	16.7	11	45.8

南京师范学院教育系教授 汪爱丽

1979~1982年

1.2 情节对记忆舞蹈动作的作用

在大班的舞蹈教学中,教师在教授少数民族舞蹈时,创设一定的故事情节,使舞蹈教学中的每个动作都有一定的意义,动作之间具有一定的逻辑联系。这样一来,由于有一定的情节,就易于引导幼儿想象舞蹈中的情景,记住舞蹈动作,他们学起来也就更感兴趣,跳起来也就更有感情。

为了了解故事情节在幼儿记忆舞蹈动作中的作用,我们曾进行了一次简单的研究、测验。

测验材料与方法:在太平巷幼儿园及五台山幼儿园的大班试点班中,将幼儿按年龄、能力、入园时间(有的是插班的)等,平均分为两组,然后抽签决定哪一组为有情节组,哪一组为无情节组,两组教学方法有所不同。

有情节组。教舞蹈前先介绍舞蹈的名称——《快乐的阿依古丽》,解释舞蹈的故事、情节:"阿依古丽是一个新疆小朋友。有一天,她很早就起床了,梳好辫子,穿好衣服,再照照镜子,看看自己的衣服穿得整齐不整齐,然后就到葡萄园里去看看葡萄熟了没有。一看,葡萄都熟了,她摘了一粒葡萄尝了一下,甜极了。于是,拿起篮子摘起葡萄来,摘呀摘呀,摘了满满一篮子,然后就高高兴兴地回家了。"老师边哼唱音乐边示范两次,幼儿学习舞蹈中的动作并连贯起来跳一遍。老师再示范一次,同时用语言说明自己的动作,最后幼儿再跳一遍。

无情节组。教舞蹈前不介绍舞蹈的名称,也不讲有关舞蹈的故事、情节,只简单地告诉幼儿:"今天老师教你们一个新疆舞,你们看是怎样跳的,要记住里面的动作。"下面的步骤则与有情节组完全一样。

在教过舞蹈后,隔1天,到第3天则对幼儿进行个别测验。先让幼儿讲讲前天所学的舞蹈里有些什么动作,然后听老师哼唱音乐让幼儿自己把动作跳出来。整个舞蹈共包含7个动作。

测验结果简要分析:

从测验结果可以看出,有情节组中能回忆起并做出较多动作的人数比无情节组为多。其中有3人能做出全部7个动作,而无情节组中成绩最好的幼儿最多只能做出 5 个动作。可见,情节不仅能引起幼儿兴趣,促进想象活动的积极开展,而且还能使幼儿了解自己做的是什么动作,从而能更好地记住舞蹈中的动作。(详细情况见表 1.2)

表 1.2 有/无情节暗示的教学程序对舞蹈动作回忆效果的影响调查表

组别	幼儿园 总人数	0		1		2		3		4		5		6		7	
		人数	%	人数	%	人数	%	人数	%	人数	%	人数	%	人数	%	人数	%
有情节组	太平巷 15 人	1	6.7	3	20.0	1	6.7	3	20.0	2	13.3	1	6.7	3	20.0	1	6.7
	五台山 16 人	2	12.5	1	6.3			4	25.0	1	6.2	5	31.3	1	6.2	2	12.5
	合计 31 人	3	9.7	4	12.9	1	3.2	7	22.6	3	9.7	6	19.4	4	12.9	3	9.7
无情节组	太平巷 16 人	4	28.6	7	50.0	1	7.1	1	7.1	1	7.1	2	14.2				
	五台山 12 人	2	14.2	4	28.4	1	7.1	4	28.4	1	7.1	0	0				
	合计 28 人	6	21.4	11	39.3	2	7.1	5	17.9	2	7.1	2	7.1				

南京师范学院教育系教授 汪爱丽
1979~1982

1.3 图画在理解音乐结构中作用的实验研究

一、问题的提出

目前,普遍反映幼儿园音乐欣赏课很难上。幼儿不感兴趣,欣赏教学的效果也很差。造成这一现象的一个重要原因是:欣赏教学的方法陈旧,往往以单调、重复地听音乐为主。而这与人类自身积极参与音乐活动的自发愿望和儿童天性好动、好参与的特点相矛盾。最早人类的音乐活动是歌、舞、乐三位一体,表演、创造、欣赏三位一体,具有自娱和娱人的双重功用。即使是音乐创作者专门分化后,人们仍不甘心于只是听音乐,而往往参与表现音乐。据考证,蜚声中外的江南丝竹,本始于民间"清客串"的风俗,其意也只在参与表演的过程中自娱和欣赏。不妨再来品味一下当代音乐生活中的一些现象：为什么人们情愿花钱去卡拉 OK 厅唱几首？为什么人们不满足于单纯地听音乐，而特地去点歌，为别人，甚至也为自己？为什么田埂上的农民管乐队比剧场里的音乐更受欢迎？

由远古到现在，从历史学、社会学的这些现象中，我们可以得出这样的结论：积极参与音乐活动是人们最自然的基本需要！在一般的音乐实践中，"音乐欣赏"一词一直为专业音乐家及公众视为是通过"听"来享受音乐乐趣的活动。其实，"欣"指高兴，采取积极肯定的态度；"赏"指反复玩弄，持续地操作。"欣赏"作为一种内部需要的外在表现，主要是自娱；"欣赏"作为一种音乐活动的形式，一般成人都不甘心只做一名安安静静的观众，而希望有更多的机会更自由自在地参与到音乐活动中去，那么作为缺少理性欣赏能力又天性好动好参与的儿童来说，就更是需要参与了。

既然人的天性是需要参与的，那么我们便可推论说：目前一般幼儿园音乐欣赏课中的那种只允许听、不允许动的教学方式，既违背了人类的音乐本能，也违背了幼儿的学习本能。这是我们认为幼儿园音乐欣赏方法必须改革的一个主要理由。

目前，对于改革幼儿园音乐欣赏的教学方法已有人提出了"多通道参与"的理论。"多通道参与"理论的含义是：使倾听音乐与文学、美术、舞蹈、戏剧表演等艺术活动相结合，充分调动儿童的各种感官，让儿童通过自身积极参与活动，在活动中欣赏音乐。这种方法在南京市的一些幼儿园已经初步尝试运用，并得到了幼儿教师及幼儿的一致欢迎。但是，这种方法的科学合理性究竟怎样，还没有人做过有关的量化研究。这就是笔者要进行本实验研究的动机所在。由于时间、精力有限，本文只探讨：在音乐欣赏与美术活动相结合的方式中，图画在帮助听者理解音乐结构时所能起到的影响作用。

二、实验设计的理论根据

1. "异质同构"理论。由当今美国的著名艺术心理学家鲁道夫·阿恩海姆提出。该理论认为：艺术活动中的不同事物在感知者的神经系统中能唤起相同感觉的力的模式，并传递它们的表现性。如，一幅画的曲线和云彩、水波是不同质的事物，但都能使人感到一种柔和的力的模式。该理论启示我们:音乐与美术分属两门不同的艺术,但它们的表现性有可能使人产生相同感觉的力的模式。

2."视—听联觉"理论。音乐是一门听觉艺术,美术是一门视觉艺术。正常人的各种感觉都可能产生联觉。所谓联觉是指一种感觉引起另一种感觉或一种感觉因另一种感觉的同时作用而得到加强的心理现象。常见的联觉是听到声音就会产生色彩或形状的视觉意象,称之为"视—听联觉"。

3."多种感官参与"的生理学基础。感觉都是通过特异的传导途径传到大脑皮层的,脑干网状结构中有上行激活系统,这是非特异性的传导途径。如果多感官参与的话,非特异性传导途径的激活就比较丰富,使得大脑皮层易产生兴奋,并使特异性通路上的感知能储存下来。有资料表明:运用多种感官,能提高教学效率。请看下列表格:

表 1.3 学习比率表

感官	视觉	听觉	嗅觉	触觉	味觉
学习比率	83%	11%	3.5%	1.5%	1%

表 1.4 注意集中比率表

感觉形式	注意集中比率
单用视觉	81.7%
单用听觉	54.6%
视听并用	93.3%

表 1.5 记忆保持比率表

学习方法	3小时记忆保持比率	3天后记忆保持比率
单用视觉	70%	40%
单用听觉	60%	15%
视听并用	90%	75%

4. 幼儿感知、记忆的特点。幼儿的感知、记忆往往需要借助动觉参与、形象参与,靠视觉表象记忆较容易。音乐是抽象的,无形的,流动的。如果没有音乐记忆的高度发展,是很难观察和把握音乐结构的。幼儿的音乐记

忆水平较低,靠记忆表象处理有关联的信息有较大困难,而视觉的图像是静止的,可反复地观察、感知,且一般的视觉记忆优于听觉记忆(见前表1.3、1.4、1.5)。所以,我们认为:用流动的方式观察图画并与倾听音乐同时进行,将能增强倾听者对音乐结构的理解、把握的效果。

三、实验设计

1. 实验材料:音乐采用波兰作曲家普罗修斯卡的《单簧管波尔卡》。这是一首5个乐段的回旋曲(结构:ABACA)。A乐段有4个乐句(4朵花),B乐段有2个乐句(2根枝条),C乐段有4个乐句(4根枝条)。每个乐句均含有8拍(8个花瓣或8片叶子)。(见图1.1)

图1.1 单簧管波尔卡图谱

2. 实验方法:分实验组和控制组。实验组可边听音乐边看主试随音乐指图画;控制组仅是单纯地倾听音乐。在听音乐相同遍数后,要求被试表示出音乐的结构。

3. 实验对象(被试的选择):选取某幼儿师范学校二年级学生。选择的理由如下:

(1) 幼师生较幼儿更易用笔和纸清晰地表达自己对音乐结构的感受。

(2) 若幼师生借助直观的画面能更好地理解音乐的结构,对处于具体形象思维阶段的幼儿来说,更应能受到直观形象的帮助。以成人推及幼儿更有说服力。

（3）幼师生可以比较明确地表达她们对两种倾听方法的评价。

本次实验选取某幼儿师范学校二(1)班为控制组(39人),二(2)班为实验组(37人)。

4. 无关因素的控制:

（1）本实验中选取的控制组和实验组是平行班,且非快慢班。两个平行班的年龄、学业水平等大致相同,性别一致(女)。假设她们的音乐欣赏能力大致相同。

（2）实验前向学生说明实验的目的、要求。这次关于理解音乐结构的实验不是对每个人音乐欣赏能力的测试,不需要署名。为保证实验的有效性,要求被试如实写出自己的感受,且相互间不能交谈。要求被试配合。

（3）实验在两天内连续进行。第一天:19:30~20:30做实验组。第二天:19:30~21:30做控制组。

（4）因为实验组、控制组在同一学校,要求实验组被试实验完毕后,不得向控制组谈论有关实验内容。

（5）倾听活动在各班教室进行,测试在一间固定的教室内进行,主试者不变。

（6）要求被试在测试前不要做任何会导致过度兴奋的事情。

四、实验实施

（一）排除被试对指导语的理解问题并帮助其解决测试时的疑问

1. 为解决被试对实验中关键词汇"结构"的理解问题,在实验前须先做以下实验步骤。

（1）以《我爱北京天安门》为例(谱例附后):请被试唱一遍,并说出这首歌有几个乐段,每个乐段有几个乐句。(3个乐段,每个乐段有2个乐句)

（2）主试讲述音乐结构的定义:乐段、乐句等及其重复变化的形式叫做音乐的结构。

2. 帮助被试学会在测试时应如何按要求表示音乐的结构。

（1）主试示范。主试仍以《我爱北京天安门》为例,边唱边在黑板上示范如何表示该曲子的音乐结构(‖—‖),并说明本次测试的要求:每个乐句都要表示,相同的乐段用相同的符号表示,要用尽可能简单的符号在每个乐句开始的第一拍表示。

(2) 被试操作。请一被试在黑板上表示《我爱北京天安门》的音乐结构，其余被试边唱边看她表示得是否符合要求。

(3) 主试评价。

上述程序在实验前进行，实验班和控制班同样进行。

(二) 实验步骤

1. 实验组

(1) 帮助被试理解图画的结构。

(a) (出示图) 先请被试集体讨论：这幅图画的结构是怎样的？有几组花，每组数量是多少？有几组枝条，数量分别是多少？画中什么是一样的，什么是不一样的？(3组花，每组4朵；2组枝条，第1组有2根，第2组有4根。画中3组花是一样的，2组枝叶的数量、颜色不一样)

(b) 主试引导被试从画的左上方开始理解图画结构：先出现一组4朵的花，接着出现2根黄绿色的枝条；再重复出现4朵花，然后出现4根翠绿色的枝条；最后是重复出现一组4朵的花。

(c) 主试放《单簧管波尔卡》的录音。

请被试边听音乐《单簧管波尔卡》边看主试随音乐指图，并思考它的音乐结构和图画的结构是如何一致起来的？(进行两遍)

(2) 测试。

(a) 被试4人一组，按座位的先后顺序进行测试。测试在一间固定实验室进行。请尚未进行测试的被试不要讨论与本次实验有关的问题，不要做任何兴奋的事情。(注："4人一组"是从评分的角度决定的。因为每次测试时每个主试只能观察2个被试，本次实验中评分者共2人)

(b) 对第一组进行测试。测试前重复一遍关于表示音乐结构的要求(每个乐句要表示一次，相同的乐段用相同的符号表示，要用尽可能简单的符号在每个乐句开始时第一拍表示)。请被试边听音乐边表示音乐结构。(放音乐一遍)

(c) 依次进行，直至完毕。

2. 控制组

(1) 请被试听音乐《单簧管波尔卡》。

思考它的音乐结构是怎样的。（进行两遍）

（2）测试。

全部程序同实验组。

（3）帮助被试理解图画的结构。

分组测试完毕，请被试集体回到教室。按照实验中"结合图画理解音乐结构"的方法在幼儿园实施教学程序时进行。

（a）主试出示图，并帮助被试理解图画的结构。具体方法同实验组1。

（b）请被试边听音乐边看主试随音乐指图，理解音乐的结构和图画的结构是如何一致起来的。（进行一遍）

（c）请被试边听音乐边集体跟主试指出图画上与音乐对应的结构。

（d）引导被试说出对花和枝叶的感觉。（花是旋转的；枝叶是流动的）请被试随音乐用动作表现。

（e）请一位被试上来领大家一起用动作表现该音乐。

（4）请被试写出自己的看法。

（a）看图画与不看图画对你理解音乐结构的影响有什么不同？

（b）你认为对幼儿来说哪种方式比较好，为什么？

（5）实验完毕。

五、评分标准

1.《单簧管波尔卡》是一首5个乐段的回旋曲，其曲式结构为ABACA，每个乐段有4个乐句。

2. 要求：

（1）形如∣∣∣∣－∣∣∣∣0000∣∣∣算正确。形如∣∣∣∣－－∣∣∣∣－－－－∣∣∣∣算错误。（因为BC乐段采用了相同的符号）

（2）必须在每个乐句开始时的第一拍表示。落笔时间不对也算错。

（3）评分标准是在对被试反应的分析基础上形成的，据此确定"完全正确"和"不正确"两类。评分采用当场记录反应情况的方法。评分者：本次实验中一共有两位评分员：一位大学教师，一名大学本科生。评分前都熟知《单簧管波尔卡》的音乐结构。

六、实验结果及其分析

1. 实验数据的处理及分析

表 1.6　实验数据调查表

组别	正确(人数)	不正确(人数)	总和
控制组	$a = 5$	$b = 34$	$a+b = 39$
实验组	$c = 14$	$d = 23$	$c+d = 37$
总和	$a+c = 19$	$b+d = 57$	$N = 76$

采用 χ^2 检验,得出：$\chi^2 = 6.338$
查 χ^2 值表：$\chi^2_{(1)0.01} = 6.63$；$\chi^2_{(1)0.05} = 3.84$
由于 $3.84 < 6.338 < 6.63$,推出：$0.01 < P < 0.05$
所以,在 0.05 显著性水平上接受备择假设。
其结论为：控制组和实验组的成绩有显著性差异。

需要特别指出的是,我们在预试时发现,主试不随音乐指图,请实验组被试自己边听音乐边看画,让她们自己发现音乐的结构和图画的结构是如何一致起来的。结果表明：实验组和控制组对音乐结构的理解无显著性差异。

寻找问题症结之所在,醒悟出：画是静止的,音乐是流动的,被试在有限的时间内又要听音乐,又要思考音乐与图画结构的一致性,反而可能因图画的出现而干扰被试对音乐结构的理解。可见,画与音乐结合的方式在很大程度上影响着被试对音乐结构的理解。因此,在教学过程中,需要通过采用教师随音乐指图或学生随音乐指图的方法,把静止的图画变成流动的图画。

本次实验量化的结果说明：图画的方法运用得当能帮助听者提高对音乐结构的理解和把握。

2. 本次实验中没有能够严格控制的因素

(1) 实验组和控制组间本身的音乐欣赏能力是否存在差异,没有做预测。

(2) 由于人手有限,评分者只有 2 名,测试时只能 4 人一组,测试时间略有先后，排在后面的被试是否会产生记忆方面的影响，没有估算在内，因实验组和控制组测试时程序相同，所以认为可忽略不计。

3. 对控制组被试书面回答的整理及分析

在回答"你认为看画与不看画对理解音乐的结构有什么不一样的影响，对幼儿来说哪种方式比较好？"这一问题时，控制组被试经过自身经验的对比，39名被试一致认为："结合看画欣赏音乐的方式比较好。"无一例外。有的被试写道："我认为这种方式（指本实验中看画听音乐的方式）更适合幼儿，因为他们是具体形象思维，更需要借助直观的画的帮助来理解抽象的音乐结构。"

另外，通过现场观察发现：控制组被试看画前后的情绪反应也有极大不同。主试出示图画后，教室中的气氛马上活跃起来，几乎每个人的表情都很兴奋，学生们不仅积极参加跟随音乐空手指图的活动，想出了各种动作来表示旋转的花、流动的枝条，而且不断自发地鼓掌和发出愉快的笑声。由此可以进一步说明：正因为多通道积极参与音乐活动是人们自发的愿望，这一愿望得到满足，人们欣赏的兴趣也一定会大大提高。这也正是被试一致认为"结合图画理解音乐结构的方式比较好"的一个主要原因。

4. 该方法在幼儿园实施后幼儿的反映

由上述可知，我们的设想不仅得到了量化实验的证实，也得到了幼师学生的普遍认可和赞同。那么，在幼儿园是否切实可行呢？

笔者通过对南京市白下路幼儿园、南京师范大学附属幼儿园、水利部河海大学幼儿园等大班的实际教学过程的观察发现：这一方法不但受到幼儿的普遍欢迎，而且使幼儿对音乐结构的理解更快、更准确、更清晰。通过第一课时15分钟左右的教学，一般幼儿都能基本感受出每个乐句的开始并用拍手等动作表示出来。

此外，在这种类型的音乐欣赏活动中，幼儿的思维、联想活动也是积极的。一般在第二课时，请幼儿用动作表现该音乐时，他们不但能够准确地表现乐段乐句和拍子，还能想出各种各样表示音乐性质的动作。如用搓面条、动脑筋、开火车、切菜、绕线轴等动作表示出音乐快速旋转的感觉；用优美轻柔的小鸟飞、哄娃娃、蛇舞、流水、红旗飘等手部动作表示音乐的舒展、流动、优美的感觉。

总之,采用这一方法进行音乐欣赏教学,能使幼儿参与的积极程度大大提高,知觉、思维、联想更积极,有助于充分发展幼儿的积极态度、良好情感和创造力。所以,我认为"多通道参与"理论还有进一步研究推广的意义。

七、结论与教育建议

1. 结论

本次量化实验结果证明,图画的方式使用得当能帮助学生加深对音乐结构的理解。

2. 教育建议

上述结论虽是通过幼师学生作为被试得出的,但是,幼儿以具体形象思维为主,直观的、具体的事物能加深他们的理解。因此,采用直观的、具体形象的图画来帮助理解抽象的音乐结构同样甚至更适合于幼儿。这一方法在幼儿园实施后的效果也证实了这一结论。据此,提出以下教育建议。

(1) 既然目前幼儿园音乐欣赏课中单调、死板的教学方法违背了人类积极参与音乐活动的基本需要,与儿童天性好动好参与的特点相矛盾,那么必须尽快改革幼儿园音乐欣赏课的教学方法!如:可采用多通道参与的方式,培养幼儿对欣赏音乐的兴趣,提高幼儿的欣赏能力。

(2) 只要教学方法得当,幼儿理解音乐结构是可能的。在"音乐欣赏"教学中,还应进一步研究幼儿音乐欣赏能力方面的其他需求。

本实验研究得到了江苏省幼儿师范学校、南京市幼儿师范学校、南京市白下路幼儿园、南京师范大学附属幼儿园等领导和师生们以及南京师范大学张其龙等老师的大力支持与协助,在此一并表示真诚的谢意!

南京师范学院教育系1992届教育学学士　施晓慧
1991年8月

附乐谱：

我爱北京天安门

$1=C \frac{2}{4}$

5.154 | 321 | 1123 | 3134 | 5 - | 5 - | 5.154 | 352 |
我 爱北京 天安门，天安门上 太 阳 升， 伟 大领袖 毛主席

4326 | 523 | 1 - | 1 - | 567 | 1 - | 10 | 5.3 | 61 | 767 |
指引我们 向前 进。 向前 进。 我 爱 北京 天安

53 | 2.221 | 767 | 5 - | 5 - | 5.3 | 61 | 761 | 2 - |
门，天 安门上 太阳 升， 伟 大 领袖 毛 主 席，

5671 | 25 | 1 - | 10 |
指引我们 向前 进。 D.C

1.4 "教师移动"技术和策略水平调查

就像盖房子先从打基底开始一样，我们首先需要考虑双足和下肢的位置和姿势。

——吉尔伯特·奥斯丁《论演说术》

一、"教师移动"的含义

移动是人人都熟悉但同时又陌生（即很少有人会通过反思来认识）的行为。在教育活动中，幼儿教师的移动既是外显的教育行为，同时也是内在教育修养的外在表现。移动创造的空间之美在于它在无声之中创造出了语言行为所不能替代的效果。

在本文中，教师移动是指：在教育活动中教师在水平空间位置上的变化。它具体包括：移动的起始和终止；移动的速度、距离、方向（前进、后退、侧行）、路线（直线或曲线）；移动时伴随的节奏、情绪；身首方向一致或不一致的移动；下肢运动的方式（走、跑、跳、蹲行、爬行等）；也包括"一般方式的移动"或"表演方式的移动"等。

教师在教育活动中的移动有时也被归为"教态"或"教学的身体语言"，

在许多教学或教学心理学的体系中,都被归结为:为了更好地达到集中学生的注意力、交流思想、激励引导学生主动投入学习和探究的目的,而有意使用的一种教学姿态或教学身体语言。因此,教师移动也被认为是一种教师必备的"教育技术"或"教学策略"。

教师使用"教学策略"的行为,即:教师重视技术应用的效益、了解策略使用的情境和需解决问题的匹配性,并注意将策略使用的过程置于自己的反思监控之下,努力达成问题解决的教学行为。因此,当这种"移动技术"在特定场合被教师有意识地采用来达到一种教学目的的时候,就被认为是一种"移动策略"了。

二、"教师移动"的功能

教师在使用移动技术时,不仅改变了与幼儿之间的物理距离,创造出了新的物理空间之美,也在改变与幼儿之间的心理距离,创造出新的心理空间之美。我们在这里所说的美,是一种和谐之美,是一种与幼儿的学习需要相呼应的教育之美。人本主义心理学家马斯洛提出,人的需要由低到高分成七个层次:基本生理需要、安全需要、归属与爱的需要、自尊的需要、认知的需要、审美的需要以及自我实现的需要。下面将使用具体实例阐述有效移动的功能。

幼儿在生理心理两方面都处于兴奋容易抑制难的发展阶段;而且幼儿也是既容易疲劳也容易恢复的;同时幼儿在社会性发展方面既是他律的、权威定向的,又是易受暗示和抗拒压抑的。因此,教师可以充分利用各种不同的移动技术来达成顺应幼儿发展特点满足幼儿学习需要的目的。

呼应幼儿的生理需要:如在需要帮助幼儿兴奋的时候教师带头兴奋,其中也包含加快移动的速度和提升移动时整个体态的兴奋程度;在需要帮助幼儿抑制的时候教师带头抑制,其中也包括减缓移动的速度和降低移动时整个体态兴奋的程度。

呼应幼儿的安全需要:如对于新入园的幼儿,年龄较小的托、小班幼儿,内向、胆小、缺乏自信的幼儿,学习新内容过程中正面对困难挑战的幼儿,教师可以更频繁地更近距离地向他们移动,甚至直接用身体接触他们,让他们获得被强有力支持的安宁体验。

呼应幼儿的自尊需要:如对于不同情况下需要不同的幼儿,教师可以通过移动来拉远或拉近师幼之间的空间距离。离开,意味着尊重幼儿独立的需要;接近,意味着尊重幼儿依靠的需要。

呼应幼儿的认知需要:当师幼之间距离更近的时候,教师用动作、口型向幼儿提供记忆内容提示,更容易被幼儿感知;有时候教师通过移动靠近教学挂图,指点挂图的位置也更便于幼儿利用挂图信息进行自我提示。

呼应幼儿的审美需要:当教师觉得幼儿需要自己个别交流情感,需要更细腻地从自己的面部表情中获得感动的时候,教师可以通过移动拉近与个别幼儿之间的距离,甚至直接进行身体接触,在审美表现的情感上融为一体;当教师觉得幼儿需要与大家一起感受情感共鸣、需要整体地从自己的全部体态表情获得感动的时候,教师可以通过移动拉开与幼儿之间的距离,以便全体幼儿都能够轻松地看到自己的全部体态表情,从而将全体幼儿的审美表现在情感上融为一体。

呼应幼儿的自我实现需要:当个别幼儿出现离开学习活动或干扰其他幼儿学习的行为时,教师可以用"空间接近(包括直接身体接触)"加体态表情的策略,提示这些幼儿自律或将这些幼儿的注意转回到学习任务中来;当这些幼儿返回积极学习状态后,教师可以再利用"空间疏离"加体态表情的策略,对这些幼儿的"自律选择"表示赞许。

当然,当个别幼儿做出明确的自我超越努力,教师认为这些幼儿又确实需要强化"自我实现"体验时,教师也可以用"空间接近(包括直接身体接触)"加体态表情,甚至加语言解释的策略,帮助这些幼儿更明确、更强烈地体验自我实现的愉悦感。

当通过前期努力,幼儿群体基本达到可以独立完成任务的水平时,教师通过移动加语言解释转变角色,成为幼儿的舞伴、玩伴或幼儿表演的观众、伴奏和其他服务角色,也能够达到提升幼儿自我实现体验的效果。

三、"教师移动"策略使用水平及其影响因素分析

(一) 水平

经过研究初期的比较正规的调查、访谈和研究中期及后期持续的自然观察、交流的反复验证,我对参研幼儿教师伙伴的"移动策略使用水平"分析如下。

处于"初级水平"的教师一般表现为:1. 认识。自认为工作中还没有特

别认真注意过"每天在小朋友面前走来走去的事"。访谈时不易进入与访谈主题相关的讨论,不能举例说明相关问题。2. 行为。上课时,对可以用移动策略解决的幼儿学习障碍的情境,找不出适宜的移动策略。课后反思时,对"教学中因为自身错误移动造成幼儿学习障碍"不能自我觉错。

处于"中级水平"的教师一般表现为:1. 认识。自认为工作中已经注意到教师移动这个因素。在访谈中,能够就访谈主题展开讨论,并能举例说明观点,但对问题的认识比较零散,分析时不能使用理论语言或使用的理论语言不能对应所举实例。2. 行为。上课时,能观察到快速调整移动策略的行为。课后反思时,对移动策略使用失误导致的幼儿学习障碍有一定的自我觉错能力。

处于"高级水平"的教师——属于熟练教师甚至已经被誉为专家教师———一般表现为:1. 认识。自认为明了移动是教师经常使用的教学调控策略之一。在访谈中能够迅速进入主题,有条理地陈述自己的观点并能够就自己的论点提供大量恰如其分的生动案例,也能够就一个具体案例提出多种不同移动策略。2. 行为。上课时,能够观察到移动策略与其他多种策略的有效组合行为。课后反思时,能有条理地告知自己的策略使用情境、理由和效果。

(二)影响因素

结合参研教师的自我反思和相关的文献资料信息,归纳出的影响因素有以下几点。

1. 教师的性格和习惯

有的教师属于"慢性子",上课时移动也往往"不急不缓";有的教师属于"急性子",上课时移动也往往"急匆匆的";有的教师习惯从左手幼儿的方向开始移动,有的教师则恰恰相反;有的教师移动的路线总是充分到达每个幼儿,而有的教师则总是习惯性地忽略掉"某一个区角"。

2. 教师的儿童观、教师观和教育观

当一位教师总是把自己看成幼儿学习的支持者、合作者和引导者时,他站在哪里,与谁接近,身体朝向谁,为什么移动和怎样移动,会是他从幼儿需要出发思考后的一种尊重幼儿需要、遵从教育原则的角色表达。而不能够完全理解幼儿需要的教师,则可能经常处在相对"自我中心"的状态,无法顾及幼儿的需要和感受。

3. 教师知识结构和教学经验

当然,在这方面有困难的教师,也是有他们的客观原因的。他们所接受的职前、职后专业教育,他们在专业学习过程中理论和实践经验结合的质量,他们积累的具体策略和策略使用情境的案例丰富程度,都会直接影响他们的移动策略应用水平。当然,教师本人的终生学习态度和能力也是重要的间接影响因素。

四、教师在使用移动策略时需要注意的问题

最后需要和大家分享从参研教师经验宝库中总结出来的注意事项,以便广大教师就这个问题进行自我教育的时候避免走一些不必要的弯路。

首先,教师要有控制地使用移动策略：1. 控制移动频率。高频率的移动容易引起幼儿心理不安,新教师需要克制自己的紧张情绪,避免无目的的移动。2. 控制移动速度。除非特殊需要,避免突然启动或停止,避免过快速度的移动。3. 控制移动时的情绪。移动本身和伴随的体态都具有情绪暗示性,教师应以不会激发负面反应的情绪状态移动。4. 调控个人其他的不适宜习惯,如避免习惯性地忽略某些区域中的幼儿等。

其次,使用移动策略时要尽可能全面对应具体教学情境。如：某教师在教授一进行曲风格歌曲时,为了与坐成半圆形空间状态的全体幼儿一一平等交流,而采用徐缓拖沓的移动方式,并同时采用了反复弯腰依次与每个幼儿对视的体态。结果,在此种教师移动体态语的暗示下,全体幼儿将歌曲唱得徐缓拖沓,无精打采。实际上,为了与每个幼儿充分交流,用慢速行走是可行的,但可以用坚定而不拖沓的步伐行走,而且教师如果离开幼儿的座位稍远些,便可以不用弯下腰而是挺直上身与幼儿对视；另外,教师还可以辅助以手臂有力挥动的体态、坚定热情的脸部表情和铿锵有力的示范歌声。这样整个移动的状态就与歌曲的风格一致起来,既能够满足——平等交流、近距离激励的作用,又能够发挥出正确的情绪暗示效果了。

再次,使用移动策略时要考虑幼儿个体或群体的特点。如有些幼儿在教师接近时会感到安全,而有些反而会感到紧张,这时教师可能应更多考虑满足他们的"合理"需要；有些幼儿过度渴求或惧怕教师的个别关注,这时教师可能反而应"反其道而行之",更谨慎地考虑如何帮助他们逐渐消除他们的"病态"需要;有些幼儿可能敏感性高,教师有一点动静就足够了;而有的幼儿敏感性低,可能需要教师移动得更近甚至直接使用身体、目光接触之外还要辅以其他手段……

最后,使用移动策略时需要考虑结束时的位置和姿势,即移动结束时停在哪里,用什么姿势;或停下后要进一步达到什么目的,是否要制止或激发什么行为,是否遮挡或避免遮挡幼儿的视线……如在引导幼儿注视挂图细节时就要避免遮挡,在激励幼儿挑战自己的记忆能力时就可能需要故意遮挡;在引导幼儿发现结伴对象时就要避免遮挡,在分隔两个发生矛盾或"合谋走题"的幼儿时就可能需要插入其间中断他们的视线交流。

总之,熟练地使用移动策略,需要教师长期认真地积累相关经验。因此,在使用移动策略时,教师要养成习惯——尽可能先去思考幼儿的或幼儿班级的特点、学习领域的特点、学习内容的特点以及各种类型突发事件的关键特点,然后再依据具体需要综合地使用各种相关技术手段。另外教师还需要不断反思和监控自身的习惯性移动特点,有意识地争取预先避免不必要或不适宜的盲目移动。

南京师范大学教育科学学院 2002 届教育学学士　崔薇薇
2002 年 5 月

1.5　教师视觉关注对幼儿学习行为的影响

目前,集体教学活动仍然是幼儿园中经常使用的一种教育教学组织方式,而半圆形或马蹄形的座位摆放方式,又是集体教育教学活动经常使用的一种空间安置方式。在教育实习的过程中,我偶然发现:教师对幼儿的关注似乎存在着很大的区域差异,即处在不同区域的幼儿所得到的教师关注在程度上有所不同。同时我也发现:幼儿在学习行为上所表现出来的积极程度与所得到的教师关注程度之间存在着某种重要的关联。为此,在科研实习的过程中,我专门针对这个问题进行了一个调查。

一、"视觉关注"的含义

在本文中视觉关注是指：在集体教学活动中，教师对幼儿的注视与注意。这种视觉关注不仅包含在一般教学情境中教师对幼儿的普遍而广泛的注视，而且包含在特定情境下教师对特定幼儿所运用的具有特定含义的目光语言。

在集体教学情境的特定空间状态下，视觉关注的区域又有"中心区域"和"边缘区域"之分。视觉关注的中心区域是指：教师在教学活动中经常或频繁关注到的区域；而视觉关注的边缘区域则是指：教师在教学活动中较少关注到的区域。

二、"视觉关注"的功能

视觉关注在集体教学中的重点功能主要有：情感交流功能、信息传递功能和行为调控功能等三种。

情感交流功能。首先，由于视觉关注具有情感性和表情性，所以，它在培养幼儿学习的积极意向和增进师幼间的情感交流等方面，具有不可替代的作用。正像有人所说："无声的笑，是人嘴角上的一朵花儿，它是团结人的链条。"实践证明，充分发挥视觉关注的情感交流功能，对融合师幼关系、缩短幼儿与教师之间的情感距离、提高教育教学效益都能起到十分积极的促进作用。

信息传递功能。其次，由于视觉关注具有符号性或表义性，所以，伴随着口头语言的视觉关注能够扩展、强化、弱化或改变口头语言所传达的信息，或为口头语言增添一些附加的信息，与口头语言在传递信息方面相互补充、相得益彰。如"我才不相信你们真的能够做到呢！"这句话，如果配合一个轻蔑或严肃认真的眼神，就会被理解为一句充满否定意味的话；但如果加上一个狡黠的眼神，就会被理解成一句具有挑战和"激将"意味的话。

行为调控功能。再次，由于视觉关注同时具有表情性和表义性，所以，教师可以通过视觉关注来调节幼儿的学习行为。如提示注意分散的幼儿或鼓舞积极投入活动的幼儿等。而且，由于视觉关注可以与口头语言同时提供，还可以根据需要调节提供范围的大小，因此，教师在提供额外的视觉信息时可以不中断向幼儿提供正常的教学信息，在向个别幼儿提供特定信息时，可以不影响其他幼儿关注学习的主要方向。难怪有人说："组织课堂教学(注：笔者以为这里主要是指调节课堂中的消极行为，如"分心行为"或"干扰他人"的行为等)，一流的教师用眼神，二流的教师用语言，三流的教师用惩罚。"

三、教师视觉关注对幼儿学习行为影响的研究及其初步结果

为了解教师视觉关注对幼儿的学习行为影响的真实状况，我们抽取了南京市4所幼儿园的9个班级(大、中、小各3个班级)，以及组织这9个班级的教学活动的9位教师作为研究对象进行了实地观察和访谈。为研究记录和表述方便，我们又请教师在组织活动时全部采用"单马蹄形"座位安置空间，并将正对教师的一组幼儿称为"A区幼儿"，将位于教师左侧的一组幼儿称为"B区幼儿"，位于教师右侧的一组幼儿称为"C区幼儿"。

通过对集体教学活动过程中师幼互动行为的观察研究我们发现：

幼儿方面。位于A区的幼儿所受到的教师视觉关注的频率要高于位于B、C两区的幼儿，积极学习行为出现的频率也要高于位于B、C两区的幼儿。同时，位于B、C两区的幼儿收到的教师视觉关注的频率低于位于A区的幼儿，消极行为出现的频率则高于位于A区的幼儿。而位于B、C两区的幼儿之间，在受到教师的视觉关注的频率、积极学习行为、消极行为等方面，没有发现明显差异。由此，我们初步推测：从教师视觉关注频率与幼儿积极、消极行为出现频率之间的这种关系来看，教师的关注与幼儿的学习行为以及其背后的学习意向之间，应该是存在着某种重要联系的！

教师方面。工作年限较长的教师(8年、15年以上)比工作年限较短的教师(2年以下)更多地照顾到位于B、C两区的幼儿，也能更多地使用目光与之进行交流。

通过对这9位被观察过的教师的个别访谈我们发现：工作年限越长的教师越能够意识到自身目光注视行为的重要性，并越能够注意发挥视觉关注行为的教育功能。

南京师范大学教育科学学院2003届教育学学士　褚明洁

2003年5月

1.6 幼儿音乐教育活动中的教学障碍及消解策略

在论述中心论题之前,我们先就中班韵律活动《小老鼠和泡泡糖》,来比较两位幼儿教师采用的教学策略及获得的教育效益。

教师甲要求幼儿随 A 段音乐,在每一乐句的前一小节学"小老鼠"走,后一小节做"这边看一下,那边看一下"(东张张、西望望)的动作。在教学过程中,教师先讲述了一个小老鼠和泡泡糖的故事,随后便带领幼儿听音乐找空地方玩游戏。在游戏过程中,她不断地用语言提醒幼儿要"这边看一下,那边看一下",但幼儿还是不能合拍地看。无奈,教师便用很响的两下跺脚声提醒幼儿,并说:"听到老师跺脚的声音就是要东看看,西看看了啊!"结果,孩子们神情紧张,大部分都不能合拍地做动作,时间一长便出现混乱的场面。

教师乙编制了一首儿歌:

$$
\underline{1\ 1\ 3}\quad \underline{5\ 3\ 1}\ |\ \underline{7}\ \underline{6\ 5}\ 0\ |\ \underline{\underline{7}\ \underline{7}\ 2}\quad \underline{4\ 2\ \underline{7}}\ |\ 1\ \underline{6\ 5}\ 0\ |
$$
$$
\underline{\times\times\times}\ \underline{\times\times\times}\ |\ \times\ \underline{\times\times}\ 0\ |\ \underline{\times\times\times}\ \underline{\times\times\times}\ |\ \times\ \underline{\times\times}\ 0\ |
$$

小老鼠　东跑跑　西 看 看,　　小老鼠　东跑跑　西 看 看,

$$
\underline{1\ 1\ 3}\quad \underline{5\ 3\ 1}\ |\ \underline{7}\ \underline{6\ 5}\ 0\ |\ \underline{\underline{7}\ \underline{7}\ 2}\quad \underline{4\ 2\ \underline{7}}\ |\ 1\ \underline{5\ \dot{1}}\ 0\ |
$$
$$
\underline{\times\times\times}\ \underline{\times\times\times}\ |\ \times\ \underline{\times\times}\ 0\ |\ \underline{\times\times\times}\ \underline{\times\times\times}\ |\ \times\ \underline{\times\times}\ 0\ |
$$

小老鼠　东跑跑　西 看 看,　　小老鼠　东跑跑　西 看 看。

此首儿歌的节奏和乐曲的节奏完全匹配,而且儿歌的内容有明显的提示作用,在这样的语言和音乐配套练习下,幼儿很容易地在"看看"的地方做"这边看一下,那边看一下"的动作。而且在具体的教学过程中,该教师分三步走:先由教师朗诵儿歌来指导和控制幼儿的行为,再让幼儿边朗诵边动作,即采用出声言语自我指导的方法进行自我调整,最后再配以音乐过渡到由幼儿自己对自己进行不出声的言语指导即以思维来监控自己的行为,直至自动化。

再看看教师乙在此活动中,除了运用语言线索,还用了哪些教学策略:

（1）教师双手五指并拢，按节奏边朗诵儿歌边用手在腿上做"小老鼠走"的示范动作"小老鼠东跑跑，西看看"。（放慢速度，在"西"处停顿）

（2）教师朗诵儿歌，带领幼儿一起用手在腿上做"小老鼠走"的动作，并提醒幼儿自我反省："在什么时候看啊？""我说'西'的时候，你应该做什么？"（当念到"西"时，教师稍作停顿并环顾四周，看幼儿是否已做好"看"的准备）

（3）幼儿在教师的带领下，放慢速度边念儿歌边用手在腿上做动作。

（4）幼儿继续念儿歌做动作，教师清唱旋律。（音乐跟随幼儿）

（5）"小脚准备好了吗？坐在座位上轻轻地踮起脚来走一走。"教师继续清唱旋律。

（6）"请你们把儿歌念在心里，听着音乐在座位上学小老鼠走路。"

（7）"如果音乐快了，你们行不行？"老师播放录音音乐。

（8）"请你们站在自己的座位前，听音乐学小老鼠的动作。"

（9）"请你们找个空地方，听音乐学小老鼠'走'和'看'的动作。"

从教师乙的教学过程中，我们可以做如下总结。

（1）当幼儿还不能很好地随音乐做动作时，教师采用了清唱旋律的方法而没有用录音音乐。（清唱旋律的好处是可以较好地控制音乐的速度）——**清唱旋律的策略**

（2）当幼儿刚开始随音乐表演动作时，教师念儿歌和清唱旋律的速度是放慢的。为了引起幼儿的注意，从容地做好"看"的准备，教师在关键的地方（即"西"处）还稍作停顿并环视四周。（暂时停顿并环顾四周是为了引起幼儿的注意：马上要看了，你准备好了没有？这也使幼儿有充足的思想准备，从容学习，从而避免积聚学习焦虑）——**放慢速度、暂时停顿、目光环视的策略**

（3）在幼儿下座位找空地方玩游戏之前，教师是先让幼儿坐在座位上，用手在腿上学习小老鼠走路，再用脚做动作，然后请幼儿站在自己的座位前做动作的。（为什么幼儿不能一开始就找空地方玩游戏，而先要坐在座位上练习动作？因为此时幼儿是处在最稳定的状态下。在这样的空间状态下，幼儿的注意力是最集中的，所以便于教师检查幼儿的动作是否符合节奏。也就是说要让幼儿坐在座位上就把"能否合拍地做动作"这个问题解决掉，一旦幼儿在散点状态下做动作时，教师要想纠正错误，那会困难得多）——

不过早作空间移动的策略

（4）"什么时候看啊？我念到'西'的时候,你们应该做什么？"这一问题有效地帮助幼儿意识到儿歌对动作的提示作用；而"音乐速度快了,你们行不行啊？"这一问题的抛出,则让幼儿对自己的能力有一个清醒的认识。（如此提问的目的是让幼儿对自己的认识能力有一个自我反省的过程。因为音乐活动同样要培养头脑清醒的自我建构者、自主学习者）——自我反省、认知监控的策略

……

由此看来,如果仅仅在这个音乐教育活动中使用语言线索,而其他因素没有考虑到或者没有做好,教学障碍还是避免不了。教师甲之所以在教学中出现混乱的场面,缘于：

（1）她的语言提醒和动作提醒（跺脚）都属外部指导,它的直接结果是导致音乐活动缺乏审美感。

（2）幼儿听到教师的跺脚声再东张西望,其间需要一定的反应时间,所以幼儿的动作很可能是不合拍的。

（3）幼儿是听到教师的跺脚声和不断的语言提示而东张西望的,所以他们的学习属被动的学习,而不是主动学习。

（4）过早的空间移动导致幼儿始终处在不稳定的状态之中。

……

而教师乙采用的"语言参与、清唱旋律、放慢速度、暂时停顿、目光环视、不过早作空间移动、自我反省"等策略则有效地解决了上述问题。

看来幼儿音乐教学的情境是极其复杂的,它是一个复杂的多因素的过程。而且参与音乐活动的一切因素都有可能是教学障碍形成的原因。所以,要组织好一个音乐教学活动,应该综合地考虑多种因素,考虑这些因素汇合在一起时会产生什么效果,然后再考虑应该如何去调配这些因素,以使它们产生最佳的效果。

在幼儿音乐教育活动中,影响教学效果的因素主要有教师因素、幼儿因素、程序和方法因素、材料因素、时间和空间因素等,教学过程中一旦这些因素调配不当,便会出现教学障碍。

一、因教师因素引起的教学障碍

教师是教育活动的设计者和组织者,又是幼儿活动的指导者。在教育活动中,教师作为参与者会直接影响活动的成效,主要的影响源包括教师的神态、语言、行为和情绪表达。

某教师教大班幼儿演唱歌曲《都睡着啦》。由于该曲歌词较长,动物形象较多,而且多处出现弱起节拍,因而给幼儿的学习带来一定的难度。为此,教师在弱起部分设计了一个拍手的动作,目的是把歌曲中的弱起节奏的时值填满,从而降低学习的难度。同时教师将之赋予情境:"星星仙子施魔法(拍手),让所有的动物都能快快地入睡。"

在教学的开始环节,该教师的范唱和动作都很美,营造了一种温馨和恬静的氛围,甚至带有童话般的色彩。接着,教师对幼儿说:"我来当小动物,你们来当星星仙子,看谁能施魔法,让我睡觉。"接着全体幼儿扮演星星仙子,拍手施魔法。教师则逐一扮演歌中的动物,依次蹲下"睡觉"。一曲唱罢,该教师说:"我现在正处在半梦半醒中,我还没有睡着,为什么呢?因为你们拍手的声音太轻了,我没有听见,这次你们用响一点的声音拍,好不好?"很明显,这时候教师已经开始"挑逗"幼儿,于是乎,幼儿便开始兴奋了。接下来,幼儿按老师的要求重施一遍魔法,该教师伸出了大拇指:"你们真了不起!!我这次很快就睡着了。现在我要请你们用激昂高亢的声音说,谁来表演小动物,谁来当大青蛙?"幼儿纷纷举手,"我,我,我"吵个不停。可以想象,待老师照此将歌中十个动物都分配好,这时的幼儿已经是十分兴奋了。结果是,他们不听音乐了,也不唱歌了,一会儿蹲下,一会儿站起。原先教学中创设的宁静、优美的氛围完全被破坏了。而一旦幼儿出现过度兴奋的场面,那又是很多老师最感到焦虑和棘手的,无奈,不得不匆匆收场。遇到这种情况,教师还往往会责怪班级常规太差,或者教材太难,等等。实际上,从这个活动中我们可以看出,出现教学障碍的主要原因是由于教师的自身情绪、语言表达、身体动作都和音乐本身所要求的情绪不和谐。

所以,教师始终要注意:音乐作为一种审美活动,其特性就在于整体统一性和整体协调性。如果你想要幼儿在音乐活动中呈现某种情绪状态,教师自己首先要处在与该作品本身所要求的情绪状态上。在《都睡着了》这个活动中,教师采用的策略应该是一种"移情策略"。因为教师只有首先感动自己,然后才能感动幼儿。幼儿的情感是需要激发的,如何激发? 那就是教师首先要挖掘和体验作品所反映的情绪情感,然后将作品之情转化为自己之情,再用自己之情点燃幼儿之情。教师要学会靠自己的个人魅力来渲染气氛,注意使自己的语言和行为与原作品所传达的思想感情达到和谐一致,创设一种与作品协调的带有整体审美情境的教学情绪场。实际上,不仅仅是语言和行为可以传递一定的信息,甚至教师的衣着穿戴也都可以传达一定的信息。只要教师存在,这种信息表达的可能性就存在。所以,教学的情绪场可能包含着教师的神态、体态、语言、服饰等,在打击乐活动中还包括指挥的手势等。

例如:某教师在教大班幼儿打击乐《军队进行曲》时,身着漂亮的裙子,语言亲切温柔,指挥的动作既优美又合拍,但幼儿就是提不起精神来。活动目标中所提及的"在演奏过程中努力表现出勇敢和朝气勃勃的精神面貌"当然也未能达成。

这说明,在组织音乐活动时,教师的装束、说话的语调、指挥的动作都必须和音乐作品本身所渲染的气氛相一致。这便是前面所讲的"创设一种与作品一致的带有整体审美情境的教学情绪场"。当然,情绪的调动是需要教师的理智的,教师不仅要注重情绪的渲染,也要注意情绪的调控。

总之,只有当教师的教学艺术与幼儿的情绪体验达到同一频率时,师幼之间才会产生认识、思维、情感上的共鸣。而且幼儿的情绪一旦产生,便会使其整个身心卷进某种状态,带有某种情绪色彩。好的教师应该是一个既情感丰富又十分理智的教师。

二、因幼儿因素引起的教学障碍

因幼儿因素引起的教学障碍,主要是因为幼儿缺乏学习动机,也就是幼儿觉得这个活动没劲,不好玩,或者没有什么挑战性,或者太难,记忆、反应方面的负担太重,学不会……因而表现出要么萎靡不振、无所事事、情绪不积极、注意力不集中,要么过度兴奋、不听指挥。而幼儿一旦出现上述情况,教师往往就会失望、沮丧、焦虑,甚至恼怒,久而久之,教师便在内心深处惧怕音乐活动。

实际上,能将一个幼儿群体的情绪始终保持在舒适的、适度兴奋的水平范围之内,对一个幼儿教师来说,那可是一种挑战。

我们经常有这样的体会,同样的教学活动由不同的教师来组织,有时效果完全不一样。曾经有一安徽的教师组织幼儿上了一个《包饺子》的韵律活动,大获成功。此后,这个活动在全国各地被很多教师克隆,但活动过程中出现的"幼儿过度兴奋"问题却始终得不到很好的解决,无奈,有的教师最终只能放弃这个活动。

下面以大班韵律活动《包饺子》为例,比较一下原版动作设计和改版动作设计对幼儿学习带来的不同影响:

音乐:《喜洋洋》。

动作结构:擀面皮(全体一起擀,面皮越擀越大),包饺子(全体一起包——双人结伴包),煮饺子(饺子在开水中翻腾)。

音乐结构:A段欢快——B段悠扬——B段悠扬——A段欢快。

队形结构:小圆渐变成大圆(A段),大圆——大圆上双人结伴的小圆(B段)、自由状态空间移动(A段)。

分析:

(1) A段擀面皮动作:这里的擀面动作更接近自然生活动作,幼儿显得压抑,师幼都很烦躁。旁观者也觉得:怎么还不快点结束。后经人建议,改成:教师引导幼儿把自己的身体当成面团,按乐句不断变化擀面动作对象(如在鼻子上擀、在肚皮上擀等)。

(2) B段包饺子动作:音乐B段有4个乐句,连续出现两遍也就是8个乐句,8个乐句一直做包饺子的动作,这种机械重复的练习谁来做都会显得很无聊。后来也被改成B段音乐只出现一遍,共4个乐句。每个乐句的前6拍,手臂自然打开表示等着老师装饺馅,原地做小碎步,最后2拍双手在胸前拍一次手表示捏饺子。

如此改动使音乐显得比较紧凑,也很有趣。而且幼儿有一种期待:希望老师能给他发饺馅,所以也显得比较自控。

(3) 再现的A段,饺子在开水中翻滚的动作:饺子在开水中要连续翻滚4个乐句,可以想象,有多少孩子能够达到享受4个乐句那么长时间的即兴创编翻滚动作的水平?等到孩子们再也想不出还有什么新花样时,他们就自然要找点别的事情干干,那么那些过度兴奋的行为、故意制造人际矛盾的行为,甚至满地打滚的行为的出现也就不足为奇了。这种"全放任的教学"势必会导致无聊、无趣,最终导致兴奋扩散,一发不可收拾。后来有人把这一部分也作了改动:饺子先是静止不动(大家都有这样的体会,当饺子刚被倒入滚开的水中时,它是不会马上翻滚而是静止不动的)——在温水中轻轻颤动——在热水中原地扭动——到了第四个乐句,饺子们才在开水中原地自由翻滚,进入活动的高潮。而就在幼儿将要出现兴奋扩散行为时,教师一瓢冷水一"浇",所有的饺子都要静止不动,摆个造型,幼儿这时的注意力自然就转为——"我要摆出一个跟别人都不一样的好玩的造型",也即有了新的追求目标。

  从改动后的版本来看,教师基本上化解了原版本中出现的教学障碍,采用的主要策略是"限制幼儿高度兴奋的时间:变'全放任的教学'为'有紧有松、有收有放、动静交替'的良好的教学节律",虽然对幼儿的自由度有一定的限制,但幼儿在活动中获得的快乐却没有因此而下降。

  顺便提一下,几乎所有的教师在这个环节的处理上,都会想出"捞破饺子"的方法来调控幼儿的情绪,以抑制幼儿的过度兴奋行为。想一想,这样做和上述做法相比有什么不同?——一种是自我克制,一种是被动执行,两种做法给幼儿带来的情绪体验是不同的。好的教师应该在教学过程中不提纪律的要求,而应该依靠其教学设计,让幼儿自觉维护秩序,并乐此不疲地享受因有序而带来的快乐。

  由此看来,要想化解因幼儿因素而造成的教学障碍,关键还是看教师能否建立一种让大家都感到舒适的状态(这种舒适,不仅仅是站着舒服或坐着舒服,而应该是整个身心都处在舒服的状态),要看教师是否具备驾驭音乐教学活动过程的心理素质和操作技能。所以,幼儿的因素归根到底还是教师的因素。

三、因程序和方法因素引起的教学障碍

  关于程序问题,这里仅谈谈课堂教学的节奏。

  教学节奏,是指教师教学活动的组织富有美感的规律性的变化,表现为教学进程快慢得宜,教学方式动静相生,教学信息疏密相间,教学语言抑扬

顿挫,教学过程起伏有致。一个成功的音乐教学活动同样需要有一定的艺术结构。如果教师的言语节奏过慢,语流不连续,那幼儿知觉的效果便差,注意力便会分散;如果教学过程中缺乏兴奋点的刺激,那么幼儿很快便会陷入无聊、萎靡的状态;如果教学中一味地强调活跃,那么"幼儿过度兴奋状态"带来的被动处境想必教师也已领教过。因此,教师要想组织好一个音乐活动,教学中"起承转合"的每一细节,都应该缜密思考,精心设计。

如前述的歌曲《都睡着啦》,因为该活动始终要求幼儿处在一种内敛的、安静的情绪状态之中,那在结束部分就可以安排一个以动为主的"猫捉老鼠"的游戏。而韵律活动《包饺子》最后的造型定格动作的设计,又是为了设法让"兴奋"的幼儿"静一静"。而当幼儿注意力涣散、对活动明显不感兴趣时,教师又应学会用快速、简约和富有煽动性的语言,夸张的动作,丰富的表情,多变的教学程式来调动幼儿的学习积极性。一般情况下,教师要在教学中提供较多的兴奋刺激,而且这种兴奋刺激最好循环出现,应不失时机地精心制造教学小高潮,有起有伏,形成节奏,直至推向大高潮。最后在幼儿情绪曲线处在积极上扬时,结束音乐活动,切不要虎头蛇尾,草草收场。

这里仅说说打击乐的教学程序和方法的问题。很多人都怕上打击乐课,因为班上总是乱糟糟的,乐器多,幼儿又特别喜欢,一兴奋,就一点也不听指挥,叫他们停下来,他们还是继续敲敲打打,很难控制,很难组织。确实,传统的打击乐器演奏教学采用的是"先分后整"的教学程序和划拍子式的指挥法,现在已经证明,这样的程序和方法都是造成幼儿认知混乱,又进一步造成疲塌或兴奋扩散的根本原因。

下面,通过打击乐《木瓜恰恰恰》来提炼一下在打击乐教学活动中有哪些重要的教学技术和策略。其实,了解到打击乐教学活动中的规律后,你会觉得音乐活动的四个领域中,打击乐活动是最有规律可循的,是最容易出效果的。

目前,打击乐教学中常用的方法为"变通总谱法"。变通总谱是针对通用总谱,也就是我们常用的简谱和五线谱来讲的。由于通用总谱的认知方式和过程都是比较复杂的,使用这种总谱,不但不能对幼儿的整体感知过程有所帮助,反而会人为地增加幼儿的认知负担,影响幼儿感知音乐的乐趣;但若不用总谱,幼儿在学习中的记忆负担又太重,这样,变通总谱正是为了解决上述矛盾而被创造出来的。但是,我们发现有的教师在设计变通总谱时,会把它设计得非常复杂,就拿《木瓜恰恰恰》来说吧,教师使用的是图形总谱。也曾看到有其他教师在组织该活动时,所用的图片不是按乐句摆放的,木瓜、樱桃、菠萝等出现得没有规律,有太多的变化,几乎没有重复,甚至让幼儿自己来摆放各种水果,结果幼儿就任意摆放,毫无规律可寻。这样就失去了变通总谱能让人一目了然的原始目的了,出现教学障碍也就是意料之中的事。所以无论是动作总谱、图形总谱还是语音总谱,简单、多重复、有规律可循的总谱设计策略是一个必须要遵循的原则,这样才能便于幼儿掌握整首乐曲的结构特点和乐曲配置情况,幼儿才能真正享受到和他人合作演奏的快乐,而不至于因为过度的认知焦虑,失去学习打击乐应有的快乐。

在打击乐教学中,有一个非常重要的程序:分声部徒手练习——看来,打击乐活动中乐器并不是一开始就让幼儿操弄的。为什么要有这样一个环节?这是因为只有在没有乐器的情况下,幼儿才能更关注教师的指挥,也才能更集中注意相互倾听。而且在这个时候,往往还不能出现录音音乐而应该由教师清唱旋律,这是因为幼儿在初学一个演奏作品时跟随录音音乐演奏比较困难,而用教师哼唱曲调的方法却使得乐曲能跟随幼儿的演奏,比如说,在音色或节奏型转换前教师可以放慢速度,可以从容地用动作、音量、眼神等提示幼儿,所以组织打击乐教学活动除了要设计合理的变通总谱外,教师还要掌握一个技术,就是要把曲调背得很熟,熟到可以在任何需要开始唱的地方就能开始唱——**徒手练习,清唱旋律的策略**。

打击乐活动还有一项重要的技术,那就是指挥。指挥的方法应该是:在声部转换之前,指挥者就提前将头部和目光转向下一个将要演奏的声部,身体也倾向被指挥者(提前预示的策略),目的是让下面将要演奏的幼儿心里有所准备:下面将要演奏了,你准备好了吗?即在音色或节奏型转换前教师放慢速度,用动作、眼神等提示幼儿。具体表现为:提前两拍将自己的头部和目光转向下一个将要演奏的声部,身体也倾向被指挥者;教师指挥的动作,也可以先用乐器演奏的模仿动作,再采用节拍法,但无论采用何种指挥方法都必须表现出节奏和音色的变化,并使自己的动作与音乐协调一致——**指挥动作(模仿动作——击拍动作)要表现节奏和音色变化的策略**。

与传统的"划拍子式"指挥法相比,"提前预示式"的指挥法可以给幼儿传递更多的可以理解的信息,使幼儿更从容地作好将要演奏的思想准备,因而声部与声部之间的转换也就更为自然和协调。

音乐教育中的教学方法多种多样,每种方法对幼儿的心理调节各有不同的作用,对幼儿的学习效果也有不同影响,因方法使用不当而造成教学障碍的情况很多,以下列举数例。

(1) 教师提问的策略

某实习教师在组织完小班歌唱教学活动《小鸡小鸡在哪里》后,感到极度的挫败。我们来看看她是怎么做的。该教师教唱完新歌后,提了这样一个问题:"想一想,你们还喜欢什么动物?"结果幼儿都说喜欢大老虎、恐龙、长颈鹿、大狗熊等动物,可那些动物该怎么叫呢?对小朋友的回答她有点始料不及,没有办法,只好不断地说:"我刚才打电话给××了,可××不在家,今天我们不唱××。"可老打电话也不行啊,她实在无招可使了,只好说:"我们还是来唱小狗吧,小狗是怎么叫的?对,是'汪汪汪'地叫的。"接着她带领幼儿学唱:"小狗小狗在哪里?'汪汪汪汪'在这里……"

课后,她十分苦恼,她说可能因为她是一位新老师,小朋友故意和她作对吧。

我们都知道,教学中,教师的问题有多种类型,一般可分为选择性反应题和构造性反应题。前者包括选择题、匹配题和是非题,主要考查再认能力;后者包括填空题和阐述题,考查的是回忆和重组知识的能力。显然,回答构造性反应题需要幼儿有更高级的思维能力。但现实教学中,教师提的问题往往以构造性反应题居多,如:你觉得这首乐曲可以分成几段?听了这音乐你有什么感觉?等等。而一旦出现"启而不发"的情况,也就是我们通常讲的出现"冷场"的局面时,教师便不知所措,最终只能以告知答案而告终。有一个教师在小班音乐欣赏《让爱住我家》活动中,曾提了一个问题:"这个家是什么样的?"

幼儿没有回答。(冷场)

"那你是不是觉得这个家是很快乐的?"——此处教师便是采用了"提问的退位策略"。

"是的。"

"你还有什么感觉?"

"这是一个很安静的家。他们不吵架。"

"还有什么感觉?"

"我看到他们靠在一起,很喜欢的。"

"哦,是很喜欢的,还很温……温什么?"

"很温和。""很温暖。"

此处带有省略号的填空式提问方式,是教师有意识的设计,这便是教师的一种提问的策略(这样的问题既不是选择性的问题——只要简单地说"是"或"不是"就可,又不是全开放的创造性或构造性的问题),幼儿只是在适度的问题空间内进行思考,有比较明确的指向性,一方面降低了幼儿回答问题的难度,另一方面也为幼儿主体性的发挥做好准备。

又一次,某教师向小朋友提了一个问题:"小朋友,你们说,蚊子是从哪里来的啊?"一幼儿说:"蚊子是从北方来的。"这样的回答似乎让教师进入了死胡同,教师只好说:"是吗?我看南方也有蚊子啊!"活动结束后,大家都认为,这位教师提的问题是一个无效问题。事实上,我们在教学过程中一不留神也往往会提出一个无效问题。问题是既然这个无效问题出现了,教师该怎样把它转化成有效问题呢?在这里,我们总结了一种策略,称之为"提问的退位策略"。也就是说当教师所提的问题与幼儿的心理结构不匹配时,教师要善于根据幼儿的反应灵活地降低问题的难度。比如当幼儿对含创造成分的"阐述题"不能正确回答时,那么教师就应将之退位至"选择题"(小朋友,你们说,蚊子是从脏的地方来的还是从干净的地方来的)、"判断题"(小朋友,蚊子是从脏的地方来的,你们说是不是啊)。可以相信,只要教师掌握了提问的退位策略,便能变"无效问题"为"有效问题",类似上述的"教学窘境"也会随之化解。

(2) 动力定型阻断的策略

回想一下,以往我们在进行新歌教学的时候,采用的是什么方法?(整首教唱法)现在我们来看歌曲《蝈蝈和蛐蛐》,前面的4句歌词是这样的:我是蝈蝈,我是蛐蛐,我是哥哥,我是弟弟。如果采用整首教唱法,将会出现什么问题?——把"我是弟弟"一句唱得和前面3句的旋律一样。这是由幼儿的自主推理和认知惯性而产生的错误反应(注意:自主推理是幼儿主动学习的表现,是值得提倡和培养的,但幼儿的自主推理有时会出现错误),幼儿自以为前3句的旋律都是一样的,后面一句一定也是一样的,因而出现了错误反应,这就是错误的动力定型。要想改变这个错误的动力定型,教师应该采用的策略是"动力定型阻断的策略"。在这首歌曲中,我们可能就要采用分句教唱的方法来进行教授。当唱到第4乐句时,教师要说:"听好,下面一句是怎么唱的?"然后用手指做一个向下的动作来暗示幼儿这个地方的旋律要改变了,然后,每唱完第3乐句,教师就要用手指做一个暗示性的动作。所以在采用教学方法时,一定不要拘泥于别人是怎么说的,书上是怎么说的,而是要知道幼儿的学习究竟有什么困难、是什么原因造成了这些困难,然后才能采取有针对性的教学对策。

(3)直观形象导入的策略

用直观形象导入来教唱新歌是教师们经常用的方法。不过教师们所习惯的使用图片法的主要目的可能还是为了激发幼儿的情趣,烘托一种气氛。至于说图片的采用和解决幼儿学习困难之间的关系可能很多教师没有太加注意,有时图片的出现反而还会干扰幼儿的学习,如《来了一群小鸭子》。再如大班歌曲《小鸟》,歌词是:"蓝天里,有阳光,树林里,有花香,小鸟小鸟自由地飞翔。在湖边,在草地,在田野,在山冈,小鸟小鸟自由地飞翔……"可以想象,幼儿在学唱这首歌曲时,最大的障碍是记忆歌词。湖边、草地、田野、山冈,歌词的顺序没有任何逻辑性,很容易混淆。如果这个时候老师仅仅是画一幅美丽的山水画(有山,有水,有花,有草),那幼儿看着这幅画面仍然会唱着唱着就不知道唱哪里了。所以即便同是用视觉印象来帮助幼儿记忆歌词,也会因为画面结构的不当而出现教学障碍。很显然,按照歌词中地点出现的顺序排列画面比画一幅美丽的山水画更加有助于解决幼儿的记忆困难。

四、因材料因素引起的教学障碍

幼儿园音乐教学活动中的材料一般可分为音乐材料和其他辅助性材料两种。前者包括音乐的旋律、歌词等,后者包括道具、身体装饰物、教具、学具、音像制品和音像设备等。这些材料或作为音乐教学的内容,或作为音乐教学的工具和媒介,其组织、结构、作用及呈现方式等会作为外部因素对教学产生重要的影响,进而会作用于音乐教学情景中的其他各种因素而影响教学的成败。

为此,本部分尝试从音乐材料和其他辅助性材料对教学的调控作用来做一探讨——材料作为一种因素是如何作用于极其复杂的音乐教学情景并进而影响教学的发生及其有效性的,以期能从中分析和归纳出一些基本的、具有规律性的材料调控技术。

1. 音乐材料对音乐教学的调控作用

作为音乐教学活动中的基本材料之一,音乐材料主要包含两个方面的因素:旋律与歌词。

(1) 旋律对音乐教学的调控作用

很多时候,教师在面对一个现成的音乐作品时并不会对音乐的旋律有所存疑。因此,无论是教师清唱还是琴声伴奏都比较忠实于旋律的本来面貌。实际上,旋律本身的特点往往会作为一个因素对教学活动产生较大的影响。

某教师在新授大班音乐欣赏《啄木鸟》B段时,要求幼儿随教师清唱的旋律,在乐句中的跳音处做"捉虫"的动作(B段音乐共4个乐句,第1、2、3句中每句3个跳音,第4句1个跳音),教师将乐句中的每个音符都唱得很清楚,但幼儿就是不知道该在什么地方"捉虫",注意力和参与活动的积极性明显下降。出现此障碍的主要原因是音乐的旋律过于复杂,而且教师将音乐中的每个音符都唱得很清楚,反而使得幼儿不清楚何处是该重点认知的"对象"。有的教师尝试边清唱旋律边用"点头"的形式来暗示幼儿分辨跳音,但这样做一方面使教学活动缺乏审美感,另一方面更加剧了幼儿的认知负担。

其实,消除此障碍的有效策略是对这个音乐材料进行再加工,简化乐曲中无须幼儿重点认知的"背景"部分。如将原曲4444 46 | 20 24 |3333 35 | 10 13 | 2222 24 | 70 72 | 11 35 |改唱成40 46 | 20 04 | 30 35 | 10 03 | 20 24 | 70 02 | 10 35 |。当然,并不是说,在《啄木鸟》这个活动中,只要调整谱子的演唱方法就可以消除教学中的障碍。前面我们已经说过,造成教学障碍的原因是多方面的,简化旋律、突出"图底关系"的演唱,只是众多因素中的一个主要因素。除此之外,教师清唱旋律时要突出音乐中的跳音,伴以稍夸张的身体动作和脸部表情,并用自己的体态语言给幼儿一个合拍

动作的反应时(起分),必要时还可以借助于语言来帮助幼儿掌握跳音的节奏。如:

×× | × 0 | ×× | × 0 | ×× | × 0 | × 0 |
笃笃 | 笃 0 | 笃笃 | 笃 0 | 笃笃 | 笃 0 | 笃 0 |

同样,对于电视连续剧《水浒传》中的主题曲《好汉歌》来说,若教师将引子部分的音乐由原来的 2 2 1 1 2 0 0 | 2 2 1 1 2 0 0 | 简化为 2 2 1 2 0 0 | 2 2 1 2 0 0 |,则不仅能避免因十六分音符的出现而造成的弹奏困难,而且更有助于渲染勇敢、坚定、有力的气势。

由上可知,音乐旋律过于复杂的作品往往会造成幼儿的认知负担,同时也会给教师的演唱和演奏带来技术障碍,进而影响对作品主题思想的彰显。因此,"简化旋律,突出'图底关系'的演唱或演奏"应成为一项有效的调控技术。

(2) 歌词对音乐教学的调控作用

有些歌曲的歌词对幼儿来说不够明确;或者歌词的先后顺序没有逻辑性,容易混淆;或者歌词内容太多,因而带给幼儿较重的记忆负担。对于这类歌曲,教师常用的教学策略有:多唱多练、动作暗示、直观形象参与等。但实际上,有时对歌词本身稍加处理,便可降低幼儿的学习难度,提升教学效益了。

在这方面,江苏江阴实验幼儿园的老师们给我们提供了一个很好的思路。该园教师为使幼儿体验国粹京剧的特点,在专业人员的支持和帮助下,她们和大班幼儿集体创编了京歌《龟兔赛跑》:①森林里真热闹,兔子乌龟来赛跑;②兔子在前面跑得快,乌龟在后面慢慢爬;③兔子想乌龟爬得慢,让我来好好睡一觉;④乌龟不停地向前爬,一步一步地超过了它;⑤小动物看见了,都为乌龟喊加油;⑥兔子醒来吓一跳,满脸通红低下了头;⑦小朋友你们说,你们说这是为什么?可以想象,即便幼儿是在"已能朗诵歌词"的基础上学唱歌曲,要想在音乐伴奏下准确无误地逐段演唱,仍然有着不小的记忆负担和反应障碍。在充分考虑了幼儿的学习困难之后,设计者将原曲添加了两句歌词,再配以京剧西皮的唱腔,成为歌曲的一段过门:

1 6 2 | 1 3 | 2 1 6 2 | 1 0 | 1 6 2 | 1 3 | 2 1 6 2 | 1 0 |
龙 里格 龙 咚,龙格 里格 龙。 龙 里格 龙 咚,龙格 里格 龙。

每段歌词唱毕,教师便用动作暗示幼儿演唱这段过门,如此反复了 7 遍。这 7 遍过门是该曲的点睛之处,它一方面凸现了京剧西皮拖长腔、婉转的韵味,另一方面是幼儿感兴趣的一个"点",更为重要的是它起到了启动记忆和增加反应时间的功能:幼儿在唱过门的时候,可以从容不迫地思考下一段歌词的内容。

再看《胡说歌》的歌词:"你把袜子套在耳朵上吗? 袜子套在你的耳朵上吗? 你把袜子套在耳朵上,把袜子套在耳朵上吗? 你把袜子套在耳朵上吗?"歌词中有时以"你把"开头,有时又以"袜子"开头,十分绕口。如果将第二乐句的歌词稍加调整,也唱成"你把袜子套在耳朵上吗?"就既可以降低幼儿演唱的难度,又可以使幼儿有更多的精力去体会歌曲的诙谐、幽默了。

由上可知,适当地对某些歌曲的歌词进行改变(如添加、删减、调整等),能降低幼儿学习的困难,避免因过度的记忆与反应焦虑而失去歌唱活动应有的快乐体验。

2. 辅助性材料对音乐教学的调控作用

作为音乐教学活动中的另一种基本材料,辅助性材料主要包括:道具、身体装饰物、教具、学具、音像制品和音像设备等。本文主要讨论前 4 种。

(1) 道具对音乐教学的调控作用

道具一般是供教师或幼儿表演时所用的器物。虽然在幼儿园音乐教学活动中,大部分情况下并不使用道具,但道具的作用还是不容忽视的。好的道具不仅能唤起幼儿的参与热情,更能起到调控幼儿的学习情绪、调节课堂教学的节奏、拓展幼儿的想象空间、培养幼儿快速反应的能力等作用。

曾有一位广州的老师组织大班幼儿玩游戏《戏狮》。在该活动中,幼儿扮演"小狮子",所用道具是一个套在腰间的塑料圈;教师扮演"大头佛",所用的道具是一把普通的芭蕉扇。在音乐的前半部分,教师设计了"你追我赶"的游戏环节:"大头佛"挥舞扇子,"小狮子"根据扇子上、下、左、右的挥舞线索,双手抚圈做起跳、后退、左摆、右摆的动作。在音乐后半部分,教师设计了一个让幼儿即兴自由模仿小狮子在地上打滚的自娱活动,"大头佛"则将扇子的柄插入衣领内,模拟"挠痒痒"。可以想象,长时间的即兴自由打滚动作必然会导致幼儿兴奋扩散,于是,"扇子"在此又成为帮助幼儿自律的有效工具:凡被扇子触碰到的"小狮子"必须变成"木头狮子"——摆一个造型不动!当然,"大头佛"会让兴奋过度的"小狮子"先变成"木头狮子"。就在该部分音乐结束处,所有的"狮子"都变成了"木头狮子"。游戏反复进行。

上述活动中,小道具——"扇子"发挥了大作用:它引导幼儿有意识地对扇子挥舞的线索作出快速反应,使教师"教"的策略转化为幼儿"学"的策略;它使课堂教学有动有静、有收有放、有紧有松,呈现出舒适的节律;它更促使幼儿自觉维护课堂纪律,成为纪律的主人、秩序的主人……而这一切远比仅仅学会玩一个游戏要重要得多!

相比之下,下列活动中教师提供的道具就显得不够合适了:某教师让小班幼儿手拿风车跳舞,可风车设计过大,不容易转动。于是,幼儿顾不上倾听音乐了,他们不停地跑动,只希望能让自己的风车转动起来。混乱的场面让在场的每一位旁观者都为之捏了把汗。

关于材料的提供,还有一位新教师也有体会。她在组织中班幼儿创造性表演歌曲《理发店》时,先请幼儿回忆在理发店里所看到的"理发师"和"顾客"的种种行为,随后请幼儿逐句创编表演动作,幼儿的动作十分丰富、有趣。末了,她给所有的幼儿提供了道具:给"理发师"戴上帽子,穿上白大褂,并提供一把塑料剪刀;给"顾客"披上围裙,并提供了报纸和镜子。满以为有了这些道具,幼儿会对这个活动更感兴趣,但结果,幼儿的兴趣都转移到了这些道具上,他们摆弄这些道具,歌声寥落,而且因为这些道具的限制,原先创编的许多有趣生动的动作也不能施展了,所有的"理发师"都只能给"顾客""剪"头发,"顾客"们也一律在看报、照镜子,一点也不好玩,虽然老师一个劲地要求幼儿唱出声来,但幼儿还是兴趣索然。教与学的障碍由此而生。

(2)身体装饰物对音乐教学的调控作用

所谓身体装饰物是指幼儿表演时用来修饰、打扮、化妆用的材料。很多教师提供身体装饰物的目的只是为了增加幼儿参与表演的兴趣。实际上,身体装饰物的教育价值远远不止这点。

我们曾经对有关教师作了一个调查:请她们回忆一下,在她们所组织的音乐活动中,哪一次活动自觉最失败?有一个老师说:我自觉最不成功的是音乐游戏《拔萝卜》,因为需要幼儿分角色表演,幼儿虽然头上戴了头饰,但还是不明确自己表演的是什么角色,有的小朋友什么角色都演或者什么角色都不演。

在幼儿园,我们肯定看到过有教师让幼儿戴上头饰进行游戏,一般人都认为让幼儿戴上头饰扮演角色是一种增强幼儿参与活动兴趣和想象力的方法,但事实上,它往往会人为地制造教学的障碍:戴头饰往往会出现一系列的问题而造成幼儿心理和行为的混乱;幼儿自己不会戴,老是等待别人的帮助;戴上又滑落;太大了又挡住眼睛;自己看不见自己,不能明确自己的角色;等等。老师呢,帮了这个又去帮那个,浪费了大量的幼儿学习的时间。比如,老鹰捉小鸡,老鹰有老鹰的头饰,母鸡有母鸡的头饰,所有的小鸡们也要戴头饰,大家忙得不亦乐乎。如果说这个游戏中因为角色较单一,还不至于造成明显的教学障碍的话,那"拔萝卜"中的爷爷、奶奶、小花狗、小花猫、小老鼠们可能就不会那么简单了。就像刚才提到的那位教师班上的孩子那样,不知道自己扮演什么角色,要么什么角色都演,要么什么角色都不演,有的幼儿忙着指出他人的错误,岂不知,他自己也正在犯着同样的错误。实际上,若将头饰改为胸饰、臂饰甚至掌饰便既可以使幼儿获得自我服务的机会,也可以起到自我欣赏、明确自我角色的作用了。

提到"小绅士",很多教师头脑中浮现的便是一位头戴绅士帽、身穿白衬衣、戴领结、挂拐杖的男孩的形象。于是当设计双圈集体舞《顽皮的小绅士》时,许多人顺理成章地觉得可以给幼儿提供上述身体装饰物或道具。其实,这些材料对集体舞蹈的学习几乎没有太大的帮助。

我们都知道,集体舞蹈中最大的教学障碍就是幼儿一般无法自行解决适应复杂空间变化的问题。因此,每到跳舞的时候,教师便成为"导盲者"(即让幼儿站着不动,教师一个一个地将幼儿推拉到相应的位置),其结果是教师教得累,幼儿学得也累。正因为如此,幼儿集体舞蹈教学一直成为音乐教学中的难点。那么,我们能否利用"身体装饰物"来帮助幼儿摆脱因空间辨认和空间运算能力较弱而带来的被动学习的境地呢?

聪明的教师想到一个绝妙的装饰物——每个幼儿右手上戴一只白手套!因为在这个舞蹈中,身体的右侧是舞蹈中相对更为重要的一侧,选择"一只白手套"作为装饰物正是为了帮助幼儿随时能对自己的身体右侧作出快速反应。如在教学中,当教师要求幼儿拉手连接时,只需说"请内外圈上的小绅士们伸出戴手套的那只手,握握手,不松开;再伸出不戴手套的那只手,握握手,也不松开;面向圈上站好",内、外圈上的舞伴便能很快完成"右手拉右手,左手拉左手,顺时针方向站立"的任务了。而当要求幼儿辨认与结交新舞伴时,教师也只需对内圈的女孩子说:"用戴手套的手指着现在的朋友,再顺着手的方向指到旁边,找到下一位朋友,和下一个朋友握手转圈。"甚至该舞蹈中所追求的"步伐统一"的教学目标也可依靠"手套"来达成:双手放在腿上,戴手套的手放在哪条腿上,哪条腿先走。如果在最后一个教学环节教师还能有意识地问幼儿:"跳舞时,手套帮了我们什么忙?"便既帮助幼儿理清了手套在舞蹈时对方位的提示作用,有意识地让幼儿对身体装饰物的应用效果进行反省,又使得这个有效的学习策略得到进一步的强化与巩固,并为日后迁移这个策略做好了准备。

由此可以得到启发:设计既有审美感又可以明显提醒幼儿左右方位的身体装饰物,可有效地起到化解教学难点的作用。通过这个活动中手套的妙用,不难联想,类似的标记方式还很多,如在手心或手背上画圈,腰上系腰带打结,都是一些既简单又易行的教具使用方法,关键是教师在教学过程中要善于挖掘它们的特殊用处,使之成为一个有力的教学手段促进对教学重点难点的突破,这样的教具使用才能真正起到推动教学、促进学习、化解障碍的作用。

(3) 教具对音乐教学的调控作用

教具是用来讲解说明某事物的模型、实物、图片等的总称。这里主要讨论图片对音乐教学的调控作用。

在音乐教学中,图片往往作为一种"先行组织者"对教学起到促进作用:吸引幼儿的注意、营造适宜的课堂教学氛围、加深对音乐的理解等。但图片对教学还有其他更重要的调控作用,这一点可能很多老师并没有太加注意。

有一首歌曲《小鸟》,歌词是:"蓝天里,有阳光,树林里,有花香,小鸟小鸟自由地飞翔。在湖边,在草地,在田野,在山冈,小鸟小鸟自由地飞翔。啦……"试想:如果此时教师仅仅画一幅美丽的山水画(有山、有水、有花、有草、有太阳、有小鸟),那幼儿看着这幅图画仍然会唱着唱着就不知道该唱哪里了。因为湖边、草地、田野、山冈等歌词的顺序没有任何逻辑性,很容易混淆,所以,相比较而言,按照歌词中地点出现的先后顺序排列画面,比画一幅美丽的山水画更有助于解决幼儿的记忆困难。不过这种图片呈现方法又容易陷入另一种教学误区,即帮助幼儿扫除学习中的一切障碍,为幼儿的学习铺平道路。那么,怎样让图片发挥更大的教育价值呢?请看下图:

图 1.2 《小鸟》图谱(一)

实际上,该图片的设计者并不满足于通过图片帮助幼儿记忆歌词,她在设计和实施歌唱活动时,也没有完全把注意力放在歌曲内容和歌唱技能的传授上。活动中,教师一开始就边指图边用歌唱的形式问了幼儿两个问题:在哪里,有阳光?在哪里,有花香?随后,请幼儿用绘画的方式创造性地表达自己对这两个问题的认识。在幼儿作画的过程中,教师一边观察,一边不间断地演唱全曲,使幼儿在无意识记的状态下获得了歌曲的旋律表象。接着,教师和幼儿商议选择其中的两幅画分别贴在两个问号的下方(如山坡、花园),并暗示幼儿用歌唱的形式回答老师提出的问题。教师问:在哪里,有阳光?在哪里,有花香?小鸟小鸟自由地飞翔(此句边唱边画波浪线⌢⌢⌢⌢)。幼儿答:山坡上,有阳光,花园里,有花香。小鸟小鸟自由地飞翔(此句边唱边书空画波浪线)。紧接着,教师边唱副歌部分(啦……),边画波浪线和小鸟,将图片补充完整。见下图(第二行图为副歌部分):

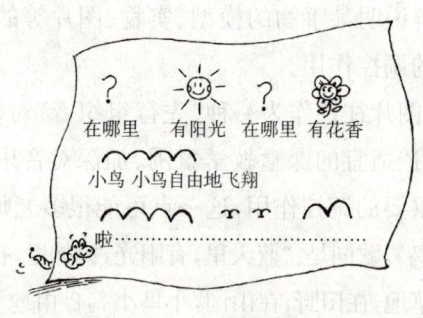

图 1.3 《小鸟》图谱(二)

最后在幼儿较熟练演唱的基础上,请幼儿与同伴交流各自的绘画作品,尝试一问一答地演唱,享受创造和分享他人创造成果的快乐。

该活动获得的教育效益是很大的:调动了幼儿的知识经验,使其大胆地用图画表达自己的思想;尝试将图形符号转化为语言符号,并进行词曲结合,提升了幼儿的语言组织技能;在交流性的合作演唱过程中,幼儿不仅能获得使用体态、目光和歌声进行交流的技能,更能体会到人际交流的乐趣……

（4）学具对音乐教学的调控作用

这里再列举一例大班歌曲《歌唱春天》,看看执教教师是怎样利用学具帮助幼儿记忆歌词的。

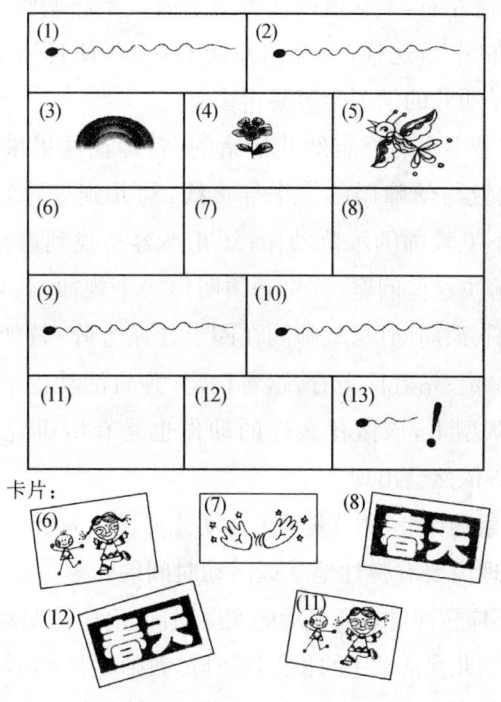

图 1.4 《歌唱春天》图谱

从上例中可见,幼儿利用学具对音乐材料有了深入的组织加工,这种组织加工使幼儿更容易理解歌曲内容,记住歌曲内容。

以上我们谈了音乐材料和几种辅助性材料对幼儿园音乐教学的调控作用。还是那句话:教师只有知道幼儿的学习究竟有什么困难,是什么原因造成了这些困难,然后才能采取有针对性的教学对策,消除教学中的障碍,并进而促进幼儿的自主学习。

五、因时间与空间因素引起的教学障碍

音乐教学活动中因为时间与空间因素处理不当也会造成教与学的困难。曾经有一位教师请幼儿跳贵州的舞蹈《木鼓舞》时,采用了散点站立的方法,也就是我们常说的满天星状态,教师设计的动作是走、走、走、送胯,分别向左向右送胯一次。教师同时采用语言提醒:"左,左,左,送胯;右,右,右,送胯。"可以想象一下,在这样的空间状态下,幼儿学习舞蹈将会出现什么情况——分不清左右,不知道该往哪里送胯。重新调整队型练习:全体围成圆圈,教师站在圈上,这样,幼儿向左向右送胯,便自然变成了向里、向外各送胯一次,这样幼儿的学习会容易得多。

散点站立是最不容易稳定幼儿情绪的,教师在这里采用散点站立的方法本身就是引发教与学障碍的一个导火线:幼儿到处跑动;无论教师怎样站,总有幼儿看不见教师的示范动作;幼儿不容易找到舞伴,分不清左右动作,等等。要想解决这些问题,首先必须明白一个规律,就是:有队型比没有队型稳定;站圆圈、面向圈里、教师同在圈上比站方阵、教师与幼儿面对面稳定;坐着比站着稳定;站着比走着、跑着稳定;独自活动比结伴活动稳定。而且,在什么样的队型下,该做什么样的动作也是有所讲究的。一旦设计不当,新的教学障碍依然会出现。

至于时间因素的调节,那就是要关注幼儿外显行为所显示的心理时间,根据幼儿的实际心理需要有弹性地掌握活动时间的长短。也就是说,教师在实际教学活动中,不应按照钟表所显示的实际时间,而应按照幼儿行为所显示的心理时间。如果幼儿在活动中的积极性下降,教师就要及时转换活动或结束活动,对时间的处理应是灵活的,这样才能避免幼儿的疲劳和消极情绪的产生。

以上我们主要讲了因为教师、幼儿、程序和方法、材料、时间与空间等因素引发的一些教学障碍,也简单地介绍了一些化解这些障碍的教学策略。需要说明的是,教师除了要习得策略外,更重要的是要明晰这些策略背后所隐藏的观念:教学策略的使用不是为了帮助幼儿扫除学习中的一切障碍,为幼儿的学习铺平道路,而是为了将教师"教"的策略转化为幼儿"学"的策略,为幼儿日后迁移这个策略进行经验积累。促进幼儿自主学习,使幼儿能够成为真正的学习的主人、秩序的主人、纪律的主人。这在强调学会学习的今天,显得尤为重要。

总之,儿童的发展是和教师的教育意识分不开的,一个好的教师应该是有着敏感的教育意识的人。

江苏省教育科学学院　谈亦文

1.7　幼儿园歌唱活动中儿童过度焦虑的原因及对策

音乐活动中教师不当的教学处置将会引起儿童过度焦虑,其主要表现有如下几种。

一、干巴巴的说教

《懒惰虫》是一首非常诙谐有趣的歌曲。小朋友们和老师在边唱歌边做着找"懒惰虫"的游戏中体验着歌曲和游戏带来的情趣和快乐。然而当一个小朋友出人意料地说自己是"懒惰虫"时,老师马上停下正在进行的游戏,对全体儿童进行了一番"'懒惰虫'多不好呀,我们都要做勤快人,不做'懒惰虫'……"的说教。游戏的气氛被破坏了。那个说自己是"懒惰虫"的小朋友却因为老师的说教和评价而感到难受,其他小朋友轻松愉快的情绪状态也因为老师这种严肃突兀的说教而突然受到阻断。

聪明的老师则可能会这样做,她会说:"啊,小朋友们,我们终于找到了一个'懒惰虫',我们带他到草地上去劳动劳动吧。"因为她知道即使不做专门的说教,小朋友也都知道"做'懒惰虫'是不好的"这样一个道理,所以她仍然提供了一个游戏的情境,让儿童在轻松愉快的游戏情境中自己去体验劳动的快乐。这种灵活机智、因势利导的方法能使儿童在轻松自由的情境中自然而然地受到熏陶和教育。

二、一次性给儿童的解释性话语和选择性要求过多

一次在小班儿童的歌唱活动《小猫吃鱼》中,老师想让全班小朋友分成吃饱的和没吃饱的两组;吃饱的小朋友站起来,没吃饱的坐下;吃饱的小朋友去喂没吃饱的小朋友。为了让小朋友明白这些要求,这位老师是这样说的:"请吃饱的小朋友站起来,没吃饱的坐下,吃饱的小朋友去喂没吃饱的小朋友。"结果是:有几个小朋友站起来了,其他小朋友几乎都跟着站了起来。老师一看这种情形又说:"请没吃饱的坐下。"结果是:有几个小朋友坐了下来,其他小朋友又跟着几乎全都坐了下来。老师只好又着急地重复了一遍,小朋友则更加迷

惑,越发不知道自己到底该怎么办,整个活动一片混乱。在这种混乱情境中,儿童的焦虑是可以想见的。

一是,老师一次性给出那么多的语言信息,小班儿童根本记不住,不知该怎么做选择。二是,小班儿童的年龄特点决定了他们以形象思维为主,在没有视觉形象呈现的情况下,他们不明白老师到底想让他们做什么。三是,老师一次性给儿童三个选择性要求,没给儿童留下思维转换的时间,必然导致思维的混乱,从而引起情绪紧张。四是,老师给出的三个选择性要求不是相互独立的,前一步的选择影响着下一步的选择,而小班儿童只能对每一个要求做出单独的选择,考虑不到它们之间的必然联系。如他会在"吃没吃饱"这一问题上选择"吃饱了",而在"站着还是坐着"这一问题上选择"坐着"。这样自然会导致混乱。五是,儿童本来就有一种从众心理,看到别的小朋友站起来了,自己自然也想站起来,别的小朋友坐下了,自己也想坐下来。

面对这样的情境,有经验的老师可能会把要求分解:"谁愿意做吃饱的小朋友",留给小朋友一定时间思考,然后再提出第二个要求"请吃饱的小朋友举手",等小朋友选择之后再提出第三个要求"请举手的小朋友站起来",最后让站着的和坐着的小朋友结伴站好,再开始喂。按照这样的流程每个儿童都会思维清晰,行为有序,效果会好得多。类似这样的在我们成人看来好像是把简单问题复杂化的教育处理,对低龄儿童来说恰恰是把复杂问题简单化、明了化,从而使儿童在心理上能够轻松愉快、舒适地接受和理解,进而选择相应的行为。

三、活动节奏过快,超越儿童能力水平

举一个《三只猴子》的例子。这首歌中有一句歌词的节奏是这样的:

$$× \underline{× ×} \underline{× × × ×} \mid \underline{× × × ×} \ × 0$$
有 一只 猴子头上 摔了一个 包

有位老师在范唱和教唱时没有很好地考虑到歌曲的特点和儿童的接受能力,一直用常规的速度歌唱,到这一句时也没有意识到该放慢速度,儿童还没有足够的时间对歌词进行理解和记忆,教师已开始了下面的范唱和教唱。在这种状况下,每唱到这个地方,幼儿都出现乱唱。而老师却意识不到

这是自己的原因,仍然不改变速度,只是重复教唱。老师的重复对儿童来说是没有多大效果的,因为导致儿童歌唱混乱的根本原因不是歌曲教唱的次数不够,而是因为过长的歌词、过快的速度、过于密集的节奏都不合儿童心理的节奏。"当其他人的活动节奏跟我们的相接近时,我们就会感到高兴;但是,当我们被迫使自己适应于他人的节奏时,我们就会感到痛苦。"蒙台梭利道出了儿童的心声。

聪明的老师唱到这一句时一方面会放慢速度,咬准每一个字,让每一个儿童都能听清楚这一句唱的是什么;同时,她会调整歌曲的节奏以适合儿童的节奏,她会这样处理:

$$\times \ \times\times \ \times\times \ \times\times \ | \ \times\times \ \times\times \ \times \ 0$$
有 一只 猴子 头上 摔了 一个 包

在每一小节做换气,"有"字、"猴"字和"摔"字唱时加重,并适当夸张口型,配以头部运动和其他体态动作来帮助儿童掌握。

四、提问、解释、说明的时间选择不合理

《洗一洗》是一首体现大象和其他小动物互相洗澡、互相友爱的歌曲。在这首歌的结束部分,老师让小朋友们站起来放松做游戏,这群小朋友已经坐了20分钟,早就盼着站起来做游戏了,所以非常开心。老师扮演大象,已经伸出了双手做象鼻子,儿童扮演其他小动物,等着老师喷水给他们洗澡。可这时老师突然想起要让小朋友明白等一会其他小动物给大象洗澡时应该洗哪些地方,于是放下双手问小朋友:"你们都是什么小动物呀?你们想洗大象的哪个地方呀?"小朋友本来只是兴高采烈地等着和大象互相洗澡,至于自己做什么小动物,想洗大象哪个地方对他们来说根本不重要。老师在此处提出这样的问题破坏了游戏的气氛,使儿童的游戏行为受到了阻断。

聪明的老师知道在活动结束时最忌讳提问、讲解和说明,她知道儿童在此时更需要放松。她会走到儿童中间,并不断改变方向,使每一个儿童都能看到她,她也能看到每一个儿童。她不要求让每个儿童都明白自己要做什么小动物,她会通过动作示范告诉儿童该洗大象的哪些地方。同样,在其他活动中她也会注意这个问题,她会在儿童处于稳定状态下把该问的问题问

清楚,该解释的细节说明白,该讲的规则讲透彻,而不会在活动中做阻断儿童行为的临时性交代。

五、不恰当或不正确的动作暗示

歌曲《两只小小鸭》前两句是这样的:"两只小小鸭,亲亲小嘴巴(此处有一休止)。"有一位老师左右手各拿了一个木偶小鸭,对这两句歌词做如下表演处理:

"两只小小鸭"(木偶鸭对着小朋友),

"亲亲小嘴巴"(木偶鸭相对,和着节奏做似亲非亲状),

休止(两只木偶鸭做亲嘴动作,小朋友发出亲嘴声音)。

在第二句,当小朋友看到老师把鸭嘴相对时,以为该发出亲嘴声音了,就"吧吧吧"地亲了起来,教室里亲嘴声不断。老师连忙打断,并告诉小朋友还没有到亲嘴的时候,要第二句唱完了再亲。然后重复刚才的动作,情况并没有多大的好转,第三遍、第四遍仍然如此。小朋友已表情紧张,每唱到第二句就不知所措,不知道到底该不该亲嘴。因为老师不让他们在第二句开始时亲嘴,却又用动作暗示他们该亲嘴了,他们的内心变得紊乱,而内心紊乱必然导致行为紊乱。聪明的老师会这样做:

"两只小小鸭"(木偶鸭对着小朋友),

"亲亲小嘴巴"(木偶鸭对着小朋友),

唱到最后一个字时做一个明显的呼吸动作,同时鸭头相对做好亲嘴准备,

休止(木偶鸭亲嘴,小朋友发出亲嘴声音)。

这样在第二句结束时,这位老师通过呼吸和教具的调整给儿童明确的暗示,儿童会觉得流畅舒适。总之,她会在动作的收放程度、动作的准确性和正确性上仔细推敲,认真体味,努力做好每一个动作,以保证带给儿童积极正确的提示和帮助。

六、对儿童的干扰性"帮助"

在音乐角,有一个小朋友正在进行歌舞表演,她一会儿当演员,一会儿当观众,体会着表演的乐趣和成功的幸福。这时有一位老师看小朋友一个人又忙演

出又忙观看,就走过去"帮助"她。老师问她:"你在表演什么呢？能不能把刚才唱的歌再给老师唱一遍呀？"这位小朋友正沉浸于她自己创设的情境中,沉醉于自娱自乐的表演中,老师的介入令她感到尴尬和不安,她立即停止表演,站在那里咬着手指头,无所适从。

聪明的老师会注意观察,适时帮助,她会在儿童确实需要帮助时出现,在该退出时退出。并且,她知道一次不当的介入一旦导致了儿童的厌烦和紧张,那么下一次她活动的积极性将会受到影响。

蒙台梭利告诫我们:"一个教师应当经常对儿童的困境进行反思。"我们认为,更应该对造成儿童困境的原因进行反思,找出自身及其他可能的原因,并不断改正和改进,只有这样才能真正促进儿童健康成长。

南京师范大学教育科学学院　王平
2002 年 12 月

1.8　国外相关研究简述

以下简介的内容,并没有任何的典型性或代表性,仅仅是为了通过介绍这些个案,拓展一下我们在进行研究时选择课题和方法的思路而已。

一、教学内容难度研究

1. 速度难度

到底什么样的速度适合刚刚接触集体律动学习的幼儿？可以采用什么样的方法得知？有无一般的规律可寻？

在相信一般规律,相信年龄接近的幼儿应该有类似能力的立场上,美国有人做了这样的研究:将同一首音乐录制成 8 种不同速度的版本,从每分钟 60 拍开始,每次增加 10 拍,一直增加到 130 拍。让 4～5 岁的幼儿坐着,双手同时拍击大腿。用摄像机拍下幼儿们的反应,最后统计:拍腿动作的总合拍率最高的那一种速度,应该是最适合幼儿随乐运动的速度。这个研究的结论是:每分钟 120～130 拍,可能是幼儿做拍腿动作时最舒适的节奏。当然,特别需要指出的是:动作不同,最舒适的速度也是会有一些差异的。

另外,在相信并强调要尊重幼儿个体差异的立场上,美国也有人做了这样的研究:让刚刚进入集体学习情境的幼儿自己选择舒适的速度做某种运动,如连续敲鼓或连续抚摸吉他的弦,由教师跟随幼儿选择的速度来奏乐或歌唱;再对比在同一幼儿跟随教师规定的速度连续敲鼓或连续抚摸吉他的弦的情况,看哪种情况下幼儿的合拍率会更高。当然,这种研究必须是一个一个幼儿单独来做的。这个研究的结论是:幼儿自选速度的情况下合拍率更高,幼儿的体态和表情也更放松。需要特别指出的是:教师适应幼儿的做法,在集体教学情境中只能够偶然采用,因为不同幼儿有自己不同的最舒适速度;另外,幼儿也需要努力逐渐学会相互协调和适应教师!教师适应幼儿,仅仅应该特别安排在幼儿进入集体学习的最初的阶段!

2. 动作难度

尽管我们一般已经了解先上肢、后下肢、再上下肢联合这样相对粗放的难度"路线图",我们仍旧需要进一步了解更多的细节。下面美国人研究的细节尽管也许有人觉得没有太大必要,但起码这种研究的态度和思路还是可以借鉴的。

具体纳入研究的上肢动作是:拍头、拍肩(不交叉)、拍肩(交叉)、拍手、拍腿。请4~5岁的幼儿跟随同一首音乐做上述动作。每次仅做其中一种。将幼儿反应的情况全程录像,最后根据录像统计每一种动作的总合拍率。再根据合拍率高低将各种动作依次排序,最后将合拍率转换成动作难度的次序——合拍率越高,难度越低。从易到难依次为:拍腿——拍头——拍手——拍肩(不交叉)——拍肩(交叉)。

对可能原因的推测:拍腿,仅仅需要从双腿上轻轻抬起,地心引力自然会牵引双手下降回到双腿上;拍头比拍腿仅仅需要双臂稍举高一些;拍手需要一直克服地心引力持续左右挥动做功;拍肩时大小臂需要持续在向内相互挤压状态下运动;若交叉(左手拍右肩,右手拍左肩),除了大小臂相互挤压外,在幼儿最初不能有意识控制动作幅度的情况下,双臂容易相互干扰。

从上例中至少我们可以看到一种态度:凡是要做结论,都不能凭感觉、想当然!而需要认真考察,在得到确切的事实证明后,才可以用来说服自己和告诉别人。

3. 音准难度研究(五声音阶、半音)

我们一般都相信这样的说法:半音无论是自然半音还是变化半音都是幼儿难以掌握的。相对 2、4 拍子,3 拍子也是幼儿难以掌握的。有些有名的音乐权威人士,明确在自己的著作里告诉人们这样的"知识",大家也就更不愿意去怀疑这里还可能有什么问题了。

美国一位学者就对匈牙利科达伊先生的幼儿首先掌握五声音阶的观点产生了要证实一下的兴趣。于是,她做了下面这个有趣的实验研究。

首先,她自己专门为此创作了一首简单的歌曲,里面包含自然音阶里面的 4、7 两音以及由这两音造成的自然半音(小二度)音程,当然也包含了其他音程。她邀请 4~5 岁的幼儿一个一个来学习演唱这首歌曲。最后来测量统计其中所有音程被唱错的频率。发现:包含 4、7 的所谓自然半音(小二度)音程,被美国幼儿唱错的几率并不比其他音程高。

于是她推测说:很可能是因为文化的关系。因为在美国,幼儿从小接触的歌曲都是七声音阶的,而在匈牙利,幼儿从小频繁接触的歌曲中可能大部分都是五声音阶的。所以,习惯了没有自然半音的匈牙利幼儿唱半音就容易走音;而习惯了有半音的美国幼儿唱半音就没有那么困难。

这个研究启发了我们:经常接触 3 拍子的我国朝鲜族幼儿,掌握 3 拍子的歌曲乐曲一般会比很少接触 3 拍子的汉族幼儿容易。舞蹈时经常运动脖颈的维吾尔族幼儿和经常运动肩膀的蒙古族幼儿,运动起这些本来相对笨拙的躯干部位时自然也比汉族幼儿灵活。

二、学与教的心理学规律研究

1. 幼儿的朴素音乐概念

什么是音乐,这个问题就连我们在师范大学音乐学院里让学生讨论,他们往往也都感到困难。下面这个研究应该能够给我们一个很好的启发。

教师和研究者邀请幼儿用照相机去把他们认为是音乐的事物拍成照片,再带回到教室里来与老师和同伴分享。

这个问题现在看来应该是没有固定答案的!重要的是,每个幼儿都利用自己的现有经验去思考了这个问题,并在自己独立思考和与人交流的过程中对这个问题产生了许多新的经验。

当下有一个新的词汇叫做"迷思概念",大致的含义是:儿童对事物的认识一直处在从混沌向清晰,从简单到复杂,从不完善到完善的发展过程中,而且对这种发展变化有一种主动追求的内在动力。其实,我们成人,甚至所谓的领域专家们,又何尝不是如此?!

认可自己的"迷思",才能不断保持处于一种好奇和自我完善追求的状态!

2. 走音与独立唱

我们教师往往认为:幼儿独立唱歌的时候更容易走音,因为和他人一起唱可以得到他人歌声的支持。美国有人做了实验来验证这样一个普遍的观点。

20名4~5岁的幼儿聚集在教室里齐声歌唱一首刚学会的歌曲,他们每个人单独拥有一个仅仅只能录下他自己声音的录音设备。然后再每人单独演唱同一首歌曲。最后研究者通过仔细分析每个幼儿两次录音中的走音处数量,来确定哪一次唱得更好。结果发现:幼儿独立演唱的时候准确率要更高一些。

推测:幼儿在独立歌唱的时候,自我监控、调适的警惕性更高! 即更有自我责任感。因此,研究者建议:应该让幼儿有机会经常脱离对教师的范唱、乐器伴奏和同伴歌唱的依赖独立演唱。

注意:这种建议纯粹是从歌唱技能掌握的立场出发的! 如果我们更关心幼儿单独演唱或与人一起演唱的需要,我们的活动设计方法选择即使类似,我们的态度也是不同的,对幼儿的音乐生活观的影响也是不同的!

3. 走音与伴奏

关于伴奏的合适性,我国的教科书上已经指出:新授歌曲的教师范唱环节,最好先清唱;然后使用右手单旋律伴奏;待幼儿对旋律有一定印象之后再加入左手的简单和声音型;待幼儿已经能够比较熟练地演唱后再加入更为丰富的音型甚至进一步采用没有旋律的伴奏方式。

但是现在,许多教师并不真正相信或愿意遵照这一书本告知的知识。而且许多教师自己弹琴的技巧不是很熟练,因此也往往更愿意使用现成的录音伴奏音乐甚至是有歌声的录音音乐。

国外有人认真地做实验,证明我国教科书上建议的伴奏加入流程是有道理的!如果不按照上述伴奏加入的流程,很容易造成幼儿走音。而且,还非常容易养成"想当然"或"大概如此"一类的坏习惯和浮躁的人格品质。通俗地说:要让幼儿观察,就要创造良好的环境和条件,让他们能够平心静气地认真观察!

4. 走音与范唱

在我国,通常很少有男性幼儿教师直接教授幼儿唱歌。但在美国,这种情况的确还是有的。于是,他们发现了男女教师范唱对幼儿的不同影响,进而导致了这样的研究。

对比研究男女教师教授新歌时幼儿学习的效果,发现:男教师的范唱幼儿模仿有困难。推测男教师的嗓音实际上是比女教师和幼儿都低 8 度的。要幼儿自动降低 8 度,有些幼儿有困难。于是建议男教师高 8 度范唱或让幼儿范唱。但实际上,真正采用这两种方式是很麻烦的,而且时间长了,幼儿也能够对男教师的范唱产生适应性。这个有趣的结果似乎能够告诉我们:有时候并不需要一味迁就幼儿,幼儿有适应环境的能力,而且,教师也有责任培养幼儿适应环境的能力。

三、其他相关研究

1. 铃木教学法与幼儿意志品质发展

西方的许多人曾经都比较关心铃木教学法对技能培养的效率,后来才逐渐有人意识到铃木本人并没有将小提琴技能作为他的重要目标,而是反复强调提琴教育对幼儿人格尤其是意志品质发展的价值。

铃木教学法的使用到底能否对意志品质的发展产生作用呢?好奇的美国人就此进行了一个实验研究。

研究者对两个自然班级的幼儿进行了不同实验干预:一个班级按照通常的方式上音乐课,另外一个班级是按铃木的方式上音乐课,每次上课的时间和上课的总次数相同。3 个月以后,研究者按照与 3 个月前相同的方式用看图纸搭积木的方式对两班幼儿进行了第二次测量,以考查 3 个月的不同音乐教育方式是否对孩子们产生了不同的影响。为什么要使用与音乐没有关系的搭积木作业呢?研究者认为:因为还需要考查这种意志品质是否可以迁移到不同的领域。评价标准是:看幼儿坚持看图纸搭建的总时间以及能够坚持到最后搭完的人数。按照实验的一般要求,前测两班应该没有实质性差异才能够进行实验干预。在前测认可两个班级意志品质发展水平没有实质性差异的情况下,3个月的干预后进行后测,结论是:铃木教学法的确对幼儿的完成任务的坚持性有明显的正面影响。

需要说明的是,中国读者不需要了解铃木教学法的具体方式是什么,仅仅需要知道:通常美国幼儿园的集体音乐教学活动都是比较低结构的,教师和幼儿比较自由地随便唱个歌,动一动,玩一玩,交流一下感情就可以了,一般是没有什么硬性的学习要求和明确的教学目标的。当然,美国也有非常专业的音乐教育工作者,教学的方式和我国的方法相比,虽然有差异,但促进音乐能力发展的目标很明确。我们不知道这两个班级3个月里到底干了些什么不同的事情,但可以想象,随便玩玩和有学习目标标准并为达成目标进行了努力,结果就是不同的!

2. 婴儿对老妇的积极心理影响

这是一个非常有意思的研究,主要的研究对象不是婴儿,而是老妇。这是美国著名的哥伦比亚大学学者做的研究。研究目的是希望了解,年迈的老人是否能够通过与婴儿的积极音乐互动而重新激起对生活的活力和激情。

参与作为研究对象的老妇7人都是该地区医院的退休护士,年龄都在70岁以上80岁以下。这些老人每周在固定时间被亲人护送到一个婴儿亲子音乐活动中心,与那里的教师、家长和婴儿一起参与音乐活动。其中重要的活动环节是在教师带领下由婴儿的家长抱着婴儿随音乐的节奏去逗这些老妇人。每次活动后,研究者都会对这些老妇进行访谈,了解她们参与活动的感受。研究表明,这种与婴儿一起进行积极音乐共享的活动对这些老年妇女的心理健康,有着非常积极的影响作用!同时,研究人员和教师也相信,这种互动对婴儿也有积极的影响。只不过这些1岁以下的婴儿太小,我们只能够从外部反应得到资料,说明婴儿们非常享受这些交往活动。

特别需要我国研究人员和教师注意的是:这是一个非常有意义的研究和服务领域。今后必定会需要更多的人员投入进来!

3. 一个延迟参与幼儿的个案研究

关心有特殊需要的儿童的发展一直是发达国家教育研究人员特别关心

的一个问题。下面的研究可以给我们非常好的启发。

一位研究人员一直和幼儿园教师一起跟踪研究一名融入集体音乐学习有困难的男性幼儿,并用摄像机记录了这名男孩逐渐改善自己的困境的整个过程。该过程历时2年,可见研究人员和教师的关心、耐心和恒心。

该男孩最初连教室都不肯进入;然后逐步接近门口,躲在门后向里面看;再后是走进教室远远地观看大家的活动;逐步靠近大家;在群体中找到另外一名男孩,经常跟随在那名男孩后面;和那名男孩建立稳定的交流关系;最后再到脱离对那名男孩的依恋,与更多同龄幼儿建立交往关系。

研究人员指出:他们相信儿童的发展有自己的内部动力和速率,成人不应该催促而应该等待。尽管这一观点存在一定的局限:既完全否定了成人的支持,也没有说明社会性发展有障碍的儿童发展困难的原因和困难产生的机制、困难水平是各不相同的,不能简单地使用相同的教育方式。但这种持之以恒的关注和关怀还是非常值得我们钦佩的。

4. 音乐、学习以及音乐偏爱与青少年发展的相关研究

许多不同的研究人员反复研究了这样一个相同的问题:音乐偏爱的不同是否会造成儿童社会性发展的不同方向。或者更直接更单纯地研究:青少年犯罪与音乐偏爱的相关联系。许多类似的研究都得出了这样的结论:喜爱通俗音乐的青少年比喜爱高雅音乐的青少年的犯罪率高。

还有大量音乐学习与学校学习成就的相关研究。20世纪末,我国的研究人员也做了类似的研究。当时不同的研究并没有得出一致的结论。有研究证实说:学习音乐的青少年在学校的学业成绩比没有学习音乐的青少年更好;有研究证实说:学习音乐的青少年在学校的学业成绩比没有学习音乐的青少年要差;也有研究指出:是否学习音乐与青少年在学校的学业成绩没有关系。更有研究者进一步指出:这些研究没有仔细考虑这些孩子的家庭成长、社区生活、接受音乐教育的环境以及学校学习的环境。将这些重要影响因素视而不见,仅仅考查音乐学习和学业成绩的相关,根本不能够说明问题的关键所在!

尽管如此,这些研究的思路和对这些研究思路的批评,都可以给我们提供启发。

5. 音乐舞蹈学习与空间能力发展的相关研究

20世纪另外一类热门的研究就是音乐舞蹈教育与智力的相关研究。其中,对于空间智能和音乐舞蹈教育的关系,有不少研究者关注。有人研究了键盘乐器学习对空间智能发展的影响,也有人研究了集体舞蹈教学对空间智能发展的影响。这些研究的结论都倾向于认可音乐舞蹈学习对空间智能发展的积极影响。

但是,研究者和研究批评者也都保留了对这些所谓积极影响结论的怀疑,并指出:不同领域之间的真正能够产生迁移的影响是非常有限的,而且还需要有意识地进行迁移实践或练习,以便使这些积极影响能够巩固和拓展。

我们在这里简单介绍国外同行的研究,目的仅仅是希望拓展自己的思路而已。同时,我们在这里还特别指出:不要简单地看待教育研究及其结论。因为,任何研究都是人做的,人不但具有时代的局限性,还有个人自己的局限性,追求真理和真相永远只是一个过程。

南京师范大学教育科学学院　许卓娅

第二章 许卓娅个人的研究

● **本章简介**

本章第1节为笔者早年在阅读文献基础上形成的思辨研究报告。第2节是学习心理学过程中进行的一项调查研究的报告。第3节是硕士学位研究报告。第4节是使用调查、思辨和行动研究的方法得到的经验总结。第5节是文献综述研究报告。

2.1 儿童音乐心理理论研究

一、音乐感知的一般理论

和其他姐妹艺术相比,音乐或许可以说是艺术世界中最奇妙、最神秘、最难以捉摸的一种艺术形式了。因为即便是为世界所公认的对此最有发言权的大作曲家们,也从来没有能够对"音乐究竟能够表现什么"这样的问题达成真正一致的意见。

如肖斯塔科维奇曾宣告说:"我的交响乐主题是一种个性的稳定化,在这支乐曲的中心……我看到了一个人的全部经历,终曲把他在前面乐章里的悲痛紧张的情绪化解为乐观态度和人生乐趣。"

而斯特拉文斯基,尽管他一生中曾写过大量具有明确表现内容的标题音乐作品,如《火鸟》、《春之祭》、《士兵的故事》、《阿波罗》,等等,但他却坚持认为:"从本质上说,音乐对表现任何东西却是无能为力的:它不能表现某种情感、某种自然现象,或者诸如此类的东西。"

其实,作曲家们想通过音乐表现什么,哲学家、音乐学家或者儿童的音乐教师们认为音乐听众应该从音乐中听取什么,都不是音乐感知心理学所关心的问题。音乐感知心理学所真正关心的是:各种各样不同的音乐听众,在各种各样不同的情况下,实际上想从音乐中听取什么,以及他们实际上听到了些什么。

音乐感知是一种颇具神秘性的感知活动,甚至于许多人都坚持这样一种说法:个人的音乐体验是不可用语言或者其他任何方式来传达或交流的。我们应该承认:描述自身的音乐体验,的确要比描述其他审美体验困难得多。但如果因此认为音乐体验绝对不可描述,就等于承认音乐感知心理研究的领域是一条绝对不可能走得通的死胡同了。

事实上,从古至今,人们一直普遍承认并出于本能地、极其自然地使用着这样一种描述音乐体验的方法,那就是类比(包含"比喻"、"象征"、"联想描述")。尽管我们必须警惕,盲目地、绝对化地采用和信任这种"类比描述"所提供的信息,会使音乐感知心理的研究陷入另一种困境,但我们仍然有充分的理由相信:"类比描述"是我们目前得以窥视音乐感知心理黑箱的绝少缝隙之一。

类比,是指在事物间具有的类似方面中进行比较,从已知事物的特性中类推出与其相似的事物也具有某种相同特性的一种思维方法。

例如,一个1岁半的女孩在听到一首童声独唱的河北民歌《小白菜》的录音后,突然用手向上指并假装出哭泣的表情和声音,以向成人表达她对自身感受的看法:这歌声与楼上另一小孩的哭泣声是相似的。而当一个6岁的女童被要求在《小白菜》和《可怜的秋香》(黎锦辉作曲)之间作出选择,用它们来与"可怜"这一词汇相匹配时,这个女童毫不犹豫地选择了前者,并坚决地否定了后者与该词相匹配的可能性。

如果让受过相当程度音乐训练的专业音乐教师来分析这两首音乐的旋律特点,并解释前述那位六岁女童的反应时,他们通常都会认为:这是因为前者的旋律线呈连续级进下行的波浪状,所以较容易造成听者的无力感、消极感;而后者的旋律线是较丰富多变的上下起伏状,所以较容易造成听者的活跃感、积极感……甚至这些教师还会提供乐谱或者视觉图形来进一步支持这种解释:

从这组例子中,我们可以清楚地看出:不论是假装哭泣,还是对"可怜"一词选择匹配,还是使用"下行"、"波浪状"、"上下起伏"以及"无力"、"活跃"、"积极"、"消极"这些描述词汇,或是提供可由视觉来观察体验的乐谱或图形,归根结底,都是人们对"类比"这种思维方式的使用,而且我们同样也可以看出,正是这种借助于类比的传达或是表达,使我们探索音乐感知心理奥秘的工作获得了某种可能性。

音乐感知也是一种最具有个性的感知活动。不但各种有关的研究结果都支持了这种看法,而且一般的人们也普遍意识到:不同的听者会在同样的时空条件下从同一首音乐中听到完全不同的东西,同一听者在不同的时空条件下也会从同一首音乐中听到完全不同的东西。

例如,在一个研究中,当几百名不同年龄的学生被要求对同一首音乐(舒伯特的《圣母颂》,为小提琴独奏改编、钢琴伴奏)的同一录音音响作出自己的体验描述时,有的人说似乎看到了"翩翩起舞的天鹅或仙女,有的人说联想起"一条严重污染的河流"或"孤独伤感的流浪者",有的人说感受到了欢乐、幸福、宁静或"崇高的母爱",而有的人说感受到的是压抑、痛苦、悲凉或起伏不平的激情,有的人评价说"从来没有听过这么好听的音乐",而有的人却认为这首音乐在写作或演奏方面是不尽如人意的……

造成这些差异的原因是什么?即,被这些表面差异所掩盖的本质差异及其形成机制是什么?人的音乐感知活动有无共同规律可循?而这种共同规律又是什么?要弄清这些问题,还需要从感知过程和感知反应结果这两个方面来分别加以进一步的考查。

首先,我们愿意把下面分析、研究的基础建立在这样一种理解模式上——人的任何审美感知活动都是建立在自身内部的审美图式和外部的审美情境之间相互作用的基础之上的。人们基于这两者对审美刺激提出审美期望,并以自己的期望来指导自己的注意指向(注意焦点),并根据期望被满足或遭受挫折的具体情况来调节自身的期望和注意指向,甚至调节自身内部的审美图式或外部的审美情境,以最终获得审美满足乃至内部审美图式或外部审美情境的完善化。

在这个理论模式中,需要特别注意的看法有以下两点:

第一,音乐感知活动是一个内外相互作用的整体动态过程,即参与这一过程的全部内外因素都会对感知结果产生影响,而且这些影响必须是作为一个整体发生作用的。如下图:

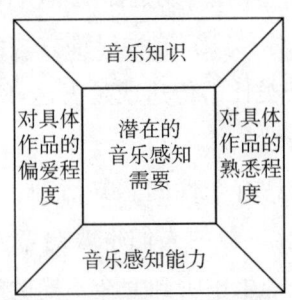

图 2.1 审美感知者的内部结构示意图

第二,作为审美主体的人,是可以而且应该主动地对审美期望、内部审美图式及外部审美情境的完善化进行调节和改善的。

此外，我们打算通过"感知过程"和"感知结果"这两条线索来对音乐感知的规律及其产生机制进行探讨，并基于这个目的而人为地将这二者进行某种理论上的分割或分类。

如，在对音乐感知过程进行研究时，我们就把听者对音乐的感知过程人为地分割成了三个阶段，并把它们分别称作"定势阶段"、"反应阶段"和"反省阶段"。

在定势阶段中，听者一般都会有意识或无意识地先确定自己打算从音乐中听取什么，并为达到自己的目标做好相应的心理准备。这时，也就产生了对音乐的某些方面的注意倾向性。

例如，有的人想重温一个熟悉或偏爱的音响，他就可能会将注意焦点指向音乐的总体音响或演唱、演奏者的特殊表演风格等方面；有的人想熟悉或记住一个陌生的作品，他就可能会集中注意于旋律的轮廓和句子；有的人想获得对作品某种理解，他就可能会特别注意体会音响总体性质中与各种情况体验相一致的方面，等等。

反应阶段，是指听者按照定势确定的注意中心对音乐的音响进行实际感知的阶段。在这一阶段中，听者一般并不能清醒地意识到自己所听到的东西，而仅仅是根据自己的定势期待与实际感知结果的一致程度不断获得某种"满足"与"受挫"的感觉。只要这些"满足"或"受挫"在比例上是适当的，听者就会得到相应的审美快感。听者的定势期待与自身感知能力的一致性越高，定势期待越具体、越明确、越细致、越丰富，感知过程中所获得的"满足"与"受挫"的比例就越协调，感知所得的审美快感也就越强烈。

反省阶段，是指听者对自己获得快感的强烈程度及原因进行有意识反省的阶段。尽管这一阶段往往是与定势的反应过程交织在一起的，但我们认为它存在的理由是：当听者明确地意识到自己在听什么和听到了什么时（有时这种意识仅是刹那间的闪现），听者对音乐音响全神贯注的注意和感知实际上就已中断了。在一个有关的研究中，许多受调查者反映说："在我有意识地要求自己去听什么或者有意识地注意判断自己听到了什么的时候，实际上我已经不能很好地继续注意音乐本身了。"

同样，我们在对音乐感知结果进行研究时，也把听者对自身音乐体验的反映（描述）进行了分类，并把它们分别称作："音响反应型"、"情感反应型"

和"联想反应型"。在这三种类型中又可再分为若干不同层次的子类反应。我们不能忘记:这三种类型的反应都是听者对音乐做出某种类比判断的结果,而且各类型之间,听者观察和表述的角度是不同的;同一类型的不同层次之间,听者的观察和表述水平也是不同的。

例如,在听过同一首由钢琴伴奏的小提琴独奏音响后,6岁组听者至多能说出那是由乐器演奏的;10岁至22岁各组未受过专门音乐训练的听者一般能说出那是提琴和钢琴共同演奏的;22岁组受过一定专门音乐训练的听者(高等师范学校音乐专业三年级学生)中,指出钢琴采用了"分解和弦"、"琶音"等演奏技巧的人仅是少数,而指出"小提琴在开始时采用了只在G弦上演奏的方法,以便能获得低沉厚实的音响"的人就更是凤毛麟角了。

与此相对照,受过更多更好正规的专业音乐训练的大学音乐教师,能说出远比以上所述多得多的细节。

如在受调查的6位专业音乐教师中,第一位小提琴教师指出:由于作者使用了G弦、慢速等技法,使第一次出现的主旋律给人以松弛、柔美、偏暗、偏厚、略带压抑而又充满虔诚期望的印象;而后又由于使用了E弦(此前提高了两个八度)、快速、双音(先是较柔和的八度双音,后又转用更为明亮、坚挺的六度双音)等技法,而使重复出现的主旋律给人以越来越明朗、越来越热切的感觉。

而第二位小提琴教师却主要描述说:在他听来,这位小提琴演奏者使用了相当与众不同的演奏风格——速度比一般人偏快,运弓的力度和幅度也比一般人偏大。因此,他的演奏使这段录音听起来比一般人的演奏更显得激动。

第三位钢琴教师所注意和描述的是钢琴伴奏如何从平稳、宁静的分解和弦转入密集的、快速滚动起伏的琶音,而最终把乐曲的情绪推向高潮的。

第四位声乐教师仅注意和描述了与歌词直接联系着的情绪情感变化。

第五位音乐史教师则陈述说:他听到了乐曲的风格与作者所处时代的普遍创作风格的高度一致性。

第六位兼教过作曲课的教师甚至还谈到了乐曲之所以给人一种含淡淡愁思的感觉,在一定程度上与它的级进为主的小波浪状旋律形态,和句末的二度级进收束方式有很大关系。尤其是第三乐句末,由mi下行小二度后终止在变化音级升 re 上,这种停留在调式以外音的进行和收束,极容易造成听者心理上的不稳定感、不安感和无力感。

从上例中,我们不难看出同类型反应中不同层次反应的差异。同时,我们也会看出,这种差异的形成是与音乐经验,其中特别是与系统音乐训练所造就的音乐经验有关的。受过更多系统音乐训练的人,会比一般人更为强烈地期望获得有关表演、创作以及音乐进行本身的审美信息。因此,在听音乐的过程中,他们会比一般人更加自觉地去听取这些信息,同时,他们也能比一般人听到更多的有关信息。

正因为如此,绝大多数的音乐家都认为:能更积极地去追随作曲家和表演艺术家的创作思路,能更多更好地从音乐音响进行的本身中去追求和获取审美感受,这两点对于音乐感受活动本身来说,是更重要和更有价值的。

二、音乐感知过程分析

前文中我们已经说过:在音乐感知的过程中,一个人从音乐中实际上听到了什么,在很大程度上取决于他能够听到什么和他打算听取什么。仅就听者的定势期待——"听取目标"——而言,决定一经做出,感知者便会集中注意于期望听到的那一部分音乐信息,而其他信息,就会被感知者在感知过程中从整体音响中分离出去,从而成为主要感知对象后面的一片模糊不清的背景。这种情况由人的注意范围的有限性所决定,通常被解释为"知觉的能动组织作用"的结果。

例如,在瓦格纳的歌剧《特里斯坦与依索尔德》中,有一个长约 10 分钟的被人称作《爱之死》的终曲。在这段终曲里,音乐的响度和宽度逐渐增强,在任何一个调上都停顿不下来,乐曲在达到狂热的顶点后,又开始逐渐转入安详、沉默和宁静。当乐曲最终停止在一个单音上时,宁静达到了顶点,就如同一切生命也都停止了似的。瓦格纳本人曾经把这段终止所表现的意义描述为"一个长时间的狂喜"。

对于同样的这段《爱之死》,一个听者可能期待着它会保持在一个明确的调性上,这种定势就会使他将绝大部分注意力集中在倾听和等待标志明确调性建立的那种感受上;而另一个听者,甚至是同一个听者,在另一种情境下,也可能会产生把《爱之死》听成表现情欲过程的定势,这种定势又会使他将主要注意力集中于与自身情欲体验或有关联想之间具有类似特征的信息上。

定势期待,按照其期待的指向性,一般地被分为两种类型:在第一种类型中,期待是指向音乐进行本身的意义的,或者更通俗地说是指向音乐形式的意义的;而在第二种类型中,期待则是指向音乐进行以外的意义的,或者更通俗地说是指向音乐内容的意义的。

就音乐本身来说,任何一部音乐作品都是以上述两种方式来传达其意义的。期望《爱之死》保持在一个调性上的听者,在其结尾处最终等到了那种长时间一直期待着的——调性明确化的音乐意义;而期望《爱之死》能传达某种情欲过程的听者,则在其不断展现的整个过程中体验到了情欲的这种"上升,直至炽烈,然后下降,直至死一般宁静"的音乐意义。

就音乐感知者来说,要产生指向音乐进行本身意义的期待,必须具备的重要条件就是对音乐要素及各种组织规律的熟悉和了解。如对乐曲终止方式的体验和期望,是建立在感知者有关这方面的知识经验的基础之上的。如:受过训练的听众会自觉地等待《爱之死》达到某一明确的调性上而获得宁静感,而未受过训练的听众,则仅仅在它最终达到某种调性上时才会突然意识到一种紧张之后的放松。再如,同样的音调程式在文艺复兴时期的音乐中是表示结束的,而在18世纪和19世纪的音乐中就显得不合适。不熟悉文艺复兴时期作品结束风格的有训练的听众,会感到这些作品不完整,他们会犹有期待,并最终得到某种受挫感;但熟悉这一时期音乐的听众则会觉得这些作品是完善的,而且他们对完满结束的期待也会终止于他们所获得的满足感。

就此而言,对音乐本身意义的期待,是获得对音乐本身意义理解的重要前提。作曲家们在作品中往往有意识地创造这种期待,然后又违背之,以期能使音乐听众在期待、期待受挫或期待满足的动力过程中获得更丰富、更深刻的审美满足。

如《爱之死》拒绝停留在单一调性上,这在一定程度上违背了人们所熟悉的传统。对此,有所期待的听众就会不断地感到一种受挫后的惊讶,并在此基础上萌生出新的更加强烈的期望。也就是说,期待受挫也可能会最终导致另一种满足,这种满足是建立在人对新颖的自觉追求的基础之上的。

正如一首小调音乐突然出乎意料地结束在大调上时，在刹那间的受挫和惊讶体验之后，完全自觉地意识到自己还在期待什么的听众，又会立刻体验到另一种耳目一新的、令人振奋的快感。

综上所述，对音乐进行本身意义的定势期待是建立在对音乐组织规律某种程度熟知的基础之上的。这种熟知有多种方面、多种层次。因此，在音乐感知的过程中，能更多地感知音乐本身意义的主要还是受过专业训练的听众。而对较少了解音乐组织规律或不甚了解某种特殊音乐组织规律的听众来说，音乐音响的进行就不能唤起他们对音乐本身意义的强烈而明确的期望。这正如一般西方人第一次听印度音乐时很可能不知道自己会期待什么一样。

然而，对音乐规律的无知或寡闻并不意味着音乐对我们是没有意义的。在这种情况下，感知者可以更多地期望去了解音乐进行之外的表现的意义。

例如，如果音乐是由缓慢演奏的低沉音调所构成的，我们就会把作品视为再现悲哀情绪的；如果它是由快速、明亮、跳跃的高音所构成的，我们就可以把它视为是表现快乐的。在这种情况下，即使音乐是完全陌生的，至少还是可以激起一种情绪反应的。也就是说，在对音乐组织的一般规律或对具体作品的特殊组织规律少有了解的情况下，我们还可以期望从音响的总体运动状态给我们的印象中获得对其表现的情感意义的理解，如听众可期望从《爱之死》那不确定的渐强和渐弱的进行过程中，获得逐渐激动与逐渐平静的情感体验。

当然，对音乐进行以外的表现意义的理解通常还有另外一种类型的表现形式——联想。若按联想被意识控制的程度来划分，可有两种情况：其一是被动联想，指听者在音响刺激下自然产生的有时甚至是不可抑制的浮想翩翩；其二是主动联想，指听者有意识地通过音响及其他有关暗示线索去追忆或想象。

若换一个角度，按联想所加工的材料或内容来看，又可有三种情况：其一是动作联想，指听者在音响刺激下产生的动作反应（可以是内隐的，也可以是外显的）；其二是表象联想，指听者在音响刺激下产生的与画面、场景、人物、事件等与视觉表象活动有关的反应；其三是语意联想，指听者在音响刺激下产生的言语活动反应（这种反应亦存在内隐和外显两种）。

若再换一个角度,按联想发生的速度来划分,又可有两种情况:其一是即时联想,指发生速度快到几乎与音响进行同时展开和终止的程度;二是后补联想,指发生速度较慢,有时甚至是在音响终止之后,为某种交流需要在反省过程中产生的。

尽管无论何种类型的联想,都是指向音乐进行以外的表现意义的,但由于这些联想毕竟是在音乐的特定音响模式刺激下产生的,而且又总是在不同程度上与音响的特定模式有着某种内在的本质联系,所以我们仍必须承认:它们与情感体验一样,是属于音乐意义的一部分的。

无论是情感体验,还是想象联想,都是可以期望的,而且都是可以最终获得对音乐意义的部分理解的。但还需要格外指出的是:在实际的音乐感知活动中,听者的定势期待往往并不是指向某一个特定角度。而且,即使在某一次具体的感知过程中,听者也可能会多次调整或改变自己的定势期待,特别对于那些音乐素养一般的音乐听众来说更是如此。例如,一个人可能最初期望获得一些画面清晰的联想,但由于在感知过程中多次反复受挫而想到自己应该去按一些有关的背景材料来补充调整一下自己的感知结构;另一个人可能一开始只是在注意音乐是由什么乐器伴奏的,随后又转向注意歌唱者的美好音色,再后又突然意识到这位歌唱者的风格是与自己崇拜的另一位歌唱者很相似的,等等。

音乐感知反应的结果主要是"满足体验"和"受挫体验"。满足体验产生于期待获得肯定之后,这种体验会导致听者对音乐及自我体验的沉浸、陶醉、理智上的自我肯定、对音乐审美价值的肯定,或者重复倾听等反应。受挫体验会根据其强度和累积量的不同导致不同的后继反应。如适中强度和累积量的受挫体验,会导致产生从惊讶到惊喜再到满足的波折体验,有时波折体验会比直接的满足体验产生更多更丰富更强烈的审美快感。如果受挫体验过于强烈,或者因一再受挫而使受挫感累积量过大,超过感知者所能承受的负荷量,就会导致失望、重新定势、对音乐的审美价值的否定、对自身审美能力的否定,或者中途放弃倾听等反应。

三、音乐感知结果分析

音乐感知结果的差异是由个人的经验和个人的个性气质特征所共同决定

的,我们可以把造成这种差异的心理机制称作个人的音乐感知图式。首先,必须承认,作为个人的音乐感知图式是独一无二的。但同时也应认识到,由于类似的时空条件所造成的类似经验以及气质类型相似性的作用,不同个人的感知图式之间,也往往会产生某些相似性。

在一个对300多名6～22岁在校学生所进行的有关调查中,我们注意到了以下两种情况:其一是,在音乐的意义具有某种模糊性的情况下,听者群体中的体验差异会在性质对立的、两极中的一段连续范围内呈现出大幅度左右摇摆的状态;其二是,绝大部分人都倾向于进行"联想型"或"联想、混合型"反映(描述),不同年龄的儿童之间,在"类比"的使用上具有不同的水平,同年龄儿童之间也存在着明显的个体差异。

这个研究是让儿童在听完同一首《圣母颂》的录音之后,用文字描述自己的感知结果(对6岁组儿童采用口述和成人记录的方法)。通过对儿童感知结果——描述中所使用的表达情感的词汇以及联想形象所暗示的情感性质等进行综合分析,我们得到了如下结果。

首先是,由于该乐曲在音响的结构性质上具有某种无倾向性(或者说是模糊性),因此,儿童的情感体验也呈现出在对立情感两极中的一段连续范围内大幅度摇摆的状态。如下图:

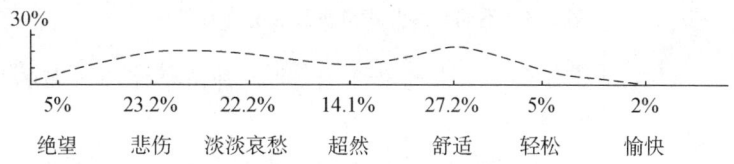

图 2.2 《圣母颂》听者主述情绪分布图

这种情况的产生,应该更多地与个性气质类型和个人经验对感知的影响相联系。

其次,不同年龄儿童的体验在同一摇摆范围内有着不同的分布状态,如图2.3:

我们不难发现:12岁以下儿童的体验偏向于分布在积极情感的一侧,特别是在12岁组儿童中,这种情况更为突出。而12岁以上儿童的体验则偏向于分布在消极情感的一侧,特别是在15岁组儿童中,这种情况最为明显。18

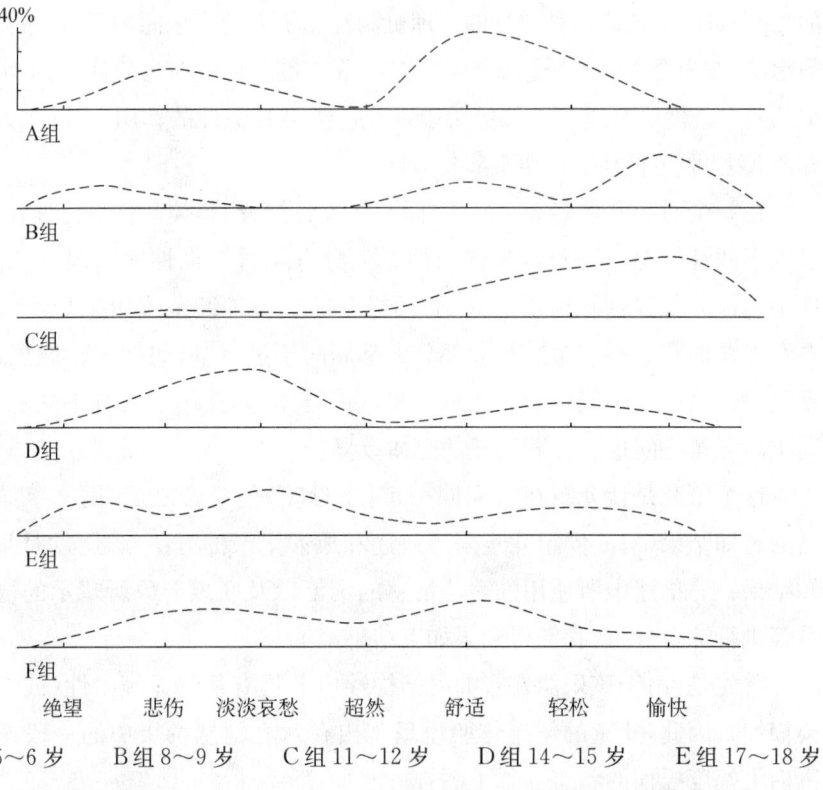

图 2.3　不同年龄儿童情感反应分布模拟图

岁以上产生中立情感体验的人数逐步上升,且各种情感体验分布的状态趋向均匀。

从第一种情况看,儿童情感体验的差异可能与特定年龄阶段的心境状态有关。如中学生,他们对与消极情感有类似结构的听觉信息有着更敏锐的感受性,这与此阶段儿童在心理上的大转折、大变化以及他们所面临的升学、求职问题所产生的心理压力等,都有一定的关系。

从第二种情况看,儿童对音乐的情感体验,与其情感体验能力的发展、完善状态也有相当大的关系。年龄越大,儿童音乐的情感体验也越精确、越细致、越丰富。

对此,我们还可以从儿童对情感描述词汇的使用这一角度,来进一步分析这种情感体验能力的发展。见下表:

表 2.1 儿童情感描述词汇表

年龄 \ 词汇类型	绝望	悲伤	淡淡哀愁	超然	舒适	轻松	愉快
6 岁	很难过	难过、想哭	有点难过，心里有点不舒服		很舒服	轻轻地、高兴	很高兴
9 岁	非常伤心，非常痛苦，残酷、悲伤、绝望	心情沉重、受苦、悲哀	[一个人在海边思念亲人]	[外国妇女求上帝保佑]	[妈妈哄小宝宝睡觉]	[优美轻快]	愉快、欢快、高兴
12 岁	非常痛苦	深沉	恋恋不舍	心旷神怡	幽静、温柔、柔和、陶醉	喜爱、舒畅	快乐、欢乐、愉快、高兴、兴奋
15 岁	悲怆、悲伤、忧愤、残酷、绝望	忧伤、忧郁、悲哀婉、凄凉、悲切、苦涩、压抑	淡淡的忧伤、舒适而忧伤、淡淡的孤独、缠绵愁怅、淡淡的愁思、依依不舍	心旷神怡、崇敬	爱意、安慰、柔情、缠绵、温柔	很惬意的、动感、轻松自然、舒畅	满足和欢快、开阔激动、美妙、幸福
18 岁	无奈地孤独、不堪重负地凄楚、临死前痛苦地挣扎、悲戚、愤懑、绝望、哀伤	深沉忧郁、伤心难过、悲哀无奈、愁怅悲哀、灰调子、哀婉凄婉	宁静凄美、淡淡愁思、茫然所失、依恋中有一丝悲哀、悲伤中又不失希望	和谐、纯洁、崇高、心旷神怡、肃穆庄严	宁静安详、平静温暖、慈母般的温情、舒服	清新、轻松愉快	舒畅而又略带兴奋

(续表)

词汇类型 年龄	绝望	悲伤	淡淡哀愁	超然	舒适	轻松	愉快
21～22岁	痛哭、痛苦呻吟、凄凉呻吟、如泣如诉、凄凉痛苦	沉重、烦闷、无限愁思、低沉抑郁、灰色、不平	亲切忧郁、美妙缠绵而又忧伤、哀伤不失希望、孤独而又自由、淡淡哀伤、宁静、庄重优美而又含淡淡哀伤	超脱、超然、虔诚期待、庄严	舒心、优雅、优美动人、优美幸福、安静舒适、温柔优美	轻松愉快、轻松流动	愉快舒畅、愉快起舞

从表中列举词汇的质、量两方面看,年龄较小的儿童情感分化水平低,且只能掌握较少、较粗糙的词汇,如难过、高兴、舒服等。另外,低龄儿童中性情感体验尚未很好发展,在描述情感体验的词汇掌握上也偏向于先掌握更趋近两极情感的词汇。值得注意的是,为了补偿词汇质量的不足,6岁组儿童自发地创造性地采用了"很、非常、有点、轻轻地"等修饰词,以达到其增加描述精确性的目的。

在9岁组儿童中,我们可以看到一种"过渡性"的情况:这时,中性、模糊性较强的情感体验已初步发展起来,但儿童还没有能掌握描述它们的适当词汇,所以他们只能更多地依赖于形象类比的方式(如表中括号内所示)。

随着年龄的增长,儿童不仅学会了使用更多的、具有更细腻表达内涵的词汇,而且对更接近中性点的情绪描述能力也发展起来了。在提高描述的确定性、丰富性、鲜明性方面,高年龄儿童还趋向于使用含意近似、或含意略有背离的并列词汇描述法,如:伤心难过、缠绵惆怅、肃穆庄严、宁静安详、轻松自由、舒畅而又略带兴奋以及舒适而忧伤、孤独而又自由、亲切而又忧郁等。甚至在18～22岁的年龄阶段中,还出现了描述完全对立情感的交织体验的情况。这些情况都似乎进一步说明了,儿童对音乐情感意义的体验,随着年龄的不断增长,不仅是越来越分化、越来越丰富,而且也是越来越综合,越来越复杂了。

另外,儿童对音乐体验的语言描述还在一定程度上依赖于他们自身的各种有关经验。这表现在不仅被调查的低龄儿童,多倾向于用有情感的形象来代替表达情感的词汇,在已能够较好使用情感描述词汇的年龄较大的儿童,甚至大学生中,纯粹描述主观情感体验而毫不涉及情感形象也仅在极个别,而在绝大多数情况下,总是两种(情感、联想)描述方式并用的。

在这主观情感体验描述中,尽管并不借助于自身以外的任何客观形象,但总体仍不能脱离对类比方式的使用。如"我感到一种温暖和柔情的东西,它们轻轻地抚摸着我,包围着我,使我难以透气……""我想到心脏莫名其妙地微微颤动……""微微眯起眼睛,自己好像要飞舞起来,心里有一种说不出的带有一种孤独感的满足和欢乐……"等等。

虽然这种纯主观描述在儿童的音乐体验反应中是极稀有的,但这种体验受到了大多数哲学家、画家、心理学家、教育学家的青睐。这倒并非是因为物以稀为贵,而是人们一致认为这种更多地直接指向自身的体验对个人是具有价值的,而且这种描述也能更多地帮助人们了解心理体验与生理感觉之间的种种神秘联系。

尽管联想是各年龄儿童所一致使用的描述体验的方式,但在不同年龄的儿童之间,联想的内容是不大相同的。在这种不同之中,我们似乎感觉到:年龄越大,儿童越倾向于自觉地把自己与审美情境、审美对象融合在一起,把审美活动与其他人生认识、人生思考联系在一起。如:在15~22岁组中,以自己进入情境为中心而进行的联想居多。具体描述如:"我仿佛睡在溪边的草地上欣然享受着微风和日光""我好像随着洁白的雪花一起旋转",等等。这种情况在该年龄段约占总人数15%~40%。

以他人进入的情境为中心而进行的联想,在各年龄阶段都很普遍,总的比例约在30%~50%之间,具体描述如:仙女穿着白裙子跳舞;叔叔阿姨晚上在公园划小船;一个可怜的小女孩光着脚走在黑漆漆的大街上;大海边站着一位孤独的小提琴手;一个虔诚少女跪在圣母像前,等等。这种情况在9岁儿童中为最多。

以纯自然情境为中心的联想,在9~12岁儿童中居多。在9岁儿童中约占42%,在12岁儿童中,许多人都用如"太阳起落,海潮涨退,风起风止,雨下雨住,河流由近及远,月亮在云中出入"等形象描述,细腻地表现了乐曲在音响的结构张力上的变化过程。这在其他所有年龄段中都是不多见的。

在 18~22 岁组中,还倾向于在音乐体验的反映之余联想到有关对人生的种种看法。如:人生坎坷;前途莫测;人们需要更振奋的音乐;人活着就要不断追求,等等。这种情况在该年龄段中约占 20%~30%。

以上研究,通过对儿童音乐感知结果的分析,主要为我们提供了有关不同年龄儿童之间的感知差异及这些差异与儿童发展阶段特点的某些关系。而下面的研究,则提供了同年龄儿童在感知差异及其产生原因方面的一些情况。

在这个研究中,研究者主要调查了 6 岁儿童用动作、语言、绘画等 3 种不同方式对 3 首不同性质的音乐所做的反映,对 200 多名儿童的反映结果进行分析。人们对该领域的探索提供了以下线索:

1. 在同年龄儿童中,体验和表达其音乐感知状况的水平是存在个体差异的。如,同是用语言进行描述,有些幼儿认为:第一首音乐(《伏尔加船夫曲》后段)表现的是一个伟大的人死后的送葬场面;穷人在坏蛋的鞭打下搬抬重物的场面;打了败仗后许多伤兵在雪地歌唱的场面⋯⋯第二首音乐(《摇篮曲》"哼鸣"片段)表现的是:一个不伟大的普通的人死后家里人想念他的场面;妈妈哄小宝宝睡觉时歌唱的场面;仙女跳舞的场面⋯⋯第三首音乐(《单簧管波尔卡》片段)表现的是:一个结婚的喜庆场面;在游乐场玩旋转玩具的场面;欢乐歌舞的场面,等等。

另一些幼儿则认为:第一首音乐讲的是大狗熊掉进坑里爬不上来在哼哼;大鸟慢慢飞;梦见一个大怪物⋯⋯第二首音乐讲的是小花开放了;小鸟慢慢飞;河水轻轻流⋯⋯第三首音乐讲的是小鸟快快飞;小白兔蹦蹦跳跳出去吃青草;电风扇转呀转,等等。

还有一些幼儿则只能说两首音乐中讲的都是扫地的事情,都是大象,大汽车⋯⋯或者干脆说不知道,等等。

从上例中不难看出,无论在感受体验方面,还是在描述能力方面,儿童的有关发展都是极不平衡的。

2. 在 6 岁儿童中,已开始出现用动作、绘画形象和语言对音乐体验进行类比描述的初步发展。

如:一名未受过任何特殊训练的、又自称不会画画的女童,被允许用颜色来表达她对以上所举三首音乐的体验。她毫不犹豫地为第一首音乐选择了黑色,第二首音乐选择了粉红色,第三首音乐选择了金黄色(橙色)。

再如:在儿童用绘画来表现上述三首乐曲结束处的渐弱时,他们采用了以下的一些方法:面积递减的几何图形;长度递减的线段;向内不断层层收缩的长方形;飞机"飞起来时很响,飞远就听不到了";太阳("高",儿童的意思实际上是响的声音),花("中间"代表一般的声音),草("低",代表轻轻的声音)等。在另一个研究中,一名6岁幼儿为二胡独奏《江河水》画了一个紫色的还在哭泣的太阳,而他的一名同伴却画了一张"古时候的人受苦的故事";一名幼儿为儿童乐曲《过新年》画了一张"抬花轿送新娘"的图画,而他的同伴却画了一辆正开过饰满鲜花彩灯和旗帜的"凯旋门"的解放军汽车。

3. 儿童在音乐体验和反映中运用类比方法的能力,在很大程度上与学校的音乐教育质量有关,此研究中的有关对比性实验研究结果证明:经过一阶段有意识安排的有关教学干预之后,儿童的体验能力及运用类比手法进行体验描述的能力比未受过这种特殊干预的儿童有了明显的提高。

到目前为止,尽管从该领域的研究中所获得的真正有价值的信息还是不多,但从以上我们对音乐感知过程及结果的分析中,我们产生了这样一个初步的印象:音乐感知确实是最具个性的,但并非没有共性可循;音乐感知的机制是神秘的,但并非不可探究;音乐感知的目的、方式和结果是多种多样的,人们可根据自己的需要和能力去从音乐意义的各个方面获得审美满足;儿童的音乐感知能力及他们反省结果的传达能力是能够随着年龄的增长而不断有所提高的,但良好的音乐教育对他们来说也是很有价值的。

四、音乐能力及其评价

音乐能力,是指个人顺利而有效地从事音乐活动的最重要的心理特征。它一般包括由遗传、环境两方面因素所赋予个体的对音乐的感觉能力、知觉能力、记忆能力、想象联想能力、情感体验能力、理解赏析能力以及进行音乐操作(演唱、演奏、作曲等)反应时的速度、强度、深度、广度、灵活性、流畅性、新颖性、独特性等。

音乐的感觉能力,主要是指对构成音响的各种物理要素的基本辨别能力,也就是通常所指的对音高、音强、音长及音色间细微差异的辨别水平。

这种辨别水平的不同主要反映在感觉的精确性及反应的速度快慢上。

音乐的知觉能力,主要指对旋律、节奏、和声、音量、速度、力度、音色组织特征的辨认能力和对音乐的整体音响特征的感受能力。其不同水平主要反映在知觉的广度及整体性上。

音乐的记忆能力,指对音乐进行识记,形成听觉记忆表象,并且保持及再现这些表象的能力。这种能力发展到高级阶段,便能形成"内部听觉"的能力。其不同水平主要反映在记忆的速度、精确性、持久性和记忆广度等方面。

音乐的想象联想能力,指从音响感知和情感体验中,产生对音乐以外的事物、情境的想象和联想的能力。其水平差异主要反映在想象联想的速度和内容的生动性、丰富性与音乐音响特征之间联系的紧密性等方面。

音乐的情感体验能力,指随着音乐音响的进行而产生情绪感受或感情共鸣的能力。其水平差异主要表现为情绪、情感体验的准确性、深刻性及体验的丰富、细腻程度上。

音乐的理解赏析能力,主要指对音乐音响本身以及本身以外的各方面意义进行把握和欣赏的能力。其水平差异主要表现在认识的深度和广度上。

音乐的表演能力,主要指用嗓音、乐器或身体动作来表现音乐的能力。其水平差异主要表现为对声带、有关肢体、器官的运动神经和肌肉进行协调合作的控制能力、调节能力以及在操作过程中反应的灵活性、流畅性、协调性等。

音乐的创造能力,指对音乐理解、表现、创作时所具有的产生新颖信息的能力。其水平差异主要表现为:创造的流畅性、变通性、新颖性、独创性、严密性等。

个人到底可能在何种领域内和何种程度上参与音乐活动,这个问题是随着音乐教育的产生和发展而逐步成为人们的探究目标的。随着人们对音乐教育和音乐能力的认识的不断发展,音乐能力评价的研究大致经历了这样三个发展阶段。

第一阶段:从1879年开始,德国莱比锡大学心理学实验室的感觉测量中就包括了听觉的测量。以后,又有许多心理学家进行了有关的研究,但总的来讲,该阶段的测验还多限于小规模的、零星的工作和定性的分析描述,而且研究的最终目的也是要为美学和心理学研究提供实证信息。

第二阶段,随着19世纪末20世纪初实验心理和大规模心理测验在美国的兴起,标准的音乐能力测验也开始出现。1919年,西朔尔出版了他的第一套标准化《音乐才能测量》工具,为定量描述个人音乐才能水平的状况树起了第一块里程碑。但是,这阶段的测验还多限于测量个人对孤立音响要素的物理性质的精确分辨能力上。而且,这种测量的结果除供心理研究和为专业音乐教育选择人材的决策提供依据外,尚不能对普通音乐教育的决策提供更多的有用信息。

如西朔尔音乐才能测验第一部分——音高感测验(Pitch)。

从发音装置发出两个音为一组的纯音(倍音和高八度音都要消除掉),要求被测试者识别这两个音中第一个音比第二个音高还是低。这部分问题共50组。每组两音之间的振动数相差如下(各音的音高大体为500赫兹):

表 2.2 音高感测验题振动差数表

问题编号	振动数相差(赫兹)
1～5	17
6～12	12
13～22	8
23～32	5
33～40	4
41～45	3
46～50	2

以上50组问题的顺序越靠后,两音之间的音准差距越小。

第三阶段,开始于20世纪50年代末至60年代初。从那时起至今,不但音乐测验在理论上和实践技术上日趋成熟,而且人们也开始越来越多地注意到,对音乐音响的整体知觉能力,对音乐的想象联想、情感体验、理解赏析甚至于表演、创作的高水平与音响要素的纯物理感觉的高水平之间,并不存在绝对的一致性。同时,音乐教育界也提出了许多进步的观念:"戴面具的机械手"并非理想的教育目标;个人应发挥自己音乐能力结构特征中的优势方面去更好地参与、享受人类社会的音乐活动和音乐文化;"音乐学习能力"更多地指向教育目标,因而应有与一般的音乐能力不同的结构,等等。在此基础上,更多种类的更加完善的音乐能力评价工具和评价理论也相对前进了。

如日本的一套小学生音乐能力评价工具的项目和内容大致如下：

第一部分 节奏方面

(1) 三拍子乐曲的识别

听8首乐曲,指出其中的哪一首是三拍子的乐曲。

(2) 节奏识别

听一段乐曲,指出其节奏是所列3首节奏谱中的哪一首。

(3) 节奏听辨

听两句为一组的节奏,辨别其异同。

第二部分 旋律方面

(1) 音调辨别

听两句为一组的旋律(没有节奏变化的音列),辨别两句之间哪些音是不同的。

(2) 旋律记忆

先听一段短曲,然后再听若干首短曲,要求指出其中哪一首是刚才记住的旋律。

(3) 大小调辨别

听演奏几段旋律,要求辨别是大调还是小调。

(4) 识别日本民族音阶

听演奏几段旋律,要求指出哪些是日本民族音阶。

第三部分 和弦连接(终止式)的比较

(1) 听两首为一组的乐曲,要求指出其终止式的不同。

(2) 辨别终止感

辨别两首乐曲的和声终止感。

(3) 辨别主旋律

听演奏乐曲,要求指出主旋律在高声部还是在低声部。

(4) 辨别旋律与伴奏

听演奏的乐曲,要求指出3首乐曲中旋律部分与伴奏部分合得最好的是哪一首。

第四部分 识谱方面

(1) 辨记曲谱

听演奏的两小节乐曲,要求指出它是所列 3 首乐谱中的哪一首。

(2) 选择曲谱的后半部

听 3 首乐曲,前半部乐谱都是相同的后半部是不相同的,要求指出哪一首的后半部分最为适合。

(3) 辨别唱名

听演奏一段旋律,要求在节奏谱下面写出听到的旋律各自的唱名。

第五部分 演唱、演奏形式方面

(1) 识别乐队的乐器群

听演奏管弦乐曲,要求指出各乐器群。

(2) 辨别混声合唱

听各种合唱曲,要求指出哪一首是混声合唱。

(3) 辨别变奏曲

听一个主题旋律,然后再听 3 首乐曲,要求指出其中哪一首是该主题的变奏曲。

第六部分 欣赏方面

(1) 辨别调性变化

听演奏的旋律,要求指出大调是否转换为小调。

(2) 辨别乐器音色

听演奏管弦乐器,要求指出乐器的名称。

(3) 选择乐曲的结尾

听演奏一段旋律,有 3 种不同的结束句,要求指出哪一个结尾为好。

再如:下面是一套可供 12~18 岁儿童自测音乐才能的试题。题目共 32 个,分为 3 类。每小题经过思考认为可以达到的画"○",达不到的画"×"。凡画"○"的题按 3 分计算。

得 0~48 分者,认为没有音乐天分。

得 51~60 分者,认为可成为音乐爱好者。

得 69~81 分者,认为可成为业余音乐家。

得 84~99 分者,认为可成为音乐家。

第一类:音乐听觉力测验

(1) 你能不假思索地跟着琴声立刻唱出高度相同的音吗?

(2) 你能在琴音消失半分钟之后,唱出高度相同的音吗?

(3) 你能不跟琴也不看谱从别人口中学会一首歌曲吗?

(4) 你能辨别全音和半音吗?

(5) 你能不看琴键,听出相邻的两音谁高半音吗?

(6) 你能将 8 个水杯加入不等量的水后,使之敲出音响来吗?

(7) 你能将琴弦按标准音调到指定的高度吗?

(8) 你能不依靠定音器或其他乐器,根据琴上已调准的一根弦,而调准其他各弦吗?

第二类:音乐理解力(包括记忆力)测验

(1) 当你欣赏一首名曲时,能否感觉它的美妙之处?

(2) 当你欣赏一位著名演奏家演奏时,能否感觉它的巧妙之点?

(3) 当你欣赏一首歌曲时,能辨别出它的趣味吗?

(4) 当你第一次听一首名曲时,能在乐曲结束之前感觉到它快要结束了吗?

(5) 当你唱歌或奏乐时,一句还未完,而需要翻看时,能猜出下面的是什么音吗?(每三次至少猜准一次)

(6) 当你第一次听一首名曲时,能辨别出快板或慢板,并能察觉到乐曲中途速度的变化吗?

(7) 当你听进行曲或舞曲时,你能跑着踏拍子吗?

(8) 你能记得大部分已经会唱的歌曲的拍子记号吗?

(9) 你能辨别大调或小调吗?

(10) 你能把你知道的民歌,正确地记在谱上吗?

(11) 当你第一次听一首歌曲时,你能辨别出它的拍子吗?

(12) 当你听一首二部(或三部、四部)的合唱时,你能辨别出有几个曲调在同时进行吗?

(13) 你还记得几首小学时代所爱唱的歌曲吗?

(14) 当你第一次听过一首名曲后,能唱出其中一段的曲调吗?

第三类:音乐性格测验

(1) 你喜欢听音乐会吗?

(2) 你喜欢收音机的音乐节目甚于其他一切节目吗?

(3) 当你失望时,你会因听到好的音乐而感到安慰吗?

(4) 听雄健的音乐时,你会手舞足蹈吗?听凄婉的音乐时,你会心头酸楚吗?

(5) 你是不是有几首百听不厌的歌曲(或乐曲)?

(6) 你能为唱一首歌或奏一支曲子而废寝忘食吗?

(7) 你能用抑扬顿挫的声调朗诵吗?

(8) 你能用自己独创的音调,使一个婴儿入睡吗?

(9) 你常有自鸣得意的乐句,从脑中涌出吗?

(10) 你在欣赏音乐之外,希望自己也能奏唱或作曲吗?

再如,下面这套《中学生音乐学习能力测验》就是我国的有关专家和音乐教师们,按照目前人们对儿童音乐学习能力结构的新看法而共同制定的。它包括了对中学生音乐学习能力各方面的全面测定与评价。

该测验共分 4 个部分,17 个项别。第一部分是音乐基本能力测验,包括:(1)音高辨别;(2)音色辨别;(3)音的长度辨别;(4)旋律听辨;(5)节奏、节拍听辨;(6)音程与和弦听辨;(7)曲式、主题辨别;(8)音乐记忆;(9)音乐联想、想象;(10)识谱能力;(11)音乐知识;(12)综合听辨。第二部分是演唱与演奏能力测验,包括:(1)合唱合奏的评定;(2)独唱、独奏的评定。第三部分是音乐创作能力的测验,包括:(1)填空创作;(2)命题创作。第四部分是音乐意向调查。

除了测验以外,观察并参照别人的资料来进行分析,也是评价儿童音乐能力发展水平的一条重要途径。尽管相对于标准的测验来讲,观察所得的信息一般地不宜做定量分析,而且也易带有更多的主观性和偶然性,但在许多情况下,高度发展的观察技术不但能够向人们提供具有相当普遍意义的资料,有时甚至也能提供一些测验所不能提供的重要信息。这一点对为了了解儿童音乐能力发展的探索而打开另一扇通往这个神秘而多彩世界的门来说尤其有意义。

如,通过观察不同年龄儿童自发音乐活动的情况,许多国家的研究者都注意到了:儿童中有偏爱创造性地为熟悉的歌曲编填新词的天然爱好。

通过这种活动,儿童自然地锻炼了语言、音乐等多方面的能力,发展了创造的兴趣,并且也从这种歌唱活动中获得了更多的乐趣。

再如,对婴幼儿一般是很难进行测验的,人们要想获得这种年龄儿童的有关发展信息,就不得不更多地依靠观察。下面是美国夏威夷大学的格林伯格教授通过长期的大量观察而绘制的0~5岁幼儿在不同年龄阶段音乐能力发展状况一览表。

表2.3　0~5岁幼儿音乐能力发展状况一览表

阶段一(0~1岁)	语言与音乐能力	
0~2月	一般相当喜爱睡觉时被摇晃;烦恼时会哭;不时地高声制造出一些噪音;对自己的噪音没有兴趣;2个月时更经常地哭,温柔的声音可以使他们感到舒适(摇晃和人的噪音);突然的大声音与高频音会使他们感到烦恼。	
2~4月	哭减少了;比出生时能发出更多的声音,包括尖叫声和高声尖笑;对他点头或说话时会经常发出一些声音,高兴时发出快乐的声音;继续对温柔的声音、对摇晃、对人的噪音感到舒适;对人的噪音,特别是母亲的噪音表现出特定的反应。	
4~6月	发出一些近似的元音;开始更多地使用辅音,特别是唇部音;有音乐时变得安静。	
6~9月	牙牙学说单音节音;使一些元音与辅音拼合;语调模仿清晰;能用语调代表情感和强调。8~9月时开始重复元音与声音的模型。可能在听到音乐时摸手;对有的音乐表现出满意。	
9个月~1岁	经常做声音游戏如咯咯声、吹气泡声等;试图模仿大多数声音,但常失败;开始对一些词做出反应;继续对声音和音乐感兴趣。	
阶段二(1~2岁)	语言能力	音乐能力
1岁~1岁6个月	能跟随简单的命令,对"不"做出反应;更经常重复简单的声音顺序,带有更高的准确性,开始是一些词;继续声音的游戏和牙牙学语。	能区别许多声音,用拍打自己和其他动作,先顺应音乐,但不能做到同步运行;咿呀学语时能使用不同的音高和节奏模式;对新的不常听到的声音着迷;可以唱出简单的近似音高。
1岁6个月~2岁	能发由几个音节和复杂语调构成的声音;词汇增加较快;能指出远处的物体;能理解简单的问题;会说两个词的短语,如"看球"、"找猫"等。	玩时哼哼唱唱;获得对嗓音的一点控制;偶尔能跟上音乐的节拍;喜欢用嗓音或简单旋律乐器创造音乐;对句型和节奏反应好;能学手指游戏。

(续表)

阶段三(2~3岁)	语言能力	音乐能力
2~3岁	词汇达到上一阶段的二倍;使用2~3个的短语;开始理解使用代词和介词;在使用语言进行交往上有了一定的发展。	在玩时哼哼唱唱;喜欢节奏和重复音高的模式;常常重复声音的模式;喜欢托儿所的曲调;参加唱一些特定的短歌(常唱不准音高);比以前更自由更经常地用身体对音乐做出反应。
阶段四(3~4岁)	语言能力	音乐能力
3~4岁	注意句子的语法结构,经常有语言理解错误达80%~90%;发音基本正确,但发个别音可能会有困难;更多地使用形容词、副词、介词;句子逐步完整。	更能控制嗓音,能较好地改变音高、速度、力度;能较准确地唱简单的短句和歌曲,更准确地随音乐拍率动作;模仿简单的节奏模式,学会一些游戏儿歌;懂得一点快—慢、轻—响概念;随乐曲自由动作,喜欢用自己的嗓音制造声音。
阶段五(4~5岁)	语言能力	音乐能力
4~5岁	能叫出许多物体名称、活动、颜色,可说更复杂的句子;经常提问;说话中只会出现少量的替换词;理解许多复杂的句子;可能识一点简单的字。	玩大部分节奏乐器;模拟节奏型;跟随音乐节奏动作和演奏得更好;发展音的高低长短概念,唱歌的音域扩大,音高和节奏日益准确;在被引导去倾听唱歌时能集中注意更长时间。

从上表中我们可以注意到,对于出生不久的孩子来说,音乐和语言的发展是交织在一起的,很难区别。随着幼儿年龄的逐步增长,音乐和语言才逐步分化开来,形成两种不同的能力体系。

个人对音乐的兴趣、爱好虽然不属于音乐能力的组成部分,但它在深度、广度、稳定性等方面的特征必然地要对个人音乐潜能的实现、发挥水平产生深远的影响。因此,随着对音乐能力研究的不断深入,人们对这一问题的认识也越来越深刻和丰富了。这正如柯尔特(Colt,1935)在对自己教授过的3300名学钢琴的学生进行研究后所指出的那样:对音乐艺术不动摇的献身精神比天才更为重要。

五、音乐教育心理论

(一)音乐教育与身体活动

大约在公元 1900 年,一位年青的和声教授发表了一个要用身体动作来补充音乐学习缺陷的"异端邪说"。他的名字叫达尔·克罗兹。尽管当时的这场音乐教育革命受到了音乐界保守派势力的强烈抵制和反对,但这个在当时震惊了日内瓦音乐学院,后来又同样震惊了世界许多音乐学院的"伤风败俗的大胆胡说",终于以它强大的生命力说服了世界音乐教育界。而达尔·克罗兹本人,也自然地成了"体态律动学"的开山鼻祖。

经历了百年沧桑,在今日世界的各种音乐教育体系和音乐教育论著中,"体态律动"的影子已发展到了无处不在的地步。不仅是在托儿所、幼儿园和小学学校里,而且就是在高等音乐学府内,在音乐声中运动身体的情形也处处可见。但只要是内行的音乐教育者一看就会明白:这种随着音乐的身体运动与舞蹈不是同一回事。

舞蹈艺术有它自己的范畴——自己的空间,自己的造型手法,自己的线索、节奏和韵律,自己的情绪情感及思想观念的表达方式。尽管舞蹈常常都有音乐伴随,但在舞蹈艺术的领域里,音乐与动作一般只是一种共同进行创造的关系。而在"体态律动"的范畴中,身体运动的过程就是体验音乐、反映音乐、学习音乐的过程,就是"人们对音乐的获得无穷无尽生命力"的过程。

如,在达尔·克罗兹之后,20 世纪最著名的音乐教育心理学家詹姆斯·穆塞尔在《学校音乐教学心理学》(1931)一书中就指出:"当我们采用大的身体动作来建立身体的优美和技能的时候,我们是在一个领域里;当我们用大的身体动作来帮助学生感觉音乐的节奏、结构的时候,我们又是在另一个领域里。"

在进行了大量的调查和实验研究的基础上,詹姆斯·穆塞尔还进一步指出:"当我们体验到节奏时,我们就体验到肌肉的反应。那就是说:节奏不存在于那些音或字的刺激物里,而是存在于我们的心里……假如我们想使学生对一首歌曲的节奏有一个敏锐的感觉的话,我们就必须产生一种情境,使得那节奏能够有力地活在他们的身体里并起作用。"

对于产生这种体验的机制,詹姆斯先生揭示说:"节奏是一种运动神经的经验,感觉到节奏的最好办法就是建立起大的运动神经的反应。""表明合乎节奏教学需要的那些运动神经反应须具备三个特点:第一,它们必须是大的肌肉反应……第二,它们应当是自由的肌肉反应……第三,它们应当是高度协调的动作,而不是只牵涉到一个肢体或一组肌肉的动作……"

对于身体动作在音乐学习中的重要性问题,詹姆斯先生甚至强调说:"必须通过肌肉反应来教授,除非做到这一点,否则永远也不可能把它教好!"

半个多世纪过去了,随着时间的推移,身体运动对音乐学习的作用正愈来愈多地被人们所认识到。当今世界所有的著名音乐教育体系中,都十分注意利用身体动作在音乐意义(包括音乐音响本身的和以外的)感知上的强化作用。如音乐以外意义上的情感体验、想象联想;音乐本身意义上的,旋律形态、节奏形态、音量及速度的层次变化,曲式上的重复、变化的结构特征,肢体上的组织形态,乃至和声、风格特征,等等。

如,美国夏威夷大学的儿童音乐教育专家格林伯格教授就认为:幼儿是通过他们自己的身体来表示他们是怎样感觉和理解音乐的。正是通过倾听和身体动作的反应,幼儿获得了他们最初的关于音乐的知识和音乐成长的基础。

近年来,国内的一些研究也进一步证实了正确的"动作参与的音乐课程"有助于有效提高学生对音乐的感知能力。

如,在实施过2~3年有关课程的教学后,受教学干预的幼儿群体在对节奏、乐句、乐段、音量变化、速度变化、音区变化,以及情绪、风格变化等方面的总体反应水平上,远远高于受控制的幼儿群体。

再如,在一所普通大学的一年级新生中,教师采用了行进、摇晃、用手拍打身体各部分等身体大肌肉的运动来进行基本乐感训练后,许多最初连音乐的拍子都听不出来的学生都很快地掌握了音乐的基本拍子、基本节奏和短句结构。而更多未受此种训练的大学生,尽管又学会了熟练地跳各种自娱舞蹈,但他们舞蹈时明显地不能与音乐合拍,而且他们自己也承认并抱怨说他们叫不出音乐的节奏。

这个例子不仅说明了在音乐教学中有意使用大肌肉运动参与强化感受的重要性,在另一方面也证实了人们在舞蹈和律动中所着重注意的方面是不同的。

另外,研究者在调查了许多开设舞蹈课程的教学部门后发现,许多教师在教授舞蹈时常常采用这样的一种程序——先将口令与动作结合,在记住口令及动作的重复次数后,再配放音乐。由于在此种情况下,学习者不但不能真正获得用身体动作去感知音乐的机会,还容易形成将音乐作为一种无关紧要的动作背景的习惯。为此,经过这种训练的学生在随乐动作时,不但不能更细致地表现音乐的各种意义和特征,还会时常发生音乐与动作在节奏、结构上的错位:前奏已完了,动作尚不能及时开始;前一乐句的动作延跨到下一乐句等。这种情况,对于舞蹈学习本身,也是不应存在的。

事实上,现有的研究工作证明,解决上述问题的最好办法是:首先学会哼唱音乐和预先采用最简单的大肌肉动作来感受和熟悉音乐。在幼儿园3~6岁儿童的律动、舞蹈、打击及演奏、游戏甚至歌曲表演教学中,研究者广泛地采用了这种方法,并证明了它不仅在短期效果(儿童掌握教材的速度、质量、估量)上远远超过喊口令配音乐的办法或单纯跟着音乐做动作的办法,而且从长远效果(幼儿音乐感知的主动性、敏锐性及反应的准确性、细致性)上也表现出了明显的优势。

此外,教师有意识地指导学生进行创造性随乐动作,即让学生用自己想出的动作模式来反映教师指定的某种音乐意义或特征,也能有效地消除学生无视或漠视音乐的状态。这是因为:由于教师将指导重点放在让学生自己独立地解决如何用动作来表现音乐的问题上,所以学生就必须要集中注意地感知、体验、反省自己的动作与音乐特定要素特征的关系。在这种情况下,学生所获得的体验是真正属于他们自己的体验,因而也是真正有效的、能够成为他们自己的音乐认知图式的体验。

就此,我们可以得出结论:在儿童的音乐学习中,身体动作的参与是必不可少的。无论是幼儿还是较大年龄的儿童,在缺乏基本音乐体验的情况下,随乐的身体大肌肉反应训练都是必要的。而且,在儿童的音乐学习中,教师指导的重点一定要放在如何用身体来体验和表现音乐上。同时,在这种指导中,教师还不能忘记为学生创造一些创造性解决问题的机会,以使他们能真正获得属于他们自己的体验。总之,身体动作是学习音乐的必由之路。

(二)音乐教育与思维活动

思维,是人脑对外来信息进行加工并使之产生新信息的一种活动过程。从这个意义上说,动作思维、表象思维、符号思维,只是因人脑加工和产生的信息材料在性质上的不同而进行的分类。

经过定势选择的听觉刺激进入人脑后,在反应阶段首先被加工成情感体验,想象联想的表象,音响模式的表象或身体运动反应的体验;然后,在反省阶段,这些初级的加工材料又被进一步加工成语言的、动作的,或者可视物象的材料。在这个由物质——感知体验——物质的过程中,听者主要使用了形象思维中的类比思维的方法。

格式塔心理学派对艺术心理所做的研究认为:人在艺术活动中所注意吸收的信息与在科学活动中是不同的,而且加工信息的方法也是不同的。如,在科学活动中,人们可将煤和木头分为一类,其理由是它们都具有能够燃烧并释放热能的特性,或它们都属于燃料;而在艺术活动中,人们会更注意它们所共有的简洁、朴实、坚强,或者能体现无私奉献精神的那些信息。在科学活动中,人们可能将白云和流水分为一类,其理由是它们都是水在自然物质循环过程中的一个阶段;而在艺术活动中,人们都更注意它们所具有的纯净、柔和、流畅或能体现某种高尚品格的那些素质。

因此,我们不但不能简单地把艺术思维等同于形象思维,把科学思维等同于逻辑思维,也不能因儿童思维发展中存在的动作思维——表象思维——符号思维的顺序,而简单地把艺术教育中的思维训练看成是抽象逻辑思维过渡的准备。事实上,我们应该注意并清醒地认识到:动作思维、形象思维、符号思维都有着各自的从幼儿水平发展到专家水平的道路。

尽管如此,我们也不能忘记,由于类比思维更注重事物之间的各种可能发生联系的信息,因此,在儿童早期便开始加强这方面的训练,有益于增强个人对于"联系"的敏锐性,进而提高个人总体思维水平的灵活性、流畅性、独特性,提高灵感思维和顿悟发生的频率。所以,在音乐教育乃至整个艺术教育中,教育工作者及家长应努力创设条件来使儿童获得更好的锻炼类比思维能力的机会。

(三)音乐教育与全面发展

音乐教育的最终目的还是人的全面发展,这不是一个空泛的口号,也不是可望不可即的空中楼阁。对于父母和教师们来讲,我们实际上期望自己做到什么和我们实际上对儿童所做的一切,都将直接影响儿童在音乐学习中的实际成长。

世界著名的日本儿童教育家铃木镇一先生,从20世纪30年代起就开始致力于儿童的小提琴教学,并由此而创立了举世瞩目的儿童早期才能开发教育的理论与实践体系。从小提琴教学的角度看,经由铃木方法指导过的孩子,能够很快地并令人吃惊地掌握高难度的提琴技巧和提琴作品,这种成就使最初看到它的欧美职业音乐教育工作者感到十分震惊。而铃木本人则直言宣告,他的努力和信念是要证实每个普通的儿童都能通过早期的良好教育而成为有才能的人。

随着人们对铃木思想及做法的深入了解,提出异议和疑问的人也逐渐多了起来,而且焦点很快地集中到了儿童在学习中的实际练习量的问题上。在他本人撰写的《爱的哺育》一书中指出:才能是从磨炼中产生的,一个每天只练习5分钟的孩子和一天要练3个钟头甚至更长时间的孩子,在才能的成长上是不可相比的。所以说只有实实在在地流下汗水的人才会得到开花结果的收获。

在铃木的学校里,像阿部桂这样只有3岁左右的小孩子,每天就要在母亲的监督下进行至少1小时的运弓动作练习,同时还要反复听由一位有造诣的音乐家演奏的《闪烁吧,小星星》的录音带。当然,在这些如此刻苦的练习之后,小姑娘在4个月内学会了一整套28种运弓动作,并在一年之后学会了拉《闪烁吧,小星星》等几首小曲。

尽管许多教育界人士批评这种教法过于残酷,但铃本先生却强调说:"教音乐不是我的主要目的,我想造就的是良好的公民。如果让一个儿童从降生之日起就听美好的音乐并自己学习演奏,就可以培养他的敏感、守纪和忍耐等性格,使他获得一颗美丽的心。"

强调母亲参与的榜样与爱的作用,的确也是铃木先生的一大创举,但铃木体系与当今西方世界各种儿童音乐教育体系的最大而且最主要的差别在于:他强调通过练习量的高速累加来培养守纪精神和坚韧不拔的意志品质。事实上,这也正是世界共知的日本民族文化所最推崇的精神境界之一。

西德音乐教育家卡尔·奥尔夫先生创立的奥尔夫儿童音乐教育体系,

也是当今世界最有影响的理论、实践体系之一。对于这一体系的特殊之处,奥尔夫学校的一位专家在来华讲学时曾这样描述过:假如你和我做得一样,你就不是奥尔夫。尽管这句话不能概括地指出这一体系的全部特殊细节,也不是奥尔夫先生创立这一体系的全部初衷,但是,它至少体现了这样一个重要的事实:培养具有独立性和创造性的人才,已成了当今奥尔夫体系继承者们所追求的最主要的目标。

为了这个目标,奥尔夫的追随者们在他们的音乐教学实践中,千方百计创设各种机会,在材料、方法、要求等方面大胆改革,一切从培养创造个性出发,一切为培养创造个性服务。因此,在这个体系中,模仿学习和重复练习相比于铃木体系来说,是不很重要或者很不重要的,甚至往往还是需要避免的。如果将这种音乐教育的观念与当今西方社会的儿童观、教育观加以比较的话,人们立即就会发现:创造性、独立而鲜明的个性,也正是在当今西方文化中最受重视的人才观。

1985年,《上海歌声》第七期上发表了一篇文章,内容是如何通过音乐课程来培养儿童的"自我概念"和"自信心"。文章的作者是上海音乐学院教师马淑慧。她当时刚刚从美国学习归来,因此,在这篇文章中,她以美国的一种"综合音乐感课程"及"发掘创造力的教学法"为例,介绍了当今美国儿童音乐界对音乐教育功能的某些看法,以及对实现这些功能的关键的看法。她指出:由于自我概念和自信心将直接影响儿童的健康成长,以及他们将来在社会生活中取得成功的可能性,因此,音乐教师必须在教学中为儿童创设具有充分心理安全和心理自由的环境。只有在教师能够切实做到相信学生、尊重学生、充分有把握地引导每一个学生在自己的探索中不断前进的情况下,学生的自信心和良好的自我概念才有可能得到真正的发展。

至此,我们已可看出,随着音乐教育研究的不断发展,人们还越来越清醒地意识到:音乐教育不仅是为了教音乐,更是为了培养人才。音乐教育与理想人才发展之间的关系不是"必然的",而是"人为的"。理想人才观的不同将直接导致音乐教育的目标、方法和手段的不同,也将使音乐教育的结果产生差异。每一个儿童都是独立而独特的个体,他们有权利和有可能从各种不同的角度和各种不同的水平层次上去从音乐学习中获得成长。

在高竞争、高协作的21世纪,自信、自尊、积极进取、坚韧不拔、富于首创和探索精神、守法守纪、乐于并善于与人合作等个性,以及社会性发展的高水平,目前正成为整个教育界所自觉追求的目标。这对儿童音乐教育界来说,也应是不例外的。如果为了单纯的音乐发展的目标——音乐知识、音乐技能、培养音乐家、提高音乐修养等,而忽略甚至牺牲了儿童在个性、社会性方面的良好发展,这不但对儿童个人的发展,而且对未来的社会发展,都将是得不偿失的。

2.2 格式塔心理学理论与学前音乐教育

一、格式塔心理学的起源、传播与主要理论观点

格式塔(Gestalt)学派是德国最有势力的心理学派。德国心理学家维台墨(Max Wertheimer)于1912年发表的一篇题为《似动的实验研究》的论文,可以说是此派兴起的萌芽。维台墨的研究方法特别新,其结果不仅推翻了前人对似动现象所做的种种解释,而且更重要的是,这一研究从此现象中得出了格式塔理论的中心构架,即格式所具的性质不在其部分中而在其全体中,对部分的分析不能解释全体的性质。换句话说,就是:格式塔不仅是各分子的综合,而且其中实在含有新生的独立的性质。

格式塔心理学派理论的最初的研究和发展主要是在德国,其中对此派理论的建设贡献最大的人物中除维台墨以外,还有科勒(Wolfgang Köhler)和卡夫卡(Kurt Koffka)。前者著有《在静定状态中的物质格式塔》(*Die physischen Gestalten in Ruhe und im statischen Zustand*,1902年)、《格式塔心理学》(*Gestalt Psychologie*,1929年)等;后者著有《格式塔心理学的贡献》(*Beiträge zur Psychologie der Gestalt*,1919年)等论著,并于1921年创办了一种专门提供证明格式塔学理正确性与在心理学各方面应用的文章的心理学杂志,名为《心理研究》(*Psychologische Forschung*)。

20世纪30年代后,格式塔心理学理论逐渐受到了西方心理学界日益增长的重视。当时在美国为传播此派理论做出过重要贡献的人中,有一位名叫萧孝嵘的中国学者,也正是这位萧孝嵘先生在高觉敷先生的建议下写成

了《格式塔心理学原理》(1934)。这部专著第一次将这派心理学理论详细介绍到中国来。

德文的格式塔(Gestalt)自哥德(Goethe)时代以来,一直具有两种意义。其一是指事物所具有的一种性质,在这种意义中,格式塔作"形式"解。其二是指事物的现象,即具有形式与个性的现象,在这种意义中,格式塔作"组织"解。格式塔学派所取的是后一种意义。

我以为,萧孝嵘先生在这本《格式塔心理学原理》中指出的关于格式塔的最重要的理论有如下几条:

1. 格式塔不是指事物的抽象的性质而指具体的事物。

2. 格式塔组织中的各部分具有功用上的联络。因此,格式塔不是各部分相加的结果而其中是会有新生的独立的性质。也就是说,格式塔的特性不是含在它的部分里面的。从扩大的意义上说,不仅在格式塔内部各部分之间,而且在格式塔与其外部周围事物环境之间,独立都是相对的,而相互联系、相互依赖却是绝对的。

3. 格式塔组织的严密程度可以处在从极端松散到极端严密的两极中的任何一点上。因此,格式塔既非相加而成的事物,又非混沌的现象。

4. 格式塔组织在未形成时,带有一种尚未完善的色彩,和要把此种可能性充分发展出来的倾向;格式塔组织一旦形成,则为简单而有意义的。

5. 世界上万事万物中都存在着自然的格式塔,现象格式塔是在自然格式塔成为刺激后,与人的身心中的格式塔相互作用的过程中产生的,并且这个过程本身也是一种存在的格式塔。同时,根据第二条原理,这种现象的格式塔必然会有新生的、独立的性质,因此,自然格式塔与现象格式塔之间并不存在绝对的相等关系。

6. 主、客观世界在现象格式塔的形成中的作用方式既都是主动的,又都是被动的;对物质世界(包括人自身的身心的物质基础及其活动)的理论属性来说,其客观性是绝对的,而对一切事物的认识来说,其主观能动性却是绝对的。既然物质科学所研究的材料不是完全客观的,那么直接经验也不是完全主观的。直接经验和严谨的物质科学研究态度都是心理科学研究中所不可缺少的。

如果以萧孝嵘先生的这部《格式塔心理学原理》的出版年代为依据计算

的话,格式塔心理学派的理论传入我国已有半个多世纪了,但国内对这派心理学理论的进一步的和具有开拓性的研究的兴起,还仅是近几年的事。进入20世纪80年代以来,由于美学研究热的影响和文艺心理学研究热的兴起,使我国的心理学、美学、文艺理论界的许多研究者们日益注意到了这派理论观点的现实的研究价值。翻开国内近年来出版的有关专著和论文,对格式塔心理学派的一些理论的讨论和引用已经常见。其中被讨论最多的(特别是在美学和文艺心理学方面的论著中)是力的结构理论,力的同构理论;而被引用最多的,则是美国学者鲁道夫·阿恩海姆所著的《艺术与视知觉》一书中的观点与实验。

二、格式塔心理学的发展——《艺术与视知觉》及其对价值的认识

从鲁道夫·阿恩海姆的这部著作中,我们可以看到半个多世纪来西方格式塔心理学派的学者们在这种理论的起点上所做的具有开拓性的努力的部分成果。作者最初打算写这部书时是在20世纪40年代初,但后来由于觉得当时知觉心理学所达到的水平还不足以解答艺术中所遇到的许多重要的视觉问题而搁置下来改为对个别专题的研究。经过10年的准备,也就是一直到20世纪50年代初,作者才开始正式动笔。可见,这部书又可以被看作是作者对到50年代初为止的,他自己可以得到的全部的有关研究成果的带有总结性的研究的结晶。而且,就目前来说,这部书也可以称作是已经翻译出版的有关专著中理论上最为系统而材料上最为丰富的著作了。

关于对这本书本身的价值的认识,我以为,这本书从艺术(指绘画与雕塑等视觉艺术)与视知觉的领域为格式塔心理学原理提供了有力的支撑。其中为"简化规律"所提供的种种实验证据和进一步理论论证尤为引人注目。同时,书中对视觉格式塔的形成,人类绘画与儿童绘画发展中的种种现象之联系和发展的规律,各下级视知觉范畴(形状、色彩、位置、空间和光线)中具有表现性的张力的创造规律以及艺术审美感受中的"目标理论"等都进行了进一步的分析。我觉得,除了色彩一部分的证据和分析尚不足以使人完全信服以外,其他各部分的阐述还是比较有说服力的。当然,这部书的价值不仅在于对这些过去有点未知和知之甚少的领域所做的探索和揭露,它

的更重要的价值还在于其为艺术心理、艺术发展心理、艺术审美心理和艺术教育心理等领域提供了有益的帮助和启发。其中,使笔者最感兴趣的是,著者在这部书中对艺术作品知觉过程中所产生"现象格式塔"的表现性和这些表现性的张力基础的产生规律的分析论证。

关于音乐中种种表现要素的张力及产生的规律等问题,在读这部书以前,我就已经注意到并且思考很久了。但由于缺少理论上的依据和实验研究材料的支持,这些注意和思考长期以来一直都还只能停滞在一种既不清晰也不系统的状态。直到最近我下决心读完这本书后,我才发现这本书的价值远远超出了自己原先的期望,其结果不仅使我进一步加深了对格式塔心理学原理的理解和认识,而且帮助我整理了自己长久以来对音乐艺术的表现性及其基础张力结构问题的种种思考。

虽然这部书是专门讨论视知觉和视觉艺术的关系的,但我以为,此书的著者在这个相对狭小的领域内所做的这种具有开拓性的工作已向我们暗示出了许许多多更为广阔的研究领域。在此书最后的部分"回顾"篇中,作者甚至更明确地提出:"表现性是所有知觉范畴中最有意思的一个范畴……在较为局限的知觉意义上说来,表现性的唯一基础就是张力……但是,要想对其进行更为详尽和更为系统的研究,却又不是在视知觉研究领域中所能解决的事情。"

三、音乐作品的表现性的各下级知觉范畴

阿恩海姆在《艺术与视知觉》一书中主要阐述的是艺术作品表现性的视知觉的总范畴中各种下级知觉范畴,如形状、色彩、位置、空间和光线中所包含的种种能够创造张力的性质。他认为,视觉艺术作品的表现性取决于在知觉某种特定的视觉形象时所经验到的知觉张力的基本性质——扩张与收缩,冲突与一致,上升和降落,前进和后退等。

那么,在音乐知觉作品的表现性的范畴中,又有哪些下级知觉范畴,它们各自又是按照什么样的规律创造出知觉张力模式——音乐作品的表现性来的呢?

在音乐学中,一般划分出来的音乐要素是节奏、旋律、音量、音色、和声、曲式;在心理学中,它们都可被看作是音乐知觉表现性范畴中的下级知觉范畴。

1. 广义节奏,按其客观存在性来讲,是指声音按其长短相同或不同(其中并包含寂静时间长短的相同或不同),连续出现并伴有规律出现的强弱循环共同组成的一种结构系统。若将其作为一种音乐表现性的下级知觉范畴来看,其创造知觉张力模式的性质主要表现在组织声音的单位(拍)持续的时间(速度),各种不同时值的声音与寂静的组织模式(狭义的节奏),循环出现的规律强弱的组织模式(节拍)三方面。

一般来讲,首先,张力是随着速度的加快或减弱而上升(扩展)或下降(收缩)的。速度越慢,产生的张力越小,反之,速度越快,产生的张力就越大。其次,前后相邻着的时值相等或以平分作二的分割法为其组织模式时,产生的张力一般趋向于偏小。再者,正常的强音位置上的以较长时值配以正常弱音位置上较短时值的组织模式产生的张力趋向于偏小。正常规律循环的强弱组织模式比非正常的不规律的循环强弱的组织模式产生的张力趋向于偏小,强拍(也包括次强)循环中间隔的弱拍越多所产生的张力越趋向于偏小。

2. 旋律,按其客观存在性来讲,是指声音按高级相同与不同,连续出现而组成的一种结构系统。若将其作为一种音乐表现性的下级知觉范畴来看,其创造知觉张力的模式的性质主要表现在各声音的绝对高度(振动频率),音与音之间的高度上的差距,方向上的联络特性之组织模式(旋律线的形态),许多音按其与所环境的中心音之间的关系不同而共同组成一种系统(调式)的组织模式等四方面。

一般来讲,张力是随着音乐上升或下降而上升或下降的。在音乐所使用的总音域中,声音的绝对高度越高,所产生的张力越大,而绝对高度越低,其产生的张力也越小。例如,在我国的民歌中,结尾就常用同一旋律高八度重复的方法来创造出一种张力。在从一音到另一音的个别进行中,前音与后音之间在高度上的差距越大,其产生的张力也越大,反之,进行中的高度上的差距越小,其产生的张力也越小,如从一音进行至频率相同的另一音的"同度进行"是所有进行中张力最小的进行。在个别进行中,如从前音到后音的进行在方向上是自下而上,先从一个频率较低的音"上行"进行到另一个频率较高的音,则产生的张力趋向于偏大,反之则趋向于偏小。以上两种情况在连续的同性质的进行时能够产生更明显的张力上升或下降的听觉效

果,如《黄水谣》中的一句旋律:

在"家乡"一词上连续使用了一个上行五度音级的跳进和两个下行四度音级的跳进,典型地创造出了一种悲愤绝望的情感张力模式,大起大落的情绪在这种大起大落的进行中被"表现"得可以说是淋漓尽致了。

如果把多个的个别进行联系起来看音与音之间的进行序列所构成的"旋律线"形态,我们可以看到与在视觉领域中发生的几乎完全同性质的情况。阿恩海姆的学生曾做过一个试验,"在这个试验中,被试者是一组("萨拉劳伦斯")舞蹈学院的学生,他们被要求分别即席表演出'悲哀'这一主题时,所有演员的舞蹈动作看上去都是缓慢的,每一种动作的幅度都很小,每一个舞蹈动作的造型也大都是呈曲线形式,呈现出来的张力也都比较小,身体看上去似乎是在自身的重力支配下活动着,而不是在一种内在的主动力量的支配下活动着"。据此,我们还可以得出,这种缓慢的,小幅度、小张力的以自身重力支配的肢体在空间中所进行的运动轨迹除了必然是曲线形式之外,还必然是一种以自然向下的倾向的主曲线形式。

下面,我可以举出一个音乐知觉领域中的例子《小白菜》来看这种下行的,小幅度、小张力的曲线运动在旋律结构上的表现。

从这个曲线图的形态上,我们可以从视知觉领域很明显地看到那种具有悲哀的表现性的张力结构模式:缓缓下行,小幅度、小张力的曲线运动。

试比较具有另一种表现性的歌曲《怒吼吧！黄河》中的第一句的旋律形态平面图：

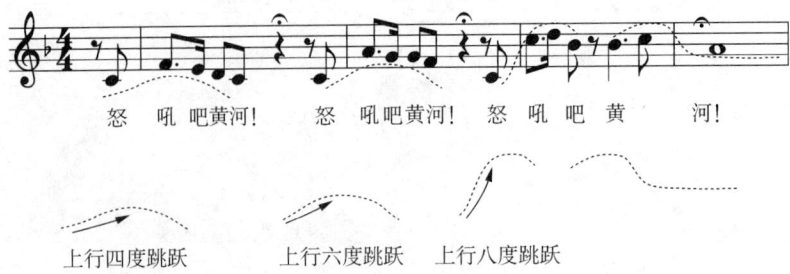

从这个形态图的结构上，我们可以清楚地看到一种主动积极不断向上扩展的张力模式和一种在内在主动力量支配下的张力的保持，这种模式充分地传达出了一种含有强烈的爆发性的愤怒的表现性。

下面我还打算举出两个直接来自听觉的具有实证意义的例子：其一，张姓女童，一周岁零两个月，每听到楼上一小男孩的哭声就做出撇嘴、皱眉等表示伤心哭泣的表情反应，以表示她听见那个男孩哭了的行为重复已有多次。一日当她忽然听到录音机里放出的《小白菜》的曲调时（她不可能理解其词义，而且又是第一次听），马上自动地以上面提到的那种行为做出反应。我以为，这反应已能够说明她以为这种声音模式与那个小男孩哭声的声音模式在性质是相同的。

其二，周姓女童，六周岁半，以前分别听过歌曲《可怜的秋香》和《小白菜》，知道这两首歌的内容同是描绘一种个人的孤立无援的境界。某次当听过《小白菜》后紧接着又听到《可怜的秋香》时，她忽然自发地议论说："这个歌一点也不可怜！"然后又再次肯定地强调说："反正那个音乐听起来一点也不可怜！"而对前者，她却一再肯定说听了确实让人觉得可怜。据此，我们更有理由确定她确实是听出了曲调本身的表现性而并非是由于受到音乐以外因素的影响。这是《可怜的秋香》曲谱：

从画出的曲线（同上）我们可以看出，其线轨在空白中起伏上升和下降

的运动中明显比《小白菜》要积极得多、活泼得多,各种大、小、跳的进行的曲线的形态增加了张力。从全体来看,这种张力模式也确实没有能够产生出类似《小白菜》那样的软弱、压抑、凄楚、孤独的表现性。实际上,这个作品虽然在标题中直接使用"可怜"这个词,但在内容形象上与《小白菜》同质。《小白菜》所表现的是单一的形象,同质的情绪一贯到底,没有强烈之对比形象,因此其表现性显得明确而且单纯,易于为人直接把握;而《可怜的秋香》的表现性的基础是两个相互对立的形象:金姐、银姐的幸福与秋香的不幸。根据格式塔(总体不是部分相加,必有新性质产生的)基本原理,我们不可能从这样的曲调中知觉出类似《小白菜》那样单纯明确的"可怜"的表现性,同时,由于描写金姐、银姐的曲调表现性张力较大而显得突出,根据"简化原则"对总体旋律的形态的印象更趋向于明朗,活泼流畅。况且,描写秋香的曲调是站在第三者立场上来写的,更多的是关切、同情,与《小白菜》中的主人公转述的自我凄婉怜悯相比,语气是不同的。更何况根据格式塔认识的发展规律,智慧越低,从全体中抽出部分的能力越弱,智慧越低,全体的势力越大的规律,一个六岁儿童做出这样的判断是完全合情合理的。再说从上面的分析也可以看出作曲者的意味也并非在刻意创造出那种"可怜"的张力模式上。

调(包括主音高度和调式类别)本身所具有的特质叫做调性。乐音体系中的各音之间的音高的物理关系是静止的,不带倾向性的。因此,它们之间不存在产生张力的潜在能量。在调式体系中各音在感觉上的稳定程度是不同的。起着支柱作用并给人稳定感的音叫做稳定音。在稳定音中,其稳定程度也是不同的,其中最稳定的具有中轴作用的音是主音,给人不稳定感的音叫做不稳定音。各不稳定音皆是不同的,有进行稳定的倾向。不同的调式体系,正是由于不同的稳定音与不稳定音之间结合方式的不同而形成的。不稳定音进入到稳定音倾向的强烈程度是不同的,正是在这种种不同的倾向性中潜藏了不同的能够产生张力的能量。音乐中的调式组织也正是依靠了这种种不同的稳定音与不稳定音的关系中潜在的种差来创造不同的张力结构模式的。在实际中,不同调式的音响必然要在一定的高度上加以实现。根据前面所讲的绝对高度方面的原则,相同调式在不同的绝对高度水平上实现时所给人的张力感觉也是不一样的。

这方面的问题比较复杂,感受性强的听者能从不同的调式调性中听出张力结构性质的妙不可言的变化。而对一般听者来讲,却不那么容易直接把握。一般来讲,旋律从调式中的稳定音级走向不稳定音级的进行能使张力上升,而从不稳定音级走向稳定音级的进行,能使张力下降。在各种具体的进行中小二度音的稳定音,特别是它的主音的进行倾向能在心理上产生强烈的不完善感和寻求完美的要求,而且进行实现,便会产生强烈的完成感和停止感。如是相反的进行,则会产生不完善感和期待直到进行到达稳定音。如在大调中,从7(上升)进行到1,能使人感到满足,而从1(下降)进行到7则使人产生尚未结束感。另外在各种不同的调式结构模式中,强调稳定音级的模式,其张力小于强调不稳定音级的模式。在不同调式结构体系中,有小二度音主音倾向的调式张力大,主音与上方三度音构成大三度音程,并经常强调这种关系的能产生较大的张力而显得坚实、明亮;如果是小三度,则张力小而且显得柔和、黯淡。

3. 音量是指声音的强度。客观上声音强度的量主要与发音体的振幅有关。振幅越大,声音越强;振幅越小,声音越弱。如将其作为一种音乐表现性的知觉范畴来看,是指人的大脑对于客观上不同的声音所产生的强力性质的不同感受,我们在音乐中一般称这种知觉为"力度"。力度从弱到强,在一般可接受的范围内可分成许多精细的层次。各种层次的力度都有着自己独特的张力性质和表现性质。造成不同力度变化的手法可以是依靠增加个别发音体的振动外力来增加振幅,也可以是依靠增加发音体的数量,来达到同样的目的,当然这两种方法所达到的实际听觉效果程度是不同的。还有一点需要强调的是人主观知觉上的力度与实际声音的强度的客观物理量之间会有很大差距。实验证明,人脑对同一强度而频率相差很大的音响会产生不同的音量感。所以,听觉上的力度、音量的感觉"主观性"很强,相对性也很强,而且,这种"主观性"、"相对性"比其他音乐知觉下级范畴领域中的"主观性"、"相对性"更为明显。例如,在听觉上的两个响度同是30分贝的声音,频率为800赫兹的要比频率为100赫兹的听起来更响一些,一把大提琴演奏的G音(98赫兹)在62分贝时与一把小提琴演奏的b2音(987.71赫兹)在40分贝时一样响。

不同的乐器,其力度概念也是相对的,在b1(493.88赫兹)的音高上,一把小号所奏的力度,约等于两把圆号的力度,约等于三支长笛的力度。

大型管弦乐以 ff 力度全奏之后,突然停止,继之以某木管乐器以 f 力度独奏,如果用仪器来测定,其客观上的音量比可能达到 100∶1;同样,一把小提琴以 f 力度独奏后,紧接着用十把小提琴以 f 力度演奏,客观上的音量比可能达到 1∶10。但是,在听觉上差距没有那么大。

此外,人耳对音量明显不平衡的声音感觉上会产生复杂的相互掩蔽的现象。如过分强烈的某声部会掩盖其他声部的音响;打击乐器的猛烈爆炸声会使人觉得其后突然出现了一个短时值的休止……

尽管有以上十分复杂的主客观差距存在,但一般的创造张力的规律还是有的,对于一个具有正常听力的人来说,音量在 15 分贝以下他将感到寂静,30 分贝以下感到安静,50 分贝时会感到喧闹,80 分贝时就听不清别人讲话,120 分贝时就会使人的耳朵产生疼痛的感觉。由此可见,在一定范围内,知觉张力的上升和下降是与音量的上升和下降同步的。

事实上,在现实音响知觉中,力度的模式和组织结构是非常复杂的。如从振动方式来讲,起振时用来激发振动的外力的量、激发的位置、激发的媒介、激发的方式、起振时外力补充的情况,都能直接影响振动,如据稳定和衰减过程的性质(振动的大小和过程的长短等),在音与音、拍与拍、小节与小节、段与段、声部与声部,乃至每个个别发音体之间的各种不同的搭配的可能性,造成了创造出各种各样的总体力度的强力模式的可能性。例如:我们在节奏范畴中所提到过的"节拍"——规律循环出现的强弱中,每一强或弱的性质,每一组强弱关系所构成的性质,都一定会在总体力度的强力模式的形成中产生其特定的影响。如,同一首四三拍的慢速歌曲,总的力度为 mf,但在演唱时采用快速激发、快速减少外力补充的唱法(音头强音效果明显,但音尾音量衰减过程短而明显)与采用慢速激发、慢速减少外力补充的唱法(音头增强效果不明显,但音尾音量衰减也慢、长与不明显)相比,后者的张力显然要好得多,表现性也柔和得多。

4. 音色,是指物体振动时不同分量关系在听觉上的反映。我们已经知道,一般的声音都是复合的声音。一个复合的声音,是由它的基础音和它的许多个不同高度的泛音迭加而成的。通过谐波分析仪对一个乐音进行剖析就会发现,一个合成波是由许多不同频率、不同振幅的正弦波迭置而成的,由于这些基础音上方的泛音的数目、频率和振幅之间可以产生千变万化的搭配,所以现实中我们就可能得到各种千差万别的音色。那么,是哪些因素造成了物体振动的不同分量关系呢?归纳起来是振动。甚至,从扩大化的意义上我们可以把在实际音响中存在的和声的音响响动方式、发音方法和共鸣体的结构与材料三方面看成是一种更加复杂化的人工合成的复合声音,它们各自也有着自己独特的不同频率、不同数量、不同振幅的组织结构,因此,也就能产生其独特的音色。

作为音乐表现性的一种下级知觉范畴,一般说来在音色方面创造张力的规律是,复合音中的各个别音的频率的比例关系越协调(即越接近于简单整数化),其总体音响产生的张力就越小,如长笛,它的发音为纯音即没有任何泛音。因此,其音听起来最为柔和,也可以说张力相对趋向于偏小。再如,同时响的几个音相互构成纯八、纯五、纯四、大小三度、大小六度等协和与不完全协和音程关系的,其总音响所产生的张力依次越向前越趋向于小。反之,同时响出的几个音相互构成大小二度、大小七度和各种增减音程的,则其总音响所产生的张力也趋向于大。再如,双簧管,其第二分音的振幅反而比其基音的振幅大得多,因而听起来似乎高了一个八度,根据音高创造张力的规律,自然张力要显得大些。在以弦发音的乐器发音时,粗弦将发出更强的泛音,基音与泛音之间不谐和的关系也比细弦突出。因此在发出同样的较高的声音时,粗弦能比细弦产生更大的张力。此外弦本身的张力越大音色则会越亮,反之张力越小,音色则会越暗。这是因为张力大更有利于高频弦音的势力突出,而张力小更有利于低频弦音的势力突出。我们部分地区的民歌和地方剧种中有男声翻高八度(在绝对音高等同或接近于女声)的唱法,混声合唱中也常采用的所谓男高音声部的超越手法都能形成张力明显上升的效果。其原因也是基于上述的道理。

5. 最后,再来看看曲式。广义的曲式是指音乐作品的总体组织模式,其内涵上有两个要素,即重复与变化。如将其作为音乐表现性的一种下级的知觉范畴来看,其创造张力的主要规律就是:重复的(部分、成分)越多,产生的张力越小,重复的(部分、成分)越少,产生的张力就越大。

以上,我已分别从音乐表现性的五个知觉范畴分述了张力创造的规律。但在实际的音乐知觉中,问题更要复杂得多,在以上分析中,是为了使教学容易起见，才把各个下级知觉范畴对张力的创造规律，从总体中分割出来一一分析加以阐述的。事实上，我们在对音乐作品进行审美知觉时，一般情况下并不采用这种方式，而且这种分割的方式往往容易冒无视各部分之间联络时所产生的新性质的风险。而更重要的事实是，客观上音乐作品的总体表现性的基础是作品中所有各成分所共同创造出来的完整的张力结构，这种结构便是一个完整的格式塔，因此，其可分性永远是相对的而不可分性却是绝对的。不同的张力结构能够传达出不同的表现性，有的作品的张力结构较为单纯，其表现性也较为单纯，如，前面提到过的河北民歌《小白菜》，它的凄婉的表现性就比较单纯明确，连幼小的儿童都能准确把握，这种表现性的基础张力结构内的各下级范畴所创造的张力的性质，基本上是相近的——趋向于偏小的。如缓慢的速度，平稳的节奏组织模式（等时值相邻音与均分为二的组织法）；大间隔的节拍音（5/4拍、4/4拍每隔4拍或3拍才出现一个节拍重音）；小音程为主的进行方式；下行为主的旋律形态（每一句是小弧线下行，全曲六句的结音连起来是一个大斜线下行等）。在实际演唱中又必定导用张力，在这种情况下，各种张力相互联络时的矛盾就比较少，一致地组织成凄婉的张力模式的表现性也显得单纯和易把握。

而有的作品的张力结构较为复杂，其表现性也就相对更复杂。如德国作曲家舒伯特创作的由著名歌曲改编的小提琴独奏小品《圣母颂》，就是一个值得分析的例子。此曲的主旋律节奏舒缓、悠长，旋律线起伏很小，绝大多数是二度音程的进行（级进）这种结构模式，所产生的张力应该说是趋向于偏小的，再加上主题的第一次出现又是在小提琴的G弦上实现的，在音区方面，张力也是趋向于小的，以上诸方面的张力基本上是同质的，能使人感到一种平静、舒心；但由于G弦本身的音色偏暗，高把位上奏出的音紧张度也趋向于大（比较细的其他三根弦上奏相同音高的音），再加上旋律的第三句末处出现了连续小二度下行并终止在稳定性最低的调式变化音级上，使张力上升，这两方面的张力，性质与前面所谈各方面相互作用，在感觉上，便似乎使得宁静中增加了深沉，舒心中染上了淡淡的悲愁。当然安静的感觉还是主要的，这"增加"和"染上"的努力并不很强大，因此感觉上是"稍微有那么一点"。再有，钢琴的伴奏部分以分解和弦式的伴奏呈现出一种均衡出现的小波浪式的起伏曲线，显然使整体张力模式增加了更多的活力。这样一来,就使这个作品的表现性变得复杂起来,既有平静,又有深沉,既带点忧伤,又不乏优美。当主题第二次出现时,问题就显得更加复杂化了。这时,独奏小提琴把旋律的音区一下子向上移高了两个八度,并同时使用了三、六、八度的双音奏法,这样就在音高、音色、音量与和声效果上都大大地增加了张力;同时,钢琴伴奏的分解和弦也增加了跨度和节奏密度而成为流动性更大的大波浪式的起伏曲线。这时尽管音乐总体的知觉张力模式已经起了很大的变化:平静下已几乎能明显感受到那升腾起来的激情的奔涌,优美似乎要转化成辉煌,愉快似乎要转化成欢乐,深沉和忧伤也似乎已变得更像一种渴望和追求的冥想。然而,由于小提琴独奏部分在主题音调的旋律、节奏(广义)上几乎完全没有变化,独奏和伴奏乐器两者不但基本音色不可能起很大变化,而且音量的变化也只能是在很有限的范围之内。因此,张力的上升、张力结构性质的改变仍旧是十分有限的,总体张力仍可以说是倾向于偏小的。

　　我曾经在不告知名称的情况下用这首乐曲调查了从 6 岁(幼儿园大班)直至22岁(大学四年级)的329名在校学生。尽管由于年龄与文化程度的差异使得描述从表面上看起来存在较多差别,但只要通过初步分析就不难看出学生们在回答张力结构的感受问题时对乐曲存在着相当高的一致性。我们先来看看学生们在对自身的感受进行描绘时所使用的典型词汇,按照基本情绪的两种两极性(判断两极或称好恶两极与力度两极或称强弱两极)依次排列为:愉快、优美、慈爱、宁静、深沉、淡淡的忧愁、压抑、如泣如诉。我们再来看描述中所使用的典型场景和事件,也按照它们所能引起的基本情绪的两种两极性依次排列为:优美而愉快的场景与愉快的游人、幸福的情侣、舞蹈的人或天鹅等幽静、安然的场景、自由的静思,月夜、睡眠或梦幻,慈母的爱抚等;美好场景中淡淡的惆怅形象(在美丽幽静的自然环境中孤独,对内心的依恋、不安、愁怅的倾诉,对不知可否实现的幸福的向往等);对孤独、苦闷,或不幸事件形象的直接描绘(如类似《卖火柴的女孩》一类的孤苦无援的儿童形象[小学生多使用],失意者、失恋者、失败者的形象[中学生以上年龄的多使用等])。从以上举出的词汇和形象我们不难看出,由于这些情境和情绪的性质在张力上都是处在好极与恶极两个判断的力度极的弱极一端,因此在性质上显得较为隐蔽而且接近。如果用一根横坐标来表示这种性质就可以看得更清楚。

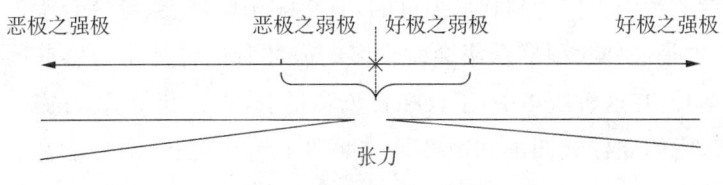

图 2.4　情绪张力坐标图

上举的情境和情绪正处于大括号所勾出的那一线段中,因此张力是趋向于偏小。这种结果与我们前面对乐曲本身的张力性质的分析是一致的。

下面我还将进一步举例来说明格式塔的知觉总体效益的原理——普遍正确性。在上例调查中,我还发现,为数相当多的学生(不仅是年幼的学生中)在描述中没有提及主题音调。在第二次出现时由于音量的提高,双音演奏,伴奏音型的起伏线加重、节奏加密,创造出了"激情升腾"的表现性。在这里我们首先可以将此现象看做是一种"知觉"作用的结果,我们知道,知觉的模式是一种自我完善的模式,能表现原自然模式中的最基本特征。我们可以得出结论说:这种小提琴独奏、钢琴伴奏,一方面有自己的潜力范畴的局限,另一方面又要在组织原则上受到独奏乐器的限制,所以主题第三次呈现时,在原有曲调不变的情况下,其他方面的新性质又不能够以压倒优势明显改变原曲调固有模式的基本特征,于是后出现的自然格式塔的非本质的特征就在知觉过程中被忽略掉了。

下面我要分析的另一个例子是歌曲《东方红》。这首歌的曲调的前身是一首陕西民歌《骑白马调》。这本是一首描写男性缠绵而又略带哀婉的离愁别绪的爱情歌曲。这种表现性无论从好恶极和力度极归属上都与"颂歌"表现性相去甚远。可以设想,如果我们能够听到当时的这位陕西农民同时演唱这首旧民歌和经过重新填词的新民歌《东方红》的话,撇开曲词的内容和以往沉积所可能造成的偏见,在听知觉感受上一定不会产生很大的差别。这是因为要想在不改变原曲调的情况下改变总体知觉模式的基本性质、张力上的扩展,个人演唱中所能挖掘的潜在能量是远远达不到这种张力扩展的要求的。

而今天在我们大多数人的文化沉积中,对《东方红》的印象都是来自于一种由专业音乐工作者刻意加工过的,有交响乐队伴奏、集体合唱的音响版本(至少也是一种大型群众集会时众多的人怀着一种特定情感共同演唱的音响版本)。在这种版本中,不仅在音色音量上,张力获得极大的扩展,而且增加了浓密的立柱式四部和声效果。增加了句头重音,增强了音值延长时力度的保持,进一步拉宽了节奏,甚至还常常在最后部分使用上四度移调的音区变化。到这里,这首歌的听觉张力模式,就产生了明显的性质变化,全新的性质显露出来,节奏结构中小张力性质(慢速度、平稳节奏组合模式等)得到了改造,平稳的慢速度由于力度和韧性的增加而显示出宽广、沉着、豪壮的性质,再加上坚实浓密的和声,高亢而明亮的音区,众多的男、女声共同合成,这一切所共同造成的新的张力已经增大到足以一扫原曲中抒情哀婉的情调而使之升华为一种充满激情的赞颂的情感了。这只是一个很普通的例子。

再如,相传由南宋抗金名将岳飞作词的著名歌曲《满江红》,过去一般专业演唱者都习惯于把它处理成稳健的慢速度,而伴奏上则习惯于突出和强调演唱的情绪,即那种吟诗抒怀式的语气,而现在一般通俗唱法的演唱者则往往把它处理成热烈的快速度,电声乐器发出了强烈的规律重复的所谓"迪斯科"节奏型。这样一来,虽然歌曲在曲调、歌词、演唱方式主要方面都完全没有改变,但总体听觉效果上,其张力模式及其表现性已产生了明显的差别,慷慨昂扬情绪能感觉得到。

以上所做的这些分析,我以为都能够从一定程度上,进一步说明格式塔原理中的整体综合知觉效应。

到目前为止,我分别阐述了音乐表现性的五种知觉下级范畴——节奏、旋律、音量、音色、曲式——中所包含的能够创造张力的性质,以及格式塔的基本知觉特性——整体综合知觉效应在音乐知觉中的表现形态。尽管这些分析还是非常粗浅的,但我想它们不但可以证明格式塔原理存在的普遍价值意义,而且提供了让我们通过进一步努力来解决音乐学、音乐心理学、音乐教育学中的一些更为实际的问题的可能。

"同构理论"是格式塔心理学派提出的又一重要理论,这种理论不仅指出了人类艺术知觉与普通知觉在性质上的相同与不同,而且指出了:在人类的艺术实践活动中,不管是作为知觉主体的人还是作为知觉客体的艺术品,在发生相互作用时都同时既是主动的又是被动的。作为客体,其本身客观存在的组织结构所传达出来的总体张力模式的性质一旦成为一种刺激,就会对作为接受这种刺激的对象——知觉主体产生一种具有某种程度的强制性的作用,这是其主动性(能动性)的表现;但这种张力模式在客观现实中是否能够成为一种刺激和具体成为什么样的刺激,还是要受到知觉主体本身的种种客观存在的情况的制约,这又是其被动性的表现。反过来说,知觉主体的性质就又是知觉主体的主动性的表现了。但我们应该时刻注意到,知觉主体本身的种种客观存在的组织结构的总体性质和知觉客体的总体性质都会对最终的知觉效果产生强制性的影响,即使所谓"主观性"很强的范畴,如由各种"主观"经验沉积的相互作用而产生的意识、需要、倾向性等,也不能够彻底地脱离与生命体的客观物质存在的联系。在这里,我们看到了知觉过程中,主体与客体、主观性与客观性、主动性与被动性的对立统一。我赞同"同构理论"就是因为它的科学的态度发现并指出了这种对立统一关系,而且它特别强调指出了在过去并没有被人们明确认识到的客观事物的"表现性"(具有形式与个性的事物的现象对知觉的过程和结果所具有的强制性、能动性)的客观存在。在近年来的审美心理学领域中,较多的注意力还是放在从知觉主体的客观存在方面(如,人的生理、心理结构以及经验沉积等)中寻找答案,而格式塔派心理学家则指出,仅在知觉主体一方面去寻找知觉效应的形成原因是不完全的,因为知觉活动本身就是一个具有完整形式和独特性的现象(格式塔),知觉效应的形成是参与知觉活动的所有部分之间共同相互作用的结果。因此必须意识到:只有同时到知觉主体、知觉客体、知觉主客相互作用的过程等方面的客观性质中去寻找知觉效应形成的原因,才是更为科学的客观的态度,也才可能得出更接近于客观真理的结论。

对于艺术欣赏中的同构作用,阿恩海姆在书中指出:"在观赏时,这个主要的式样并没有被观赏者的神经系统原原本本地复制出来,而是在他的神经系统中唤起了一种与它的力的结构相同形的力的式样。"这样一来,在前面提到的关于《圣母颂》的听觉级中,描述中出现了对水、石的声色形态带有情境色彩的描绘,这种描绘贯穿于全部各个年龄阶段。在小学六年级的一个有 37 名学生的自然班中在描述中竟有人同时使用了唐朝白居易《暮江吟》中的"半江瑟瑟半江红"的诗句(此诗收于小学语文课本中)。由此可见,用钢琴分解和弦创造的规律起伏张力模式,与水的形象在视觉上唤起的张力结构模式,发生了同构作用。这可以说明学生描述中大量出现水形象的现象。当然水的声音与钢琴的叮咚的声音在结构模式上更有直接的目标作用,反过来,学生们这种在描述上的高度一致性也进一步支持了这种对审美联想机制进行解释的"同构发生理论",观赏者的欣赏活动就不再是对一种外部客观事物的纯认识活动。这个用于表现这个故事的特定的力的式样,在观赏者头脑中活跃起来,并使观赏者处于一种激动的参与状态。这种参与状态,才是真正的艺术经验。这种经验,与那种信息的纯粹理解是完全不同的。

四、格式塔心理学理论对学前音乐教育研究的启示

第一,如前面我们所提到的幼童对河北民歌《小白菜》的两例反应,类似的例子还可以举出很多,如一个汤姓五岁男孩在听了二胡独奏曲《阳关三叠》后描述他的印象说:"这是讲的古时候'送人'的故事。"虽然他并不知道这首乐曲的曲名,也不可能理解乐曲中所表现的复杂情感,但单凭自身的张力经验与乐曲的张力模式发生同构的结果,就已与专业音乐工作者通过这首乐曲所想传达的东西,取得了如此惊人的一致。就此,我们应该可以这样说,如果我们在选材料时所更多地注意音乐本身的表现性的情况,注意选择其张力结构性质比较单纯、张力结构组织比较清晰的作品,并注意作品传达的这种张力结构与儿童发展的现阶段上的张力经验之间,发生同构作用的可能性(所描述的内容应尽量接近于儿童已有的经验),那么知觉音乐时无论是否有对音乐以外的辅助理解成分(如歌词、标题、图片等)相伴随,都是无关紧要的(处理不好,反而可能产生干扰)。因此,声乐作品并不一定比器乐作品更容易理解,器乐作品被选进我们为幼儿安排的音乐活动时有了更多的自由性了。

第二,"表现性"既然是人类艺术活动是否能达到更高的完善程度的关键因素,我们就应该在音乐教育的过程中更加注意培养幼儿对音乐作品的表现性的反应能力,并培养他们学会把表现性作为歌唱、律动和奏乐游戏的

"用力的基准"(培养他们逐步学会积极地使用自己的一切组织能力,有意识地创造出具有某种表现力的张力模式,或可以发掘事物的潜在表现性的能力)。这样儿童在欣赏和表演时就能逐步达到不仅是自发的而且是自动的,不仅是无意识的而且是有意识的,不仅能知其然而且能知其所以然的境地。为了达到这个目的,我们在进行音乐教育的过程中就需要改变那种对教材(音乐作品)机械使用的方式。教师要从有意识地发掘教材本身的表现性入手,引导幼儿探索音乐的表现性与其张力结构组织之间的关系。教师不应仅仅把注意力集中于幼儿是否学会了一首歌曲的歌词和曲调,以及与教师的相一致上,同时还应注意(有时甚至应更强调要注意到)幼儿对音乐本身的表现性的独立反应的敏捷程度如何等具有一定创造性思维技能的提高上;不应只要求幼儿对教师所提供的现成的表现性张力模式进行机械的模仿或复制,而应鼓励和引导儿童自己独立地去发掘音乐作品中潜在的表现性的张力式样。如果我们能够做到这些,幼儿在我们为其提供的音乐学习活动中,就不但能时常获得更多的真正音乐经验,而且能进入如阿恩海姆所描述的更高的水平层次。

第三,若要做到上述的第二点,我们还应该在培训教师的时候,就注意到他们对于音乐本身的表现性的反应的敏捷性的发展,使他们能更为系统地了解在音乐各知觉范畴中创造表现性张力模式的规律。这样,在他们日后的工作中就可能更有意识地(而不是盲目地)去遵循那些更为接近于真理的规律,来为儿童选择表现性最为适应他们的音乐作品,并可能更有意识地(而不是盲目地)通过音乐作品本身的表现性来培养儿童对音乐作品的表现性的反应能力和创造能力。

我以为,不管对于普通教育中的艺术教育课程来讲,还是对于专业艺术教育中的技能训练来讲,阿恩海姆所提出的,着眼点应放在对艺术作品的表现性的反应能力(也是一种认识能力)和创造能力(也是一种通过艺术作品进行表达的能力)上,一切技能技巧和知识的掌握都应以前者的发展为目的的观点是相当进步的。

因为,在这种观点指导下的艺术教育实践活动能够更好地发展人类的审美性(包括能力和需要),使之不断达到更高级更为完善的境界。

2.3 幼儿园音乐欣赏教学改革初探

一、问题的提出

（一）幼儿园音乐教学的现状

认识和创造是人类参与一切实践活动的两种基本方式，认识能力和创造能力也是人类进行一切实践活动所需具备的两种基本能力。只有在这两种能力均衡发展、时时处于最佳协作状态的情况下，个体才能最有效地认识世界和改造世界。这一客观规律，无论是对于人的广义的社会实践活动来说，还是对于人的艺术活动、音乐活动来说，无疑都是适用的。

多年来，人们都在为建立一种真正的能够促进人全面、均衡发展的教育而不断地努力着。但至今，我们的工作离这一目标还相差很远。就拿我国幼儿园目前的音乐教学来说，对幼儿参与音乐活动的认识和创造力的均衡发展，就不是很有利的。这可以从以下两方面反映出来。

从教学的目的、方法上看：大多数的保教人员都更重视儿童从外部形态上对现成音乐作品的形式再现，如学会唱几首歌、跳几个舞、玩几个音乐游戏或演奏几首打击乐曲等，即在教学中，教师较多的注意力都放在幼儿对示范的模仿和重复练习等外部反应上，而较少注意和关心幼儿的内部感受和对音乐的认识能力的发展如何。

从教学的内容、形式上看：大多数的保教人员都很少为儿童安排专门的倾听音乐的活动，即使安排了这样的内容，教师的注意力还是放在怎样使儿童做出自己所期待的那种特定的反应上，而很少关心儿童到底从音乐中听到了什么，他们究竟想如何表达他们自己的感受，更难得有人能够专门组织和领导儿童对音乐作品进行有目的的观察认识活动和反应活动。

以上印象是我在 1985 年见习时，访问了南京市的 17 所不同类型、不同层次的幼儿园，观察了 26 位教师所上的 27 节音乐课，并与任课教师深入地交换了意见之后获得的。在这之后，我又以座谈、访问等方式广泛地征求了与音乐教育及幼儿教育有关的各方面人士的意见（其中包括了许多有影响的著名人士),最后获得的总的看法是:幼儿园的音乐欣赏教学活动长期以来一直是幼儿园音乐教学中最薄弱的一个方面。而这种活动之所以被公认为是最难领导的教学活动,其主要原因有以下几点:

第一,人们对于究竟应该怎样来听音乐,幼儿又究竟应该怎样来听音乐,幼儿的音乐感受力包括哪些方面,它又是怎样发展的,这样一些关键性的问题,都还不很了解。也就是说,人们既不清楚别人是怎样听音乐的,也不清楚自己应该怎样听音乐;既不清楚幼儿听音乐的感受与成人有什么区别,也不清楚这之间有什么联系。甚至许多幼儿教师还坦诚地承认说自己也不太会听音乐,所以教起来更感到困难。

第二,教学目的不明确。即音乐欣赏教学究竟为了解决和可能解决哪些问题,人们也是不完全清楚的,这一点实际上是第一个问题的一种连锁反应。

第三,方法难设计。即使抛开由于前两个问题的悬而未决对方法设计的影响,就拿现在一般提出的教学目的,如发展音乐感受力、想象联想能力、形象思维能力等来说,究竟用什么方法才能使这些发展目标得以实现,人们在多数情况下仅仅是凭猜想来推断。而且,由于幼儿园教学法的经典原则——如直观性原则——在这里受到了某些音乐美学观点的严重挑战(如音乐就是音乐,而不是音乐的音响结构以外的其他任何事物等),而给方法的设计带来了更大的局限性。

第四,材料过于缺乏。现行幼儿园材料中可供欣赏教学用的视(指录像)听(指录音)材料太少;直接演唱、演奏或表演对于许多幼儿教师来说还存在一定的困难;一般保教人员也都还不太清楚究竟应该怎样来为幼儿选择和准备欣赏用的音响材料。因此,材料问题也是一个具体而现实的困难。

第五,由于欣赏活动一般不易显示出幼儿对表演技能的掌握水平,也不易迎合一般听课者的需要,所以,即便是比较好的教师也不太愿意开这种类型的公开课。这种情况客观上又使这方面的探讨和交流活动失去了一些促进因素。

第六,尽管有一些幼儿教师也努力做过这方面的探索,但由于许多基本理论问题没有得到解决而终究不能得到广泛的推广和承认。

(二)前人所做的工作和留下的问题

1. 在目的任务方面

1981年的部颁大纲在音乐教育总纲中已提出了要发展"幼儿对音乐的感受力、记忆力、想象力和表现力";但在各年龄班的细纲中,具体强调的仅仅是音乐表演技能方面的要求,甚至还规定了要求幼儿掌握的各种类型的音乐作品的个数。这样的条文,实际上并不能使幼儿教师明确幼儿对音乐的感受力、表现力到底包括哪些方面,幼儿在各年龄阶段在这些方面又各应达到何种水平。而且,这样的要求还容易使(实际上已经使)教师误解,以为教学的目的就是贯彻教材和教幼儿掌握一定的表演技能。

我国近代民主教育家张雪门先生在1928年就已提出"幼儿教育不能只注重幼儿外部的对美妙形式的模仿的成绩而忽略了幼儿内部的精神的成长"[1]。

1944年英国音乐教育家柏西·布克在他的《音乐家心理学》一书中也指出:"在过去,假如你想证明你是一个什么样的教师,你只需把你的学生集合起来,让他们演奏,然后请听众发表意见,宣布这是一种好的演出。而在今日,对你的工作,任何好的评价都要问及学生对音乐的感受如何。"[2]

1931年美国音乐教育家詹姆士·L.穆塞尔等人也指出:"今天我们的许多音乐教育工作实际上是某种训练——音乐读谱训练、表演技能训练、记住定义和理论规则的训练。在这一点上,它和发展一个动物的固定的、限定的特技相似。它对开阔个人的视野或为生活的完善和享受并没有做什么事来提供更好的机会。我们已经找到了许多在心理学上有根据的理由,来拒绝接受音乐教育的这种观念和它的一切表现和工作。我们相信:假如我们的音乐课受这样一种哲学思想的支配的话,音乐将不可避免地失去它在中小学课程表中的地位,因为它理应失去这种地位……读谱能力,唱歌能力,演奏各种乐器技巧的技能,由听觉训练发展起来的听觉能力——所有这一切,都一点也不应当是为了它本身创造出来的,而是为了更深更广地欣赏音乐,更有见识地和更有说服力地爱好音乐……我们一再坚持:音乐教育的中心是欣赏课。假如我们不能创造欣赏课,我们就马上变成了不过是训练者,不

---

[1] 张雪门.参观三十校幼稚园后的感想.1928年1月15日
[2] [英]柏西·布克著.金世铭译.音乐家心理学.北京:人民音乐出版社.1982:102

过是教窍门的教师,而不再是教育工作者了。"①

对于这个问题,苏联学前教育家维特露金娜在她的《幼儿园音乐教学法》②中阐述得更加具体明确:要养成幼儿对音乐的自觉态度,即发展幼儿对音乐的积极的感受力,指导他们的注意力,同时帮助他们理解所感受到的,帮助他们思考、比较,使他们注意音乐的表现性质,注意音乐作品的艺术形象怎样表现现实生活的各方面,注意各种艺术形象和音乐艺术在表现同一主题时的一致性和音乐的内容与音乐的表情要素之间的一致性。

美国近年来出版的有关文献中已普遍而且十分明确地提出了应从婴幼儿开始进行发展音乐概念的教育的观点。近十年间,国内也有人对此进行了大量的实验研究,初步探索了在幼儿园集体教学环境中如何发展幼儿的各种音乐概念的问题。他们设计了多种简单有趣的教学活动,并以较为可靠的评价结果证实了这种教育对幼儿音乐感受能力的发展价值和普及推广的可能性。

然而,到目前为止,就连把以上这些前人早就提出而且已被广泛的实践证实了其正确性的观点作为幼儿音乐教育的任务在大纲中提出,尚不能够被人们所普遍接受,其根本原因就在于人们对"概念"和"概念的形成",艺术活动能力的发展与艺术认识能力、对艺术追求的自觉性发展的关系,"感性认识"和"理性认识"的关系等,尚存在着一些带有普遍性的误解,而且至今国内为澄清和清除这些误解所做的研究和宣传工作还是非常少的。

2. 在教学方法方面

首先,自 20 世纪末以来,国外的有关文献中就不断有人提出并证明了动作在儿童音乐认识活动中的重要性。而且近年来,有关的理论和实践已在各种得到世界性的普遍承认的音乐教育体系中获得了相当的发展和完善。由于这些外来体系的影响,国内自 20 世纪 80 年代以来已有许多人做过了这方面的验证性研究。但是在这些研究中,除了少数人注意到了动作参与对乐感的整体发展的意义和作用以外,多数人还只是把注意力放在利用动作来帮助识谱和培养节奏感等较狭窄的范围中。而且,正如前文所述,真正目

---

① 詹姆士·L. 穆塞尔等著. 章枚译. 中小学音乐课教学法. 四川:四川人民出版社. 1983:304~306
② 维特露金娜著. 丰子恺译. 幼儿园音乐教学法. 上海:新音乐出版社. 1954:1~10

的明确地采用身体动作的音乐教学还只是局限在实验和实验所可能涉及的较少数的幼儿园内。

其次,关于音乐教学活动中的绘画参与及视觉材料使用问题,近年来在国外特别在美国的音乐教育著作中也是一个很普遍的话题。但是这些方法的理论基础并不如动作参与那么明确,而且国内对这些方法的采用又与国外有着很大区别。1987年来华访问的美国哈佛大学的加德纳夫妇在参观了一些这类活动后就曾对其目的和效果提出过疑问:到底是在画音乐,还是在画已被标题、歌词或教师的其他讲解所明确指出了的事物或事件?另外,前面已提到过,对于视觉材料(一般被称为直观教具的教学辅助材料)的使用和语言材料的使用,由于赞成(认为这些材料的使用能够支持听者的音乐感受活动)和反对(认为这些材料的使用会干扰和限制听者的音乐感受活动)两种意见的长期相持不下,至今也没能得到合理的解决,所以,无论使用或不使用,实际上都还带有某种程度的盲目性。

3. 在教学的组织领导原则方面

由于受到了教育观、儿童观和教育目的等方面的认识水平的限制,目前国内一般幼儿园的音乐教学活动的领导方式基本上还是单向灌输式的、封闭式的和重结果的。这种方法的教育结果必然会是:在幼儿对音乐的感受中,极少有属于他们自己的东西;而幼儿对音乐感受的"反映"(事实上是一种对外部要求的机械反应)大部分也都是由教师从外部灌输进去的一些为教师本人所了解的"普遍的看法"。

4. 在材料、内容方面

1981年部颁大纲(试行草案)中规定:小班,"欣赏五、六首歌曲和器乐曲";中班,"欣赏六至八首不同性质的歌曲和器乐曲";大班,"欣赏六至八首歌曲和器乐曲"。

在上述诸条文中,除了在中班一条中加有"不同性质"的定语说明词以外,其余各条中只有一种量上的规定。所以可以说,大纲对于幼儿通过这些规定量的完成要达到何种发展,这些"不同性质"包含哪些,各性质之间的区别、联系程度又应如何等,实际是并未指明的。

再看1983年版的部颁教材中为幼儿推荐的欣赏材料,无论是歌曲还是器乐曲,在性质的安排上都无法让人看出其中的联系——性质分化层次上的系统性。因此,通过对这些材料的贯彻应该和可能达到何种教学要求,实际上也是不很明确的。

但是,在南师大教育系学前教研室主编的《幼儿园教材教法》(南师大学报社 1985 年版)一书的有关部分中,已在很大程度上摆脱了这种不确定性,开始把着眼点放在让幼儿通过欣赏活动掌握四种类型的"音乐体裁"的性质上,并为此目的提供了具体的音乐材料和设计活动。这套教材在中班册中有如下一段文字:"中班上学期,我们在小班欣赏'舞曲'、'进行曲'、'摇篮曲'的基础上,要求幼儿能说出它们的性质,比较出它们的不同;中班下学期,又欣赏了'劳动乐曲',并和以上三种乐曲进行比较,这对扩大幼儿的音乐和知识范围,培养音乐感知能力是很有帮助的。"

另外,在由北京市教育局幼儿教育研究室 1982 年出版的《北京市第一届幼教年会材料汇编》中,北京师范大学的李晋媛、张志华两位老师也指出,她们通过实验已证明,通过有系统地组织材料和幼儿的听觉经验,幼儿对音乐的感受能力能够得到更为有效的发展,甚至还能初步形成关于"音乐风格"的概念(这在国外的有关研究中被认为是形成和发展较迟的一种音乐概念)。

综上所述,国内幼儿园音乐欣赏教学活动之所以长期处于比较薄弱的状态,一方面是由于国内外的有关研究成果没有能够得到系统的介绍和普遍的推广(包括没有能在部颁大纲和教材中得到反映);另一方面也由于我们还比较缺乏那种把目的、方法、材料、评价等音乐欣赏教学结构的各个方面都摆在一起进行宏观考虑和探索的研究。很显然,这样大的工程,绝不是凭少数人在短时间内就可能取得较全面的突破的。但作为这一次的研究本身,我还是希望能既从宏观的考虑出发又从微观的实践入手来对幼儿园的音乐欣赏活动的改革做一些初步的探索。

二、研究的方法

在本次研究中,我主要做了以下几方面的工作。第一,从有关的哲学、美学、心理学、教育学以及思维科学的研究成果中寻找建构音乐欣赏教学宏观控制结构的理论依据。第二,根据已掌握的理论,吸收国内外有关研究的先进成果设计了一些幼儿园音乐欣赏教学活动,并对这些活动在幼儿园实施的可能性和实施的效果进行了具体的实验和评价。第三,在教学设计活动和测量评价活动的实施过程中,不断对已有的理论结构进行验证、修改和补充。

因此,从局部上讲本研究所采用的是"实验法";从总体上讲,本研究还借鉴了"行动研究法"的许多主要原则和方法。

三、幼儿园音乐欣赏教学的宏观调控结构及其理论依据

(一) 目的与任务

1. 人类的音乐活动首先是一种艺术活动,而艺术活动就其本质来讲又是人类社会实践活动的一种特殊形式。人类的音乐活动既然是一种艺术活动,那么人类的音乐活动的本质也是一种人类社会实践活动的特殊形式。

从人类艺术活动的静态结构来看,马克思的"按照美的规律来建造"[1]的命题指出了这种结构中存在着两个相互联系又相互独立的基本结构:艺术美的认识和艺术美的创造。前者是感受、感知和探求,是客体指向主体,主体在活动中能动地揭示客体美的规律,并将之内化为主体的审美心理结构的活动;后者是主体按照美的规律创作、造型,是主体投向客体,完成将主体对美的规律的认识外化为现实的美的客体的活动。[2]

从人类艺术活动的动态结构来看,"按照美的规律来建造"还该表现为一个历史的过程。在这个过程中,不但客体美不断在建造中得以发展,而且主体的审美心理结构乃至一切主体的有关的物质特性也都在建造中不断得到了完善。[3]

即作为一个过程,无论从人类总体发展的历史还是从社会的人的个体的发展历程来看,人类的艺术活动都有一个从低级到高级、从接近于一般动物的水平到逐步超过甚至远远超过一般动物的水平的发展过程。具体地讲就是从不自觉到自觉,从本能的生物性占主导地位的反映到有意识、目的控制的社会性占主导地位的反映的渐进的过程。

---

[1] 1844 年经济学、哲学手稿. 马克思、恩格斯全集. 第 42 卷. 97
[2] 许明. 美的认识活动. 广州:花城出版社. 1987:19
[3] 杨恩寰主编. 审美教育学. 沈阳:辽宁大学出版社. 1987:347

这样,儿童艺术教育的目的任务就十分明确了:作为教育者,我们在艺术教学活动中首先应该努力发展的是幼儿对艺术美的规律的认识能力和按照艺术美的规律去进行创造性的艺术表现活动的能力;其次,教育者在艺术教学活动中还必须注意发展的是儿童对艺术进行感受和反映的主动性和自觉性。依此类推,幼儿园的音乐欣赏教学活动的首要目的就是要让幼儿逐步地学习如何更好地欣赏音乐,并使幼儿能逐步发展起一种对音乐的主动积极的自觉的认识和反映的态度。

　　最后还需指出的是:人的社会实践是人的认识活动和创造活动的统一体。按马克思的"按照美的规律来建造"的命题,认识和建造是同一过程的两个环节,认识的目的最终还是建造,而建造的结果无论会使建造主体获得何种程度的满足,都将进一步推动新的认识活动的深入展开。因此,我们在幼儿园的音乐欣赏教学活动之中也要有意识地利用这两种活动之间相互作用的规律,让幼儿有机会在认识活动(感受)和创造活动(表达)的有机交替中获得音乐能力的整体的均衡发展,并获得进一步的发展的内部动力。

　　2. 概念是在人们长期的社会实践活动中逐步形成并不断发展完善的;学前儿童主要是以概念形成的方式来掌握概念的;概念的形成是借助于词和词所组成的语句来实现的;同时,概念也是用词来传达、巩固和记载的;词的意义的不断充实的过程,也就是概念不断深化、扩大的过程。**典型地出现在学前儿童身上的掌握概念的方式,是儿童在一定条件下,直接接触大量同类事物的例子,从具体化的实际经验出发,通过辨别、抽象、分化、构成假设、进行验证和加以概括等思维过程,并在与成人交往的过程中,通过成人的肯定和否定的回答来加以证实,并由此得到强化和巩固。**①

　　音乐的反映和概念的发展开始于出生时并持续于一个人的整个一生中。每个人在进行音乐体验时,他就在发展着关于音乐的和声音的概念。儿童对音乐体验得越多,他的音乐概念就越是发展。儿童的音乐概念在最前的阶段是相当含混和一般化的,但是它将通过进一步的对音乐与音响的体验而逐步变得更加精确。②

---

① 华东师范大学心理学系公共心理学教研室编. 心理学. 上海:华东师大出版社. 1984:170
② [美]Marvin Greenberg. 你的孩子需要音乐. 第九章

在这里需注意的是"体验"一词的含义,它反映的是主体集中注意的倾听和思考的活动,是主动的反应活动。听而不闻和闻而不思都无体验可言。只有主动的体验才能发展概念。反过来讲,体验的主动程度又与概念发展的水平息息相关。主体概念的发展水平,将直接决定在主体与客体相互作用的过程中客体的属性对主体所呈现的意义。高层次的概念能够在认识过程中把主体的注意力直接引向客体的本质特征,从而相应地提高了认识活动的效率。概念的外延越精确、内涵越丰富,主体对客体进行认识时的注意指向性就越明确,同化或顺应客体所释放出的信息刺激的能力就越强,同时,已有的概念的水平也就提高得越快。所以说:概念的发展不是一种算术级数方式的增长,而是一种几何级数方式的增长。

对于幼儿的音乐成长来说,幼儿音乐概念的形成和发展就是幼儿主动地对音乐规律进行认识的结果;反过来说,幼儿音乐概念的发展水平也将使幼儿认识音乐规律的能力和主动性自觉性不断得到提高。

3. 怎样来评定和划分音乐认识的水平层次的问题,历来在各种研究中由于看问题的角度不同所获得的看法是不尽相同的。

西方近代实证美学一般是按个体对音乐反映的个性特征为标准,反映主体划分为主观型(反映时总是习惯地强调对主观感受的描述)、客观型(反映时总是习惯于强调对客体的客观性质的描述)、联想型(反映时总是习惯于强调对刺激所引起的想象联想内容的描述)和性格型(反映时总是习惯于强调对客体的人化性格的描述),并认为在这四种类型的反映主体中,第一种的水平最低,第四种的水平最高,第二、三种的水平居中。①

英国心理学家、教育家柏西·布克按反映的理性水平的高低把反映主体划分为"天然的"(感性为主的)、"理智的"(含初步的理性判断的)和"评论性的"(即主体已具备了比较完善的价值体系,能从情感和理解两个角度去看音乐价值的实现的)三种类型,并认为主体感受水平的高低取决于其理性反映水平的高低。②

---

① 参见《朱光潜美学论集》第一卷中《近代实验美学》一篇的有关部分。
② [英]柏西·布克著. 金世铭译. 音乐家心理学. 北京:人民音乐出版社. 1982:102

张前在《音乐欣赏心理分析》一书中是按在感知的深入过程中主体对音乐的认识的质变为标准来进行分类的。他把主体的不同反映分成"音响感知"、"情感体验"、"想象联想"和"理解认识",并以主体反映类型的不同来确定主体对某一作品的认识已深入到何种水平层次上。①

苏联音乐学学者 A.索哈尔按照主体对音乐感知的自觉性和感知的完整性、全面性,理解的深刻性等标准把感知主体划分为"高度发展的"(善于聚精会神地感知,完整地、多层次地并相当适合地听取和理解音乐作品,在音乐感受中善于达到净化,区分并恰如其分地评价音乐中一切有艺术价值的东西,包括制作上的真品)、"中等发展的"(并不总能集中精神感知音乐,对音乐作品的听取和理解是片断的、不饱满的,只有局部相符,在感受上也不会比情感共鸣、感情补偿或审美享受走得更远一些,在音乐中只重视传统的东西)、"低等发展的"(对感受漫不经心,对音乐不理解,感情浮浅〈娱乐〉而且是非艺术的,推崇庸俗的东西)。同时,他还指出:要正确评价一个主体的音乐感知能力的发展水平,还必须结合另一个维度——主体在不同体裁领域(如严肃音乐、轻音乐、民间音乐)的反映——标准来加以综合的考虑,并认为只有在各个体裁领域内都能作为"高度发展的听众"的主体才是最为理想的,而任何的片面的发展都是极不可取的。②

我认为,主体从事音乐欣赏活动的需要和能力都是多方面的、多层次的,是立体的,而不是单方面的、单层次的和平面的。同一主体完全应该有能力在不同的时间、地点,不同的环境条件下,对同一审美客体产生不同的需要并根据自己的需要而进行不同类型的感受。由于音乐感受是一种能动的过程,主体的前感受的选择即注意的指向性(打算从音乐中听到什么)又是由主体内部的审美结构水平(可能从音乐中听到什么)所决定的,因此,作为一个在音乐认识方面发展较为完善的主体,就应该能够从不同类型的需要出发,以不同的注意指向去感知同一客体,从而最终以不同的感受结果达到不同需要的满足。也就是说,音乐欣赏能力发展的理想目标应该是使主体逐步形成能够产生和满足各种需要的音乐认识的心

---

① 张前.音乐欣赏心理分析.北京:人民音乐出版社.1983
② [苏]A.索哈尔著.杨光译.音乐社会学.北京:中国文联出版社.1985:128~129

理结构。

所以,我主张,在考虑促进幼小儿童的音乐感知能力的全面发展的目标时,或在考虑引导幼小儿童在具体欣赏过程中的注意指向时,都可参考西方实证美学研究所提出的分类标准。假定我们的教育目标是使幼儿有需要和能力去获得主观感受的情感陶醉、客观感受的理智满足、想象联想的丰富享受和理解感受的精神升华的话,那么我们在教学过程中就要有意识地引导幼儿从各种不同的需要出发去从音乐中获取不同的信息,并逐步帮助他们建立起能自动产生并满足各种认识需要的内部结构。为了同一目标,我们还需参考苏联学者所提出的分类标准,注意培养幼儿对音乐的感知的主动性和自觉性,注意音乐感知能力在不同体裁领域内的均衡发展。

(二) 方法

我们的目的既已确定为发展幼儿对音乐的认识能力和认识的主动性和自觉性,我们的方法自然也要首先从这一目的出发来加以考虑。

1. 马克思主义认识论能动的自觉反映的理论首先告诉我们,幼儿对音乐的认识和反映活动也是一种有意识有目的的社会实践活动,幼儿内部的音乐认识结构(作为一切的先天和后天的因素合成的整体)的本质特征,都将直接地同时影响他的音乐认识过程和反映过程。因此,我们不可能不通过幼儿主动与客体的相互作用而且直接通过外力去改造幼儿的这种内部认识结构。由此看来,在幼儿音乐欣赏教学活动中,那种单向灌输的方法自然是不可取的了。

2. 皮亚杰的认识发展理论告诉我们,人的认识图式的发展是在心理上的不断地由不平衡到平衡的转变过程中获得的。因此,教学方法设计的核心也就在于要能不断地诱发和引导这种转变过程。由于封闭的、重结果的教学方法容易阻断这种转变的连续性,对幼儿的音乐认识能力的发展不利,所以它们也是不可取的。

3. 鲁道夫·阿恩海姆在他的《艺术与视知觉》一书中指出:"由于我们总是习惯于从科学的角度和经济的角度去思考一切和看待一切,所以我们总是要从事物的大小、重量和其他尺度去解释它们。这些习惯上的有用与无用、敌意和友好的标准,只能阻碍我们对事物的表现性的感性感知。甚至我们在这方面还不如一个儿童和原始人。"①

中国社会科学院哲学研究所的滕守尧在他的《审美心理描述》一书中对此评价说:"至此,阿恩海姆找到了普通感知与审美感知的根本区别。普通感知忽视人的内在本质的外部表现,只以科学的或政治的经济的标准去对事物进行分类;审美感知则以表现性作为各种存在物分类的标准。按照这一标准,如果一块岩石具有同一个人的一样的表现性,那么这两种在日常知觉中十分不同的东西就被归并到同一类中。"②

尽管人们已指出,阿恩海姆在阐述其"物理——生理——心理"之间的异质同构的推想时,忘记了人与动物的根本区别,忘记了在人的审美知觉过程中,作为社会的人,其社会经历中的各种理性和时代精神、文化背景等因素同样要对知觉的结果产生影响,但是,我们依然应该承认阿恩海姆所提出的这种分类法在帮助人们认识艺术审美知觉的特殊性方面还是很有价值的。

阿恩海姆所提出的审判认识的分类法给音乐欣赏教法理解建设的启示是:既然人和岩石、柳条和白云、流水和某种书法笔迹都可以因其表现性的一致而被归并入同一类别中,那么,某些音乐和某些视觉的、动觉的、语言的材料又为何不可因其表现性的一致而被归并入同一类别中去呢?

专就视觉材料来看,视觉材料与抽象的语言材料相比,具有可以直接感知的特性;视觉材料与需在时间过程中逐步展示的听觉材料相比,又具有可以同时感知其整体形象和可以从容地感知分析形象的部分与整体之间、一形象整体与另一形象整体之间的各种联系的特性;况且,对于处在以形象思维为主要思维方式的幼儿来讲,可视材料与通过转换而形成的视觉表象都是最便于他们进行思维加工的材料。

过去,音乐教学中对于视觉材料(也包括对于动觉的和语言的材料)的使用,其目的往往偏重于引起兴趣,或回答"音乐讲的是什么"这类的问题。所以,这种使用被人们批评为"限制了人们对音乐感知的范围和音乐审美价值的全面实现"是完全合理的。而今天,国外音乐教学中对视觉材料的

---

① [美]鲁道夫·阿恩海姆著.滕守尧译.艺术与视知觉.北京:中国社会科学出版社.1984:626
② 滕守尧.审美心理描述.北京:中国社会科学出版社.1985:40

使用目的已起了很大的变化,人们利用视觉材料与音乐材料在形式、结构、情感、内容、风格、表现性等诸方面的一切共同的特性,来帮助学生(不仅仅是幼儿)更好地认识音乐审美规律,加速有关的音乐概念的形成和巩固。出于这种目的对视觉材料(以及动作和语言材料)的使用,应该是无可指摘的。

关键的问题是通过形象(形象是广义的,它应包含一切可直接用视觉感知的形式)来进行思维,引起认识美的规律的活动;而不是通过形象来终止思维,以权威性的答案来压抑刚刚引起的好奇心。况且,这种对不同质的教学辅助材料的采用,能够增加各种艺术经验的横向迁移的机会,促进对更高层次的艺术美的规律(不仅是音乐美的规律,而且是包括了音乐、绘画、诗歌等的艺术美的规律)的认识的发展。反之,较高层次的对美的普遍规律的把握又能进一步指导较低层次的美(如音乐美)的认识活动,使之更有目的,更自觉,也更有效。

4. 近代西方的许多音乐心理学和音乐教育学著作,都指出了人的身体动作在音乐感知过程中的特殊作用,并强调说,尤其在儿童开始接触音乐的最初阶段中,身体的外部大肌肉动作是他们掌握音乐的节奏、速度、力度、旋律、结构及情绪的不可缺少的重要媒介。

20世纪初美国著名音乐教育家詹姆斯·L.穆塞尔在他的《学校音乐教育心理学》和《音乐教育原理》等著作中,都一再强调:"节奏,必须通过大肌肉反应来教授,除非这样做,否则永远也不会教好的。""假如我想知道节奏感是怎样被训练的……主要的事情就是要明白那是要靠肌肉反应的。音乐的经验,无论是倾听或是表演,都远远超出仅是清楚地听到音乐和正确地分析我们所听到的。如果缺乏肌肉反应和对肌肉反应的感觉,就不会有我们所熟悉的和我们所必须努力去教授的那种音乐的享乐了。"

马汶英·格林伯格也在他的《你的孩子需要音乐》一书的第九章《倾听与节奏运动》中指出:"对于幼儿来说,音乐的本质,就是他听到的东西在内心引起的感觉,并且通过积极的身体运动来表达的。幼儿是通过他自己的身体来表示他怎样感觉和理解音乐的。幼儿的身体在真正的感觉中,是他的主要乐器……正是通过倾听和身体动作的反映,幼儿第一次获得了他的关于音乐的知识。"

假如我们能仔细分析一下目前在世界上得到普遍承认的几种儿童音乐教育体系,如奥尔夫学校音乐教育体系、达尔克慈体态律动教学体系、综合音乐感课程体系、铃木才能教育体系、卡拉博·科恩的认知学派幼儿音乐教学体系等,就可以很清楚地看到,这些体系在教学过程中都是非常强调利用大肌肉的动作来强化儿童对音乐的感受,并提高他们对自身感受的意识水平的。至此,我们已经可以肯定地说:儿童对音乐进行认识活动的特性之一就是这种认识不能脱离儿童对自身大肌肉动作反应的依据而单独依靠听觉器官来进行。

(三)材料、内容

材料和内容是为目的服务的。

既然我们已确定:幼儿园音乐欣赏的目的是为了发展幼儿自觉主动地对音乐进行认识和反映的能力,而且具体的发展任务又是不断完善幼儿对于音乐的各种概念,使幼儿能够逐步地做到能从不同的认识需要出发,用不同的感受和表达方式去满足和发展自己,同时还要使幼儿能学会借助于各种音乐以外的认识媒介来帮助自己的音乐认识和反映活动,那么,我们对材料的选择和安排的规定性也就十分清楚了。

1. 我们需要向幼儿提供有助于音乐概念逐步完善(精确化)的系统的认识材料。这就意味着材料本身应能反映出音乐要素、音乐作品和艺术作品的各种特殊性质以及它们之间的相互联系,而且这些材料的安排应该具有明确的整体结构和循序渐进的性质。

2. 我们需要向幼儿提供有助于音乐概念逐步完善(扩大化)的丰富的认识材料。这就意味着我们提供的材料不能仅局限于某种题材、体裁、风格、表现性质和表演形式,也不能仅把听觉材料孤立地提供给幼儿。

3. 我们需要不断地向幼儿提供有助于自觉发展的有新的刺激意义的材料。这些材料的新的认识因素需要比较明确而且是接近于幼儿的旧有经验,是幼儿愿意和可能通过努力去掌握的。

(四)评价

究竟应该怎样来评价一个幼儿对音乐的感受及反映能力的发展情况呢?这是一个宏观的教学调控结构所不可缺少的部分,但也是前人给我们留下的一个需要我们自己来探索解决的问题。过去,西方音乐心理学研究曾风行过西舍尔的音乐能力测验,正如已被许多人所批评的那样,它只能测出人对精细的孤立音响之间的差异的听辨能力。而其他的一些现成的评价系统,由于是为挑选专门的音乐表演人才而设计的,故也多只注重对精细的听辨、准确的记忆和再现,及某种表演器官先天的反应素质上的检查。[1] 而从检查我们的任务完成的情况或我们的材料、方法是否适合这样一些目的出发,我们所应该了解的是一种对音乐作品的形式与内容的整体的全面的把握和表现的能力。因此,我们只能靠自己来制定一种适合于这种需要的评价工具。

我在一次测试活动中发现(注:我所使用的测试材料是汪爱丽老师设计的《幼儿综合音乐能力测验》中的有关辨别音乐性质的这一部分):仅仅从语言反映一个角度来评价幼儿对音乐的感受力的发展水平是不够全面的。这是因为:第一,语言具有一定的抽象性,而音乐给人的感觉却要具体得多了;第二,语言反映的水平要受到语言发展水平的限制,因而往往并不尽能反映出音乐感受能力发展的全貌。

动作反映论从理论上似乎更接近人的本能,而且也更接近儿童发展的水平,但动作反映也要受到动作发展水平的限制。

绘画反映能体现幼儿以视觉表象为材料对音乐进行想象联想的能力,以绘画形象来表征音乐经验的能力和将语言、动作对音乐的反映结果转换成视觉形象替代物的能力。虽然对经验迁移的灵活性较差的幼儿和不善于用绘画方式表达自己的幼儿来说,确实会有一定的困难,但终究能从一个侧面反映出幼儿对音乐的感受和表达能力。

以上三种反映形式,孤立起来看时,它们所反映出的幼儿对音乐的感受能力似乎都不尽完整。但如果我们把幼儿对同一音乐的这三种反映结果综合起来考虑,这种评价的相对合理性就自然是显而易见的了。

(五) 幼儿园音乐欣赏教学宏观调控结构图

至此,我们已经可以将幼儿园音乐欣赏教学活动的宏观调控结构大体地勾画出来了(见附图 2.5):

---

[1] 詹姆士·L. 穆塞尔等著. 章枚译. 中小学音乐课教学法. 成都:四川人民出版社. 1983:282~289

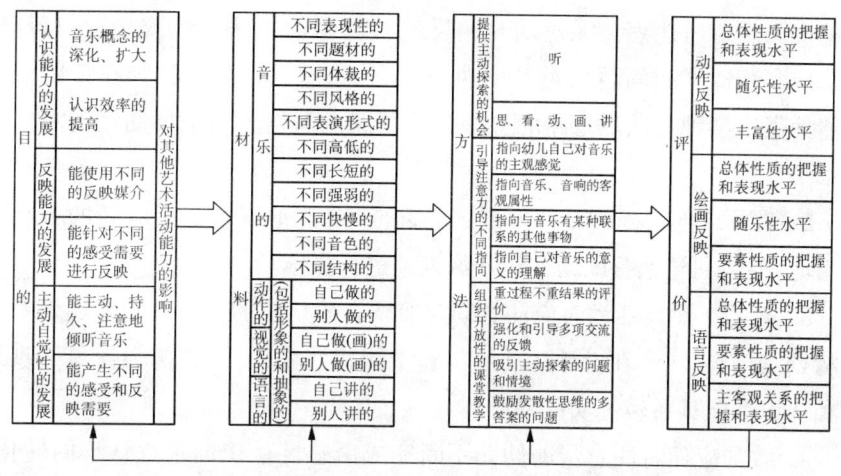

图 2.5 幼儿园音乐欣赏教学宏观调控结构图

四、实验教学活动的设计和实施原则

（一）主动性原则

1. 教师设置的教学情境和提供的教学材料应能够吸引幼儿进行主动的探索活动。

2. 教师设计的问题应是能够引起幼儿对答案的积极的探索活动的。

3. 教师应以创造反映作为要求之一来诱发幼儿进行主动探索的内部要求。

4. 教师应努力创造出一种宽松的探索反映的气氛（其中包括设置多答案的问题，避免权威性答案对幼儿探索反映活动的干扰）；鼓励幼儿之间的多向信息流通（其中特别强调教师应及时地不带任何褒贬态度地向幼儿重复他们的说法、做法和画法，让幼儿清楚地认识到自己和同伴的探索反映情况，创造机会让幼儿初步探索反映的结果成为他们进一步探索的新起点）；教师应避免对幼儿的探索反映结果进行主观评价（只要幼儿做了努力，就应对他的努力和努力结果表示认可，把确定反映结果的正、误、好、坏等评价的工作留给幼儿自己去做）。

（二）发展性原则

1. 教师应随时注意观察并敏锐地判断幼儿发展的水平，避免为幼儿反映的表面现象所迷惑。无论幼儿的反映与教师的想法一致或接近与否,教师都应利用适当的问题来对其反映的"背景"进行追究。(教师在帮助幼儿弄清他做出某种反映的思路的过程中能更深入而切实地把握幼儿的真实发展水平)

2. 教师应随时抓住幼儿发展的新趋向,灵活地设置能引起新的不平衡的情境,因势利导地帮助幼儿步步深入地进行探索活动。

3. 教师在设计活动时应注意同时兼顾音乐认识的规律和幼儿认识发展的特点,努力使二者在设计活动的实施中能相互协调一致,努力使每一步探索和认识都能具备较扎实的基础。

4. 教师应随时注意帮助幼儿不断完成由感性认识向理性认识的转化,使幼儿能不断站在新的认识高度上来进行下一步的更为有效的认识活动。

5. 教师在考虑幼儿欣赏能力发展的渐进过程如何由量变发展到质变或是考虑一次欣赏(或对同一作品的多次欣赏)过程中不同层次的安排时,可参考柏西·布克和张前的分类法,以便能有计划地从不同层次上逐步地把幼儿的认识引向深入。

(三) 多种方式参与的原则

人类社会实践活动所不断追求的规律不仅是一种微观世界的规律(个别活动及个别事物的孤立、特殊的规律),而且是一种宏观世界的规律(万事万物的相互联系的普遍的规律)。对普遍规律和各种规律之间的相互联系的认识能使人站在更高的角度来把握自身的实践活动。

心理学对学习理论的研究告诉我们,主体若能在感知客体的过程中,同时开放多个信息输入渠道,就不但能够减少对客体认识的片面性,而且能在很大程度上提高感知和记忆的效率。

多种方式的参与能够产生适于多种感官接受的新信息,在一定程度上扩大课堂信息流通的总量,加快信息运行的速度,增加参与流通的信息的类型,使每一个幼儿的多种感觉器官和反应器官都能获得更多的锻炼机会。

另外,针对学前儿童兴奋与抑制发展的特点,采用多种方式参与的活动可使幼儿避免疲劳,保持较长时间的参与活动的积极性,提高学习效率。

1. 动作参与的原则

在幼儿园的音乐欣赏活动中,动作参与应摆在辅助方式中第一重要的地位上。越是对年幼的儿童,越是要提高动作参与在整个活动中的使用比例。要鼓励每一个幼儿充分地动起来,并及时地帮助幼儿建立起动觉信息的反馈环路,提高幼儿对自己的动作性质与音乐性质之间的联系的意识水平。向幼儿询问"你做的是什么意思?""你为什么要这样做?"或由教师向幼儿重复他(或他们)所做的动作以及他们对动作所做的语言解释,或请个别或部分幼儿自己向大家重复他们的动作及解释,以使幼儿通过动作反映产生出的新信息能充分地作用于他们自己和其他幼儿。

在音乐欣赏活动中,教师一般不要做示范动作。只有在绝大多数幼儿都不能找出适当反映方式的情况下,教师才应以与幼儿平等的身份和探索的态度来进行一些以暗示思考方向为目的的"示范"。如教师可以说:"我想了几个动作,你们看看哪个动作更像这首音乐?"而且在这之后还须进一步鼓励幼儿:"谁还有比老师的动作更好的动作?"

在音乐欣赏活动中,对于动作的姿态的准确性、协调性、优美性等技能技巧方面的问题,不应过多地加以强调,在这种活动中应该强调的是动作与音乐的节奏、节拍、速度、力度、结构、情感、表现性质、内容等方面的一致性。

2. 视觉参与的原则

由于视觉参与的主要目的,是弥补幼儿可供想象联想的经验的不足,加快幼儿对已有视觉表象的提取速度,增加听觉所引起的情感的强度,帮助幼儿利用视觉感受来整理和反映自己的听觉感受(进行横跨视、听材料的审美分类活动),减少幼儿思维过程中对听觉表象的存储和提取的困难,因此,教师在使用视觉参与方式时要注意:

• 教师应根据认识的目的来从材料的色彩、线条、结构,所表现的形象、事件、表情、性格等各方面的表现性质上去考虑。所选材料须能明显地反映出与将要认识的音乐的某种属性的一致性。如在以分辨笨重与轻巧为目的的活动"大象与蜜蜂"中,视觉材料在这两种动物的身体比例和动作姿态上就应充分表现出大象的庞大、笨重与蜜蜂的小巧、轻盈。如在以分辨骄傲与勤恳的性格特征为目的的活动"龟兔赛跑"中,视觉材料对事件过程的表现并不比对两个主人公的性格特点的表现更重要。因此,若要采用视觉材料,则应努力从这两种动物的姿态和表情上充分地表现出兔子的高傲与轻浮、乌龟的谦和与稳重。再如,在以分辨情绪气氛为目的的"听音乐选图画"活动中,无论是"安静、优美"还是"欢快、热烈",都应能从所选的视觉材料的色彩、线条、构图、形象、姿态、表情等各方面共同而明显地反映出来。

● 教师应注意在对某一种视、听材料重复使用时,经常变换视、听材料的搭配关系,避免使幼儿产生固定对应的印象。

● 教师应注意采用非一一对应的分类、配对活动(特别是对有一定经验的年龄较大的幼儿)来增强幼儿的抽象概括能力。

● 教师的引导应明确地指向视、听材料在表现性质方面的各种联系,避免仅仅向幼儿提供所谓的"音乐讲的事情就是图画讲的事情"这一类简单的无再加工余地的信息。

● 在幼儿使用绘画方式参与音乐欣赏活动时,教师一般也应避免示范。即使需要示范,也应遵守与动作条文中相同的原则。

● 教师对幼儿的绘画结果也应及时地加以客观的反馈,但在反馈时一定要注意不能表现出教师个人的任何好恶,即要让幼儿自己通过与同伴意见的平等交换来得出自己的最后结论。

3. 外部语言的参与原则

外部语言的使用目的是强化听觉刺激所产生的感受,帮助幼儿在意识的水平上整理自己的思维过程,产生新的可以利用的语言信息。教师在使用外部语言参与时应注意:

● 选择使用艺术语言材料(如故事、诗歌等)的原则与视觉材料相同。

● 教师应鼓励幼儿使用"因为……所以……"的句型来整理和表述自己的思维过程。

● 教师应尽量鼓励幼儿说出与别人不同的想法。

● 教师应该在幼儿对某一类问题已形成了一定的概念的基础上再教给幼儿关于这种概念的通用描述词汇,而在时机未成熟之前,应鼓励幼儿用他们自己的词汇来进行描述。

● 外部语言的参与在幼儿整个音乐欣赏活动中的使用比例应严格地加以控制。越是对年幼的儿童越是要注意降低语言参与的比例。

(四) 比较的原则

比较的原则是使这次实验设计活动能形成一个完整体系的核心原则,它主要体现在:

1. 在性质认识的系统性方面

应从性质上差别很大的和性质上差别很小的材料之间的比较认识开始。前者是"不一样",后者是"一样"。以后每次向幼儿介绍新材料时都应引入比较的机制。可以是纵向的比较:"这个比上次那个……"(不一样)或者"这个和上次那个都……"(一样);也可以是横向的比较:"这个……比那个……"(不一样)或者"这个和那个都……"(一样)。随着幼儿发展的进程,我们再逐步缩小材料之间的差别,出现更多的比较层次,如"稍微"、"更"、"不太"、"有点"(可能是"一样"也可能是"不一样")。然后还要逐步地将这种比较和概括推广到更复杂和更普遍的意义上去,如"它们都……"或"除了……以外,它们都……"等。

2. 在体裁认识的系统性方面

可以从"走路的"、"睡觉的"、"跳舞的"和"劳动的"音乐开始,逐步分化出各种不同性质的"走路"、"睡觉"、"跳舞"和"劳动"的音乐,认识它们之间的区别与联系、个性与共性。然后再逐步扩展到与上述音乐体裁不同但性质相近的更广泛的音乐体裁的认识上去。

在这里,同样不能忽视比较在认识发展中的作用。各种体裁之间的区分、归类要依靠比较,同一体裁中不同性质的区分、归类也要靠比较,出现概念上的泛化时也同样只能依靠实际感知过程中的比较来解决。

如当幼儿对"解放军打仗"与"解放军走路"混为一谈时,就应当向他们提供一对表现"打仗"和"走路"的音乐,让他们自己通过比较把这两种音乐区分开。

当幼儿把"沉重有力"与"威武雄壮"混淆不清时,就应向他们提供一对典型的表现重体力劳动的音乐和表现军队检阅或凯旋的音乐。

当幼儿把"轻快"与"优美"混为一谈时,又应向他们提供一对典型的能反映出这两种性质之间的差异的音乐……

3. 在与其他材料的结合使用方面

教师在音乐欣赏活动中采用其他性质的辅助材料(如动作、视觉、语言等)时,"比较"更是不可缺少的重要认识手段。

"你们觉得这首音乐最像哪幅(些)图画(玩具等)?"

"你们觉得这首音乐配什么样的动作更合适?"

"你们认为在放这首音乐时念哪首诗歌(或讲哪个故事)更好?"

这一类话应该成为教师在认识引导中常用的语言。

在其他材料(动作、视觉、语言材料)的选择方面,目前尚不能提供更详细的建议,唯一需要强调的原则只有一条,即应使你的选择和使用成为幼儿对你所提出的问题进行探索、思考的开始而不要成为回答你自己的问题的答案。

4. 在对反映结果的评价方面

教师应更多地采用对幼儿意见之间的平等比较来创造一种自由探讨和相互研究的气氛,即多让幼儿在倾听同伴的意见或观看同伴的动作和绘画的过程中,在相互评价、讨论的过程中去比较各种各样的看法和做法。教师即使提供自己的意见,也应让幼儿感到他们与教师之间是平等的。

"哪种(些)想法(做法)你们认为比较好?"

"哪种想法(做法)你们认为更好?"

"谁还有和他们都不一样的想法(做法)吗?"

这一类的话应该成为教师在评价中经常使用的语言。

"比较"是学前儿童概念形成的一种重要的思维途径。幼儿只有通过对事物之间的异同的大量的直接的比较,才有可能有效地发展自己对某一类事物的概念(即在内心建立起一种可供比较的参照标准)。教师也只有在充分利用比较机制在教学过程中的作用的前提下,才能使幼儿的知识的形成更具有系统性,知识之间的联系更具有复杂性和灵活性。而且,这种建立在比较基础之上的音乐认识活动,能更多地真正地锻炼幼儿的形象思维能力,使音乐教育中对形象思维能力的培养任务不至于在很大程度上沦为一句空话。

五、设计活动的种类及发展要求

(一) 活动的种类及认识方面的要求

1. 认识音乐的个别要素

这一类设计活动的目的主要在于引起幼儿对音乐的个别要素及其各种表现性质的注意。在此基础上,幼儿才能在音乐欣赏活动中得以排除众多的表面现象,而更加敏锐地把注意目标直接指向音乐作品的最本质的特征。当然,这并不是说,教师在完成了这些个别设计活动的实施之后就可以听任幼儿自己去认识了。事实上,要想使幼儿真正地掌握这些要素及其表现性质,还需要教师在一切日常的音乐经验中有目的地引导幼儿去不断地巩固和发展这些认识。

这部分的设计活动按其不同的认识任务分列如下。

(1) 认识节奏(声音的长短及其组织形态)

用嗓音和身体的大肌肉动作模仿周围常见事物的节奏(如交通工具、动物、自然界的声音等),如《汽车火车》、《三只鸡》等。

用身体大肌肉动作来帮助感受、熟悉歌曲的每个音符的时值,如《卖报歌》等。

用绘画的方式来加强和巩固对节奏的认识(画出时值差别明显的不同音响,画出短小歌曲中的简单节奏)。

(2) 认识旋律(声音的高低及其组织形态)

区别并用动作来帮助体验频率差别较大的音响,如《长高了变矮了》、《青蛙和小鸟》、《鸭子怎样叫》、《小乐器》、《小鸟找家》等。

用身体动作来帮助认识旋律中明显的连续上行或下行,如"猴子爬树"等。

利用嗓子在移调练声中的感觉来帮助对声音的"高"和"低"的认识。

用绘画的方式来加强和巩固对旋律的认识(画出频率差别较大的不同音响,画出短小歌曲中的简单旋律)。

(3) 认识速度

用歌唱和动作来帮助体验差别较大的"快"和"慢",如《走和跑》、《勤快人和懒人》等。

用歌唱和动作来帮助体验"渐快"和"渐慢",如《小鸟跑》等。

利用唱歌韵律活动中随音乐变换速度的练习来加强巩固对速度的认识。

用绘画的方式来加强和巩固对速度的认识(画出速度差异明显的两句旋律或节奏音响)。

(4) 认识力度

用歌唱和动作来帮助体验差别较大的"强"或"弱",如《大桶小桶》(综合设计活动)、《大雨小雨》、《阿童木》等。

用歌唱和动作来帮助体验"渐强"和"渐弱",如《锣鼓队》、《小鸟》、《小老鼠》等。

利用唱歌和韵律活动中随音乐变换力度的练习来加强与巩固对力度的认识。

用绘画的方式来加强和巩固对力度的认识(画出力度差异明显的音乐或音响,画出力度的渐变过程)。

(5) 认识音色

区别并用动作来帮助巩固对常见乐器的音乐的认识,如《什么在响了》等。

利用唱歌和游戏活动中随音乐内容即兴变换音色的练习来加强与巩固对音色的认识,如《小动物的叫声》、《是谁在敲门》等。

利用配乐故事欣赏来巩固和发展对音色的认识,如《梨子小提琴》、《听音乐讲故事》等。

(6) 认识结构

听出乐句或乐段的起止,并用动作来帮助巩固这种认识,如《我是一只小青蛙》、《走路》、《剪羊毛》等。

听出音乐中的"相同"与"不同",并用动作或绘画来巩固对这一结构原则的认识。

(7) 综合认识练习

这种练习要求幼儿在随乐自由动作中,能迅速地根据教师即兴奏出的音乐的音区、速度、力度、节奏、风格或表情的变化做出相应动作,如《我们的耳朵真正灵》、《认真听》等。

尽管这一部分活动已超出传统音乐欣赏活动的范围,但是还如爱因斯坦所说:"你能不能观察眼前的现象,取决你运用什么样的理论,理论决定你到底能观察什么……"由于对音乐要素及其表现性的初步认识正是幼儿"观察"音乐时所需的最基本的"理论"中的一个重要组成部分,因此,这部分活动也就成了发展幼儿音乐欣赏能力的教学活动的一个不可缺少的组成部分。

2. 认识音乐的整体表现性质

这一类活动的目的主要在于指导幼儿按音乐的体裁和表现性进行初步

的分类实践。

(1) 幼儿音乐小品

《娃娃》要求认识和区别"睡觉的音乐"和"跳舞的音乐"。

《谁？在干什么？》要求认识和区别"跳舞的音乐"、"走路的音乐"和"哄娃娃睡觉"的音乐。

《谁来了？》要求认识和区别表现"笨重的大动物"、"跳跃行走的小动物"和"动作轻柔平稳的小动物"的音乐。

[注：到此为止，以上活动的大部分是由汪爱丽老师及其合作者们设计的。我只是根据我的需要运作了这些活动，并按我的系统对这些活动进行了重新组织和描述。特此说明]

(2) "摇篮曲"的分化和扩展

从幼儿歌曲《摇啊摇》和上述"哄娃娃睡觉"的音乐开始，让幼儿逐步认识到：

《摇篮曲》是可以由人唱出、哼出的，也可以是由乐器奏出的。

《摇篮曲》听起来是很舒服的，因为它的音乐是很轻、很慢、很柔的。（柔和可以是指音色的协和程度，也可以是指旋律、节奏的平稳程度）

还有许多音乐也是很轻、很慢、很柔和的，但它们不一定都是《摇篮曲》。（这是一种从下级类扩展到上级类的认识活动。这个上级类是包括了《摇篮曲》在内的性质柔和平稳的抒情音乐，如《送别》、《种海菜》、《西风的话》等）这一类音乐都可以用"安静的"、"优美的"、"柔和的"这一类形容词来描述。

(3) "舞曲"的分化与扩展

从幼儿歌舞曲《娃哈哈》和上述"跳舞的音乐"开始，让幼儿逐步认识到：

"舞曲"无论有无歌唱，都是可以跳舞的。

"舞曲"一般听起来都比较快，让人听了高兴得想跳舞。

有一种专门跳转圆圈舞的三拍子的舞曲叫做"圆舞曲"。（从上级类中分化出下级类，如《杜鹃》、《水仙花》、《蓝色多瑙河》等）

不同的舞曲应该跳不同的动作（从同一种体裁中分化出不同的性质），如《拔根芦柴花》（动作要轻快）、《种海菜》（动作要优美）、《过新年》（动作要热烈）等。

快的音乐也不一定都能用来跳舞。（如《野蜂飞舞》等）

(4)"进行曲"的分化与扩展

从幼儿律动音乐"学做解放军"开始,让幼儿逐步认识到:

"进行曲"就是可以用来走路的音乐。

"进行曲"听起来一般都是"很有精神的"。(如《中国人民解放军进行曲》、《运动员进行曲》、《欢迎进行曲》等)

解放军的进行曲比小朋友的进行曲听起来更有精神。(如由军乐队演奏的《检阅进行曲》和钢琴独奏的《幼儿律动进行曲》等)更有精神也可以说成"威武雄壮"。

除了有表现人走路的进行曲以外,还有表现各种动物走路的进行曲;除了有"很有精神"的进行曲以外,还有"很威风"的和"有点滑稽"的进行曲。(从同一种体裁中分化出不同的性质)如《狮王》、《双鹰齐下》、《玩具兵》等)。

除了有表现解放军走路的音乐以外,还有表现解放军打仗的音乐。它们虽然讲的都是解放军的事情,但听起来是很不同的。(从题材上进行的扩展)如《检阅进行曲》和《突破封锁线》等。

(5)"劳动音乐"的分化与扩展

从幼儿歌表演《拔萝卜》和幼儿律动《洗手帕》开始,让幼儿逐步认识到:

劳动音乐听起来一般都是很有劲的。

我们生活中有很用劲的劳动,也有不太用劲的劳动,所以表现不同劳动工作的音乐也是不同的。(如《码头工人歌》和《采茶舞曲》等)

[注:这类活动是一种过程性的活动。一首乐曲往往需要在不同的情境、不同活动、不同要求、不同对比材料、不同参与方式中展开不同层次、不同方面的多次认识。在这种过程中,幼儿由外向内的认识活动一般都要按教师问题的不同指向性而依次经历主观感受——想象联想——客观分析——理解认识四种不同的感知过程;而幼儿由内向外的反应活动,也一般要按教师的不同要求分别采用动作的,言语的,绘画、视觉形象参与分类的等几种不同的方式;而且,在进行分化、扩展的活动中,一般都采用了对比的认识方法]

3.认识音乐与其他艺术材料的表现共性

这类活动按先易后难的顺序排列如下。

(1)听音乐选图形Ⅰ

两首音乐与两幅形象具体的图画之间一一对应的分类。

《大象与蜜蜂》(选自《动物狂欢节》和《俄罗斯民歌八首》),目的是区别认识"庞大笨重"与"小巧灵活",并鼓励幼儿从上述两种动物扩展出其他体态、动作特性相近的动物。

《袋鼠与乌龟》(选自《动物狂欢节》和《龟兔赛跑》),目的是区别认识"灵巧跳跃的进行"和"沉着稳重的进行",并鼓励同质扩展。

《小兵与大兵》(选自《礼仪音乐》和《幼儿园律动音乐》),目的是区别认识"有精神"和"更有精神"。

一首音乐与多种具体形象之间自由对应的分类。(音乐是黄自作曲的《西风的话》,由小提琴独奏,钢琴伴奏,选自小学音乐教材配套音响。具体形象包括图画、玩具、工艺品等共13件)目的是区别认识"安静优美"和"欢快热烈"。

(2) 听音乐,配动作

指经常性的音乐欣赏活动中的自由、即兴的随乐动作反映。

"看动作,配音乐"(音乐是《种海菜》,选自轻音乐组曲《潜海姑娘》和《过新年》,选自小学音乐教材配套音响),目的是区别认识"优美柔和"和"欢快热烈"。

(3) 视、听、动、绘综合活动Ⅰ(形象是"老爷爷背米"和"阿姨绣花";音乐是《码头工人歌》和二胡曲《春诗》)

目的是区别认识"沉重"和"柔美"。分三步进行:①为形象的铅笔稿选线条(粗与细、硬与软),选色彩(深、暗与浅、亮,"难看"与"好看");②听音乐选图画(根据幼儿意见着了色的画稿);③听音乐自由做动作。

(4) 听音乐选图形Ⅱ

五首音乐(《单簧管波尔卡》、《野蜂飞舞》、《水族馆》、《水草舞》、《双鹰齐下》)和三种抽象图形(参见图2.6)之间的自由分类。目的是在音乐与形象表现性质的双重限制下进行自由的想象联想训练和区别认识"激烈"、"优美"与"雄壮"。

(5) 听音乐选图形Ⅲ

四首乐曲(《西风的话》、《好月亮你走得这样静悄悄》、《北京喜讯到边寨》、《欢乐颂》)和两种色块图案(参见图2.7)之间的自由分类。目的是在音乐与形象表现性质的双重限制下进行自由想象联想训练和区别认识"优美"与"热烈"。

(6) 听音乐选图形Ⅳ

三首乐曲(《水族馆》、《检阅进行曲》和《单簧管波尔卡》)和对上述三种图形的想象联想形象的语言描述、即兴随乐动作之间的自由分类。目的是区别认识"优美"、"雄壮"和"欢快"。

(7) 综合分类活动

目的是区别认识"热烈欢迎"与"优美抒情"。(音乐是民族管弦乐队演奏的《淘金令》和由教师用钢琴弹奏的《送别》、电影《城南旧事》插曲)分四步进行：①听音乐选图画("月亮姑娘在云彩中睡觉"和"小姑娘和她的动物朋友们在金色的房子前跳舞")；②听音乐选舞蹈("水仙花舞"和"猜拳游戏舞")；③听音乐选乐器(三角铁、小铃、大鼓、钗)；④听音乐选道具(白色纱巾、红色纱巾)。

(8) 视、听、动、绘综合活动Ⅱ

目的是认识四种情绪(高兴、难过、生气、非常高兴)在用音乐表现时与在用其他方式表现时的内在联系，分六步进行：①唱《表情歌》；②谈论能引起有关情绪的事件；③自由地用绘画方式表现这四种情绪；④唱《表情歌》并根据歌词来选"表情玩具人"(玩具人的表情分别为：微笑、笑、撅嘴生气、大笑)；⑤四种表情与四种形象之间一一对应的分类(参见图2.8a)；⑥四种表情与四种色块之间一一对应的分类(参见图2.8b)。

(9) "听音乐编故事"

● 《梦幻曲》(舒曼曲)，目的是认识一种新的抒情音乐。要求讲故事时要使语气和音色与音乐的性质相一致。

● 《狮王、袋鼠与大象》(圣桑曲)，目的是认识"威武"、"跳跃"与"笨重"。要求所编故事要能表现这三种动物的不同特征。

(二) 设计活动在反映方面的要求

1. 语言方面

① 能用"这首音乐听起来……"或"我感觉……"这一类的句子来反映对音乐总体性质的主观感受。

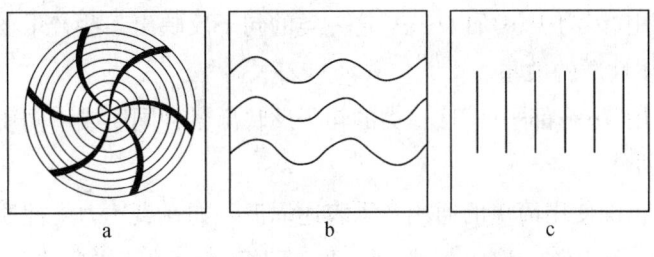

图 2.6　音乐感知类比测验用图（一）

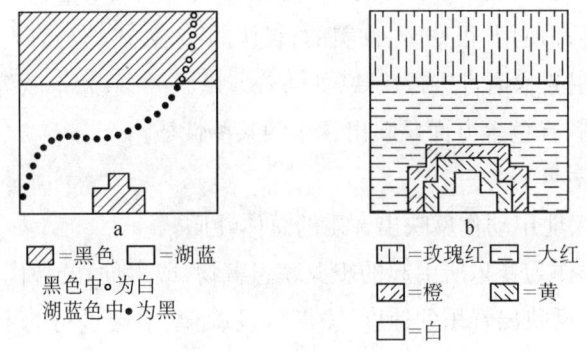

图 2.7　音乐感知类比测验用图（二）

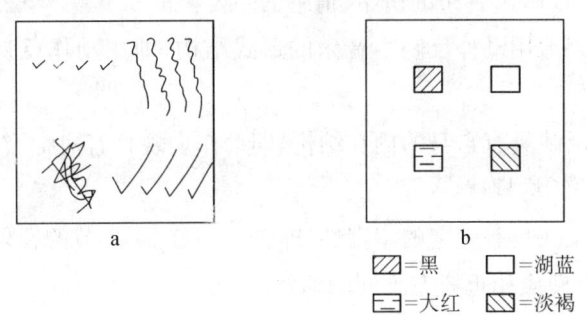

图 2.8　音乐感知类比测验用图（三）

② 能用"像……一样"或"像是在讲……"这一类的句子来反映音乐引起的想象联想。

③ 能用"这首音乐是……"这一类的句子反映出对音乐的音色、速度、力度、体裁等方面的性质的感知判断。

④ 能用"比"、"最"、"更"、"有点"这一类的词反映出音乐与音乐之间某种性质在量上的差别。

⑤ 能用"因为……所以……"这一类的句子反映出某些音乐要素的性质与音乐总体性质的关系。

⑥ 能用"……都……"这一类的句子反映出各种同质或不同质的材料之间的表现共性。

⑦ 能正确使用简单的通用音乐表述词汇。如在表述力度性质时能使用"强、弱、响、轻，用劲、不用劲，大、小，重、轻"等，而不使用"高、低，高、矮"等。只在表述平稳的抒情性音乐时使用"优美的、柔和的、安静的"等词汇，而不是对任何音乐都使用"很好听、优美的、轻快的"来表述。

⑧ 在使用艺术语言进行反映（如随着音乐讲故事、念诗歌等）时，能从语调、语速、表情、音色等方面反映出音乐的某些性质。

2. 动作方面

① 能即兴地用动作反映出音乐的总体性质。
- 以动作作为音乐所引起的想象联想事物（或事件）的替代物。
- 以动作反映出音乐的速度、力度以及旋律、节奏进行的主要特征及明显变化。
- 以动作反映出音乐的情绪、情感的主要特征。

② 能即兴地用动作反映出音乐的形式结构，即用动作反映出音乐的节拍、乐句、乐段。

③ 动作反映具有自身的内在结构，即动作表现具有对称、对比、重复、变化等的一定的结构规律。

④ 动作反映具有一定的丰富性，即在对一首 24 小节的音乐的反映中能做出 3 个以上性质相近姿态不同的动作。

⑤ 动作反映具有一定的复杂性，即：不仅仅只用手或脚来做动作，还能使用手、脚、头、身体的较复杂的协同动作；不仅仅只在原地做动作，还能在行进中做动作。

3. 绘画方面

① 能用抽象或具体的图形反映音乐的总体性质。

② 能用抽象或具体的图形反映音乐进行中的明显变化。

③ 能用抽象或具体的图形反映音乐中的个别要素的性质。

④ 能有意识地运用线条或色彩的表现性。

⑤ 能使绘图动作与音乐的进行相同步,并同时使所绘形象与音乐的总体或部分性质相符。

六、干预研究过程中所获的有关论据

(一)视觉材料的使用问题

例证 1 请幼儿用绘画的方式在 12 色蜡笔中自选颜色画出一强一弱两个力度不同的鼓声。28 名参试幼儿中有 10 名使用大的、深色的图形表示强的鼓声,用小的、浅色的图形表示弱的鼓声;6 名幼儿用图形的大、小分别表示强、弱;2 名幼儿用颜色的深、浅分别表示强、弱;2 名幼儿用大熊和小鸟分别表示强、弱;8 名幼儿的作业表现性不明确(由于当时未来得及询问这些幼儿本人,因此无法判断这些图形的含义)。

例证 2 请幼儿用一蓝一白两个同样大小的圆形积塑插片来分别表示一强一弱两个力度不同的鼓声(实际上只给了一个很强的鼓声,再给了幼儿考虑的时间,要求幼儿按信号同时举起他认可的积塑插片)。28 名参试幼儿中有 23 人举起了蓝色的积塑插片(赞同用深色表示强),另外 5 个皆认为看起来白色的积塑插片更大些(赞同用大来表示强)。经询问,被问及的 11 人中仅有 1 人对自己的选择表示不太自信。

例证 3 请幼儿为泥塑"收租院"(老农背粮)与瓷塑"深情"(少女绣荷包)的铅笔画稿选择他们认为合适的线条(用两根粗细明显不同的画笔,由教师当场画出粗而硬、细而软的两种线条)和颜色(黑、深蓝、深褐、浅绿、浅蓝、粉红 6 种水彩颜料,并由教师当场一一在纸上画出这些颜色的色块),由教师按幼儿的意见为画稿着色后,再由幼儿来为画稿选择相应的音乐(音乐是:男声合唱《码头工人歌》,钢琴伴奏;二胡独奏《春诗》,扬琴伴奏)。结果是,幼儿基本上都赞成将老人、粗笔、硬线条、深颜色及《码头工人歌》分为一类,而其余的分为另一类。

例证 4 请幼儿为黄自的《西风的话》(小提琴独奏,钢琴伴奏)选择他们自己认为合适的视觉材料(①年历"过新年放鞭炮",②图"划小船",③图画"荷叶睡娃",④贺年卡"抱着婴儿的母亲",⑤年历"女孩与小虫奏乐",⑥玩具"熊猫母子",⑦图画"女孩与松鼠",⑧工艺笔座"梅花鹿母子",⑨剪影式图画"嫦娥跳舞",⑩玩具"女孩和她的娃娃",⑪图画"欢庆节日的舞蹈场面",⑫连环画插图"小蜜蜂睡觉",⑬图画"女孩坐在秋千上看月亮")。结果是:参加活动的24名幼儿中,有20人选择了性质相对安静、优美并充满温情的视觉形象;1名弃权,因为她想找一种有女孩子吹口琴的形象,而所提供的材料中不含这种形象;1名选择了材料⑪,理由是"音乐很美,过新年我感觉很美";只有最后2名分别选择了①和⑪的幼儿不能提供出可自圆其说的理由。

例证5 请幼儿为教师和幼儿的即兴舞蹈选择他们认为合适的音乐(童声合唱、民族乐队加打击乐伴奏《过新年》和电子琴小乐队演奏的《种海菜》)。活动分四步进行:①听音乐(由两台录音机分别放出);②由一位教师手执桔红色长纸带跳一组优美柔和的动作,另一位教师戴大头,扎红绸,手执小钹跳一组欢快热烈的快动作;③教师分别再跳一遍,同时请幼儿开录音机为教师配伴奏;④请幼儿两人一组,一人即兴跳舞(性质自定),另一人根据舞蹈的性质自选录音机播放上述两首特定的音乐中的一首来为舞者伴奏。结果是,除反应速度有不同之外,性质分类上无一人错误。

例证6 "听音乐选图画Ⅱ、Ⅲ、Ⅳ"活动中,被测验幼儿的反映水平类型为:

水平一,幼儿在分类时,既能注意到抽象视觉形象中的原始的(较接近生理的)整体表现性,又能注意到音乐的浅层的(较多地与具体事物或事件相联系的)整体表现性。如一幼儿将图2.6c与音乐《双鹰齐下》(军乐进行曲,瓦格纳曲)分在一起,理由是"它们都像解放军打胜仗回来了,走路时胸挺得很直"(已暗示出了她对这两种表现方式中力量的共性的理解)。而小学生、幼儿教师、大学生对这种选择的解释如"这种线条本身看起来就是很有力的"(除了对力量的认识更加客观化以外,性质上与幼儿没有根本差别)。

水平二,幼儿在分类时,只注意了视、听材料中某些要素的表现性,因此幼儿在陈述理由时也只是指向这些部分的性质。如一幼儿将图2.6a与音乐《野蜂飞舞》分在一起,理由是"这个图画像电风扇,这个音乐快,像电风扇转得快"。再如有几名幼儿把音乐《好月亮你走得这样静悄悄》与图2.7a分在一起,理由是"黑夜里小老鼠偷偷摸摸地出来偷东西吃"。在这两个例子中,前者只注意到了"快"而没有注意到"紧张和力量",后者只注意到了"安静"而没有注意到"优美"。

水平三,幼儿从图形的形状而不是从图形的表现性出发,以想象联想的事物的表现性来改变或补充图形的表现性,再在此基础上进行与音乐的配对分类。如一幼儿将图 2.6c 与音乐《野蜂飞舞》分在一起,理由是纵线像老爷爷种的树,音乐像风来了越刮越大,树在风中越摇越厉害。另一幼儿在陈述与上例相同分法的理由是纵线像棍子,小朋友调皮,爸爸拿棍子打他,小朋友拼命逃,一追一逃,越跑越快。在这两个例子中,我们看到图 2.6c 本身是很稳定的,但幼儿是依靠想象联想使它先由静转为动,再把它与快速运动的音乐相匹配。

水平四,幼儿在分类时不能把音乐与图形联系起来考虑。如有一幼儿在分类时把图 2.7b 与《好月亮你走得这样静悄悄》(童声合唱,西洋小乐队伴奏)分在一起,理由是"小朋友下楼梯,一边踏,一边跳"(只从图案上联想到了楼梯,但完全没有考虑音乐)。而处于第一种水平的另一幼儿所陈述的与上例相同分法的理由却是"天安门前的气球慢慢地升到天上去了"。

再如一幼儿把图 2.7b 与贝多芬的《欢乐颂》(混声合唱,管弦乐队伴奏)分在一起,理由是"小花开了"。而处于第一种水平的另一幼儿对相同分法所陈述的理由却是"解放军打了胜仗骑着马过城门"。

水平五,幼儿以"不会"或"老师没有教过"为理由拒绝进行反映的尝试。(这种幼儿在实验班中是没有的)

例证 7 幼儿在"画音乐"活动中的水平类型为:

水平一,能独立地创造出一种视觉符号来反映自己的听觉认识结果,并能指出符号的表现性与音响性质之间的关系。如用"━━━━"表示慢,用"〰〰〰"表示快("慢就画得长,快了来不及画就圈起来了");用"Y"表示慢("大鸟飞得慢"),用"ʏ"表示快,("小鸟飞得快");用" Y "表示慢("飞得近就是慢"),用" ʏ "表示快("飞得远就是快")。如若给这些幼儿看这样的视觉形象"∧∧∧"和"∧∧",他们能马上指出:前者慢,因为慢画得大;后者快,因为快画得小。

水平二,虽然不能用独创的视觉符号来反映自己的听觉感受,但对于成人提供的视觉符号的含义能迅速理解。这其中有一部人能指出视觉符号和音响性质之间的关系,但也有一部分人可能还有困难。

水平三，不能用独创的视觉符号来反映听觉感受，也不能理解成人提供的视觉符号，甚至对于成人的语言符号（指向要求反映的音响性质的词汇）都不能理解。

以上所举七个例证，支持了阿恩海姆所提出的艺术分类的理论，同时也证实了我所提出的假设：视觉材料的恰当使用不仅不会干扰和限制幼儿对音乐的认识，还会在一定程度上帮助幼儿对音乐的认识，使这种认识更为迅速，更为深入，更为巩固。具体地讲，教师给予的视觉材料，对于水平较高的幼儿，可起到强化、巩固、丰富其音乐感受，扩大其艺术视野，提高其音乐和艺术认识能力的作用；对中等水平的幼儿，可起到暗示思考方向，加速其旧有经验的提取，帮助其建立初步的艺术分类图式的作用；对于水平较低的幼儿，起码也可以让他们初步了解到还有这样一种思考问题、认识问题的可能性。就此，我们可以初步得出结论说：关键在于使用的目的和方法，如目的方法正确，视觉材料的使用对音乐认识过程是有益无害的。

（二）语言材料的使用问题

例证1 有位教师很希望本班幼儿能在有关音乐能力的测验中获得较好的成绩，因此就在一次测验前对部分幼儿专门讲解了关于"柔和"一词的含义。结果，当时在场的三名幼儿在测验中做出了三种不同水平的反映。第一名幼儿只对三首音乐中的"摇篮曲"使用了"很柔和"这一词汇（这表明她是真正理解和掌握了这一词汇的含义的）；第二名幼儿对两首慢速的音乐（劳动歌曲和摇篮曲）使用了这一词汇，理由是："老师刚才告诉我们，慢就是柔和"（这表明她还没有完全理解和掌握这一词汇的含义，反映中更多地是按教师的解释来判断的）；第三名幼儿对三首音乐使用了"很柔和"（其中还包括一首快速的波尔卡舞曲），理由是："是老师刚才告诉我们的。她说，应该说很柔和。"

例证2 有名幼儿，已被调查过一次，反映水平较低。由于家长希望能很快提高其反映水平，就对他进行了专门辅导，三个月后主动要求再测一次。结果是，无论测验者问他什么问题，也无论是要求他针对何种音乐的何种要素进行反映，他都一再重复一些背得很熟的话，如"它快我就快，它响我就响……"，表现出了认识活动的抑制状态和思维的极大混乱。

由此可见，在幼儿没有对具体事物的大量感知的基础和没有形成初步的有关概念的情况下,任何抽象语言符号的正确理解和使用都是不可能的。因此,在音乐欣赏教学活动中,教师要慎用抽象的语言材料,切不可误以为:儿童能对某些抽象语词进行重复就代表他们已对这些词汇的含义真正地理解和掌握了。

(三)教师的引导方式与幼儿的反映方式的关系问题

实验过程中的大量例证还证实了:避免教师的权威意见,鼓励和引发幼儿之间的相互作用,注意客观反馈机制的利用的教学原则,在幼儿园音乐欣赏教学活动中有着更自由的天地和更重要的意义。

例证1 在非实验班的一次"画快慢"活动中,由于教师当场赞扬了一名幼儿的画法,结果不但导致了当场大多数幼儿都擦掉了自己画好的内容(工具是小黑板和粉笔),改成教师所赞扬的那种画法,而且这种印象一直影响到几个月甚至一年以后这些幼儿对类似活动的行为反应,即无论对待何种情境、何种要求,他们都用同样的方式来做出回答。

例证2 在一次对非实验班进行的"视、听配对分类训练"可能性的调查中,由于教师中途发现了执行程序的错误而临时中断了一名幼儿已经开始的反映,致使这名幼儿误以为教师的中断行为是向他暗示他的反映是不正确的,因而在后来的反映中一直故意避开他原先使用过的正确方式。尽管他已察觉其他反映方式都不能使自己做到自圆其说,但他还是一直坚持努力,企图找出那种能使教师认可的答案。(我们可以认为:这种情况暗示出了权威意见统治课堂、封闭式答案统治探索结果的教学方法的不利影响)

例证3 由于教师在某次测查活动中明显地对幼儿表现出了对发散联想在量的扩展上的兴趣,在另一次测查中,受到影响的个别幼儿竟然一味企图以更大数量的发散联想去迎合测试者,而根本不去注意图形和音乐对这种联想所应产生的双重限制。(这种情况向我们暗示出了:教师对幼儿反映结果的主观评价过多容易造成幼儿对赞许的追求,而不利于幼儿对自己的问题的探索兴趣的发展)

例证4 在实验班的教学过程中,一般都要求教师努力避免对幼儿的反映结果进行主观评价,无论幼儿反映结果与教师意见一致与否,教师都尽力地进行客观反馈,即把幼儿的各种意见加以强化之后,再交还给幼儿,让幼儿自己去决定自己的意见是否要坚持,别人的意见是否可取或有多少是可取的。即使明显地出现了少数或个别意见"孤立"的情况,教师也要对这些少数派的意见加以认可——不说谁对谁错,而只是说:这也是一种属于他们自己的意见。因此,在实验班中,一般幼儿都表现得轻松、自如,敢于发表和坚持自己的意见。如在"一首音乐与13种视觉材料自由配对"活动中那名考虑时间最长而最终还是弃权的幼儿,和在"用两色积塑插片表示强弱"活动中那5名赞成白色积塑插片的幼儿都能在十分孤立的情况下坚持自己的意见。

由此可见,要想培养幼儿正确积极的自律性学习态度,教师就应尽力避免只把眼光放在幼儿的反映与自己的期望之间的差距上,而应更多地注意幼儿是否积极地投入探索了,并要及时肯定和鼓励这种探索努力本身。只有这样,才能最大程度地减少幼儿探索时对外部压力的顾忌,而使精力更多地集中于为自己找到解决问题的途径上。

七、实验的评价

(一) 评价工具的结构

1. 测验材料

曲一,《伏尔加船夫曲》片段。男中音独唱,管弦乐队伴奏,每分钟66拍。选自关天俅独唱盒带。

曲二,《摇篮曲》片段。女声哼唱,电子琴与小乐队伴奏,每分钟90拍。选自幼儿园背景音乐盒带。

曲三,《手风琴波尔卡》片段。两架手风琴演奏,每分钟132拍。选自张国平、张丽萍手风琴曲盒带。

2. 反映要求

动作方面:
- 能反映出音乐的总体性质(有力的、轻柔的、欢快的)。
- 能反映出音乐的力度、速度性质及它们在进行中的明显变化。
- 能反映出音乐的节拍、乐句、乐段的结构。
- 能在总体性质不变的前提下尽可能地多使用不同的动作。

语言方面:
- 能反映出音乐的总体性质("很用劲的音乐"或"劳动的音乐"等;"很

柔和的音乐"或"哄娃娃睡觉的音乐"等;"很欢快的音乐"或"过节高兴跳舞的音乐"等)。

- 能反映出音乐的力度、速度的性质及它们在进行中的明显变化。
- 能反映出音乐的性质("叔叔"或"老爷爷唱歌","阿姨"或"姐姐唱歌","没有人唱歌,只有音乐"等。)
- 能反映出音乐节奏的特征(如"一下一下的"、"摇摇摇的"、"一跳一跳的"或"转转转的"等)。
- 能反映出音区的变化(特指曲三)。
- 能用"因为……所以……"的句型把个别要素的性质与总体性质的关系反映出来(如"音乐又轻、又慢、又安静,阿姨唱歌的声音又很柔和,所以我听了觉得像是妈妈哄娃娃睡觉的音乐"等)。

绘画方面:
- 能用抽象形色或具体形象来反映音乐的总体性质。
- 能用抽象形色或具体形象来反映音乐的速度、力度的渐变。
- 能用抽象形色或具体形象来反映音乐的个别要素的性质。
- 能使绘画时的手动与音乐的节奏相同步。
- 能用语言来合理地说明画出的形象与音乐的关系。

3. 评价标准

语言反映:

占总分的45%,其中对音乐的总体性质的反映分占语言总分的36%。

动作反映:

占总分的33%,其中对音乐的总体性质的反映分占动作总分的67%。

绘画反映:

占总分的22%,其中对音乐的总体性质的反映分占绘画总分的50%。

(二) 评价实施的条件控制

1. 被试的选择

- 实验班(35人)的选择不是随机的,主要考虑的是合作者的条件。
- 对比Ⅰ班,采用随机抽样法从与实验班同园的3个平行大班中抽取(每班12人,共36人)。
- 对比Ⅱ班,采用以性别、年龄、家长职业为参照条件的配对法从本市另一幼儿园的大班中抽取(共 36 人)。

• 对比Ⅲ班,从本市的 7 所幼儿园(包括厂办园和民办园)的 12 个大班中按随机的原则抽取,其中有 43% 的幼儿来自于在本市被公认为最善长音乐教学的骨干教师的班级。

• 对比Ⅳ班(27 人)、Ⅴ班(24 人)、Ⅵ班(34 人)是属于 3 所幼儿园的 3 个自然大班,这 3 个班的主班教师都是本市公认的最善长音乐教学的骨干教师。

• 被试年龄一般在 5 岁半至 6 岁半之间(出生年月为 1981 年 9 月～1983 年 1 月;施测时间为 1987 年 12 月～1988 年 3 月)。

2. 施测条件的控制

• 全部测验由我一人执行。

• 全部测验使用同一台录音机。施测时录音机面对幼儿时的高度、距离及音响状况(包括音响调控旋钮的一次性定位,录音带的耗损等)都尽力做了控制,以使各班条件相接近。绘画工具为 12 色彩色铅笔。

• 施测过程中全部采用了当场记分法,评分标准、施测程度和指导语全部写成文字并带入施测现场以备随时查阅。

• 在施测的时间安排上,尽量使每个班级都有基本相同的上、下午受测人数。

八、评价实施中所获的有关论据

(一)测验结果的统计、分析

1. 实验班与全部对比班各项反映平均成绩的差异分析

从附表我们可以很清楚地看出,实验班的各项平均成绩都高于所有的对比班。另外,经统计检验,在动作反映和绘画反映两项中,实验班与对比Ⅲ班的成绩差异(P 值均小于 0.01)是非常显著的。

2. 实验班与对比Ⅰ、Ⅱ、Ⅲ班动作反映差异的具体分析

(1) 在总体性质反映方面的正误标准

① 正确

• 对曲一做出来表现重体力劳动的动作,或做一些并不一定有具体意义的用力的、慢速的、沉着稳重的动作。

• 对曲二做出表现妈妈哄宝宝睡觉的动作,或做一些优美、舒展、柔和

的中速或慢速的动作。

• 对曲三做出与表现快乐情绪的事件有关的动作,或做一些快速、跳跃、旋转、欢乐的动作。

• 对三首音乐都采用同一种动作来反映,如"鸟飞"。但对曲一,鸟飞的动作慢而沉稳有力;对曲二,鸟飞的动作柔而自由舒展;对曲三,鸟飞的动作快而欢乐。

② 不正确

• 对曲一、曲二做出表演唱歌的样子,对曲三做出表演奏乐的样子。

• 对三首音乐都做性质相同的同一种动作,如都做扫地的动作,都做优美柔和的动作,都跳迪斯科舞等。

• 随便乱做。

• 不做。

(2) 幼儿在总体性质反映方面的六种水平

水平一,能在 4 秒钟之内开始正确反映。

水平二,在 4~10 秒之间开始正确反映。

水平三,在 10 秒钟以后开始正确反映。

水平四,在音乐开始前同意反映并表示"会反映",但在音乐开始以后一直没有反映,最后又承认"对这个音乐不会反映"。(起码还能考虑到音乐与动作相配的可能性)

水平五,按音乐表演的客观存在形式来反映(即做唱歌或奏乐的动作)。

水平六,只把音乐作为动作的信号和背景,而根本不考虑音乐性质的反映(如用同一种性质的动作对三首音乐进行反映,嘴里或心里另外唱一种舞蹈的曲调并按这一曲调来做动作或随便乱做等)。

(3) 从附表我们可以清楚地看出,实验班的反映相对集中在前三种水平,而对比班却相对更集中于后三种水平。

3. 实验班与对比Ⅰ、Ⅱ班语言反映差异的分析

(1) 幼儿在总体性质反映方面的 8 种水平

水平一,能同时使用感觉描述词汇和具体联想事物来反映,并能指出部分要素的性质与总体性质之间的关系。

如对曲一说:"讲一些很累的事情,比如搬石头、推汽车、砍柴。因为这

首音乐很重、很慢,又很有劲。"

水平二,使用感觉描述语汇来反映,并能指出部分要素的性质与总体性质之间的关系。

如对曲二说:"讲一件不重的事情,因为阿姨唱得又慢又轻。"

水平三,使用单一的具体联想事物来反映,并能指出某一种要素对总体性质的影响。

如对曲三说:"是花蝴蝶快快飞。"

水平四,企图使用单一的具体联想事物来反映,在参考其全部解释及动作、绘画反映之后,可理解为这一事物与音乐在表现的总体性质上是相近的。

如对曲一说:"讲坏蛋把米一起抢过来不许穷人吃饭,因为这个音乐很慢很强。"(动作:抬大石头;绘画:大石头,"表示重")

水平五,按音乐表演的客观存在形式来反映。

如对曲一、曲二说是叔叔、阿姨在唱歌,对曲三说是人在奏乐或"没有人唱歌没有人跳舞"等。

〔注:如果说:"像电视上打仗打败了,受伤的人唱的那个歌","像电视上叔叔唱的那个黄河的歌","像那个电视上的阿姨她的叔叔死了的时候唱的歌"等,这种反映既有对唱歌情境的联想,又有对被联想到的那首歌的特定性质、情境、情感与现实反映材料之间的相似性的判断。对这一类反映可根据幼儿进一步的解释的情况分别归于第四、第三甚至第二种水平〕

水平六,虽然也使用了具体的事物来反映,但无论从形象的表现性质、形象的语言解释,还是从动作反映、绘画反映方面都不能证明他在感受上已把握了音乐的总体性质。

如对曲一说:"小鸟快快飞。"(动作:小鸟快快飞;绘画:小鸟快快飞)

对曲二说:"是轮船,因为她唱的歌像。"(动作:小鸟飞;绘画:汽车)

对曲三说:"是大象,是慢慢的,这个声音粗。"(动作:大象甩鼻子;绘画:大象)

水平七,虽然也使用了具体事物来反映,但这种对形象的提取完全是随意的、盲目的。

如用同一形象对三首音乐进行反映或随便乱说。

水平八,回答不知道。

(2) 从附表上我们可以清楚地看出,实验班相对集中于前四种水平,而对比班却相对地集中于后四种水平。

4. 实验班与对比Ⅰ、Ⅱ班绘画反映差异的具体分析

幼儿在绘画反映上的13种水平:

水平一,能用色彩、线条来反映音乐的总体性质。如:

曲一,黑色纵线"││││"表示重、慢、有力;黑色交叉线"×"表示粗糙,不好听;"厚"的形状"□"表示沉重等。

曲二,粉红色横线"————"表示慢、柔和;浅蓝色波纹线"～～"表示轻、慢、柔和;红色波纹线表示温柔;"薄"的形状"▭"表示轻;"√"表示好听等。

曲三,金黄色表示高兴;"◎"表示快速和旋转感;"│"代表小白兔出来吃草;"～"和"✲"表示高兴等。

水平二(Ⅰ),能用某种物体来反映音乐的总体性质,并能有意识地使用颜色。如:

曲一,用黑色的石头、黑色的大鼓、黑色的大狗熊等来表示慢、沉重、用劲等。

曲二,用粉红色的小花、浅蓝色(代表白色)的雪花等来表示轻、软、优美等。

曲三,用红色的电风扇表示快速、旋转感等。

水平二(Ⅱ),能用某种物体来反映音乐的总体性质,但颜色的使用是客观再现的、随意的或偏爱的。如用电冰箱、砖头、大树等来表示重;用手帕、小鸟等表示轻;用皮球等表示快、旋转感。

水平三,能通过某种物体所暗示的事件来反映音乐的总体性质。如用板车、铲子暗示重体力劳动;用布和针线暗示绣花,用房子、床暗示睡觉;用歌舞团、马戏团的楼房暗示热闹的演出场面等。

水平四(Ⅰ),能用某种事件来反映音乐的总体性质,所用的颜色针对的是音乐的性质特征。如黑色的人在从事重体力劳动(颜色针对重、粗、累);

暖色或浅色的人在跳舞、哄娃娃,暖色或浅色的小鸟在飞(颜色针对轻、美、柔、慢);深色或红色的人在跑、跳、舞蹈(颜色针对快、高兴)等。

水平四(Ⅱ),能用某种事件来反映音乐的总体性质,所用的颜色针对的是事物的外部特征。如黑色的人在从事重体力劳动(颜色针对脏、破烂);暖色或浅色的人在跳舞、哄娃娃,暖色或浅色的小鸟在飞(颜色针对这些人和动物本来的颜色);红色的人在跳舞,绿色的人在跑步(颜色针对人穿的衣服)等。

水平五,能用某种事件来反映音乐的总体性质,颜色的使用是随意的或偏爱的。如"推汽车"(全部绿色),"小人高兴逛大街"(全部紫色),"小朋友唱歌、指挥"(全部黑色)等。

水平六(仅对曲一),能用两种形象来反映音乐性质的明显变化(从强过渡到弱)。如前"大熊"后"小鸟";前"搬砖头"后"绣花",前"推汽车"后"睡觉"等。

水平七,能用色彩、线条、图形、符号等来反映音乐中某种要素的性质或变化。

  如表现渐弱:○○○···· ≡ ▭

  表现快:画拼音字母("因为连起来写就表示快")。

水平八,使用具体形象,但只反映出了音乐中某种要素的性质或变化。

  如表现渐弱:飞机("起飞时响,飞远了就轻了")

     太阳("高"实际的意思是强)、花("中间"实际的意思是强)、草("矮"实际的意思是弱)

  表示快:汽艇("它在水里总是开得很快的")

     小鸟(画在左边靠近纸边,表示"快就飞得远")

  表现慢:小鸟(画在纸中间,表示"慢就飞得近")

     轮船("在水里总是开得慢慢的")

     骆驼("在沙漠上慢慢走")

     乌龟("爬得慢")等

水平九,能画出一些色彩、线条或图形、符号,表面上看与水平五、七相似,但说不出自己想要反映的是音乐的哪些性质。

水平十,能画出一些具体形象,表面上看与水平五、八相似,但说不出自己想要反映的是音乐的哪些性质。

水平十一,按音乐表演的客观存在形式来反映。如对曲一画男人唱歌,对曲二画女人唱歌,对曲三画人在奏乐,或者画录音机、录音磁带。

水平十二,随便乱画,并表示"我只会画……"或"我喜欢画……"。

水平十三,画不出任何图像,并表示"不会画"或"不知道画什么"。

(二)测验结果与对各教师教学情况调查结果之关系的分析

1. 关于概念发展对认识发展的作用问题

我在测验反映结果的统计中发现:到大班上学期末为止,幼儿速度概念的发展有三种水平:

水平一,幼儿已经形成了一种相对稳定的速度参照标准,他们无须在材料之间进行比较就可直接对材料的速度性质做出正确的判断。如对曲一说"是慢的",对曲二说"是慢的"或"不快不慢的",对曲三说"是快的"。

水平二,幼儿需要通过材料之间的比较才能对各材料的速度性质分别做出正确的判断。如幼儿可能先说曲二是快的,但在听完曲三之后再被问及哪首音乐更快时,他也能说出是曲三更快。

水平三,在比较的情况下仍不能对各曲的速度性质进行判断。用语言明确地指示他们用拍手或走步来表现出"快"与"慢"的不同,他们也不能理解和执行。

测验结果还表明,越是速度概念发展好的幼儿,他们对速度性质的动作反映、绘画反映、语言反映也越自觉、主动和准确,而且他们对速度的表现性与音乐作品的总体表现性之间关系的把握和反映也越深刻。如他们能用动作表现出速度中的比较微妙的变化:像曲一中部的渐慢拉宽再回原速,能说出曲一中的慢速度与沉重的体力劳动之间的必然联系:"太重,太累,拖不动,只能慢慢地走……";能说出曲二中的中等偏慢的速度与哄娃娃睡觉这类事件之间的关系:"摇得太快,娃娃怎么能睡得着呢……";能说出曲三的快速表现的是:"心里高兴就跳得快快的……"

其实,在发展比较好的小班下学期幼儿中就有人已接近这种水平了。如一幼儿能说出"因为慢慢地唱(《我上幼儿园》这首歌)就像要哭、不想上幼儿园的样子,所以不能慢慢地唱"这样具有较高理性水平的分析语言。然而在这次测验中,有不少大班幼儿尚处在第三种发展水平上,根本不能对音乐的速度性质进行区别、判断,更谈不上把握反映速度性质与音乐总体性质的关系了。所以,这一部分幼儿在与处在第一、二种水平层次上的幼儿听相同的音乐时所能听到的东西自然要比后者少得多。

2. 关于教学方法对幼儿动作、绘画反映能力发展的影响

实验班:音乐教学中注重幼儿对音乐要素及音乐总体性质的认识、音乐与其他艺术在表现上的共性的认识,注重幼儿自身的感受和自由的反映。尽管教学中对总体性质的绘画反映活动仅进行过一次,但在最终的测验中都获得了总平均分 21 分的成绩。

对比Ⅲ班:音乐教学中注重幼儿的自身感受和自由反映,绘画总均分 3.98 分。

对比Ⅳ班,音乐教学中注重音乐表演和节奏创造能力的发展。绘画反映总均分为 2.79 分。

对比Ⅰ班,音乐教学完全以贯彻教材为首要目标,音乐欣赏教学中注重幼儿对教师反映示范的重复再现。绘画反映总均分为 1.56 分(其中有半数以上是零分)。

从上面三种模式来看,实验班的教学方法几乎集中了对比Ⅳ、Ⅴ、Ⅵ班的所有的优势,并特别地包含了对艺术表现共性的认识训练,因此,它的成绩在总体中占据这样的地位是具有很明确的原因的。另外,我们还可以看出,理性认识能力的发展(概念的指导作用的加强)和感受、反映自觉性的发展也都能对幼儿的绘画反映能力产生较大的影响。

实验班:在音乐教学中十分强调动作在幼儿感觉和自由反映活动中的重要地位,而且动作感受、反映的重点是在音乐的总体性质上,并不特别注重节奏和动作姿态的准确性、丰富性方面的训练,所以实验班的动作成绩只在总体性质的反映上表现出了较大的优势。动作反映总均分为 9.38 分。另外,在反映速度和反映的自信程度方面也比一般水平超出很多。

对比Ⅴ班:教师在平时的音乐教学中十分强调幼儿自己为音乐编配动作的活动,但所选音乐材料在性质上较单一(以欢快活泼的性质为主)。所以,尽管幼儿对随乐动作的理性设计能力较强,动作很注意姿态、结构,替换动作也较一般更丰富,但动作对音乐不同性质的区别、反映水平却显得并不太高,动作总均分为 7.29 分。

对比Ⅳ班：教师在早时的音乐教学中十分强调节奏的感受和节奏动作的创造活动，而不太注重对音乐的表现性的感受和反映。因此，这个班的动作成绩还要稍低于对比Ⅴ班，只有7.06分，而且节奏分在其中占了较大的比例。

对比Ⅵ班：教师向幼儿提供的材料在性质上并不单一，也强调了幼儿自己的感受和反映。但是，由于教师在教学中示范较多，而且对幼儿反映的主观评价的运用频率也较高，因此幼儿在反映中相互雷同的情况很明显，独创性较差。动作反映总均分为6.35分。

对比Ⅱ班：教师在欣赏音乐的活动中也让幼儿做动作，但这种动作已完全是一种对教师示范的模仿再现。幼儿在这种情境下可以根本不去注意音乐，只要看和做就可以应付教师的要求。因此，这个班的动作反应总均分只有5.49分，而且其中还包括了较大比例的节奏分（不会做动作，仅靠按测试者要求随音乐拍手而获得的节奏分）。

从上面五种方法的结果来看，实验班的方法还是占有较大的优势的。其中特别是利用动作对音乐的总体性质进行感受和反映的教学法的影响在测试成绩中反映得十分显著，这与我们对活动的设计期望是相符合的。另外从对比Ⅳ、Ⅴ班的方法中，我们也看到了设计活动在对节奏、结构、姿态和替换动作的丰富性等方面的训练上的不足。

3. 关于幼儿感受、反映能力全面发展的问题

在这次测查中，除了获得了224名幼儿的反映材料以外，还获得3名小学生、13名幼儿教师以及16名学前教育专业三年级大学生对相同音乐的反映材料。

从这些材料所反映的情况看，本文在理论部分所描述过的由于注意指向性不同而造成的四种反映类型都已在幼儿的反映中找到了它们的初型：

主观反映型：用"好听"、"不好听"、"舒服"、"不舒服"等词汇来描述。

客观反映型：能正确说出绝大部分个别要素的性质及变化，能正确说出音乐的客观表演形式。但不能对音乐的总体性质给自己的主观感觉进行描述，不能产生相应的想象联想，也不能用事件或事物来对自我感觉进行"替代描述"。

想象联想型：这种反映在幼儿反映中所占比例较高，但这其中可能有两种不同的情况。第一种情况的典型反映是，在音乐进行的同时能在头脑中

产生相对稳定、明晰的视觉表象。这种情况在成人中习惯上会用"我好像看见……"或"我看见……"这一类句型来描述。而幼儿则往往是迅速(有时音乐才开始一、二小节)而肯定地说"这是……"。第二种情况就是"替代描述"。其典型反映是,在音乐进行的同时,头脑中并不产生相应的视觉表象,而是在被人问及时,再努力去从旧有经验中找出一个自认为在表现性质上与音乐相似的事物或事件来代替自己的感受。在测试中,我发现大多数幼儿可能是属于后一种类型,因为他们在问题提出后要思考大约 30～60 秒甚至更长的时间才能说出有关的事物或事件,并且还时常显得不太自信。以上推测在教师的反映和与教师的进一步交谈中获得了证实:并不是每人说出的事物和事件都来自于自己头脑中与音乐进行相同步的视觉表象,而有相当一部反映仅是一种"替代描述"。

理解认识型:由于这种理解需要有较多的社会文化沉积的参与,因此,对幼儿来说,这种感受最多只能达到在初步理解认识的基础上产生情感共鸣的水平。同时这种反映又是须以幼儿的主观感受、景观感知,特别是以想象联想的内容作为基础的。因此,只有发展较好的幼儿才能做出这种类型的反映。

从测验结果看,实验班幼儿一般都能同时对一、二、三种类型的问题做出较完满的回答。而在普通班中,尚有许多幼儿不能进行第三种类型的反映,即使是对第一、二种类型的问题的回答,也经常是机械的、随意的或残缺的,甚至有些幼儿自始至终只会说三个字"很好听"。

在成人反映与幼儿反映之间,除了成人一般地在表现手法上更为成熟(如舞姿、节奏在一般平均水平上超过幼儿,绘画形象更逼真,语言词汇更完整丰富等),反映中对某些方面的注意的个性倾向性更为明显(如有人更善于精确的感知分析,有人更喜欢想象联想,有人更注重主观感受等),反映中的理解认识成分增加(更客观地从音乐所表现的题材、体裁、内容等方面去考虑,对表现性的注意受到压抑,想象联想内容趋于同一等),低水平反映的人数减少(一般很少再有不能反映,自己不能做出合理解释的反映,或完全不能让别人理解的反映的情况出现)以外,在反映的许多实质性方面并没有太明显的差异。如:

- 在用语言反映音色的性质时(曲一),

　　成人 "男中音独唱"、"纤夫在歌唱"等;

幼儿 "老爷爷唱歌"、"叔叔唱歌"、"哭男人"、"打仗受伤的人在唱歌"等。

- 在用动作反映柔美的总体表现性时(曲二)，

成人 哄孩子睡觉；

幼儿 哄娃娃睡觉、柳树轻轻摇、水波慢慢荡、小鸟轻轻飞等。

- 在用绘画反映音乐的总体表现性时，

曲一：

成人 船夫背纤。

幼儿 拉船、推汽车、搬石头、背米、砍柴、拖板车、拉网等。

曲二：

成人 母亲、孩子、摇篮、月亮。

幼儿 母亲摇孩子、孩子哄娃娃、姐姐哄弟弟，只画房子，只画床、雪花、小鸟、柳树、波浪、小花等。

成人 用湖兰、淡绿、淡黄表示柔和。

幼儿 用湖兰、淡绿、粉红、淡黄、红表示柔和。

曲三：

成人 许多人欢庆、跳舞。

幼儿 跑步、跳舞、结婚、过年、小白兔等。

- 在用绘画反映音乐由强渐弱的变化时：

成人 以河道树木的透视画法表示。

幼儿 以太阳、花、草的不同空间位置的渐低和飞机(起飞过程)等来表示。

成人 以 ▢ 来表示渐弱。

儿童 以 ○ ○ ○。。来表示渐弱。

从以上情况看来,成人应该获得更好的发展而没有能够获得是与所受教育密切相关的,而且,对幼儿提出感受和反映四种类型的全面发展的要求是可行和必要的。

4. 关于本研究所用测验的合理性问题

我们从附表中可以看出,在不包括实验班在内的 189 名大班幼儿被试中,动作反映在中等或中等水平以下而其他反映的相对地位高于动作的相

表 2.4　语言、动作、绘画三方面个人总体反映类型分布表

总项＼分项与人数	分项	人数	分项	人数	分项	人数	分项	人数	分项合计人数
动作较好,其余较差	动好余差	4	动好余中	4	动中余差	14			22
语言较好,其余较差	语好余差	3	语好余中	10	语中余差	9			22
绘画较好,其余较差	绘好余差	1	绘好余中	3	绘中余差	8			12
动作较差,其余较好	动差余好	5	动差余中	5	动差余中、好各一	14	动中余好	24	43
语言较差,其余较好	语差余好	0	语差余中	0			语中余好	2	2
绘画较差,其余较好	绘差余好	8	绘差余中	4	绘差语中动好	3	绘中余好	4	19
三方面都较好									21
三方面都中等									7
三方面都较差									36

注:以上共计 189 人,分别取自南京市的 9 所幼儿园的 18 个班级,不包括实验班的 35 人。

对地位的(在中等以上或中等水平)有48人;而动作反映在中等或中等水平以上而其他反映的相对地位低于动作的相对地位的(在中等以下或中等水平的)也有22人;语言反映的相对地位低于其他反映的相对地位的人尽管较少,但也还是存在;而绘画反映较好其他反映都较差的人也有一些。因此,似乎可以推断,在这一阶段,幼儿的各种反映能力发展之间的差异已经存在了。另一方面,也可以说,从语言、动作、绘画三方面的反映结果来综合考虑幼儿的音乐感受力的评价方法还是比较合理的。

另外,这种情况还证实了:从有意识的自觉反映的层次上看,幼儿就其整体来说似乎并不自然地擅长哪一种反映方式,只有在理性认识能力、概念、灵活迁移使用各种旧有经验的意识和能力等方面的一定水平的发展基础上,幼儿才可能随心所欲地运用各种方式来较好地表达他们自己。

九、初步的结论

(一) 本研究对幼儿园音乐欣赏教学所做的改革

1. 目的方面

提出了应以促进幼儿音乐实践能力的全面而均衡的发展为幼儿园音乐欣赏教学的主要目的。这种全面而均衡的发展具体又应体现在:音乐感受能力(认识能力)、音乐表达能力(反映能力)、对音乐的自觉态度等三方面。在认识方面又包括了四种类型的感受能力(主观、客观、想象联想、理解认识)的全面发展。在反映方面又包括了运用多种方式(语言、动作、绘画)的能力的全面发展;对音乐的自觉态度虽然早已有人明确提出过,但由于目前对此尚没有普遍重视,所以我认为还有必要特别地在研究中证实这种自觉性在幼儿音乐欣赏能力整体发展中的重要性并把它强调地提出来。

2. 材料方面

虽然目前还不能具体地提供出更多的从小班直至大班的,适用于不同年龄阶段的音乐材料的系列,也还不能够提供更详细的选择各种有关材料的原则或标准,但本研究所使用的材料的基本选择标准还是比较明确的——要能鲜明地反映出将要让幼儿去认识的某种性质或者某种联系。因此,在选择材料时首先应该注意的是材料的表现性能够为幼儿所揭示和理解,而不是它的名称或所暗示的内容(原作者的意图、专家的意见或一般普遍的看法等)是否能为幼儿所接受。

3. 教法方面

本研究特别地强调了主动性原则和比较原则在幼儿园音乐欣赏教学中的重要性以及其特殊的表现形式。

本研究根据阿恩海姆的艺术分类法理论提出了"横跨语言、动作、视觉和听觉四种艺术材料之上的综合分类训练"的构想,并通过实验证实了这种方法对幼儿音乐方面的想象联想能力,形象思维能力,各种经验之间灵活迁移的能力,以及发现事物之间各种潜藏联系的能力等方面的发展能起到一定的促进作用。

关于动作和语言材料的使用,前人已提出并有过长期的实践和相当完善的使用体系。我在"综合分类训练构想"基础上的使用,无论是在目的上还是在方法上,都并不与前人完全相同;对视觉材料的使用,无论是在理论上的探讨还是在实践中的运用,目的都在于为国内对此问题的长期争论寻找一种可能的出路,以进一步丰富我们在教学中可利用的手段。

事实证明,在这种分类理论基础上建立起来的视觉与听觉相沟通的教学方式,不仅适用于以形象思维为主要思维方式的幼儿,而且在更大的年龄层次上还可以有更高的发展要求;不仅适用于音乐教学,而且适用于艺术教学,甚至在科学教育等更广泛的领域内都可能建立起一种足以促进总体上的灵活迁移各种知识经验的能力发展的训练体系。而且,目前国内在初、高中音乐欣赏课和美术教育中已有人在这样做了。

4. 评价方面

事实证明,由于幼儿各种感受和反映能力发展的不平衡性的客观存在,仅根据某一方面的反映来判断一个幼儿音乐感受、反映能力的发展水平是不太科学的;同时教师也不能仅以自己对某首音乐作品的感知结果作为一种客观标准,再拿它去衡量幼儿的感知水平,而应在深入了解幼儿把感知结果转化为反映结果的具体过程的基础上再进行判断,争取能更为准确地把握幼儿的感知水平。因此,我们在评价时还应适当借鉴皮亚杰的诊断式的考查方法。

以上四方面是我在这一年中对幼儿园音乐欣赏教学活动所做的主要改革探索,而且从实验过程和测量统计中所获得的大量证据来看,这些理论和方法是得到了实践结果的支持的。因此,也可以说,这些改革的探索在总的方向上是正确的。

(二) 遗留的问题

当然,在幼儿园音乐欣赏教学领域内,尚未解决的问题还是非常多的,就目前我所看到的亟待解决的问题就有:

1. 与音乐欣赏能力发展有关的各种目的、方法、材料,幼儿园的不同年龄阶段究竟各应如何去设计安排,各应达到何种具体的发展水平,尚需进一步的系统研究。

2. 尽管这次研究在理论上十分强调知识之间的横向联系,但实际上这种联系还是相当薄弱的。关键的问题是各种艺术经验之间的横向联系、艺术经验与其他领域内的经验的横向联系需要通过更加宏观的教学结构的设计实施才能从根本上得以解决,而这一工作又绝不是少数人在较短时间内可能完成的,还需要多方面的人员的长期协同工作。

3. 这次研究所使用的评价工具还很简陋,不能作为一般教学评价的参照标准,从真正的具有普遍使用价值的要求上说,我们更需要一种能够对教学进行指导的使用方便的评价工具。

2.4 民间音乐舞蹈的游戏精神与幼儿园音乐舞蹈教学游戏化

"第六届全国幼儿音教大会"的重要议题之一是音乐教育的民族性问题。以下是在我的大会发言基础上所做的整理,分享的核心内容是:民族民间音乐舞蹈的游戏精神对幼儿园音乐舞蹈教学游戏化的启示。

一、什么是游戏

(一) 社会标签游戏和主题体验游戏

所谓"社会标签游戏"的概念是相对"主题体验游戏"提出的。两者的意义相互对应而存在。当教师提议说:我们玩"××游戏"(该游戏确实是一种社会文化的常识中公认的游戏,或教材、教师认定是游戏)! 而如果这时幼儿反馈的是"你叫做我就做"的状态时,我们可以判断:对于这些幼儿来说,该"游戏"目前尚未被幼儿(游戏主体)认可,即尚未被幼儿接纳为觉得可以"玩"并相信可以从中获得"游戏体验"的活动。

反之,不管幼儿在从事的活动本身是否被社会常识或教材、教师认定为是游戏,只要幼儿自发地称赞说:真好玩!那么,我们就可以判断:对于这些幼儿来说,该活动目前已经被幼儿(游戏主体)认可并接纳为他们觉得可以"玩"并正在从中获得"游戏体验"的活动。

所以说,提出这一对概念,有可能帮助教师真诚地关注:我们提议进行的游戏是否真正被幼儿所接纳,成为他们能够在其中快乐成长的活动。

2008年10月初我去湘西采风时,当地幼教专干向我介绍了一种被国家列为"非物质文化遗产"的土家族打击乐"打溜子",在没有真正见识到它之前,我被灌输了许多有关于它的精彩:多么多么好玩……可真正看到时,我却大失所望——一点儿也不好玩。结果,在我刨根揪底的追问之下,介绍人终于自己醒悟:这要"怪"我们所看到的这批演奏的人没有"相互逗着玩儿"。

同年10月底我在上海出差时,在一份娱乐刊物上看到一则报道:当年国庆节北京曾上演"不靠谱的CHO·音乐逗你玩"音乐会,尽管演出的作品仍旧属于西方古典或浪漫主义风格,照一般常识是相对"曲高和寡"的,但在演出现场,因为有了主持人和乐队、指挥相互逗着玩儿,有了主持人和观众相互逗着玩,以及有了乐队、指挥和观众,观众和观众相互逗着玩儿……因此才玩出了人与人之间以及人与音乐之间各种各样的意想不到的感动!

在以上两个事件的启发下,我对"乐感"产生了新的认识:能更有效地被音乐感动或更有效地用音乐感动人。同时,我对游戏也产生了新的认识:"逗",即"激发"——使被激发者的情感欢愉地波动起来;"玩儿"——维持不断用"逗"的方式来激发愉悦感觉的行动链条。而音乐游戏:就是"用音乐逗着玩儿"。

(二)主观体验游戏的特质

现在我们希望能够从心理学的角度深入进去看一看,当我们参与一个音乐游戏的过程,并切实地感到自己被逗开心了时,这又是一种什么样的心理机制,让我们能够感到如此愉悦呢?

美国亚特兰大埃默里大学的生理心理学家的一项研究发现:大脑中的

"纹状体区域",专门负责"在人们经主观努力(无论是体力还是脑力)获得成功后"产生快乐。这至少告诉我们"参与"并自觉付出"努力"到最终获得"自我认可的成功"肯定是"自己逗自己开心"的重要途径之一。

另外,这些年来,我们在马斯洛需要层次理论的启发下,经过在南京若干幼儿园的实践证明:在教学设计和执行过程中,以下四个方面的合理调控,能够更好地满足幼儿的成长需要,进而使幼儿持续处在能够获得愉悦感的状态。

1. 认知(技能)挑战(满足不断积累更高质量智慧和信息的需要)
(1) 模仿学习——满足获得、占有——自我丰富、自我提升的需要
(2) 探究、创造学习——满足好奇心和自我创新的需要
(3) 解决问题学习——满足获得自我实现感的需要
(在以上过程中个体积累的智慧和信息都可以作为"个人资本"进入社会交流,使得人际间的相互满足成为可能)

2. 审美感动(满足获得感知的流畅性、想象的流畅性、运动的流畅性的需要)

3. 人际支持(满足爱和被爱即情感上的相互满足的需要)

4. 自我调控(满足自由选择、获得自主掌控感的需要)

试想:如果教师在集体音乐舞蹈教学活动设计、执教的过程中能够更有效地把握和满足幼儿的这些"成长需要",我们又何愁幼儿们不会被"逗"得开心呢?

(三) 音乐游戏与生活

我们都知道,所谓民族民间的音乐舞蹈,也就是与发生在学院和市场的音乐舞蹈相当不同的另外一种艺术实践,也是更接近非功利目的的游戏性的社会生活实践活动。通俗地说更是一种"自娱自乐"的活动。在我们的日常生活中,除了儿童以外,即便是普通的成人也总是乐于借助音乐舞蹈游戏来提升自己的日常生活质量,甚至许多后来成为社会文化公认为"艺术"的东西,早年也是从日常生活和生活中的玩耍行为开始的。如:

1. 劳动现场游戏。在传统的农牧业劳动、食品制作劳动、工具或装饰品制作、服务性劳作如按摩等活动中,人们也总是可以找到借助劳作的对象、工具和自己的动作来进行游戏的途径。如:在农田、牧场、茶山对唱的猜谜

歌或斗智歌,以及妇女在家中舂米、洗衣、纺织、刺绣或哄孩子睡觉时独自哼唱的自娱歌(玩弄的对象主要是嗓音和智慧),都可以被看作是一种歌唱游戏。再如:扬州洗澡堂的按摩师傅敲打顾客身体、福州早餐店的面点师傅敲打燕皮时,甚至还能够相互引逗和相互呼应;许多地方的农民在工休的时候玩争犁头、击扁担;牧民则在工休的时候争羊、摔跤或斗马……现在我国海南农村社交聚会场合仍旧流行一种专门性互掷泥球的游戏——青年人会为此事先挖坑、灌水、踩泥直至最终制作出满意的泥团,并边劳作边歌舞。究其起源,也不难推测出同样是来自水田劳动工休的即兴游戏。而在欧洲、美洲的许多葡萄酒产区流行的传统圆圈踢踏舞蹈,也往往与当地农民自酿葡萄酒过程中——在大木桶中将葡萄踩踏成酱汁的工序有直接联系。以上这些都可以被看作是一种运动游戏(玩弄的对象主要是身体、工具、环境中的自然物以及劳作的对象)。

2. *餐桌游戏*。在餐桌旁边享用劳动成果的时光一般总是令人愉快的,至今在许多少数民族地区,特别是遇到请客、节日或红白喜事,在餐桌旁边经常都少不了进行玩弄嗓音,玩弄身体、食物、餐具的游戏,以及斗智、斗技游戏(如行酒令等),就连将酒、菜送到餐桌上的过程,也往往会采用跳酒、跳菜等载歌载舞的游戏形式。

3. *社会群聚游戏*。当然,在社区必要的群聚活动和仪式活动现场,歌舞游戏也往往是不可或缺的重要内容。当某些活动的政治、宗教色彩逐渐减弱的时候,其自我娱乐的游戏色彩便更是日益增强了。

当我们在这里问自己:今天你逗自己玩了吗? 这首先是一个生活态度问题! 前面已经说过"玩"是主动参与进行某种活动,"逗"是刻意投入热情以获得自我激发愉悦感。然而,在这样的生活态度后面,更是坚守着一种生活信念:生命是用来享用的! 所以人应该珍惜自己活着的每时每刻!

二、音乐游戏的游戏性

音乐材料被人选择和制作成音乐的过程,实际上也就是人"自己逗自己玩"的过程,人自己能够越来越高明地"把自己逗开心",前提就是制作出越来越"让自己满意的音乐或音乐享用的过程"。因此,下面我们需要来进一步分析所谓音乐游戏的内在结构和所谓游戏性产生的机制。

在我们工作的一般常识中,音乐游戏的特性中当然会包含音乐性、动作性、游戏性。

其中游戏性的结构中又包含情境性、挑战性、互动性和创新性。

1. 情境性(满足假想情境与生活经验建立联系的需要)中又再包含:

(1) 对情境意义的理解与表达反应;

(2) 对情境意义所引发情感的体验与表达反应。

2. 挑战性(满足对真实外部情境的适应和超越的需要)中又再包含:

(1) 应变反应(根据外部条件变化迅速发起或终止特定行动);

(2) 克制反应(根据外部条件限制内部的冲动);

(3) 探求反应(对悬念——未知具有好奇和探求的冲动);

(4) 占有和超越反应(对外部具有获取冲动,对内部状态具有不满和自我完善冲动)。

3. 互动性(满足接纳、认可、爱和相互依赖、相互支持的需要)中又再包含:

(1) 配合反应(组织与服从);

(2) 分享反应(娱人、娱己与共鸣)。

4. 创新性(满足通过超越个人文化或公共文化实现自我价值的需要)中又再包含:

(1) 规则反应(按照公认游戏规则承担创新任务);

(2) 自由反应(在游戏规则允许范围内按照自己的意愿自由创新)。

经过上述的进一步分析,我们似乎可以透过朦胧的"游戏性"的视窗,相对更清晰地看到音乐游戏所特有的游戏性机制的核心:都起源于人对自身心灵追求"幸福存在"需要的理解,以及向自身心灵提供"滋养和完善"的主观努力。(请注意前文所述:美国生理心理科学家有关纹状体区域功能的证据对这一观点的支持)

我玩儿——我们玩儿!原生态的民族民间歌舞游戏,从娱己开始——娱神——娱人——最终还是"回归"了娱己!到目前为止,哲学、教育学、人类学、历史学和心理学,在这里已经走向了共同的结论——游戏的目的,最终还是为了使自身心灵追求"幸福存在"的需要获得满足,也就是在"自在"和"自我超越"中获得"自足"!

三、应变游戏的发展脉络

下面我们还需要再进一步来回顾一下从婴儿开始的人类游戏发展轨迹。

1. 婴儿应变游戏。如"蒙眼睛"——躲猫猫（物体恒存性探求）；手的"追逃"——虫虫飞（生存适应，自我安全维护信心）；"指五官"——鼻子鼻子……眼睛（快速应变，最初潜能的自我发掘和发现）……

2. 幼儿应变游戏。如四散追捉跑——"猫捉鼠"、"丢手绢"（有"家"规则可以有安全维护底线，无"家"规则更能够挑战和证实自我安全维护能力）；投掷移动目标——"打野鸭子"（在更多不定因素的条件下快速应变，相对更高级潜能的自我发掘和发现）。

3. 儿童应变游戏。如猜拳——"石头剪刀布"；斗大——"人枪虎"；耍技——抓猪拐（麻将、沙袋等），跳皮筋，踢毽子；藏——猜消失物；猜谜语；词语接龙；打牌；下棋……（更多更复杂的知识技能的自我挑战和自我印证）

4. 青少年、成人应变游戏（"斗"——大、多、新、难）。如斗智游戏——斗嘴、斗诗、斗歌、划拳或行酒令等；斗技游戏——斗舞、斗力（掰手腕；拔河；摔跤）、斗酒……

5. 专业"游戏"（"斗"——自我超越；文化创新）。如体育竞技；艺术创作；科技创新；三百六十行，行行出状元……

从上述角度来理解，游戏首先应该是一种在自我掌控的情境中，自主选择、自我挑战、自我印证、自我超越，并不断体验自我掌控之流畅感的实践活动。在这里更多的心理活动是：自我投入的热情和自我肯定，以及从活动过程本身中获得的自我奖赏和自我激励。

四、音乐游戏的类型和音乐游戏与空间状态

（一）音乐游戏的类型

下面我们再进一步来整理一下我们比较熟悉的幼儿园音乐游戏类型。

1. 应变反应游戏。其中可能包含如：追逃游戏；输赢游戏；争资源游戏（如抢舞伴，抢位置，抢器物）……

2. 克制反应游戏。其中可能包含如：木头人游戏；不许眨眼不许笑游戏；冰冻和解冻游戏……

3. 探求反应游戏。其中可能包含如：猜领袖游戏；猜谁（什么）不见了游戏；猜被传递器物在哪里游戏……

4. 占有和超越反应游戏。其中可能包含如：带头人游戏（猴子学样）；乐器、舞器或玩具的玩耍游戏。

5. 人际互动游戏。其中可能包含如：对拍手游戏；对踢脚游戏；儿歌情境表演互动（轮流或同时相互玩弄对方身体）游戏；传递互动游戏（传拍手节奏，传动作，传语言，传器物）……

（二）音乐游戏与空间状态

下面整理的是我们比较熟悉的幼儿园音乐游戏空间状态，其中：

1. 非移动空间状态（自由或规定）主要包含：立姿、坐姿、跪姿和卧姿。

2. 移动空间状态（自由或规定）主要包含：个人自由空间移动、双人或小组自由空间共同移动和非自由空间移动。

在非自由空间移动状态下，又主要包含：

（1）圆圈移动（单圈，双圈，三圈，绕五月柱游戏）。

（2）链状——链状换领袖移动（盘蜗牛，龙咬尾，老鹰——臭鼬捉小鸡）。

（3）行列移动（龙吐水——剥橘子皮，钻山洞）。

（4）方阵移动（"拜"四方移动，对边对角移动）。

在这里和大家一起分享我们整理工作的结果，主要还是为了一线教师在分析现成游戏和设计新游戏的时候，能够获得一些进行发散性思考的角度，以便能够为满足幼儿的各种不同需要做出更适宜的选择。

五、音乐游戏难度的调控思路

前面已经讲过，普通老百姓都知道的真理是：太难，就不好玩了！但音乐游戏的难度调控分寸往往还是幼儿园教师比较"头痛"的问题之一。有经验的教师往往凭借直觉，而缺乏经验的教师往往就只能靠"蒙"，碰巧匹配上自己班上儿童的基础状况就算幸运啦。而且有经验教师的直觉的东西，往往又是茶壶里面的饺子，是倒不出来的。

因此，我们将从下面的这个范例出发，给大家提供一些可以操作的难度调控的纬度和层级。

范例:拍手游戏——螃蟹调〔模型 1〕

一只	螃蟹		八条	腿;		那么小的	眼睛	那么大的	壳;
自拍	交叉对拍	自拍	交叉对拍	自拍		自拍	手心对拍		手背对拍
两把	夹夹		尖又	尖;		夹住了	你就	甩也甩不	脱。
自拍	交叉对拍	自拍	交叉对拍	自拍		自拍	手心对拍		手背对拍

(一) 音乐游戏难度调控"纬度"

在新游戏学习的过程中,认知和技能反应的纬度越多,学习的挑战难度也就越大。有时候虽然单独从一个纬度看,假设挑战的层级难度为数量 1,但如果同时有 3 个甚至以上的纬度,同时是 1,相加就至少是 3。如果幼儿努力回应挑战的能力只有数量 2,我们就可以说:难度大了!

一般来讲,音乐游戏设计中,教师可能向幼儿提出挑战的纬度有:动作、音乐、创造、合作等四个大的纬度。

因此,比较可行的思路是:第一次接触新游戏的时候,将挑战纬度减少或将每一纬度本身的难度层级降低。如:假设动作纬度的难度为 1("稍微跳起来可以摘到桃子"),其他纬度的难度就要下降到 0.3 以下。这样总难度就不会超过 2 了。

就音乐一个纬度来讲,其中又可以再划分为:音乐的性质(速度、力度、音色变化所造成的情绪体验以及内容想象)、音乐的结构(节奏、句子、段落、前奏、间奏、尾奏)两大方面。

如果音乐本身外部结构庞大,内部结构复杂、变化细腻,设计者又希望通过游戏规则让幼儿将众多的音乐特质用概念形成或概念应用的方式认识并反映出来,毫无疑问将造成学习负担"超载",降低幼儿学习和游戏的快乐体验。要避免这种超载的情况,比较可行的思路是:

1. 先选择结构短小、重复多、变化少的音乐,待幼儿能力提高后,可以在结构的外部规模或内部复杂细腻性上再逐步提高难度层级。

2. 音乐本身可以比较长大和复杂细腻,但游戏设计仅仅要求幼儿做出比较简单、重复多、变化少的游戏反应。如只反应音乐开始和结束,只反应均匀节奏(一直保持一拍做一次动作,或保持两拍做一次动作等)。

3. 另外,速度因素,除了传递音乐的感情作用之外,还是难度调控的一个非常重要的独立纬度。一般来说,有经验的教师都会从一个不太快也不太慢(通常被称为"稍慢")的速度开始(标准是观察幼儿的反应是否舒适),然后根据实际情况逐渐加快。而且加快本身就是增加难度挑战和激发游戏情趣的手段之一。民间舞蹈和拍手游戏中"越来越快"是通常被直觉使用的"世界性"玩耍策略。减慢速度理论上也是相同的道理,像慢骑自行车,表演电影慢镜头效果等……所以,有经验的教师才经常使用"学习速度"(追求新学习过程不过分紧张)、"表演速度"(有点紧张,在情感上有点刺激),以及"游戏速度"(更有挑战性,更刺激)等速度调控标准来调控教学活动的难度。

如上例,某教师在大班上学期,异地借班情境下,对完全不熟悉的幼儿进行游戏教学时,选择了 AB 两段不断重复的音乐结构。第一段选择随乐朗诵儿歌,做象征性表演动作(可以提示记忆儿歌歌词);第二段选择随教师的歌唱一直重复均匀节奏的简单动作模型:一拍"开"(螃蟹夹收回举起),一拍"合"(螃蟹夹伸出夹对方同伴)。

虽然其中有两段音乐,但除了有儿歌可以自然提示一、二段之间的"段落界限"外,动作只要求反应"均匀节奏"(全部都是一拍做一次动作);虽然有合作,但只要求重复比较自然的、独立的"开——合"动作,几乎没有同伴间动作配合的难度;虽然有创造,但仅仅要求幼儿在了解儿歌内容时,在动画片的提示下,用上肢动作表现自己对螃蟹的原有经验。如果说新儿歌学习在这其中的挑战难度是 1 的话,动作、音乐、创造、合作的难度加起来总共也不会超过 1。从以上量化分析来看,该教师选择的总难度是合适的! 另外,她教学的实际效果也证明:幼儿是始终积极投入学习和游戏活动的。

(二) 音乐游戏难度调控"层级"

在多次教师培训的过程中,我们先向参与学习的教师提供了模型 1。在教师获得自己的学习体验之后,再要求大家参照模型 1 为更小年龄的幼儿作降低难度的调整,最后再请全体教师相互展示,共同分析和归纳其中的难度层级递进规律,最后可以得到如下这些降低"动作模型难度"的思路:

1. 将玩弄身体拍击的动作换成"象征性歌词或故事内容表演"动作。

〔模型 2〕

<u>一只 螃蟹 八条 腿</u>；<u>那么小的 眼睛 那么大的 壳</u>；
用一只手做表示1状（保持）用双手同时指双眼（保持）

<u>两把 夹夹 尖又 尖</u>；<u>夹住了 你就 甩也甩不 脱</u>。
用双手同时做钳子状（保持）用一只手的钳子做夹住另一手的钳子状（保持）

2. 或在模型中保留某种重复性节奏动作。〔模型3〕

其他同上，只是在第一拍做出造型动作后仅保持一拍不动；而在第三、第四拍的时间位置上，双手由内而外，边打开，边按照节奏XX X连续甩动三次。

3. 将模型1中的手的三种拍击动作全部换成一种简单的双手同时拍击身体的动作。〔模型4〕

如拍手或拍腿，或拍其他容易拍到的身体部位。

4. 两个自我拍击动作（如先拍手后拍腿）四拍一换，一拍一次。〔模型5〕

5. 两个自我拍击动作（如先拍手后拍腿）两拍一换，一拍一次。〔模型6〕

6. 两个自我拍击动作（如先拍手后拍腿）一拍一换，一拍一次。〔模型7〕

7. 将5中一个自我拍击动作改成：与同伴双人双手对拍，一拍一次。〔模型8〕

若要更难可以改成：正、反手对拍，一拍对手心一拍对手背。〔模型9〕

8. 将5中一个自我拍击动作改成：与同伴双人双手交叉对拍，一拍一次。〔模型10〕

若要更难可以改成：左右交叉对拍，一拍对左手一拍对右手。〔模型11〕

从以上调整的例子我们不难看出其中的规律：

1. 模型中所包含的动作为象征性动作时，比非象征性动作容易形成理解性记忆。对年龄更小的儿童来说也更容易、更有趣。

2. 模型中所包含的不同动作数量越少（从模型3~10数量依次递增：从1个到3个）越容易。

3. 模型中不同动作间交换频率越低（从模型3~10频率依次递增：从16拍换1次到4拍换1次到4拍换2次，再到4拍换3次）越容易。

4. 模型自身的规模越小越容易（模型1和模型4中，子模型规模为8拍；模型1、2、6、8~11中子模型规模为4拍；模型6中，子模型规模为2拍；模型3中，子模型规模为1拍）。

5. 不包含同伴间交往、配合动作的模型要比较包含同伴间交往、配合动作的模型容易；包含一般目光、表情交往的模型要比包含动作配合的模型（模型 8～11 增加了同伴间动作配合要求）容易。另外，参与配合的人员越少越容易；当然动作配合的方式本身还有不同难易之分。

当然我们在这里决不是说越容易就越好。太过容易，失去了有意义的挑战，挑战的趣味性也就失去了。在这里，只有掌握了关于难易层级判定的思路，那么，才能既可以由难而易地进行调控，也可以由易而难地进行调控。

就以上例模型 1 来讲：学习新游戏时，幼儿需要花费比较多的精力学会背诵儿歌的歌词，结伴游戏时又要花费一定的精力与同伴进行目光和情绪的交流，如果还要应付"对歌词背诵没有支持性反而有一定干扰性"的"4 拍规模、3 个不同动作、2 次动作交换、包含同伴间动作配合"这样复杂的动作模型，是一定会有相当困难的。如果陌生师生之间在教学互动方面习惯再有不一致，云南教师还要对广西幼儿增加不同方言趣味的体验……那么，教师美好的愿望很可能就会成为仅仅是"一厢情愿"的努力了。

六、小结

这些年来，我自己之所以"没事儿"就要把"音乐教学游戏化"这个问题拿出来想，首先是因为：这里面有许多疑惑一直找不到解答，因而也就一直对它存有强烈的好奇心。其次是：怎样才能把幼儿逗高兴？以及为什么那样就能逗幼儿高兴？当然还有：这样逗幼儿高兴值不值？对不对？这些也都一直是我和幼儿园一线教师希望突破的一种困境。

今天，我自己能够把这个问题认识到这样一种程度，除了要感谢近 10 年在国内采风时中国城乡普通群众给予我的直接教诲，感谢在世界音乐教育研究这个大平台上国外同行慷慨提供的各种不同的间接经验，感谢各种大众传媒以外，当然更要感谢全国参与实践探究的所有一线教师和参与理论争鸣的所有相关人员。没有那么多的人"陪着一起玩儿"，我自己是不可能玩到现在这个状态的！

需要说明的是：在此我并非是在向大家提供一种"真理"，而只是和大家分享到现阶段为止的一种认识。更重要的是：下面我们还有什么问题可以拿来玩？

2.5　从教学目标演进看幼儿园音乐教育的"整体化"努力

整体化或者整体观,在幼儿教育领域主要是指向儿童发展和儿童教育的整体和谐性理想的。这种概念或者理念的源起应当是我们对分化或分析的观念、思维方式或实践方式的一种自主反思和自我完善的需要。再向前追溯的话,分化或分析的观念、思维方式或实践方式,实际上也是源自于我们对混沌整体或未经分化或分析的观念、思维方式或实践方式的一种自主反思和自我完善的需要。因此,在这里,似乎已经不再需要谈论以上两种表面对立的思维和行动方式的对错或好坏,而是需要仔细收拾一下我们实际上已经走过的曲曲折折的探索反思之路,看看当下我们可以有一些什么样的暂时共识。

一、分科教学思路下教学目标的发展

为了理清为何会认为分科教学不太有利于幼儿整体发展这个问题,最近我专门翻阅了自 1979 年至 2007 年国内出版的一些有重要影响的幼儿园音乐教材和幼儿园音乐教学法的教材。这次翻阅,可以说至少帮助自己回忆起了这一历史阶段的分科思路究竟是怎样的一种状况。在这些文献中:

有一种类型的出版物只是集结了作品。其中包括音乐或歌曲的曲谱、歌词、舞蹈律动动作程序或游戏玩法程序的说明,或作品说明等内容。我想把这类教材称为"资源性教材",以示区别。

另外一种类型的出版物,除了上述信息以外,出现了简短的教材利用建议或教学过程建议。其中,有一些直接用文字提出可以怎样做,有些加入了标题如"教学建议",有些则使用了"教学内容与要求"等字样作为教学建议文字部分的标题。我想把这类教材称为"简单教学提示性教材"。

还有一种类型的出版物,更在上述基础上扩展了作品以外信息的容量,出现了更多的内容和更细致的类目,如:作品分析,教学方案设计思路,以及教学活动名称、准备、目标、过程以及延伸活动等。这类教材也就是今天一般教师都比较熟悉的分科教学"教学方案结集性教材"。

以上三种类型的出版物在出版时间上出现的顺序基本上是：信息越详细的越后出现。这种现象起码说明了：更多的一线教师实际上非常需要从其他人的具体教学思路中获得有效工作方法、程序和汲取专业发展"营养"。

下面是这一历史阶段中几个典型目标的实例与简析：

案例一　××市××幼儿园大二班音乐课教案（1987年北京某出版社出版，以下为省略文字，只出现出版地区名称）

教学要求：

1. 培养幼儿的节奏感与创造力，要求幼儿自己能想出不同的动作表示出《小鸭子》一歌的节奏。（教师主语）

2. 能有表情地唱出歌曲中强弱的变化。（幼儿主语）

3. 通过音乐游戏复习巩固跑跳步动作（幼儿主语），要求做得合拍、协调。（教师主语）

案例二　××市××幼儿园小一班音乐课教案（1987年北京）

教学要求：

1. 通过欣赏，培养幼儿听辨熊走和兔跳音乐的特点。（教师主语）

2. 复习听音乐和做动作的游戏，继续发展幼儿的音乐节奏感和创造力。（教师主语）

案例三　教打击乐《小钟》（1989年辽宁）

教学内容和要求：

1. 让幼儿边听《小钟》的歌，边用手跟老师敲出节奏。（教师主语）

2. 训练幼儿的节奏感。（教师主语）

案例四　音乐游戏《火车快跑》（1989年辽宁）

教学内容和要求：

1. 使幼儿熟悉游戏的音乐，学习游戏的基本玩法。（教师主语）

2. 训练幼儿动作的灵活性、协调性。（教师主语）

案例五　教新歌《对不起没关系》（1989年辽宁）

教学内容和要求：

1. 教幼儿学会唱这首歌,并理解歌曲的内容,体会歌曲欢快活泼的性质。(教师主语)

2. 向幼儿进行文明礼貌教育。(教师主语)

案例六 《小雪花》(1993年南京)

教学内容和要求:

1. 初步学会歌曲,唱出三拍子轻快流动的特点。(幼儿主语)

2. 教育幼儿不怕寒冷和困难,积极锻炼的坚强性格。(教师主语)

案例七 《西风的话》(1993年南京)

教学内容和要求:

1. 初步学会歌曲,唱出歌曲的 mp, p, f。(幼儿主语)

2. 会控制歌唱的速度使用慢速度歌唱。(幼儿主语)

案例八 学唱歌曲《在农场里》(1999年上海)

教学内容和要求:

1. 初步指导学生用欢快的声音学唱新歌《在农场里》。(教师主语)

2. 通过自编歌词、**动作**,**丰富想象力**,提高表现力和创造力。(幼儿主语)

案例九 《小星星》(大班)(2000年上海)

教学内容和要求:

1. 通过游戏让幼儿掌握卡农曲式。(教师主语)

2. **培养幼儿的注意力**、记忆力、节奏感及合作能力。(教师主语)

案例十 唱歌《干净的小手》第一教时(2002年上海)

教学内容和要求:

1. 通过反复的感受,知道名称,理解内容,喜欢唱歌。(幼儿主语)

2. 在感受的过程中跟随教师在间奏处学念"洗手心、洗手背"。(幼儿主语)

3. 在活动的过程中,了解洗手的过程,知道讲卫生的孩子人人喜欢。(幼儿主语)

现在我们可以逐渐进入以上历史阶段中出版物的编写者对音乐教学所要追求的价值的反思:从"资源性教材"的文本中,教师不能够直接得到任何关于价值以及如何追求价值的信息,因此,今天我们也无法对编写者和读者当时的教育追求有任何直接了解,而只有推测——当时能够有效使用这种教材的教师必须具有非常高的音乐素养和教育素养。教师自身素养水平越高,幼儿在教学过程中才越可能更多受益。

1972 年我作为南京师范学院音乐系的学生在江苏北部一个县城的中学进行教育实习的时候,当时我们班的班长就因为学生不愿意听他关于歌曲主题思想的演讲而愤怒地当着全班学生的面把自己的一根钢笔撅成了两节。

1985 年我自己刚进入学前教育领域学习的时候,在幼儿园所看到的歌唱教学过程基本上都是:教师示范新歌,询问幼儿听到的歌词内容,整理歌词,然后用全班练习——小组练习——男女分别练习——个人轮流练习的方式反复练习直到所谓的"学会"。(记得我自己在小学的歌唱学习经验似乎就是如此)

1993 年,我在山东所看到的一个舞蹈教学过程也是如此:一位 40 岁左右的教师在 2 分钟之内用非常标准的舞姿示范了"进退步"之后,在余下的 43 分钟里一直轮流用全体、小组、男女、个别等方法练习,直到活动结束。这样的教和学的状态,不能不说与当时教材以及教师培训的状况存在相当密切的联系。

我个人的这些经历也许同样能够说明:只有天才的音乐教师才能够自主超越"简单粗放"的教材和教师培训,才能不用细致的提示而自由驾驭高效的促进学生发展过程。

从"简单教学提示性教材"的文本中,我们可以总结出以下基本价值追求结构:1. 音乐感受和表达的基本知识技能(包含对音乐作品的内容形式和情感方面的认识和表现);2. 偶尔提及作品内容中蕴含的基本社会生活态度(热爱大自然、热爱劳动、热爱学习、团结友爱、遵守规则、讲究卫生、养成良好习惯,以及热爱人民领袖、人民军队等);3. 有少数文本在教学建议中使用了具体活动方式来体现价值追求,如让幼儿创编自己的歌词或舞蹈动作——体现出了发展幼儿创造性的价值。

从当今我们比较熟悉的"详细教学方案"的文本中,除了上述1、2两类价值以外,还在这一历史阶段的中后期,越来越多地出现第3类价值,这类价值陈述一般经常使用比较抽象的词汇,如:培养或发展幼儿的倾听或学习音乐的兴趣、节奏感、感受力、表现力、想象力、创造力、注意力、观察力、记忆力、概括力,探索兴趣,口语表达能力,合作能力,动作的协调性、灵敏性等。

从"简单教学提示性教材"和"详细教学方案"两类文本的梳理过程中我们感觉到:绝大多数案例在价值目标提出的数量和内容方面相对都比较随意,而且音乐知识技能以外的价值经常被省略。目标或要求的提法一般都是站在教师的立场上,使用教师(省略教师二字)作为主语发出动作,如:培养幼儿,要求幼儿,让幼儿,使幼儿等。有些文本甚至主语混杂,如:一条目标使用教师主语,一条目标使用幼儿主语(如初步学会唱或做),或前半句使用教师主语后半句使用幼儿主语(如前案例一、五、六)。

而且,第3类目标所追求的价值,在有些教案的"教学过程"中,的确可以找到具体落实这些价值追求的环节,而在更多教案的"教学过程"中,则没有能够体现出这些价值是如何落实的。

从上面对历史文献的整理中我们也许不难看出:事实上近20年来,在传统分科教学思路下,学前儿童教育工作者一直在努力——希望能够通过更细致的考虑、设计和教案撰写来使儿童整体全面发展的价值更完善地实现。尽管今天看来,所有这些改造或努力的结果仍旧不尽如人意,但毕竟在历史的前进过程中,学前儿童教育工作者一直没有放弃这种自我完善的主观努力。

二、分科思路下教学目标整体化的尝试

从1993年开始,文献出现了另一目标表述方式,这种方式在1997年由南京师范大学出版社出版的《幼儿园课程实施指导丛书·艺术》一书作了比较具体的从理论到实践的阐述。

1. 提出和撰写音乐教育活动目标的意义

目标,是教育生产工艺流程的第一步骤,也是整个教育生产的第一关键。无论从整个幼儿园课程的角度、从幼儿园课程某一领域的角度,还是从一个具体教育教学活动的角度来看都是如此。而且,每个具体教育活动目标的确立和落实更是整个课程目标落实的基础和保证,所以,提出和撰写教育活动目标的工作,也就必然地成了教育实践操作的第一步骤和第一关键。

在《幼儿园课程指导丛书·艺术》音乐部分的编写指导思想中提出的第一重要的工作原则是:使音乐活动成为促进幼儿全面和谐发展的媒介。为了能够切实体现这一原则,在这套丛书中,所有的音乐教育活动都力争突出对幼儿在以下几方面发展的价值追求:

(1) 音乐知识、技能的获得与音乐感的发展。

(2) 学习技能、策略的获得与学习能力的发展。

(3) 情感智能与积极的个性、社会性的发展。

而且,为了使以上三方面的工作目标能够得以切实落实,教育活动目标的提出与陈述都是按照行为化的标准来处理的。

如:在小班上学期音乐教育活动《小鸟飞》(韵律活动)中:

其活动目标1为:熟悉乐曲的旋律和 ABA 的结构,听辨鸟飞(A 段轻柔、连贯)、鸟吃食(B 段轻巧、跳跃)的音乐。学习走小碎步,知道走时应将后脚掌踮起轻轻移动。并能用鸟飞、鸟吃食的动作表现出两段音乐的不同。从这段陈述中我们可以清楚地看出,此项目标中含有三个不同的知识技能具体目标——通过学习活动,幼儿应能够:第一,听出 A 段和 B 段的不同;第二,初步学会踮起后脚掌轻轻地走小碎步;第三,在听辨和体验两段音乐的不同性质的基础上,用相应的动作表现出它们的不同。

其活动目标2为:在老师的启发引导下,探索手臂在不同方位上的摆动,以表现鸟飞,并体验创造的乐趣。从这段陈述中我们也不难看出,该目标着重关注的是:通过教师引导的探索性学习,激发幼儿的创造兴趣,并使幼儿初步体会到,通过方位变化,便可创造出不同的手臂舞姿。

其活动目标3为:初步学习找空地方做动作,做鸟飞动作时尽量不让别人碰到自己,自己也不碰到别人。在这段陈述中,要求幼儿获得的是在空间运动中与他人保持和谐人际关系的初步观念与技能。这样,我们期望幼儿在音乐活动中获得的三大方面的发展,就逐一落实到具体的教育与学习行为中去了。

如果仔细审读这三条活动目标,就一定不难发现:这三条目标的陈述比较清楚地表明了幼儿在活动过程中将要做什么和应做到何种程度。同时,以上陈述也间接地暗示出了,教师在活动中应怎样要求幼儿,以及应怎样帮助幼儿达到要求。

在近 20 年的幼儿园教科研以及师资培训实践中我们发现,教育活动目标撰写技能的训练是改变教师的教育观念和提高教师的教育水平的第一关键。只有在教师能够独立而且正确地提出和撰写教育活动目标的前提下,教育活动的科学设计和有效实行才能得到保证。

2. 提出和撰写教育活动目标的原则、方法

（1）提出和撰写教育活动目标的原则

①系统化原则

在本书中所要求的系统化只是一种模式,该模式的功用只在于帮助最初接触这种技术的教师快捷有效地掌握这种新观念和新方法。所以,刚刚开始学习使用这种技术的教师必须首先严格地按照前述秩序和内容来提出和撰写每一个教育活动目标。为了醒目起见,这里再次强调如下：

- 音乐知识、技能的获得与音乐感的发展。
- 学习技能、策略的获得与学习能力的发展。
- 情感能力与积极的个性、社会性的发展。

②系列化原则

系列化原则主要强调的是两个方面：

- 能力目标的系列化:侧重强调不同活动中同一种能力在要求上的循序渐进。如跟着音乐有节奏地做动作这一能力目标系列的开始部分可能是:用手跟着音乐一拍一拍地做吹喇叭的动作——用脚跟着音乐一拍一拍地走步——跟着音乐一拍一拍地一边走步一边做吹喇叭的动作等。
- 材料目标的系列化:侧重强调不同活动中同一材料在教育要求上的循序渐进。如小班律动"吹喇叭打鼓"系列活动的要求可以是:初步熟悉音乐的旋律并能愉快地用眼睛看着老师并和老师一起做动作——进一步熟悉音乐的旋律,能在老师的语言或体态语言暗示下听前奏开始做动作,并能初步注意使动作与音乐合拍——大部分幼儿能够愉快且比较自如地跟着音乐合拍地坐着做吹喇叭打鼓的动作,并能在教师稍加暗示的情况下平静地等待前奏——在教师给出的"大狗熊"、"小老鼠"的语言或视觉形象暗示下,能根据音乐的明显强弱变化创造性地做出想象"大狗熊吹大喇叭、打大鼓,小老鼠吹小喇叭、打小鼓"的幅度大小不同的动作等。

③ 行为化原则

行为化原则是指在提出和撰写一个具体音乐活动教育目标时所须遵循的原则。

- 行为化目标的提出：

第一，尽力遵照系统化目标所提出的三方面发展的顺序和内容：音乐能力，学习能力，情感能力和积极的个性、社会性品质。

第二，尽力遵照系列化目标中的原则针对本班幼儿最近的发展问题和发展趋向提出循序渐进的具体目标内容。

第三，尽力恰到好处地发掘和利用原有音乐教材的教育潜力。

- 行为化目标的陈述：

第一，必须统一目标行为发出的主语。陈述幼儿发出行为的目标被称为"发展目标"；陈述教师发出行为的目标被称为"教育目标"。

第二，必须陈述可见的行为。必要时也可补充说明该行为属于哪一类发展总目标。

第三，必要时还可补充说明该行为发生的附加条件和行为反应水平的限定语。

如：前述例子《小鸟飞》中的三条目标陈述时所使用的动词"听辨"、"体验"、"表现"、"探索"、"学习"等，都是幼儿作为主语所发出具体行为，尽管作为主语的"幼儿"两字在文中并未出现。而且三条目标所用的主语是统一的，意思是清楚的。

再如，目标陈述中也清楚地表明了要求幼儿听辨、体验、表现的是乐曲《小鸟飞》中两个段落在性质上的差异；要求幼儿学习的是基本舞步"小碎步"和做动作时不与他人挤在一起或相互碰撞；要求幼儿探索的是怎样通过手臂在不同方位上的变化来表现不同样式的鸟飞。

而"在老师的启发下"、"初步"和"尽量"等词语，则是暗示出：教师需要使用启发的方式支持幼儿的学习，而且教师也需要准备接纳某些幼儿在活动中表现出的缺乏自信、独立和高熟练水平的状态，幼儿尝试的状态和幼儿探索中发生错误的状态等。

(2) 提出和撰写教育活动目标的方法

① 音乐能力发展目标的提出和撰写

当我们面对一个音乐、舞蹈作品时,首先应该审视其中蕴含的音乐、舞蹈知识技能,其次应该思考、体验这些知识技能在该作品中的审美含义,最后还必须慎重推敲:在何种程度上操作,才能使这些有审美含义的知识技能对本班幼儿产生有真实意义的挑战。如中班歌曲《在农场里》和《小熊过桥》中都含有多处休止。在面对这类情况时,许多教师都习惯将教育活动目标写成:"唱好歌曲中的休止。"而且,在许多真实教育活动过程中,有些教师又常爱使用让幼儿点头、闭嘴、摊手等动作来帮助达到休止的目的。这样,幼儿所获得的关于休止的知识技能就都是非音乐的和非审美的了。因为,《在农场里》中的休止可能含有快活或俏皮的意思;而《小熊过桥》中的休止却完全不同:第一段应该是表现小熊慌乱的样子和心情,第二段应该是表现妈妈鼓励小熊时的坚定的语气和样子。对于中班幼儿来说,感知、理解和表达这两首歌曲中的休止,在难度上是适宜的。所以,如果某次活动中打算复习《在农场里》,并打算将休止作为一个知识技能难点强调出来,就可在第一条教育目标中这样写:通过复习《在农场里》这首歌曲,帮助幼儿进一步理解和表现休止造成的较短促、稍跳跃的声音效果,努力唱出歌曲中各种动物欢迎客人时快活、俏皮的语气和心情。

② 学习能力发展目标的提出和撰写

在过去的音乐、舞蹈教学过程中,教师一般都更偏重强调发展记忆、模仿等学习能力。而且,幼儿记忆、模仿的范例也总是由教师提供的。而现在我们都知道,探索问题、研究问题和创造性地解决问题也是学习能力发展的另一个重要方面。所以,现在需要更为强调教师向幼儿提供进行创造性学习的机会。如在复习《在农场里》这首歌曲时,可在第二条目标中提出创编新歌词的要求,即引导幼儿编唱其他动物及它们的叫声,或引导幼儿编唱出猪儿叫唤的不同节奏,或引导幼儿为原有的歌词创编出一套表演动作。但需要注意:在一次活动中,以上三种事情只能选择其中之一。

③ 情感、个性、社会性发展目标的提出和撰写

这些方面的发展总是蕴含于幼儿在活动中获得的整体经验之中的,现在要求教师作为音乐教育活动的目标提出来,目的是使教师在设计音乐教育活动时真正能够自觉地把促进幼儿全面和谐发展的问题放在心上。因为,在以往的实践中,由于教师往往只注意传授音乐的知识技能,割裂了情

感体验、表达的能力,自我认识、自我管理、自我教育的能力,以及社会交往、协作能力,社会责任感,道德感与音乐感知、理解、表达能力发展之间的关系。这样,不但这些方面的能力在音乐活动中不能得到有效的发展,而且,这些方面发展的缺损和滞后也必将影响音乐体验、表现的完整性和审美性。如许多幼儿在唱"你的眼睛里有个我"(出自歌曲《拍手唱歌笑呵呵》)时,眼睛不看同伴而看着地下或其他什么地方;许多幼儿在唱歌、奏乐或跳舞时只顾自己而从不注意与他人或集体协调;有些幼儿在做游戏时不愿遵守游戏的规则,甚至经常故意影响他人或集体的正常活动……

所以,我们不能不指出:必须把音乐活动中蕴含着的主要相关能力发展契机作为音乐教育活动的目标提出来,以使幼儿在音乐活动中的经验能够真正成为一个和谐的美的整体。

如果我们打算新授《拍手唱歌笑呵呵》这首歌曲,我们就可以在第三条目标中这样写:引导和鼓励幼儿在理解歌词含义的基础上看着同伴的眼睛唱歌和做动作,并体验其中的快乐。如果我们打算在某次复习活动中用《在农场里》做一次结伴歌表演活动,我们就可以在第三条目标中这样写:在双人结伴演唱《在农场里》的活动中,帮助幼儿进一步巩固在每一段的前奏中重新结伴的技能,要求幼儿在结伴时能基本做到迅速、安静、不争抢或拒绝同伴,并鼓励幼儿自然地接纳临时未能找到同伴的第三人。

3. 音乐教学目标范例分析与修改

目标范例 1 小树叶(大班歌唱活动目标——教师主语)

(1) 培养幼儿的音乐知识、技能,启发幼儿的想象力。

(2) 启发幼儿有表情地演唱,并创造性地表演。

(3) 培养幼儿的社会性和合作性,服从指挥。培养幼儿的个性、自我表达能力、自我克制能力。

[分析与修改:这篇目标陈述统一使用教师作为行为发出的主体。但是,在目标陈述上没有使用行为化的概念。我们看了这样的陈述之后,无法知道教师究竟打算通过何种具体活动来对幼儿的各种能力进行培养。而且,在大多数的真实情境下,就连撰写这些目标的教师自己也没能弄清:幼儿应该作出何种反应才是符合目标要求的。我们通常把这种"大"而"空"的

目标称作"无法检查"、"无法落实"的"万金油"目标]

根据前述原则,该组目标可以修改成:

(1) 复习歌曲《小树叶》,在引导幼儿进一步体验"关切"和"自豪"两种不同情感的基础上,帮助幼儿进一步巩固"抒情、连贯"和"坚定、断顿"的唱法。

(2) 组织、引导幼儿进行即兴的动作表演。重点指导幼儿使用"抒情、连贯"和"坚定、断顿"的动作方式来体验和表现两段音乐中"小树叶"的不同心情。

(3) 在教师扮演"树妈妈"的情况下,师生共同表演,以进一步强化妈妈爱孩子、孩子爱妈妈的深厚感情。

目标范例 2　火车快跑(中班音乐游戏活动目标——教师主语)
(1) 使幼儿熟悉游戏的音乐,学习游戏的基本玩法。
(2) 训练幼儿动作的灵活性、协调性。
(3) 复习歌曲《好朋友》,要求幼儿能以愉快、亲切的感情演唱歌曲。

[分析与修改:这三条目标主语统一,均为教师。第一条目标只提出学习音乐游戏,没有指出游戏中蕴含的音乐知识、技能。这种陈述方法可用于所有音乐游戏活动的教育目标陈述,因此不符合行为化的要求。第二条目标更是过于抽象,使人不能得知该活动是通过何种方式对幼儿的何种方面的灵活性、协调性提出挑战。而第三条目标虽然也提出了情感的要求,但这种提法违背了审美活动的基本规律:幼儿必须先体验到亲切、愉快后,才能由衷地通过歌声抒发出来。所以,教师如果仅仅只是从外部提要求,往往不但不能奏效而且还常常会适得其反]

因此,该组目标可以修改成:

(1) 使幼儿初步熟悉游戏音乐,要求通过游戏活动中的练习,大多数幼儿都能够比较自如地踩着八分音符的节奏小跑。
(2) 引导幼儿至少想出 2~3 种不同的两人"搭城门"的方式。
(3) 复习歌曲《好朋友》,鼓励幼儿两两结伴在边唱边即兴做动作表演的同时,尽量看着同伴的眼睛并对自己的同伴微笑。在玩"火车钻山洞"的游戏时,尽量努力控制好自己的身体,如:低头、曲身、屈膝、慢慢、匀速地小跑,不挤、推前面的人,不拖拽后面的人,也不碰到当城门的人。

目标范例3 踮步(中班韵律活动目标——混合主语)
(1) 初步学会踮步。
(2) 通过学习,感觉两拍子的音乐。
(3) 培养幼儿对音乐的节奏感。

[分析与修改:该组目标中的前两个主语是幼儿,而第三个主语却是教师。另外,三个目标都是针对音乐知识、技能的。这与"要让幼儿在音乐活动中获得全面和谐发展的整体经验"的原则不符。再者,第三条目标过于抽象,不便操作和检查、评价]

因此,可修改为(统一幼儿为主语):

(1) 初步学习踮步。学习用脚的踮动来感受两拍子的音乐。尽量将动力脚踏在强拍上。
(2) 在老师的范例启发下,创造性地做出不同的上身姿态,并在练习踮步的每遍音乐中尽量保持某种上身姿态。注意观察他人做出的上身姿态,并能够自由地吸收他人创造不同姿态的想法。
(3) 在老师或同伴范例的鼓励下努力尝试双人拉手踮步旋转的动作,旋转时尽量相互注视并体会目光交流的快乐。

教育活动目标,是教育行动的指南。没有明确的教育活动目标,也就不可能有良好的教育效果。因此,无论设计哪一个领域的教育活动,教师都必须通过练习来不断提高自己的目标意识以及提出和撰写教育活动目标的技能。只有在这个方面真正提高了,教学工作才算是有了一个基础性的保障。

三、主题教学思路下教学目标的发展

20世纪80年代,幼儿教育工作者主动发起了对自身工作的目标、方法

和效益的反思运动。我们习惯上把这种反思称为"教育改革"运动。在当时被称为"改革开放"的国家政治、经济、文化发展大背景下,中国幼教界有机会接触了来自国外的各种各样的教育改革思路,开始认真反思:我们的教育究竟是否能够承诺,保障幼儿的学习和生活是一个有机整体,幼儿各方面发展是一个有机整体。(在这里使用"是一个有机整体"而没有使用"成为一个有机整体",是因为,个人成长的过程必然是有机整体的成长。教育的反思仅仅在于,教育自身是在帮助这种有机整体的积极成长,还是在"割裂"或"帮倒忙")

于是,在南京,一些具有先驱性的课程改革试验在 80 年代中期拉开了帷幕,一种后来被习惯地称为"主题课程"或"主题思路"的系列教学方案设计、实施的尝试逐渐成为一种教育改革的潮流。为了了解此种思路下音乐教学设计发展的脉络,我们也认真地整理了能够找到的一些有代表性的出版物文本。

其中,80 年代末的出版物中,各主题围绕幼儿的生活展开,各主题单元也都包含指定的音乐活动。因为文本中只有主题教育总目标和主题下各领域教学活动(含音乐活动)的作品名称,没有任何集体教学活动的具体方案,因此,无法得知当时音乐教学活动具体目标追求的概貌。

90 年代中期,这些主题课程出版物修改完善重新出版后,所有文本都增加了各领域集体教学活动的具体方案,所以我们才有可能了解当时音乐教学活动目标追求的概貌:基本上教学目标内容和形式没有超越我们在本文第一节所描述的状态。而且,由于为了迁就主题的科学或人文内容,将原本在音乐舞蹈知识技能难度循序渐进系列中的作品和活动要求任意组合到主题单元中,在一定程度上扰乱了幼儿领域能力建构的自然序列,客观上影响了幼儿音乐发展和整体发展的和谐性。这也就是后来幼教界在 1995 年全国年会上再反思的"如何解决大拼盘式"无机综合的问题。

1998 年,我在一个全国会议上遇到来自东北的几位幼儿园老师,她们在听了我的一个音乐教育方面的报告后问我:"现在我们都在搞综合了,你为什么还在搞分科?"我当时告诉她们的是我当时的看法,至今我不但仍旧坚持这样的看法,而且还有了新的 10 年研究的支持:作为教师,如果不了解幼儿在某个具体领域是怎样学习和发展的,不了解各不同领域的知识技能是怎样能够得以相互迁移的,那么,所谓整合努力,多数情况下都可能是盲目而且低效的。

2005年我在杭州一个会议上遇到一群来自上海的幼儿园老师,她们焦虑地向我倾诉并咨询:现在统一要求按照主题展开教学,幼儿园里已经没有音乐没有歌声了。她们的具体困难是,自己设计课程安排教学内容时,许多主题"音乐弄不进去!怎么办?"最近这3年来,如何将音乐整合到主题课程中,似乎已经成为一种全国性的要求解惑的"呼声"。

其实,音乐作为一种"语言"或特殊形态的认识、表达、交流媒介,任何的主题都是完全可能很好借助的工具。下面是我们在2004年就由南京师范大学出版社出版的幼儿园活动整合课程《音乐教育资源库》这套书中在小班第一单元《来来来,来上幼儿园》所作的相关问题的解决尝试,和大家分享。

来来来,来上幼儿园

单元核心经验

1. 从逐步熟悉到初步能够亲近幼儿园的老师和小朋友。

2. 从逐步熟悉幼儿园集体生活到初步养成自我服务的习惯。

教育工作重点

1. 突出音乐活动中的师幼交往。引导幼儿先从逐步能接纳、亲近教师,再逐步到能接纳、亲近同伴。在音乐活动中应注意营造"相亲相爱"的交往氛围,并帮助幼儿初步学习适宜的交往方式。

2. 突出集体生活的"适应教育"。引导幼儿在自我服务活动中体验"我喜欢自己做"和"我能够自己做"的积极情感,并感受自己的点滴进步,享受成长的快乐。

3. 初步引导幼儿体验"在生活中歌唱"和"在音乐中成长"的乐趣。

表2.5　课程表

作品名称	活动类型	教育目标	
1. 化蝶	欣赏与律动	学习用动作感受、表现拍子以及旋律的起伏乐句。	主要侧重配合发展亲近老师、小朋友的态度。
2. 大指歌	歌唱	学习用问答的方式歌唱与交流。	
3. 月亮婆婆喜欢我	歌唱	学习边唱边表演。	

(续表)

作品名称	活动类型	教育目标	
4. 跳到这里来	歌唱与律动	尝试根据情境创编演唱新歌词,尝试根据歌词即兴做动作。	主要侧重配合发展自我服务的能力和态度。
5. 懒惰虫	歌唱	在游戏中学习感受和表现"弱起"的节奏,尝试自由地用动作进行表达。	
6. 未出壳的鸟雏的舞蹈	欣赏与律动	学习感受和表现乐曲的结构:AABA;以及欢快的节奏、连续上行的旋律、句末长音、轻快的摇摆的旋律等。	主要侧重配合发展自我成长感和自我肯定的态度。

活动范例1 蝴蝶找花 （相关领域:健康 社会）

1. 请幼儿观看教师随音乐《化蝶》在挂图上操作教具蝴蝶。（每小节起伏一次,并同时飞越一处草丛,乐句结束处停在花朵上）

2. 请幼儿观看教师随音乐做蝴蝶飞舞的动作。（每小节手臂起伏一次,每个乐句结束处停下轻轻拥抱、抚摸或亲吻某个幼儿——幼儿扮作花朵）

3. 请个别幼儿与教师一起随音乐做上述活动。

4. 将幼儿分为两组,一组扮作蝴蝶,一组扮作花朵,一起随音乐做上述活动。

5. 请全体幼儿一起扮作蝴蝶,随音乐按前述方式飞舞,乐句结束处相互轻轻拥抱或抚摸。

活动范例2 大指歌 （相关领域:健康 社会 美术）

1. 教师与幼儿一起玩活动手指的问候游戏,使幼儿逐步能够比较自如地将各个不同的手指——独立地伸出,并自由做出向他人问候或回复他人问候的姿态。

2. 教师用自己范唱的歌声为师生的手指游戏活动伴奏。

3. 教师演唱问句,并同时邀请全体幼儿加入演唱答句,共同用自己的歌声为手指游戏活动伴奏。

4. 教师演唱问句,并同时不断邀请个别幼儿加入演唱答句,共同用自己的歌声为手指游戏活动伴奏。

5. 教师与个别幼儿轮流做志愿者,自行选择具体某一手指与集体进行演唱问答。

6. 跳邀请舞:教师站立在幼儿所坐成的半圆形的中间,假装闭上眼睛,唱某一幼儿的姓名并问"你在哪里?",该幼儿演唱答句。教师走过去用"啦啦啦"的歌声与该幼儿共舞(如拍拍手、转个圈等),并请全体幼儿一起加入伴唱。然后请该幼儿上位坐好,继续邀请下一个幼儿。(教师也可以将邀请的角色传递给该幼儿,并指导、帮助继续邀请;待幼儿比较理解这种邀请方式后,还可以进一步转变为"累加式"的邀请:一个请另一个,两人分别再邀请,四人再继续……直至所有的人都加入)

活动范例3 月亮婆婆喜欢我 (相关领域:科学 语言 社会)
层次一,侧重科学与语言
1. 教师提供系列挂图,伴随宁静优美的音乐为幼儿讲述故事。
2. 教师鼓励并带领全体幼儿参与讲述故事中小熊所说的话。
3. 教师反复请不同的幼儿与自己一起表演。老师扮演月亮,幼儿扮演小熊(可戴头饰,以明确角色、增加趣味)。表演外出时,幼儿跟教师走,表演回家时教师跟幼儿走,表演睡觉时全体幼儿说"晚安",然后教师接着用哼唱的方式演唱曲调"哄"小熊们安睡,最后教师用轻柔的语调说:晚安,小熊。

层次二,侧重音乐与社会(歌唱)
1. 教师请幼儿回忆家里的亲人是怎样表示喜欢他们的,并鼓励幼儿用动作来表现。
2. 教师一边唱歌一边表演相关动作。
3. 教师请幼儿参与表演相关动作。
4. 教师与幼儿一起边唱歌边做动作。
5. 参照《月亮晚安》的故事表演方式边唱歌边做"走走跟跟"的游戏。

层次三,侧重音乐与社会(交际舞蹈)
1. 全体幼儿坐成一个大圆圈,一个幼儿扮演小熊,一个幼儿扮演月亮,其他幼儿扮演小树花草。
2. 月亮在前面绕圈"飞",小熊在后面绕圈走。第一遍歌曲唱完,在间奏处扮演月亮和小熊的幼儿与离自己最近的幼儿相互拥抱,把自己的头饰取下戴在被邀请的幼儿头上,然后自己坐下来。唱第二遍歌曲时,小熊在前面绕圈走,月亮在后面绕圈"飞"。依此规则反复进行。

3. 若干遍之后,教师可以说:月亮,晚安! 小熊,晚安! 大家都晚安! 然后用哼鸣的方式歌唱"哄"大家假装睡觉。

活动范例4 跳到这里来 (相关领域:健康 社会 语言)

层次一,侧重音乐与健康(体育)

1. 请幼儿提议用某种动作方式从教室或操场的某处移动到另一处。

2. 教师带领全体幼儿采用这一提议从教室或操场的某处移动到另一处。

3. 反复请不同的幼儿提议不同的方式,反复做各种不同的移动。

4. 教师在幼儿移动时将移动的方式编成歌词唱出来——为幼儿伴唱。

层次二,侧重音乐与健康(卫生)

1. 将如厕、洗手的正确程序和方法编成幽默的歌词和律动。

2. 教师一边唱歌一边表演相关动作。

3. 教师请幼儿解释动作和歌词的含义。

4. 教师与幼儿一起边唱歌边"假装"如厕或洗手。

层次三,侧重音乐与社会(交际舞蹈)

1. 唱第一段歌词,各人独自做歌词规定的身体动作(如:跳)。

2. 唱第二段歌词:"朋友不见了怎么办?"自己表演"沮丧"的样子。

3. 第二段歌词最后一句"赶快再找个好朋友!"唱完,各人立刻找到一个或两个朋友抱在一起。

活动范例5 懒惰虫 (相关领域:健康 社会 语言)

层次一:侧重音乐

1. 幼儿坐成半圆,教师边念儿歌"你是小公鸡,你是小公鸡,你的衣裳真美丽;你是小公鸡,你是小公鸡,你的歌声真好听"边按节奏依次抚摸幼儿的头。儿歌念完,给最后一个被摸到头的幼儿带上相关的头饰或贴上相关的贴画。

2. 待幼儿比较投入时,教师提示将要有一个奇怪的客人来! 然后念歌词:"你是懒惰虫,你是懒惰虫,你的一身都是痛。又是眼睛痛,又是肚子痛,你的一身都是痛。"

3. 和幼儿讨论:"什么是懒惰虫?""懒惰虫为什么到处都痛?""我们喜欢

不喜欢当懒惰虫?""如果别人问你是不是懒惰虫,你会怎么回答?"

4. 教师边唱歌边按节奏轮流点指自己和幼儿(先从幼儿开始,歌唱完时正好指到自己)。和幼儿讨论老师是不是懒惰虫,然后教师自己强烈地表示:"我不是懒惰虫,我不要做懒惰虫!"

5. 教师边唱歌边按节奏依次抚摸幼儿的头,歌唱完时最后被摸到头的幼儿,可在教师引导鼓励下用动作或语言,回答自己是不是懒惰虫。

6. 反复玩这个游戏,鼓励幼儿用各种方式表态。

层次二:侧重健康(生活自理)

1. 教师讲述一个叫"糊涂虫"的小毛虫在幼儿园丢三落四闹笑话的故事。

2. 用教具形象地表演故事,将歌词改为"不做糊涂虫",最后带领幼儿唱新编的"糊涂虫"的歌曲。

3. 安排幼儿收拾自己的东西。如将暂时不穿的衣帽摆放整齐,或迅速地从随意堆放的衣物中找出自己的衣物,并穿戴好或折叠整齐等。

4. 与幼儿一起边唱歌边做动作表演。

层次三:侧重语言(创编与发音游戏)

1. 用范例引发幼儿的参与兴趣。

2. 鼓励引导幼儿创造新的范例,并相互分享、互相启发。

活动范例6 毛毛虫变蝴蝶 (相关领域:社会 科学)

1. 幼儿坐成半圆,观看教学挂图,讨论毛毛虫生活和成长的几个重要环节:运动——吃东西——蜕皮——再运动——再吃东西——再蜕皮——睡觉,做美梦——醒来再运动——把睡觉的袋子咬破——变成了美丽的蝴蝶。

2. 教师待幼儿情绪比较投入时,引导幼儿进一步用动作来表现上述"毛毛虫成长的过程"。

3. 教师和幼儿跟随音乐《未出壳的鸟雏的舞蹈》表演上述动作。特别鼓励幼儿在变蝴蝶的环节做出"与众不同"的造型。

4. 教师继续与幼儿共同跟随音乐表演上述动作。但增加特别鼓励:在变蝴蝶的环节与其他幼儿合作造型。

5. 教师提议将《化蝶》的音乐活动与当前新的活动结合起来。先表演毛毛虫变蝴蝶,再表演蝴蝶找朋友。

从上述范例中,其实也不难看出:如果教师能够更了解幼儿在某个具体领域是怎样学习和发展的,更了解各不同领域的知识技能是怎样能够得以相互迁移的,那么,我们的整合努力,是完全有可能降低其盲目性和低效性的。

四、方案教学思路下教学目标的发展

方案教学几乎是在21世纪以后才为中国幼教界所普遍了解的。其特点是:提倡更加灵活地根据特定时空的儿童中生成的最有价值的发展契机来及时调整具体教学内容程序和方法。该教学思路的确可以更好地支持儿童的整体成长,但也给中国的幼教工作者提出了更大的挑战。许多次有机会和全国各地的幼儿老师交流,大家不约而同提出的困惑是:我们怎样跟随儿童才不会"找不着北"?如果我们把"北"理解为"北斗星",理解为时刻都可以用来修正自己前进方向的参照标尺,我们是否可以这样来思考:教育是为了培养一个独立自主的人格健康的具有可持续发展智慧和能力的人。因此,从幼儿阶段开始,教育的总目标就是要帮助儿童在日常生活中不断学习如何正确解决三种必须面对的问题——如何处理好三种必须面对的关系:

(1) 如何维护和发展自己和自己的身心健康之间的和谐关系;
(2) 如何维护和发展一种健康和谐的人际关系;
(3) 如何维护和发展一种与自然环境之间的健康和谐的关系。

在目前大家比较熟悉的教育领域或学科分类体系中,健康、社会和科学比较更接近这三个核心问题,而其他的领域或学科,如音乐、美术、语言、数学、身体运动等,都可以看作是感知、理解和表达对这三个问题的认识的工具。

千万不要认为被当作工具的领域或学科就不重要!"工欲善其事,必先利其器"的古语,就是告诉我们:若要更好地达到终极性的目标,就必须要不断提升工具本身的问题处理水平,和不断提升我们自身使用工具的水平!

下面我们来分享一个相关的生成的方案教学的案例。

刚刚开过全国城市运动会,感受了运动会气氛的孩子们提出:自己班上也要开一个运动会。于是教师便鼓励和组织幼儿、幼儿家长响应这倡议,一起展开了以下的活动:

第 1 阶段,运动会计划书设计活动:

(1) 提出要有计划书;

(2) 独立设计计划书(回家在家长帮助下设计,请家长注意尽可能以幼儿意见和工作为主);

(3) 交流,提出评价设计书的标准;

(4) 再次回家在家长帮助下设计计划书;

(5) 展览设计好的计划书。

第 2 阶段,运动会会标设计评选活动:

(1) 提出要有会标;

(2) 收集欣赏各种运动会会标;

(3) 独立设计会标(回家在家长帮助下设计);

(4) 交流,提出评价设计书的标准;

(5) 竞选,提出需要竞选演讲(各人准备演讲"稿"并练习);

(6) 再次按新要求竞选(邀请家长和中班小班弟弟妹妹参与投票)。

第 3 阶段,运动会报名和确定比赛项目活动。

第 4 阶段,运动会音乐选择活动(入场音乐,团体操音乐,比赛背景音乐,发奖音乐)。

第 5 阶段,运动会团体操创编以及排练活动。

第 6 阶段,运动会海报和邀请请柬的设计和制作活动。

第 7 阶段,运动会服务工作确定和志愿者工作认定活动(邀请家长参与)。

第 8 阶段,自选运动项目的人自我锻炼活动。

第 9 阶段,运动会(仪式、比赛、服务、娱乐以及所有努力成果的展示和小结)。

从以上流程中,我们不难看出,这个生成的方案活动主要涉及终极发展问题的两个方面:处理自我和人我关系能力的锻炼;同时也涉及语言(商讨)、数学(统计)、美术(设计)、运动(锻炼)以及音乐、舞蹈(提高社会生活、活动质量)等所有工具性领域的学习和锻炼。

在这样的生成活动设计实施过程中,教师同样要面对的问题是:越了解幼儿在某个具体领域是怎样学习和发展的,越了解各不同领域的知识技能是怎样能够得以相互迁移的,那么,就越是有可能降低自身教育促进努力的盲目性和低效性。

而且,教师还需要了解这样一种关系:在教师组织大班学前幼儿进行"运动会音乐选择活动"和"运动会团体操创编排练活动"的时候,都可能有效挑战该班级幼儿处理自我和人我关系的能力,有效挑战该班级幼儿的语言表达、说服能力,数学统计能力,美术设计制作能力,动作协调、随乐能力和音乐风格听辨能力,以及为特殊的生活需要选择适宜背景音乐的能力。

总之,生活本来就是一个整体,儿童发展也本来就是一个整体。如果我们这些当幼儿教师的能够不断提升自己整体的认识生活和认识儿童发展有机联系的能力,那么,我们也就能够知道自己可能怎样尽力避免盲目和割裂,尽力帮助儿童维护其完整的学习和完整的发展。

第三章 幼儿园教师研究

● **本章简介**

本章是幼儿园教师朴素思想的质朴展现。前2节是准实验研究的报告。第3节是反省思辨研究报告。

3.1 中班常见乐器难易程度的实验研究

一、问题的提出

德国音乐教育家奥尔夫认为：打击乐器是最早为人类所掌握的乐器种类之一，也是现代社会中儿童最容易掌握的乐器。由于打击乐器的演奏主要使用大肌肉动作，所以对于精细的小肌肉动作能力尚处于发展初期的幼儿来说，它们是最自然的音乐表达工具，也是最容易获得快乐的源泉。

本研究试图探讨幼儿掌握常见乐器难易程度的规律，以便对学前音乐教育工作提供有关的心理学依据。我国心理学界过去也曾有人对乐器难易程度进行过实验研究，但尚未构成反映乐器难易程度的系统规律，为此，我们在前人研究的基础上，重点对中班常见乐器的难易程度进行了实验研究。

二、实验过程

（一）实验时间

1999年10月7日～1999年10月14日，共一周时间。

（二）常见乐器选择

小铃、铃鼓、圆舞板、双响筒、串铃、三角铁。

（三）被试

选择浙江省级机关武林门幼儿园中一班20名从未进行过打击乐教学的幼儿，男女各半。经随机抽样所得，年龄在3.5～5岁之间。

（四）实验步骤

1. 我们先向孩子们分别介绍每种乐器的基本演奏方法。

小铃：左、右手各拿一个，互相碰撞，听音乐合拍演奏，停止发音时，往两侧怀里一按。

铃鼓两种：

（1）右手扣住鼓圈圈儿，其余四指各撑住两边鼓圈，用皮面撞击左手掌根发音。

（2）用右手大拇指伸进小孔，其余四指紧握鼓圈，左手手指轻击鼓面，右手以鼓迎上。

串铃：手握把，听音乐合拍摇动。

圆舞板两种：

（1）用大拇指和食指相捏，发出合拍声音。

（2）把圆舞板放在左手手心上，右手击掌发出合拍声音。

三角铁：左手食指挂住绳圈，中指及拇指撑住绳圈下部，右手持打棍敲打三角铁的一边。

双响筒：左手握筒柄，右手持木棒左右敲打。

2. 请幼儿听《军民大生产》分别合拍演奏，不用任何的提示语言，并观察他们的演奏水平。

测试标准：

（1）方法准确

　　　　　　正确　　　基本正确　　　不正确

（2）合拍程度

　　　　　　合拍　　　基本合拍　　　不合拍

统计人数在各项的百分比。

3. 一周后同样再测试一次，再次统计百分比。

三、结果与分析

（一）初测结果：

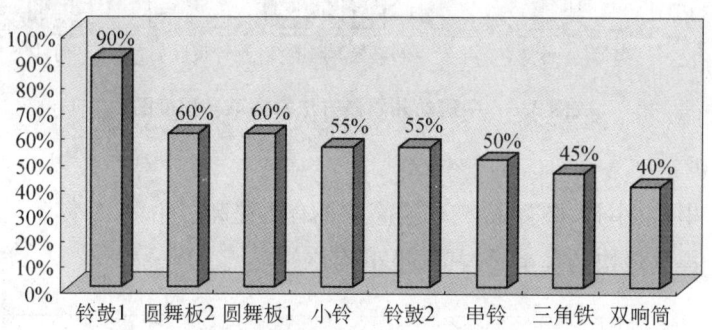

图 3.1　中班幼儿乐器方法掌握难易程度图

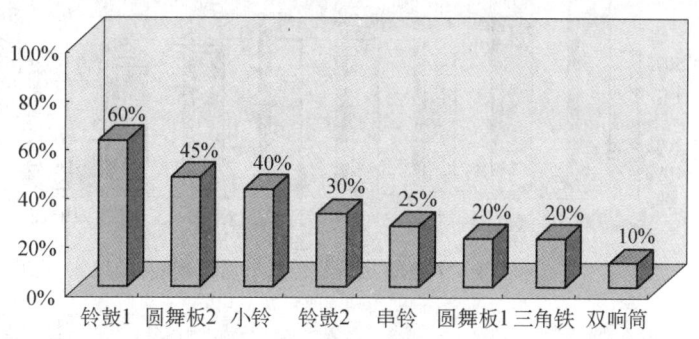

图 3.2　中班幼儿乐器合拍难易程度图

分析：

1. 双响筒和三角铁在合拍与方法掌握上都是最难的。

2. 铃鼓 1 在合拍上与方法掌握上都是最容易的。

3. 圆舞板 1、2 在掌握上无区别,合拍率上差别却很大。

4. 小铃、串铃和铃鼓 2 在两方面的排位差异不大。

(二) 一周后复测结果:

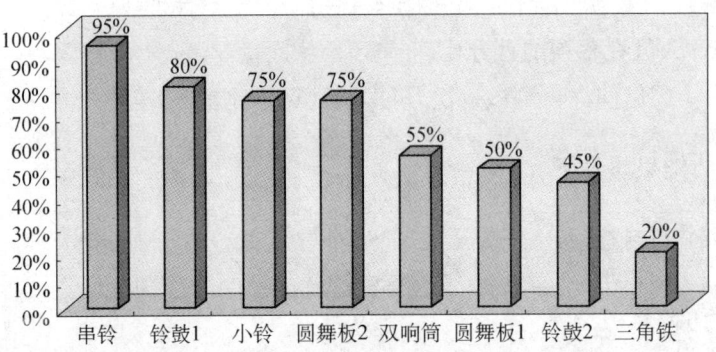

图 3.3　中班幼儿乐器方法掌握难易程度图

分析:

1. 串铃、小铃、圆舞板 2、双响筒水平有所提高。

2. 提高最快的是串铃,其次是小铃。

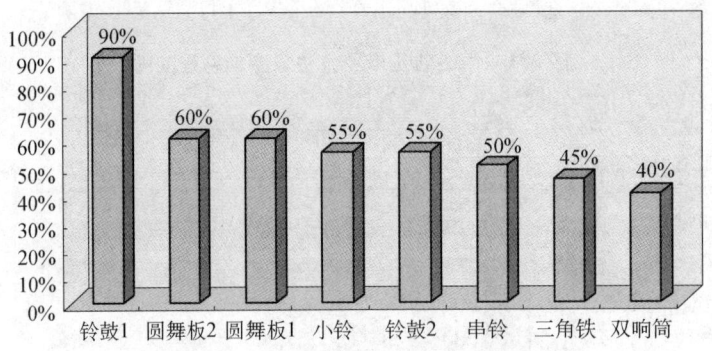

图 3.4　中班幼儿乐器合拍难易程度图

分析:

1. 都有提高。

2. 提高幅度最大的是圆舞板 1、铃鼓 1 和双响筒。

四、讨论

（一）由图3.1所见,在方法上最容易掌握的是铃鼓1,其次是圆舞板2和圆舞板1。所谓乐器操作能力主要指运用乐器奏出想要奏出的特定音响的能力。构成打击乐器操作能力的基础主要是:对特定乐器演奏方法、特定音响之间的关系的认知能力、操作能力和探究能力以及一定的乐器知识。上述这些乐器之所以容易掌握,主要是因为它们对协调能力的要求不高,主要只用拍或抖的动作,而且基本上是用大肌肉动作来演奏。相对来说动作复杂的,如铃鼓2,抓握方式不自然,且以右手以鼓迎上击手;用小肌肉演奏的,如圆舞板1,用指尖相捏发出合拍声:这些乐器就难掌握。最难的是双响筒。它主要是有多个动作,协调要求高,要左右各击,所以孩子最难掌握。小肌肉动作之所以比较难掌握,是因为小肌肉动作是由小肌肉群所组成的随意动作,一系列小肌肉动作构成了协调的小肌肉运动技能,它的特点是以运动分析器对小肌肉群的细小动觉的分析为基础,产生对运动效应器的细小动作的调节和控制。手是人体的主要器官,在进行精细运动过程中,一方面需要视、听、触觉等多方面感觉信息的综合,另一方面手和大脑的关系非常密切,手在演奏时将信息及时传递给大脑,大脑又在不断地检查、纠正和改善手的种种动作,进而手脑配合。

（二）由图3.2所见,在合拍演奏上,最容易的是铃鼓1,正确率为60%,其次是圆舞板2和小铃。圆舞板1用手指捏奏属小肌肉运动,难度较大。所谓随乐演奏主要是指在演奏打击乐器的过程中使奏出的音响与音乐协调一致,上述乐器之所以容易合拍,主要是因为它们演奏时都是由上而下或由外向内的击拍动作,有一种惯性,比较容易随乐演奏。而最难掌握的是三角铁和双响筒,它们演奏时动作比较多,最主要的是面积比较小,所以很难随乐演奏。

（三）由图3.3、图3.4所见,乐器演奏技能不仅不会遗忘,而且会有所提高。乐器演奏是一种动作技能,动作技能不容易遗忘。1.动作技能是经过大量练习获得的。虽然每种乐器我们只演奏了一次,但在每种乐器演奏中我们都有5分钟的重复动作,这里有大量的过度学习。一般来说,经过过度学习的技能不易遗忘。2.动作技能是以连续任务的形式出现的。3.动作技能不同于言语知识,它的保持程度依赖小脑和脑低级中枢,这些中枢可能比脑的其他部位有更大的保持动作痕迹的能量。为什么不遗忘,还会提高呢?从信息加工的观点看,人的任何操作或动作可以分解为复杂的刺激与反应过程。从刺激到反应之间需经历五步,如下:

1. 输入:各种感觉器官接受输入信息引起冲动。

2. 编码:识别信息,信息被转化成概念。这就是皮亚杰所说的同化过程中新的信息被纳入已有的观念中。

3. 信息加工:运用联想和思维从信息中推导出符号陈述的行动指令。

4. 译码:符号的指令转化为神经冲动。

5. 输出:神经冲动引起肌肉作用于外部世界。

研究表明,从一步一步有意识的尝试到熟练操作的形成,主要是由于省掉了许多中间环节的缘故。如演奏三角铁,它的刺激反应联系的连锁是:

1. 老师的示范操作产生思想:"我要演奏三角铁。"

2. 想演奏的思想引起三角铁位置的表象:"敲最下面的边。"

3. 三角铁和手的视觉与这个表象相比较,又产生想法:"那条边在手的下面。"

4. 学习者指示自己向下敲小铁棒。

5. 学习者用右手持铁棒敲打三角铁的最下边。

每一个中间反应都是指引学习者在反应连锁中前进一步的思想。初学时演奏分解成许多小步,随着反复演奏,个别的中间反应逐渐变得不必要了,演奏的念头足以引起手指适当的演奏动作。

五、建议

1. 从影响动作技能学习的外部因素来看,在进行打击乐演奏教学过程中,首先应对孩子进行有效的指导与示范,在孩子学习乐器演奏的认知阶段,老师要使孩子注意观察并理解他所演示的动作技能,言语指导结合示范是帮助孩子理解乐器演奏最有效的方法。在某种情况下利用视听手段进行指导,也能有效地促进方法的学习,因为它可以提高兴趣,扩大经验范围,提高学习和指导效率,获得共同的经验。同时要防止信息负担过重,在学习演奏技能的初期阶段,要使示范有效,则示范动作必须慢速进行,因为初学者在学习过程中,很容易因新的信息量过多而超载,当超载发生时,学习便终止了,孩子的知识未达到某一关键点,其练习是无效的。其次要了解孩子练习的规律:第一,开始进步快,这是因为开始阶段是由不会到会的质变过程,而且由于新鲜感和好奇心等强烈的运动驱使,表现出进步特别快。第二,中间是一个明显的、或长或短的停顿期(即高原期),意指在练习曲线中出现的一个暂时停止增长的时期。高原期的出现,原因很多。如经过长时间的练习后,兴趣降低和出现疲劳等。第三,后期进步慢。在高原期后,仍会出现进步,但速度变得缓慢。第四,总的趋势是进步,但有时会有暂时的退步。应遵循孩子练习的规律进行教学。

2. 在为孩子选择乐器时,演奏方法要适应不同年龄儿童运动能力的发展。中班儿童比较适于用串铃、小铃、圆舞板、铃鼓,双响筒和三角铁较难。圆舞板比较适合用双手相击,铃鼓的摇奏法经练习提高较快,也可选用。

浙江省级机关武林门幼儿园　房莹莹　俞　琳　吴剑敏

3.2　直排与半圆形座位排列的比较研究

一、问题的提出

在打击乐教学中,幼儿的座位排列有两种方式:直排与半圆形排列。为了解这两种排列的教学效果,我们对两者进行了比较研究。

二、对象及方法

1. 对象:本园中一、中二班各 20 名幼儿(随机抽取,男女各半)。两个班幼儿均有一年的打击乐基础,水平相当。

2. 材料:选用幼儿感兴趣,且节奏感强的《土耳其进行曲》,采用 3 种乐器演奏。

3. 方法:两个班级分别采用两种座位排列的方法,由同一位老师进行正常的打击乐教学。在教学过程中,不用任何的提示语,注意观察幼儿的反应,测试及观察共设 3 个项目:情绪状态、注意反应和节奏的掌握。

三、结果与分析

表 3.1　两种排列方式幼儿情绪状态的差异分析表

	直　排				半圆形排列			
	积极		平淡		积极		平淡	
倾听	14	70%	6	30%	18	90%	2	10%
演奏	13	65%	7	35%	16	80%	4	20%

从上表可以看出:在倾听、演奏中,半圆形排列时,幼儿的积极情绪状态明显高于直排时。

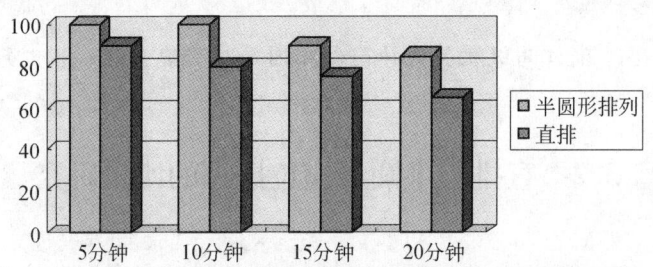

图 3.5　幼儿注意力集中程度的差异示意图

从上图可以看出:半圆形排列时,幼儿注意集中的程度较高,而且持续的时间较长。

表 3.2　打击乐演奏时,幼儿合拍人数的比较分析表

	半圆形排列	直排
合拍人数	18	12
比例	90%	60%

从上表可以看出:半圆形的排列使师生之间、幼儿之间的交流增加,形成了良好的教学气氛,幼儿愿意学习,合拍的人数较多,教学效果也较好。

四、小结

1. 座位的排列方式影响教师与幼儿、幼儿与幼儿之间的情感交流。半圆形排列能使幼儿产生积极学习的情绪。直排时,坐在前排和中间的幼儿能积极参与教师的教学,而坐在后排和角落位置的幼儿则由于容易被教师忽略,情感不能得到及时的发现和引导,与教师、同伴之间缺乏交流,看不到其他孩子演奏时的表现,从而可能出现走神和搞小动作的现象。半圆形排列密切了教师与幼儿、幼儿与幼儿之间的情感联系,使无意识的倾听频率增加。

2. 位置的排列方式影响师生间的人际距离和幼儿注意集中的程度。人际距离划分为亲密区、个人区、社交区、公共区,教师与幼儿之间的距离在100厘米以内,属于亲密区。在亲密区,各种感觉,如视觉、听觉、触觉等器官都发挥作用,共同传递信息。双方靠得越近,彼此可以交换的线索就越多。

幼儿对师生之间的人际距离是相当敏感的,教师即使无意识地疏远,也会令幼儿感到不安,而有意识地使幼儿接近或进入教师的亲密区,对幼儿的情感是一种安慰,可以起到激励作用。在半圆形的座位排列中,幼儿可以同时进入到教师的亲密区。双方互相接近,更多地进行交流,使幼儿的注意力保持高度集中。我们仔细观察还发现,亲密区的目光警示效果更佳。

3. 半圆形的排列有益于形成良好的气氛,取得满意的教学效果。半圆形座位排列使得幼儿愿意在演奏活动中用积极的情感和态度与人交往、配合,由此产生的一种积极向上的群体动力,使得课堂气氛活跃,教学效果也因此得到保证。

五、建议

1. 在中班打击乐演奏时,可采用以半圆形为基本队形的座位排列方式。教师是圆心,幼儿是半圆上的每一个点,到圆心的距离基本相等,这样更有利于教师与幼儿的视线交流。当然,教师可根据乐器的不同、人数的多少,灵活地变化位置排列,但在变化时应考虑到便于高、中、低音打击乐器的传扬,即:音质相同的乐器应排在一起;高音乐器排在前面,中音乐器排在中间,低音乐器排在后面;音量小的在前排,音量大的在后排。

2. 授课时教师应用 2/3 的课堂教学时间进入亲密区,与幼儿沟通与交流,集中幼儿的视线,提高幼儿的注意程度。

浙江省级机关武林门幼儿园　华　敏　洪秦英

3.3　快乐音乐　快乐生活

2006 年 11 月,在园长的带领下,我们非常有幸去深圳参加了全国第五届幼儿园音乐教育观摩研讨会。大会期间,我们观摩了各地的老师们带来的 53 个音乐教学活动并聆听了许卓娅老师、日本的古市久子老师的讲座。5 天下来,真正是大大的丰收。

在本届大会提供观摩的活动中,许多活动选材新颖、独特,各地区都尽量挖掘了具有乡土特色和本民族特色的音乐舞蹈素材。如:湖南的花鼓戏《刘海砍樵》,广东童谣《头顶长西瓜》,安徽黄梅短剧《开酒店》,云南傈僳族舞蹈《迎客跳嘎》,新疆维吾尔族民间舞蹈《纳兹尔库姆》等。另外,本届观摩活动的执教老师们来自全国各地,不但拥有不同地区的文化优势,同时也拥有不同的年龄、性别优势,因此也呈现出了不同特色的教学风格,如:有的活泼甜美,有的诙谐幽默,有的清新自然,有的雄浑刚劲。尽管教学风格不同,但他们都努力营造了宽松有序的学习氛围,激发和维护了良好的学习秩序,组织了积极的教学互动,促进了幼儿的有效发展。

许卓娅老师在她的讲座《回归本位的儿童音乐教育》中指出:在音乐教学中需要特别关注价值追求的问题,还介绍了价值第一、情境第二、策略第三的教学设计理念。这一理念的具体含义是:如果说我们在一个集体教育活动之前能够看到更多的潜在价值,往往我们也总会期望孩子们能获得更多。然而,并不是所有潜在的价值追求在一次集体教育活动中都应该并可以得到实现,为了避免适得其反的效应,教师的策略也往往应因时、因地、因幼儿、因教师自己综合地去考虑,给自己和幼儿留出适当的自由发展的空间。最后许卓娅老师还就几个方面价值追求的冲突和融合问题和大家进行了讨论。下面我选取了其中的 4 个问题并结合所观摩的几个音乐活动,和大家分享我认为重要的一些心得。

问题一:感性与理性的冲突与融合

感性和理性相互支持的整体审美过程是我们教师梦寐以求的境界,但只有当教师真正能够恰当地引导,将理性认识和感性体验有机整合,才能更充分地发挥音乐活动的审美感动功能和其他教育功能。

例一:大班韵律活动《美丽之门》(深圳)

教师讲述的故事:在一个城堡里面,有两个好朋友被巫师施了魔法,变成了雕塑。这两个好朋友非常向往自由,希望能像从前一样快乐地生活、游戏。小呼啦圈知道了他们的愿望,就摇身一变,变成了一扇拥有魔力的"美丽之门"。当优美、动听的音乐响起来时,小呼啦圈就会立刻充满魔力,用爱的能量去破解那些魔法。这样,变成雕塑的好朋友就能够复活啦!

游戏的规则:

1. 幼儿运用呼啦圈玩套圈的游戏。两人一组。音乐响起时,拥有"美丽之门"的雕塑复活了。但当他将"爱的能量"传递给另一个雕塑时,他就会因失去魔力而重新变成雕塑(不能动)。被"美丽之门"套住的雕塑因获得爱的能量复活了,接过"美丽之门"又再次把"爱的能量"返还给了自己的朋友……

2. 幼儿迁移呼啦圈的游戏经验,探索用"肢体"变成各种各样的"美丽之门",继续进行更复杂的相互"套圈"游戏。

活动过程中我们看到:在教师的启发引导下,在充满温暖爱意的音乐声中(英国著名歌曲《萨莉花园》改编成的器乐曲),"爱"的情感流露在孩子们的眼神和体态中,同时对舒缓的旋律性质、乐句乐段的结构的细致领悟也流露在孩子们富有创意的人际肢体互动中,达到了审美与道德、感性和理性和谐互渗的境界。

问题二:自由与秩序的冲突与融合

自由与秩序的和谐总是困扰我们年轻老师的一个大问题,特别是在韵律活动的教学中,如何把握好自由与秩序的良性平衡,使得教学过程既能保证相对稳定的共同学习秩序,又能有一定的灵活空间来满足不同幼儿的不同合理需要?在这次观摩活动中,大班韵律活动《捏泥人》给我们提供了一个很好的榜样。

例二：大班韵律活动《捏泥人》（成都）

教学程序：

1. 幼儿坐在椅子上看着教师指图谱做小幅度上肢动作初步熟悉音乐。

2. 幼儿坐在椅子上观看两位教师示范律动的基本表现方式（包含音乐和动作的共同结构方式和两个人相互配合的方式）。

3. 教师邀请一名幼儿志愿者作为被塑造的泥人与教师合作表演。

4. 教师邀请两名幼儿志愿者合作表演，教师在必要时给予指导。

5. 教师邀请全体幼儿两两结伴共同合作表演。

（在以上过程中，教师一直在需要提醒的部分用有节奏的语言提醒幼儿按共同的动作结构跟随音乐的结构，如："搓，搓，搓脑袋；团，团，团身体；捏，捏，捏胳膊；刻，刻，刻嘴巴……"但在泥人的造型方面，教师还是一直鼓励和引导幼儿自由创意的）

对于既不熟悉音乐又不太熟悉相关肢体互动内容结构的大班上学期幼儿来说，这是一个相当严谨的循序渐进的学习过程。但"泥人捏制"过程中的即兴创编使得原本可能比较机械的动作记忆和节奏感知练习变成了生动、有趣，富于创意，自由而又不失共同学习秩序的愉快嬉戏过程。

问题三：生活与艺术的冲突与融合

艺术来源于生活，同时也是生活热情生生不息的源泉。

研讨会上，我们欣赏到了许多来自全国各地的具有浓郁地方传统文化特色的音乐活动。虽然深圳的孩子们一般没有机会接触这么多这样的作品，但实践证明，源于生活的音乐作品和活动是与孩子们的心灵相通的。

例三：小班童谣欣赏《洗白白——月光光》（深圳）

教学程序：

1. 幼儿坐在椅子上观看教师用洗澡花球为一幼儿"洗澡"的示范，同时欣赏教师伴随动作表演的朴素歌唱（《洗白白》，广东童谣——摇篮曲）。

2. 幼儿坐在椅子上一边观看教师和另一名幼儿的示范，一边用洗澡花球伴随教师的朴素歌唱自由地为自己"洗澡"。

3. 教师鼓励全体幼儿坐在椅子上两两结伴自由地相互"洗澡"。

4. 教师鼓励全体幼儿坐在椅子自由地为绒毛玩具动物或娃娃"洗澡"。

5. 教师邀请全体幼儿自由地利用自己的椅子哄绒毛玩具动物或娃娃

"睡觉",同时欣赏教师伴随动作表演的朴素歌唱(《月光光》,广东童谣——摇篮曲)……

童谣《洗白白》作为主线索贯穿活动并以《月光光》自然结束活动,让孩子在温馨的假想游戏中体验到了音乐与生活的和谐。两位教师朴素真诚的共同投入以及孩子们纯真的呼应让人不得不从心底里受到感动。当《月光光》的吟唱最终归于宁静,两位老师和所有的孩子们所构成的那幅"安睡图"让我的泪水止不住地流了出来……

例四:大班黄梅短剧《开酒店》(安徽)

黄梅戏是安徽的地方戏曲,有戏就要有人物之间的生活故事。在大班黄梅短剧《开酒店》中,教师正是通过让幼儿应用唱腔和对白所表现的生活故事来体验黄梅戏音乐的特殊审美情趣的。

短剧共有三个角色:大厨、服务员和顾客。在整个活动过程中,大厨的自信和自豪,服务员的热情周到,顾客夸赞饭菜香时的愉悦,以及三个角色之间在表情、言语、体态、空间方面相互交流的真诚朴实,将这些幼儿在日常生活中既熟悉又不太熟悉的经验进行了整理和升华。最后教师又以招聘酒店员工的形式,自然地吸引全体幼儿进入了表演和游戏……

凡是看过这个活动的人,不但对其中黄梅戏风格唱腔的魅力印象深刻,而且也被两位教师和孩子们朴素的表演所感染,进而引发了许多老师对艺术和生活关系的进一步思考。

问题四:模仿与创新的冲突与融合

模仿与创新是一个永久不衰的老话题,音乐活动中教师一味地强调模仿会失去活动的情趣性与挑战性,而一味地强调创新又会使幼儿难以面对经验积累与经验创生之间不和谐的关系。在创造性律动《调皮的小老鼠》中,教师就较好地把握住了模仿与创新的相互支持关系。

例五:大班创造性律动《调皮的小老鼠》(广州)

该活动的音乐是来自丹麦的民间舞曲《七式进阶》。该舞曲的B段是从5到3的音程的有规律重复。但每次重复时5音的时值长短是不断变化的。为了让幼儿能够通过探索性的活动来体验、理解和表现音的长短变化,并能体验到对变化"惊讶"的乐趣,教师巧妙地运用了以下程序:

1. "毛线魔盒"探索游戏:幼儿模仿教师轮流从魔盒上拉线并发出小老

鼠"吱"的叫声,一直到拉不动时叫声亦立刻停止。

2. 在教师鼓励引导下幼儿创造性地从身体的不同部位进行假想的拉线游戏,自由表现声音的长短变化。

3. 幼儿根据教师提供在大屏幕上的"小老鼠聚会图",模仿教师将拉线游戏中表现声音长短的经验迁移到诸如"小老鼠扎气球"等创造性肢体表现游戏中。

4. 加入 A 段音乐的统一简单律动,将表演的结构扩展成 A+B。在教师鼓励引导下幼儿进一步尝试在 B 段创编与音的长短相关联的趣事。

在这个活动中,如果没有毛线魔盒游戏的引导,幼儿不可能有机会通过这样有趣的探索游戏将认知的注意力自动聚焦在发现声音长短的乐趣上。如果没有教师提供在大屏幕上的"小老鼠聚会图"和教师提供的范例的启发,许多幼儿可能需要花更长的时间才能够将生活中的经验迁移到创造性的肢体表现上来。如果我们自己亲身尝试一下也就不难体会:头脑处于空白状态的时间越长,焦虑体验就越多,乐趣体验也就越少!

快乐的音乐来自生活,快乐的生活充满音乐。快乐音乐、快乐生活是本次大会的主题,也希望这个分享能给大家带来快乐和启发!

南京市第一幼儿园教师　费　颖

第四章 学位论文研究（缩略）

● **本章简介**

本章第 1 节为调查研究报告。第 2 节为准实验研究报告。第 3 节为行动研究报告。

4.1 调查研究

研究 1：幼儿歌唱音准发展特点研究——以歌曲要素为分析视角的研究总论

一、问题的提出

音乐教育哲学家雷默认为，我们进行歌唱教育的目的，也是音乐教育最深刻的价值,是"通过丰富人的感觉体验,来丰富他们的生活质量"。歌唱教育的终极目的应当是使人的生活更美好。笔者在研究中发现,幼儿歌唱时的调节能力和表现是因人而异的。有的幼儿能够找到自己歌声中的不足,能主动对嗓音进行调节并获得成功,他们歌唱的音准能力比较好;有的幼儿也能发现自己歌唱时的不足,他们非常努力并乐此不疲地调整和尝试,但是歌唱音准表现并不佳;还有的幼儿歌唱时只是机械地、无意识地歌唱,缺乏对歌声的自我评价能力,在自己节奏不合拍、旋律走调时不会进行任何调整。笔者认为,在歌唱教学中最应当关注最后一类幼儿,当幼儿失去对歌唱的感受力和自觉力后,他的歌唱能力很难进一步发展。歌唱教学中,幼儿歌唱时对自己歌声的自我评价的自我觉察能力、主动调适嗓音的意识是很重要的,这些是使儿童歌唱能力可持续发展的前提和基础。

当幼儿不断地努力和尝试着让自己唱得更好时,我们看到了歌唱学习中可贵的自觉力和适应力;当幼儿积极地用歌唱来感受和表达情感时,我们有理由相信幼儿的生活将因为歌唱而更丰富和美好。

二、研究的意义

(一)理论意义
1. 对儿童音乐心理理论的积极意义。
2. 为歌曲创作和幼儿园歌唱活动教学设计提供信息支持。

(二)实践意义
本研究搜集儿童歌唱真实状态的第一手资料,归纳出儿童歌唱的特点,以利于教师的教学成为儿童歌唱能力发展的有效支架。

三、概念的界定

(一)音准
本研究将儿童的歌唱音准界定为:儿童正确地把握歌曲的旋律音高的能力,表现为儿童的歌声与标准旋律的一致性程度。

(二)歌曲要素
本研究以与儿童歌唱表现关系最密切的音高、音程、音调以及其他因素为切入点,对儿童歌唱音准进行探讨。[①]

（三）音域

本研究中指歌唱音域,是指歌唱者在声乐艺术表现上能够发出的最低音和能够发出的最高音之间的范围。

（四）音程

音程是两个乐音的音高关系,指两个音高之间的距离。[②] 音程中所包含的音级的数量用"度"来表示,叫做音程的度数。度是音程的衡量单位。

本研究关注的音程具体指歌曲中相邻音符之间的音高距离,是幼儿歌曲中的旋律音程,它们是分析歌曲旋律特点的微观单位。

（五）调

由基本音级构成的音列的音高位置,叫做调。

（六）五声音阶

我国音乐大多属于五声性调式,五声调式以五声音阶为主音。我国古代的五声音阶,以宫、商、角、徵、羽为阶名,表示五个音级,简谱记作1、2、3、4、5,称正音。其他音为偏音。

四、相关研究的文献综述

（一）声乐研究的生理、心理理论基础

儿童的歌唱离不开其生理、心理机制。儿童的歌唱活动是生理、心理机制交互作用的结果。

（二）关于儿童歌唱能力发展的已有研究成果

节奏、音高的转换（音程）、调性在儿童歌唱能力的发展中体现了儿童发展的进步,音乐心理学家们以儿童歌曲中节奏、音程、调性等关键因素,来衡量儿童歌唱能力的发展。因此,本研究也以这些因素为切入点来分析儿童歌唱的音准特点。

（三）关于歌曲要素对音准影响的研究

1. 歌曲作品与音准

李德隆在《高师音乐教育学概论》中指出,音准是音乐表现的基础。音

[①] 袁善琦. 音乐教育的基础理论与教学实践. 武汉:华中师范大学出版社. 2001.8:135
[②] 任达敏编著. 基本乐理. 北京:人民音乐出版社. 2006:84

准与以下几个方面有关:速度、力度、节奏变化、呼吸、音域、和声、转调、离调以及调性。

2. 音域

德国古兹曼和纳多列兹尼对变声期前的儿童进行了音域统计(如表4.1),并且得出结论:变声期以前男孩和女孩声音的音域几乎是一样的。[①]

表4.1　0~6岁儿童的音域统计表

年　龄	音　域
0岁	$a^1(1=C\ 6)$
1~2岁	$f^1 \sim a^1(1=C\ 4\sim 6)$
2~3岁	$d^1 \sim a^1(1=C\ 2\sim 6)$
4~5岁	$d^1 \sim b^1(1=C\ 2\sim 7)$
6岁	$d^1 \sim c^2(1=C\ 1\sim 1)$

本研究尝试采用模唱音阶测试的方法,从儿童歌唱的音广度和音区两个方面测查我国儿童的歌唱音域发展特点。

3. 音程(缩略)

分研究之一:对幼儿歌唱音准特点的总体研究设计

一、研究目的

对幼儿歌唱音准特点的分析分为四项实证研究,分别是:

一是,音域因素对幼儿歌唱音准的影响;二是,音程因素对幼儿歌唱音准的影响;三是,歌曲的调对幼儿歌唱音准的影响;四是,歌曲中的其他因素对幼儿歌唱音准的影响。力图全面地概括歌曲中影响幼儿歌唱音准的因素。

二、研究对象

本研究分为音域、音程、调、歌曲其他因素四项子研究。由于研究内容的不同特点,本研究采用了两种取样方法。

前两项研究——音域、音程对幼儿歌唱特点影响的研究为发展性研究,采取的是对学前幼儿各年龄段3~4岁、4~5岁和5~6岁的测试,以概括各

[①] 冯葆富、齐忠政、刘运犀编著.歌唱医学基础.上海:上海科学技术出版社.1981.17:117

年龄段幼儿的特点。在对三个年龄段的幼儿进行测试后,研究者又加入了幼儿园中一个自然班幼儿四首歌曲的测试,以提取丰富的信息。

三、研究内容

本研究分为四项子研究,均采用实验法。分别是:

(一)音域与儿童歌唱音准

设计一个"回音游戏",通过幼儿的音阶模唱,测试各年龄阶段幼儿的音域,了解幼儿的音域特点和歌曲音域对幼儿音准的影响。

(二)音程与儿童歌唱音准

研究者尝试从音程角度入手,揭示歌曲中两个相邻音符形成的音程关系对幼儿歌唱音准的影响,以对幼儿歌唱的音准特点作出描述。研究音程测试的工具为研究者编写的两首歌曲,包含幼儿歌曲中常用的九个音程。另外,通过对一个自然班幼儿的歌唱表现(所唱歌曲为幼儿园日常教学歌曲《碰一碰》、《网小鱼》、《夏天到》和《蝴蝶花》),进一步分析音程对学前儿童歌唱音准的影响。

(三)调与儿童歌唱音准

本研究通过移调的方法,让被试在 D 调、B 调和 G 调三个调上跟伴奏唱出一首他们近日学习并多遍复习的歌曲,以了解幼儿在不同调上的歌唱表现,揭示调因素对儿童歌唱音准的影响。

(四)歌曲其他因素与儿童歌唱音准

本研究通过描述和概括被试在幼儿园中学会并熟练掌握的四首歌曲(《碰一碰》、《网小鱼》、《夏天到》和《蝴蝶花》)的歌唱表现,归纳除音域、音程、调之外歌曲中影响幼儿歌唱音准的相关因素。

四、研究方法与步骤(缩略)

五、数据结果与统计整理(缩略)

六、研究的信度检验(缩略)

分研究之二:音域与幼儿歌唱音准

一、研究目的(缩略)

二、研究对象与方法

(一)研究对象

根据幼儿园音乐教学的师资力量与重视程度,采用分层取样的方法抽取被试。选取南京市 X、Y、Z 三所幼儿园共 130 名幼儿作为被试,其中男 63 名,女 67 名。分为三个年龄组,其中 3~4 岁组被试 43 人,男 20 名,女 23 名;4~5 岁组被试 42 名,男 22 名,女 20 名;5~6 岁组被试 45 名,男 21 名,女 24 名。每年龄组被试成员平均地来自三个幼儿园,男女性别人数相当。

(二)研究方法

本研究主要采用实验法。(缩略)

三、实验结果和初步分析

(一)歌唱音域广度的年龄特征和性别差异

1. 歌唱音域广度的年龄特征

从数据分析结果可以看出,随着年龄的增长,儿童的音广度逐渐拓宽。3~5 岁可能是儿童音广度发展最快的一个阶段。

2. 歌唱音域广度的性别差异

数据分析结果显示,总体和各年龄组儿童性别差异均没达到显著性水平。这与古兹曼和纳多列兹尼有关儿童音域的研究结论——变声期以前男孩和女孩声音的音域是一样的——是一致的。

(二)歌唱音区的年龄特征和性别差异

1. 歌唱音区的年龄特征

幼儿的歌唱音域发展总趋势:随年龄的增长逐渐向高音、低音两端拓宽,3~5 岁是歌唱音区发展比较快的阶段。

歌唱音区是儿童声音能够达到的频率范围,在歌唱音区范围内的歌曲是儿童嗓音发声能够达到的,是适合儿童的。适度音区是儿童歌唱音区内音准准确率相当高的音区,儿童唱准该音区的音较舒适且无困难。

2. 歌唱音区的性别差异

曲线结果表明,男、女孩的模唱完全准确比率曲线和模唱总比率曲线基本吻合,男、女孩的歌唱音区没有显著差异。

(三)儿童模唱上行音阶走音的表现

在对数据作量化统计的同时,研究者发现儿童在模唱上行音阶走音时有一些共同的表现,将这些走音现象的表现和原因分析归纳如下:

1. 在跟唱低音音阶时,幼儿用移调的方式将模唱的调子升高。其原因可能是幼儿的音域无法达到过低的音区,幼儿将调子升高到自己能唱出的高度。

2. 幼儿能唱出上行的音阶,但并没有随着范音音阶调子的升高而升高,而是停留在原来的调上,多次重复。这有两种情形:一种是幼儿从头到尾都重复一个调。这类幼儿占极少数,其原因可能是幼儿没有感知到示范音阶调子的改变,对上升的音调听辨不清,因此重复唱同样的音阶。另一种情况是幼儿在跟唱低音音阶时会跟唱出调子上升的音阶,在旋律音高到达一定高度后,幼儿开始重复一个调子。其原因可能是音阶调子过高,超出幼儿的能力范围,幼儿只能以自己能唱出的调子跟唱。

3. 在音阶旋律的调子到达一定高度后,幼儿出现单音重复现象。其原因可能是同上述第二种情形一样,音阶调子过高,超出幼儿的能力范围,幼儿以比较轻松的方式跟唱。

4. 在音阶旋律的调子到达一定高度后,幼儿跟唱的旋律下行。其原因可能是音阶调子过高,超出幼儿的能力范围,幼儿放弃了模仿跟唱,以较轻松的方式唱出旋律。

5. 幼儿从头到尾都能跟唱出上升旋律的音阶,但跟唱的调子与范音不一致。其原因是幼儿能够听辨出范音的音高和旋律走向,但对嗓音的控制力不足,不能模唱出与范音一致的旋律。

从上面的分析可以看出,儿童的歌唱音域特点、音乐听觉、嗓音发声技巧都可能是儿童歌唱走音现象产生的原因。

四、研究结论与教育建议

1. 了解儿童的歌唱音域特点,在选择歌曲和为歌曲定调时应参考儿童的歌唱音域。

在歌曲选择和定调的时候,尽量选择音域适合的歌曲,将歌曲的调定在儿童的歌唱音区范围内,是对儿童歌唱学习的一种促进。例如一首小班歌曲《网小鱼》教材中的定调为 1=D,其歌曲的音域为 $d^1 \sim d^2$(相当于 1=C $\dot{2} \sim \dot{2}$),其定调相对高了。我们将其调到 1=B,即音域调到 $b-b^1$(相当于 1=C $\dot{7} \sim 7$)后发现,幼儿唱这首歌曲更轻松,其歌唱音准也提高了。

2. 注意音乐听觉的培养,给予幼儿听辨与再现音高的机会。

3. 提供一些练声练习,提高幼儿的音准。

4. 关注个体差异。

分研究之三:音程与幼儿歌唱音准

一、研究目的

歌曲中的什么因素会影响幼儿歌唱的音准表现?幼儿歌唱时走音的地方究竟有什么特点?这些问题成为本研究的研究兴趣和突破点。

从歌曲的构成看,歌曲旋律构成的最小有意义单位是旋律动机构成,而构成动机的是旋律音程。旋律音程表示的是前后两音符之间的关系,具体指歌曲中相邻音符之间的音高距离,它们是分析歌曲旋律特点的微观单位,分析音程可能找到不同歌曲之间的共性。研究者尝试从音程这个角度入手,揭示歌曲中两个相邻音符形成的音程关系对幼儿歌唱音准的影响,以对幼儿歌唱的音准特点作出描述。

对各音程在歌曲中可能出现的具体形式归纳如下:

表 4.2　各音程的具体形式列表

音程名称	具体音程
纯一度	66,77,11,22,33,44,55……
小二度	67,34
大二度	12,23,45,56
小三度	24,35,61,72
大三度	13,46,57
纯四度	62,73,14,25
纯五度	63,15,26,37,41,52
小六度	64,75,31
大六度	16,27,42,53
小七度	65,32,43,54,76,21

为了更细致地了解幼儿歌唱音准特点,了解更多有关音程的信息,细化音程因素对儿童音准影响的了解,研究者尝试用量化的方式,通过幼儿模唱歌曲的实际表现来进行这方面的研究。

二、研究对象与方法

（一）研究对象

本研究根据幼儿园音乐教学的师资力量与重视程度，采用分层取样的方法抽取被试。选取南京市 X、Y、Z 三所幼儿园共 130 名幼儿作为被试，其中男 63 名，女 67 名。分为三个年龄组，其中 3～4 岁组被试 43 人，男 20 名，女 23 名；4～5 岁组被试 42 名，男 22 名，女 20 名；5～6 岁组被试 45 名，男 21 名，女 24 名。每年龄组被试成员平均地来自三个幼儿园，男女性别人数相当。

（二）研究方法

本研究采用实验法。（缩略）

三、实验结果和初步分析

1. 两首歌曲幼儿唱准音程的总体情况

幼儿的音准水平在唱不同的歌曲时是比较稳定的，音准好的幼儿两首歌曲中唱准音程数都会比较多，而音准差的幼儿两首歌曲中唱准音程数都比较少。

2. 两首歌曲中幼儿唱准各音程的百分率

歌曲 A、B 中分别包含了幼儿歌曲中常见的九个音程。对于某个音程，幼儿唱准的正确率越高，则这个音程越简单，反之幼儿唱准的正确率越低，则这个音程越难。统计结果为我们提供了下面的信息。

（1）由小年龄组到大年龄组，幼儿唱准音程的百分率总体呈上升趋势，随着年龄的增长幼儿的音准水平逐渐提高。

（2）在相同的歌曲中，各个音程的难度对于不同年龄的幼儿来说是基本固定的，歌曲中的难点是幼儿普遍的难点。

（3）从幼儿唱准音程百分率排列的顺序，可以得到两首歌曲音程的难度从低到高的排列情况。歌曲 A 音程的难度由低到高的顺序是：小六度、纯一度、大六度、小三度、大二度、小七度、大三度、小二度、纯四度。歌曲 B 音程的难度由低到高的顺序是：纯一度、纯四度、小七度、大六度、大二度、小六度、大三度、小二度、小三度。相同音程的难度在两首歌曲中并不固定。

（4）以往的研究中习惯于将相同的音程难度划归为一类，但是从数据可以看出，音程难度除本身特点决定外，可能还受其他因素影响，不能将音程的难度一概而论。

幼儿这两首歌曲的测试结果向我们提供了两条非常重要的信息：第一，从幼儿真实歌唱表现的结果可以推知幼儿个体掌握歌曲的情况，各个音程的难度不一。但在同一首歌曲中，歌曲中同一个音程难度对于不同年龄的幼儿，其难度的共同性是存在的。因此，反过来，从部分推整体，即从部分幼儿歌唱某一首歌的共同特征来推测幼儿歌唱这首歌的总体特征，应当能够成立。所以，在分析某一首歌曲的难易点时，我们可以由少数幼儿普遍的情况推知歌曲中对幼儿而言比较难和比较容易的地方，以便更有针对性地进行教学。第二，以往认为随着音程的度数的加大其难度增大的说法欠周全，判断音程的难度应当更全面地考虑与该音程相关的更多因素。

3. 两首歌曲的音程难度分析

首先，从声学的角度来看，相同的音程具有非常相近的声学特征，前后两音的频率比是一致的。但如果相同的音程起始音不同，那么构成该音程的两个音的频率将会是截然不同的。其次，幼儿歌曲中多以五声音阶的音（do、re、mi、sol、la）为骨干音，幼儿更熟悉这些音，因此它们所在之处音程显得难度比较小，而作为偏音的 fa、si 使用的频率比较少，一旦出现在歌曲中，它们所在之处音程的难度便会显得比较大。

因此，音程起始音的音高、幼儿对音程的熟悉度应当是考虑音程难度的相关因素。通过比较两首歌曲相同的音程难度，我们可以进一步了解与音程难度相关的其他因素。具体分析如下：

(1) 两首歌曲中难度接近的音程

纯一度：说明纯一度是比较容易唱准的音程。

小二度：音程起始音相同，在乐句中位置相同，难度相近。可见同度音程在相关因素一致时，难度相近。

大六度：大六度尽管是大音程，由于均位于乐句的开头，且基本在幼儿的音域范围内，幼儿唱准的正确率均在70%左右。

大二度：尽管是较小的音程，由于均位于乐句中的中部，幼儿唱准的正确率在半数左右。可见，上述难度接近的音程反映了以下信息：音程在幼儿的音域范围内，是幼儿能唱准该音程的前提。音程在乐句中的位置可能是影响音程难度的因素，在乐句开头处的音程比较好唱，在乐句中间部位的音程可能受前后音的干扰,难度要大一些。另外,由于跨度为零的特点,纯一度是很容易唱准的。

(2) 两首歌曲中难度差距较大的音程

小三度:均位于乐句的中部,但前者不含有 si 音,后者含有 si 音,因此歌曲 A 唱准率为 63%,歌曲 B 唱准率 10%,推断可能是 si 音使原本较容易的音程变困难。

纯四度:歌曲 A 的纯四度位于第一句句末,平均正确率 5.4%,歌曲 B 的纯四度位于歌曲开头,平均正确率为 74.66%。音程在乐句的开头,幼儿刚换了一口气,并且该音程不受前面音符的干扰,唱起来比较容易;在乐句的末尾,就难唱一些。

小六度:歌曲 A 和歌曲 B 的小六度均位于第一句中部。但歌曲 A 的小六度的正确率为 77.62%,比歌曲 B 的小六度的正确率 40.90%高出近 37%。可能是小六度本身跨度比较大,歌曲 A 的小六度是由低到高的上行音程,歌曲 B 的小六度是下行音程。推断可能是对于幼儿而言,上行的大跳从低到高的音程可能更容易控制一些;下行大跳的音程由高音跳到低音,对嗓音的控制要求会更高些。

小七度:歌曲 A 的小七度和歌曲 B 的小七度均位于第四句开头,歌曲 A 的小七度正确率为 29.89%,歌曲 B 的小七度正确率为 72.24%。理由同小六度,上行的大跳音程可能更容易一些。可见,大跳音程的"走向"也是影响音程难度的因素之一。

总体而言,音程的难度可以从以下几个方面考虑:音程本身的度数、音程的起始音、音程是否在幼儿的音域范围内、音程是否是幼儿熟悉的音(即五声音阶中的音)、音程在乐句当中的位置(在句首更容易一些)、音程的行进方向(上行的更容易)。在这些因素的共同影响下,歌曲中各个音程呈现出不同的难度。

四、幼儿园歌曲中的各音程

由于前面的研究工具使用的是研究者编写的歌曲,歌曲设计在儿童的音域范围内,节奏比较单一,剔除了歌曲其他因素的干扰。在幼儿园的歌曲当中,歌曲的结构是为研究编写的歌曲,歌曲的难度也不仅仅只受到音程一个因素的影响。因此,研究者对小班的四首歌曲中各个音程幼儿歌唱的准确率进行了统计,以分析各个音程在具体歌曲中难度的变化与原因。

研究者选择幼儿园中某班幼儿学的四首歌曲——《夏天到》《网小鱼》、《蝴蝶花》《碰一碰》,对其歌曲中音程的幼儿歌唱正确率进行统计,从中总结出的关于歌曲音程与音准的信息基本印证了前面的结论。

五、研究结论与教育建议

1. 音程的难度受相关因素影响:

(1) 音程本身的度数决定了相同度数音程的声学特征,音程的起始音决定了某音程两音的具体音高。同度音程在相关因素一致时,难度是相近的。

(2) 音程在幼儿的歌唱音域范围内,是幼儿唱准该音程的前提。只有在幼儿歌唱音域范围内的音,幼儿才具备唱准该音程的嗓音条件。

(3) 构成五声音阶的音是幼儿歌曲中出现频率比较高的音,幼儿对 do、re、mi、sol、la 这些音比较熟悉,更容易唱准。当 fa、si 出现在歌曲中时,它们所在音程的难度是比较大的。

(4) 音程在乐句当中的位置影响音程的难度,音程在句首以及换气位置,嗓音和心理准备状态均比较好,更容易唱一些,在句中和句末则比较难唱。

(5) 音程所在歌曲位置的节奏影响音程的难度。若音程所在位置的节奏简单,幼儿更易于集中注意力控制自己的音准;若音程所在位置的节奏偏难,幼儿不仅要注意控制自己的音高,还要把握好复杂的节奏,此时注意力分散,音准的正确率相对要低些。

可见,影响音准的因素是多方面的,具体有:音程本身的度数、歌曲和儿童的音域、歌曲是否含构成五声音阶的音、音程在乐句当中的位置、音程所在位置的节奏。这些因素影响着音程的准确率,是分析音程难度应当考虑的方面。

2. 儿童的音准水平具有稳定性。

3. 歌曲的难度对于多数幼儿具有普遍性。

4. 儿童歌曲作曲者可以根据音程的难度,适度调整歌曲的结构和形式,使歌曲的难度更符合幼儿的特点。

分研究之四:调与幼儿歌唱音准

一、研究目的

了解调因素对儿童歌唱音准的影响:伴奏歌曲的调对于幼儿的歌唱音

准有什么样的影响?幼儿在歌唱时是不是有自己固定的调?儿童在有的调上的走音是否与儿童歌唱时特定的调偏好有关?在幼儿歌唱教学中如何为歌曲定调,以使歌曲的调适合大部分幼儿的特点?

二、研究对象与方法

(一)研究对象

本研究选择南京市内某幼儿园的一个小班自然班幼儿作为被试,被试人数24名,其中男性幼儿12名,女性幼儿12名。该班幼儿三周前刚学过歌曲《网小鱼》,并在每日休息时间反复复习这首歌,所有幼儿熟练掌握这首歌,均能完整无提示地唱出这首歌曲。

(二)研究方法

1. 研究工具

研究工具为录制的有钢琴伴奏及教师范唱的《网小鱼》歌曲,录制成D调、B调和G调上的三首CD歌曲。每一首均有一遍完整的有钢琴伴奏的范唱及两遍钢琴伴奏音乐。

2. 研究程序

在测试之前研究者同该班幼儿有日常的接触,幼儿对研究者比较熟悉,避免测试时幼儿产生紧张情绪。测试在幼儿园中相对安静的单独房间里进行,一次对一名幼儿进行测试。分别对三个调进行测试,每个调的测试顺序均为幼儿先倾听教师范唱《网小鱼》一遍,再独自跟伴奏唱两遍该歌曲。三个调的测试顺序随机。整个测试过程由摄像机拍摄。

数据统计时分别统计三个调中每个音符的正误,幼儿唱准确的记1分,唱走音的记0分。数据用SPSS软件包进行统计分析。统计中,幼儿唱两遍歌曲中只要其中任何一遍某音符唱对,则判断这个音符是唱准确的,说明幼儿具有唱准该音符的能力。

三、实验结果及初步分析

1. 测试调与幼儿音域的初步分析

从统计我们可以看出,D调在3~4岁幼儿音域范围内的音符数为21,B调和G调分别为38和36。B调和G调上幼儿音域范围内的音符数比D调多;D调上在幼儿音域范围内的音符数最少。根据前人有关音域与定调的关系的研究结论,D调上幼儿走音的概率应当更高些,B调和G调幼儿走音的表现应当相差不大。

2. 幼儿在三个调上歌唱音准的总体情况

可见音域范围内音符数量相同的 B 调与 G 调,从幼儿整体的表现看,其唱对音符的表现是无显著性差异的。可见,B 调和 G 调更适合幼儿的歌唱特点,这与在音域范围内音符数越多、幼儿的音准越高的理论解释是一致的。

3. 幼儿在三个调上的歌唱个体表现比较

从总体上看,幼儿的歌唱表现与前面的音乐专家的研究结论一致:歌曲的定调在音域范围内的音符数越多,则幼儿歌唱的音准越多。根据音域来给歌曲选择合适的调子,是符合大部分幼儿的歌唱特点的,具有实践意义。

从对幼儿歌唱音准的个体统计数据表中,研究者发现,幼儿的个体差异是比较大的,具体表现为以下几种情形。

(1) 三个调子中,有一部分幼儿歌唱时只在某一个调上表现突出,对特定的调有偏好,不太能够调整自己的音调以适应不同的调,当伴奏调不合适时,走音现象非常严重。

(2) 幼儿在其中两个调子上有突出表现。这部分幼儿的音域可能比只在一个调上表现突出的幼儿的音域更宽些,并且他们具备一定的调性感,能够根据伴奏的不同调控制自己的歌唱音调。

(3) 小部分幼儿在三个调上表现突出。他们能轻松地根据调来调整自己的歌唱音调,并且在各个调子上均有非常优秀的表现。这说明,这部分幼儿不仅音域宽,而且有很好的调性感,能够在测试的三个音调上自如地控制自己的音调。

(4) 另外有 16.67% 的被试,在三个调上的音准表现都差。他们歌唱时严重走音,调子的改变不会使他们的音准有所好转。伴奏调不是引起这部分幼儿的歌唱走音的原因,这部分幼儿歌唱时忽视伴奏的存在,盲目地歌唱,对自己的声音无监控意识,听音辨别能力差,对歌唱活动不感兴趣。他们的嗓音控制能力和歌唱习惯等方面可能存在比较严重的问题,需要更为系统地歌唱学习。

可见,歌曲的调对于有一定音准能力的儿童的歌唱表现是有显著影响的,对于音准能力较强或音准能力很差的幼儿则影响不大。

研究者对三个调中能够有较好表现的人数分别作统计,结果是:以B调唱可以有较好表现的15人;以G调唱可以有较好表现的12人;以D调唱可以有较好表现的5人。可见,以B调作为伴奏音调适合幼儿的人数最多,这三个音调中采用B调教学最为理想。同时需要特别注意:在幼儿歌唱的集体教学中,音调的选择在符合一部分幼儿歌唱特点的同时,难免不适应另一部分幼儿的歌唱特点,音调的高低偏离他们的需要,对其歌唱学习造成一定困难。

四、研究结论与教育建议

根据小班幼儿歌曲《网小鱼》的D调、B调和G调的歌唱音准,可以看出在不同音调上幼儿的音准的总体表现呈现出一定的规律性,同时,幼儿个体之间的差异也是比较突出的。基于上述研究,可以归纳出音调因素对音准的影响,以及对幼儿歌唱教学的意义和启示。

(一)根据各年龄段儿童音域确定歌曲的调,使歌曲的调适应儿童的发展特点

在为歌曲选择调的时候,选择音域范围内音符数量最多的调子作为教学的伴奏调,能使歌曲的调最大限度地适应儿童的音域特点,这个选择对于大部分幼儿而言是比较合适的。

(二)培养儿童的调性感,使其能在不同的调上动听地歌唱

在歌唱教学中,儿童能熟唱歌曲后,可以采用游戏的方法,让儿童以不同的调唱同一首歌曲,这不仅能增加歌唱活动的趣味性,也能培养和提高儿童的调性感。另外,也可以在教学中适当增加让儿童听辨调子的游戏活动,这也是培养儿童获得调性感的有效方法。

(三)关注儿童的差异性,适当地调整以适应不同孩子的需要

从音域的测试和音调的测试中可以看出,儿童之间存在着明显的个体差异性。当我们遵循"大多数"规律以满足大多数孩子的时候,也应当兼顾"少数人"的需要。测试数据表明,有小部分幼儿是跟不上教师定的调的,可以采用个别练习的方式,请这些幼儿单独演唱,调整伴奏调,让他们以自己能适应的调唱歌,这样更能有效地提高他们的音准能力。另外,对于不论如何调整调都严重走音的幼儿,应当引起重视,他们的歌唱学习应当更为基础和系统。另一部分在各个调上均表现优秀的幼儿,他们能成为很好的"高级榜样"。

分研究之五：其他影响幼儿歌唱音准的因素

一、研究目的

为了进一步获得影响幼儿歌唱音准特点的更丰富的信息，研究者尝试在儿童幼儿园教学歌曲的真实歌唱中，对他们的具体表现作总结以及归纳。

二、研究对象与方法

（一）研究对象

本研究的被试取自与上一个"调对儿童歌唱音准影响的研究"的被试相同班级的幼儿。歌曲《碰一碰》和《网小鱼》的测试的被试人数为 24 人，其中男性幼儿 11 名，女性幼儿 13 名。由于被试的流失，歌曲《夏天到》和《蝴蝶花》的测试的人数少些，被试人数为 21 人，其中男性幼儿 11 名，女性幼儿 10 名。

（二）研究方法

测试工具为四首歌曲的教学磁带，四首歌曲依次测试，倾听范唱音乐两遍，并在伴奏声中跟随伴奏音乐唱两遍，摄像机拍摄全程。为避免幼儿疲劳，每名幼儿测试两次，每次测试两首歌曲。

统计方法与前面的研究一样，对每首歌曲幼儿唱对的音符数进行统计，幼儿唱准确记 1 分，唱走音记 0 分，对数据进行统计分析。

三、实验结果和初步分析

（一）歌曲因素与幼儿音准

1. 伴奏与音准

对于类型一——歌曲难度牵制型幼儿，伴奏音能作为音准参照，方便幼儿监控自己的声音，并给予幼儿关于歌曲旋律、节奏、歌词等的提示，有效地提高幼儿的歌唱音准。

对于类型二——调依赖型幼儿，伴奏调对幼儿的影响很大，如果伴奏调适合幼儿的特点，那么伴奏音能给予幼儿的音准以很好的支持；如果伴奏音的调不适合幼儿，那么对幼儿的歌唱音准没有帮助，反而会干扰影响幼儿的音准。

对于类型三——惯性走音型幼儿，这一类幼儿缺乏自我评价意识，机械地歌唱，不会感到自己的声音与歌曲规范的差别，当然也不会尝试调整自己的声音，因此，歌曲因素对此类型幼儿的音准几乎不起作用。

2. 歌曲的音高与音准

歌曲的音高偏离幼儿的舒适音区时，幼儿容易出现走音现象。走音的部位可能是歌曲中的单个音符，也可能是几个连续的音符，由于这些音符在幼儿的舒适音区之外，因此幼儿歌唱这些音符时比较困难，歌唱表现会有所变动，表现为幼儿轻声唱，降低音唱，提高音唱，用假声唱等。

如在高音处走音：高音在幼儿音域的上端，幼儿唱高音时需调整声音的频率，容易把握不好而走音。对于音域所在音区比较高的幼儿，唱高音对他而言问题不大。当音高偏离（过高过低）幼儿的音域，幼儿不能把握该音的音高时，歌唱表现出现异常，容易走音。

3. 歌曲旋律模式与音准

歌曲旋律模式是影响幼儿歌唱音准的因素之一。若乐句的旋律在歌曲中比较独特，幼儿能清晰地分辨和记忆，那么该乐句处幼儿不太容易走音；若乐句中有几句照应的旋律，旋律轮廓相似或者有共同的旋律，那么幼儿容易混淆旋律而唱错：

（1）混淆前后衔接的旋律轮廓相似的旋律。

（2）混淆乐句中相同部位的旋律。

从幼儿的歌唱表现中我们可以看到，学习习惯对幼儿的歌唱音准是有一定影响的。如果幼儿没有倾听旋律的习惯，那么他就难以对旋律形成正确的听觉记忆，更无从正确地唱出旋律。因此，应当培养幼儿养成良好的听觉观察习惯。

4. 节奏特征与音准

节奏对幼儿音准的影响，主要有如下几方面：

（1）节奏快的旋律处容易走音。

（2）连音处容易走音。

（3）节奏中带附点处容易走音。

5. 音符构成与音准

幼儿通常容易在含有偏音（fa、si）音程处走音。

6. 音程与音准

（二）幼儿歌唱时走音的表现

走音是幼儿歌唱时对歌曲旋律的异化。前面分析了歌曲中各因素对幼儿音准的影响。而在歌曲各复杂因素出现干扰幼儿歌唱，幼儿的歌唱音准与实际歌曲旋律发生偏离时，幼儿的具体表现又是怎样的呢？分析幼儿走音时的具体表现，能使我们更了解幼儿的需要，采取适当的教学策略，提高幼儿的音准。幼儿歌唱时走音的具体表现为如下几方面。

1. 高音和低音处的声音失控

值得注意的是，这许多因刻意努力希望唱准困难音而造成的走音的现象表明：幼儿已经开始萌发出发现问题并试图自我调适的意识。教师在歌唱教学中需要特别重视保护和发展幼儿这种自我觉错和自我调适意识以及能力的培养。千万不要用简单评价对错的行为挫伤这种宝贵的发展趋向。

2. 简化旋律——使相同音符、旋律重复

3. 旋律"错位"

4. 简化歌曲节奏

（1）相似节奏重复

相同节奏的重复可能能够降低歌唱难度。

（2）放慢速度

有的幼儿在歌曲难度比较大的时候，会放慢速度，以提高音准。

（3）将节奏快的多个音符以单个音符代替

在多个音符组成的节奏比较快的旋律中，幼儿将节奏快的多个音符以单个音符代替，以放慢歌唱速度，降低歌曲的难度。

幼儿简化节奏型的原因可能源于对歌曲的听辨机会不够，也可能是歌曲的难度使然，幼儿采取简化歌曲节奏的形式以提高对歌曲的把握，提高歌唱时的音准。这也在一定程度上说明该歌曲的难度在一定程度上超出了幼儿的能力范围。

5. 走调部位干扰与其接近的旋律的歌唱音准

6. 歌唱气息对音准造成一定影响

（1）在歌曲中刚换过气的位置，幼儿的音准比较高。

（2）气息影响歌词本身的咬字吐字特点。

（三）其他影响幼儿歌唱表现的因素

1. 嗓子的准备情况；2. 歌词记忆；3. 对旋律的熟悉度；4. 心理准备状态；

5. 学习习惯。

在研究中研究者发现,许多走音的幼儿歌唱时都面无表情,他们在歌唱学习活动中往往有一些不良习惯,在活动中不注意倾听歌曲,东张西望将自己置于局外。当幼儿不能静下心去倾听和感受歌曲起伏的旋律时,他们认为在这种声音的"噪音"中很浮躁;当幼儿还没有养成良好的倾听,乃至观察习惯,他们不可能明白歌曲是怎样的、该如何去唱;当幼儿没有自我评价的意识,形成歌唱时自我觉错的习惯,他们不会一遍又一遍地尝试调整自己的声音让自己唱得更好;当幼儿没有在尝试失败后坚持下来的勇气,他们只会在选择放弃后迷失自己的方向。良好的学习习惯是使幼儿在歌唱活动中获得成功的保证,在幼儿具备良好的歌唱生理条件和音乐能力条件后,学习习惯成为非常关键的一环。

(四) 幼儿提高音准采取的策略

1. 放慢速度,提高音准;2. 改变发声策略,在唱高音时轻声唱,或者用假声唱;3. 将复杂的节奏简化唱。

四、研究结论与教育建议

1. 歌唱前对嗓子进行适度的热身。
2. 注意歌曲中的高音与低音,提高幼儿对声音的控制力。
3. 注意歌曲中节奏复杂的部位,它们是幼儿容易走音的地方。
4. 使幼儿充分地理解记忆歌词。
5. 给予幼儿倾听与听辨的机会。
6. 观察幼儿的歌唱表现,及时纠正幼儿的错误。
7. 给予幼儿歌唱表演的机会,发展幼儿的自我评价能力。
8. 在教学中注意歌曲难度的安排,以由浅入深的学习顺序进行教学。
9. 培养幼儿良好的歌唱学习习惯。包括:倾听习惯、自我监控和自我评价的能力的培养等。

总之,幼儿的歌曲教学应当从细节入手,在教学之前,对幼儿学习的难点要有充分的预设,安排学习顺序,分析歌曲中幼儿容易走音的地方。在教学过程中,不仅应当给予幼儿充分的练习的机会,也应当多观察幼儿的歌唱表现,及时纠正幼儿的错误与不足。同时,在教学中注意对幼儿学习兴趣、学习习惯的培养。

结语：重视幼儿歌唱时自我调节能力的培养

"自我调节能力反映了年幼儿童从无能力到胜任的转变过程"[①]，"发展可以被视为一项逐渐增长的自我调节能力"[②]。研究者在研究中发现，有的幼儿具备一定的自我调节能力，歌唱时努力地尝试调节自己的歌声使其与歌曲的旋律一致。他们已经开始发现自己音准困难的问题并产生了主动调适音准的意向。而有的幼儿却全然没有意识到自己的声音与歌曲旋律的不同，歌唱时继续"走音"，这些幼儿缺乏自我评价能力和自我调节能力，因而也没有改变自己音准不足的意向。歌唱音准虽然表现为幼儿外显的歌唱行为，却与幼儿内在的自我调节能力紧密联系。

对于歌唱活动，幼儿的自我调节能力很重要；从幼儿整个一生的发展来看，自我调节能力的培养也是很重要的。对幼儿自我调节能力的培养，应当关注幼儿执行各种行为的各个过程。"儿童必须具备一系列复杂的相关技能，包括产生并保持一项引导目标达成的恰当的心理表征，监控活动进程的信息流，修正并灵活地调整问题解决策略，使行为能准确地朝向着目标继续前进。"[③]

在歌唱活动中应当重视幼儿歌唱时自我调节能力的培养，在教学中给予幼儿产生"恰当的心理表征"、"监控活动进程"、"调整解决策略"的机会。因此，歌唱教学的重点不应当放在幼儿对歌曲掌握的数量上，仅局限于对歌曲的复习和学唱，更应当关注幼儿自我调节能力的培养，让幼儿对歌曲形成正确的心理表征，对自己的歌声有正确的自我评价能力，有意识地调整自己的嗓音，这些也是幼儿提高歌唱音准不可缺少的能力。

（其余部分缩略）

南京师范大学教育科学学院 2008 届教育学硕士　冯婉燕

2008 年 5 月

---

① [美]杰克·肖可夫,黛博拉·菲利普斯著.方俊明,李伟亚译.从神经细胞到社会成员.南京:南京师范大学出版社.2007.6:102
② 同上,第 78 页
③ 同上,第 102 页

研究2：3～6岁幼儿自由律动发展特点研究

一、研究问题的提出

律动，即韵律活动，是指伴随音乐进行并与音乐相协调的身体动作表现活动，是幼儿园音乐活动的重要组成部分。幼儿的自由律动是指幼儿在没有成人的指导与帮助下，用身体动作自由表达音乐的过程。幼儿自由律动是幼儿身体运动能力、动作技能与音乐感知、理解能力的综合表现，也是教师有计划地开展幼儿园韵律教学活动的基础。

在观摩幼儿园韵律教学活动的过程中，研究者发现，对幼儿律动特点认识的欠缺，导致大量教师在设置韵律活动的教学目标和内容时，远远超出或达不到幼儿律动发展的"最近发展区"。因此，了解幼儿自由律动的基本特点是开展幼儿园韵律教学活动的实践需要，也是研究幼儿音乐、动作发展的必经之路。

国内外对于3～6岁幼儿韵律教学活动的研究比较多，但是对于幼儿自由律动特点的研究相对较少。其中，南京师范大学许卓娅教授在《学前儿童音乐教育》一书中提到：3～4岁幼儿能够用手、手臂、躯干做出单纯的动作，下肢出现单纯的非连续移动动作，4～6岁幼儿上肢动作更为精细、复杂、多样，下肢出现连续移动动作；3～4岁幼儿在律动中能够对音乐的节奏作出反应，有的还能够对音乐的前奏、乐句、乐段作出反应，4～6岁的幼儿则能够敏锐地用动作反映音乐速度和力度的变化，同时也能够对音乐的结构作出较为细致的反应。该研究结论对于本研究有很大的启发与参考价值。

本研究试图通过测量的方式考察幼儿的自由律动，并从动作、随乐性、合作动作三个方面分析幼儿自由律动的整体特点。

二、研究方法

（一）研究对象

本研究采用分层抽样的方法从南京市5所幼儿园（包括音乐特色园与非

音乐特色园)中抽取90名幼儿,其中男44人、女46人,小班30人(男13人,女17人)、中班30人(男16人,女14人)、大班30人(男15人,女15人)。

(二) 研究工具

本研究为幼儿的自由律动提供了专门的音乐材料,该音乐材料节选于中国传统民族器乐曲《瑶族舞曲》。整段音乐由前奏、A段、B段三个部分组成,其中前奏有两个8拍,A乐段较为舒缓,B乐段较为欢快,A、B两个乐段在节拍、速度、风格上有明显的变化。整首音乐的时长为2分钟。

(三) 研究程序

本研究的研究程序主要包括以下几个部分:

1. 请幼儿倾听音乐,熟悉音乐的旋律与结构。教师请幼儿坐在椅子上完整地倾听整首音乐,并告诉幼儿这段音乐讲述的是"小雨和花"的故事,请幼儿在大脑中想象:小雨和花在听到音乐时会做一些什么样的动作。

2. 个别动作展示。教师邀请个别幼儿到前面来为大家展示自己的动作(不跟随音乐),在幼儿展示后教师不做任何反馈与评价。

3. 教师请幼儿自愿结伴,两人一组到前面来跟随音乐做律动。在幼儿活动的过程中,教师不做任何提示。

研究者全程拍摄整个活动过程,并着重对第三个环节中幼儿的自由律动进行分析。

(四) 数据整理与分析

基于国内外有关舞蹈以及幼儿律动研究的已有成果,本研究确立了分析幼儿自由律动特点的三个方面:幼儿的动作特点、动作的随乐性、合作动作。其中动作特点又分为身体运动部位、运动路线、运动空间、动作种类四个方面,幼儿的随乐性包括前奏意识、节奏感、乐句感、乐段感四个方面。在对幼儿的韵律动作进行描述、初级编码之后,研究者提取出能够表明幼儿自由律动特点的19个方面作为数据分析的变量,即头部动作、手部动作、手臂动作、躯干动作、腿部动作、脚部动作、直线运动、曲线运动、旋转运动、高层次空间、中层次空间、低层次空间、移位动作、前奏感、节奏感、乐句感、乐段感、合作动作、动作种类,然后对幼儿的动作进行统计分析。其中前18个变量以出现(以代码1表示)和未出现(以代码0表示)为取值进行编码,"动作种类"为幼儿实际出现的动作种类的数量。最后研究者统计表现幼儿律动特点的 19 个变量之和,形成幼儿的律动水平。

三、研究结果

(一) 幼儿自由律动的特点

对于幼儿自由律动的特点,研究者主要从幼儿自由律动动作的特点、动作的随乐性、合作动作三个方面进行分析。

1. 幼儿自由律动动作的特点

(1) 身体运动的部位。在自由律动中,幼儿身体运动的部位主要包括上肢与下肢两个方面,其中上肢又包括头部、手部、手臂、躯干,下肢包括腿部、脚部。幼儿在韵律活动中的头部动作主要包括点头和摇头两种;手部动作包括用手摆出一个造型,抖动手指,翻转手腕,拍手等动作;手臂的动作主要包括上下、前后摆动,挥动大臂或小臂,揉臂,或用手臂摆出某种造型;躯干动作主要是指肩膀、腰、胯等部分的动作,包括晃动身体、抖动身体、抖肩等动作;幼儿在韵律活动中的下肢动作主要包括腿部动作和脚部动作,其中,腿部的动作主要包括屈膝、下蹲、抖动等动作,脚部的动作包括各种脚上的步伐,如小跑步、小碎步、走步、后踢步等。通过对自由律动中幼儿身体运动部位出现频次的统计,我们得出图 4.1:

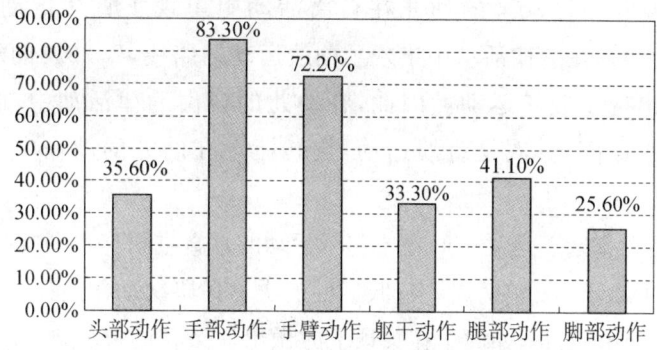

图 4.1 运动部位出现频次图

上图说明,35.60% 的幼儿在自由韵律活动中有头部动作,83.30% 的幼儿在自由韵律活动中会有手部动作,72.20% 的幼儿在自由韵律活动中有手臂的动作,33.30% 的幼儿在自由韵律活动中有躯干的动作,41.10% 的幼儿在自由韵律活动中有腿部的动作,25.60% 的幼儿在自由韵律活动中有脚部的动作。因此,在幼儿的自由韵律中手部与手臂的动作出现的频次最多,其次是腿部的动作,躯干的动作与脚部动作出现得比较少。

(2) 运动路线。运动路线是指幼儿动作的走向、趋势,是幼儿整个身体或身体的某个部位由一个点到达另一个点的途径与路线。通过对自由律动中幼儿动作的分析,笔者认为幼儿在韵律活动中主要存在三种运动路线:直线运动、曲线运动和旋转运动。其中直线运动包括纵向直线和横向直线两种,曲线运动包括竖直的弧形和水平的弧形等路线。通过对自由律动中幼儿运动路线出现频次的统计,我们得出图4.2:

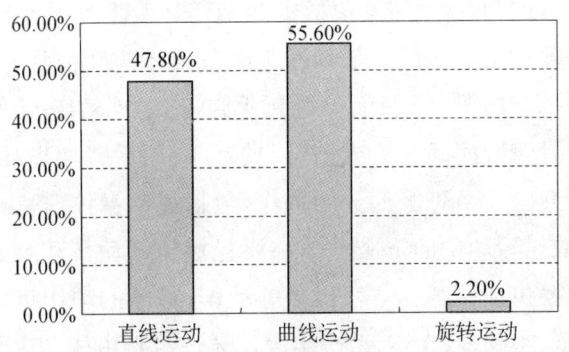

图 4.2　运动路线出现频次图

上图说明,47.80%的幼儿在自由活动中出现了直线运动的路线,55.60%的幼儿在韵律活动中出现了曲线运动的路线,2.20%的幼儿在韵律活动中出现了旋转运动。因此,在幼儿的自由韵律活动中,曲线运动的出现频次最高,其次是直线运动,旋转运动在幼儿的动作中出现的频次非常少。

(3) 运动空间。运动空间主要包括运动的垂直空间与水平空间。其中,动作的垂直空间主要包括高、中、低三种层次。高层次动作是指在头部以上的空间内出现的动作,如两手在头顶上方做出一朵花的造型;中层次动作是指在胯部以上、头部以下的空间内出现的动作,如幼儿在胸前拍手;低层次动作是指幼儿在胯部以下的空间内做出的动作,比如幼儿趴在地上像蛇一样匍匐前行。动作的水平空间是指幼儿在水平方向的运动空间,动作水平空间的形成主要依靠幼儿的移位式动作。通过对自由韵律活动中幼儿运动空间的统计,我们得出图4.3:

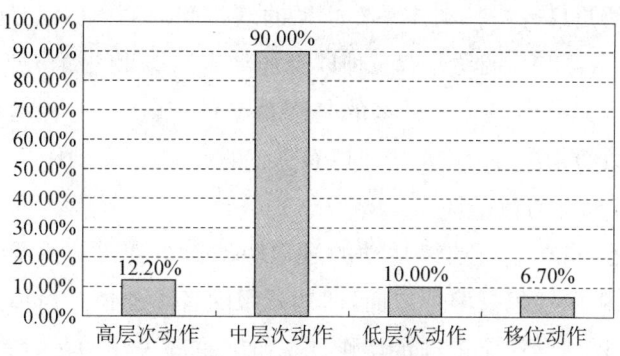

图 4.3　运动空间出现频次图

上图说明,12.20%的幼儿在自由韵律活动中出现了高层次动作,90.00%的幼儿在自由韵律活动中出现了中层次动作,10.00%的幼儿在自由韵律活动中出现了低层次动作,只有6.70%的幼儿在自由律动中出现了移位式动作。因此,在幼儿的自由韵律活动中,中层次空间中的动作比较多,而高层次空间与低层次空间内的动作出现的频次很少。幼儿水平空间的动作比较少,绝大多数幼儿仅仅是在原地做动作,并没有出现移位式动作,从而不能构成水平空间动作。

(4)动作的种类。不同的运动部位、不同的运动路线、不同的运动空间等因素共同促成了幼儿不同种类的动作,比如上下挥动手臂的动作,大幅度晃动身体的动作,等等。在自由韵律活动中,幼儿表现出不同种类的动作。通过对幼儿在自由律动中动作种类的统计,我们得出图4.4:

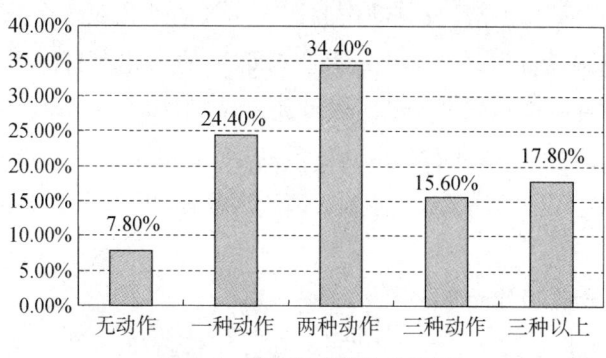

图 4.4　动作种类频次分布图

上图说明,7.80%的幼儿在自由律动活动的过程中没有任何动作,

24.40%的幼儿只有一种动作,34.40%的幼儿有两种动作,15.60%的幼儿有三种动作,17.80%的幼儿有三种以上的动作。幼儿的动作种类也表现出一定的规律,其中出现频次最多的是两种动作,其次是一种动作。由此可见,绝大多数幼儿在自由律动中可以有一定的动作,但是动作不是很丰富。

2. 幼儿动作的随乐性

随乐性是指在进行韵律活动的过程中动作与音乐的协调性、一致性。幼儿动作的随乐性包括两个方面,即幼儿跟随音乐的情绪风格进行动作与幼儿根据音乐的形式要素进行动作。本研究主要关注的是后者,即幼儿根据音乐的形式要素进行的韵律动作的特点,主要包括幼儿的前奏感、节奏感、乐句感、乐段感。通过对自由律动中幼儿动作随乐性的统计,我们得出图4.5:

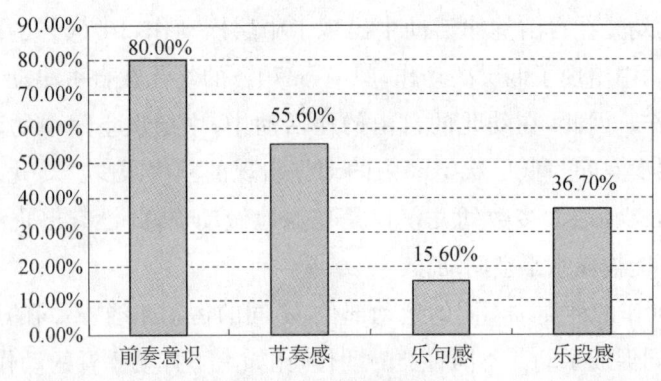

图 4.5 随乐性频次图

上图说明,80.00%的幼儿在自由韵律活动中是有前奏意识的,也就是在音乐的前奏部分幼儿是没有动作的;55.60%的幼儿在自由韵律活动中有节奏感,能够跟随音乐的节奏做动作;15.60%的幼儿在自由律动活动中有乐句感,能够在一个乐句开始的时候开始一个动作,在乐句结束的时候结束一个动作;36.70%的幼儿在自由韵律活动中,能够区分不同的乐段,有乐段感。由此可见,3~6岁的幼儿前奏意识发展最好,其次是节奏感,乐句感的发展最差。

3. 幼儿合作动作的特点

幼儿合作动作在此主要是指幼儿与同伴一起做的动作。通过对幼儿动作的分析,笔者发现,8.80%的幼儿在活动中与同伴有一定的合作行为,91.20%的幼儿没有合作行为。在幼儿合作行为中,主要有向对方微笑、与对方讨论动作、与对方合作完成某一动作,等等。由此可见,幼儿与同伴合作做动作的行为很少,幼儿与他人合作做动作的能力是非常欠缺的。

(二) 幼儿自由律动水平的年龄和性别特点

1. 幼儿自由律动水平的年龄差异

本研究中,幼儿自由律动的水平是指幼儿在自由律动过程中所表现出的综合水平,包括动作的水平、动作的随乐性及合作动作的水平。在研究过程中,研究者对小、中、大班不同年龄段幼儿的自由律动水平进行了单因素方差分析,结果如下(表4.3):

表4.3 三个年龄班幼儿律动水平的方差分析表

年级(I)	年级(J)	两个年龄班平均数之差(I-J)	差异显著性水平
小班	中班	-2.70(*)	.016
中班	大班	-2.00	.072
小班	大班	4.70(*)	.000

* $p<0.05$

由上表我们可以发现,小班与中班幼儿自由律动水平存在显著性差异($p<0.05$),但是中班和大班幼儿之间并没有明显的差异($p>0.05$)。研究者推断,小班下、中班上这个年龄阶段,可能是幼儿自由律动发展的关键期,在这个阶段,如果教师能够给幼儿较多的刺激和引导,对于幼儿自由律动水平的提高将会非常有意义。

2. 幼儿自由律动水平的性别差异

对不同性别幼儿的律动水平进行两个独立样本均数差异性检验,结果如下(表4.4):

表4.4 不同性别幼儿自由律动水平差异性检验调查表

	男孩(n=44)		女孩(n=46)		T
	平均数	标准差	平均数	标准差	
律动水平	8.07	3.656	10.35	5.186	.018

从以上表格中,我们可以看出,男孩自由律动水平平均数为8.07,女孩

自由律动水平平均数为 10.35，对两者进行差异性检验，我们发现其显著性差异 sig<0.05。以上数据表明，在幼儿园中，女生自由律动的整体水平明显高于男生自由律动的整体水平。

四、讨论与教育建议

（一）关注幼儿下肢动作，发展幼儿的动作技能

通过对幼儿运动部位的分析，我们发现幼儿上肢动作出现的频次、动作的种类远远超过了下肢动作。笔者认为造成这种现象的原因主要有两个方面：一方面，下肢动作对于幼儿的体能与动作技能的要求更高，幼儿更难把握；另一方面，教师的日常教学习惯影响到幼儿下肢动作的发展。在日常的韵律活动中，教师常常带领幼儿坐在凳子上拍手、摇头、挥动手臂，而下肢的动作却较为少见。教师在日常韵律活动中应该注意引导幼儿用自己的腿、脚来做不同的动作，丰富幼儿的下肢动作，同时发展幼儿的动作技能。

（二）关注幼儿高、低层次动作，引导幼儿进行移位式动作，增加幼儿运动路线的多样性，丰富幼儿动作的种类

空间是舞蹈创编中的一个主要因素。一部好的舞蹈作品，应该兼具垂直空间和水平空间，创造出多种空间造型，形成多层次的舞蹈动作。在幼儿的自由律动中，幼儿的动作以中层次、非移位式动作最为多见，同时简单的运动路线使幼儿的空间造型受到了限制。在日常韵律活动中，教师可以借助于日常生活中不同高度的形象，引导幼儿表现出高、低层次的空间动作。比如说在请幼儿摆出树的造型的时候，教师可以让幼儿回忆日常生活中的白杨树、柳树和小树苗的形象，从而引导幼儿表现出不同的高度空间。当幼儿在律动中出现不同空间层次的动作或姿态，以及出现移位式动作时，教师应该及时给予肯定与鼓励。

（三）关注幼儿乐段感、乐句感的发展，促进幼儿音乐感知力的发展

律动是动作与音乐的结合，而动作与音乐结合的方式是多种多样的。动作既可以反映音乐的节奏，也可以反映音乐的乐句、乐段、乐章、结构等。在自由律动中，80%左右的幼儿能够注意到音乐的前奏（音乐结构的一部分），但是却不能表现音乐的乐句、乐段。这应该成为幼儿园音乐活动中的一个重要切入点。对于幼儿乐感的培养，不仅可以在韵律活动中去表现，还

可以在音乐欣赏活动中进行。比如,在欣赏《在山魔王的宫殿里》这首音乐的时候,教师不仅仅要引导幼儿跟随音乐的节拍做动作,同时可以让儿童在每一个乐句结束的时候做一个固定的姿势,以此来培养幼儿的乐句感,等等。

(四)关注幼儿做合作动作的能力,促进幼儿的情感发展

舞蹈从本质上来讲,是人类表达自身思想与情感的一种方式,是一种人与人沟通的方式。在韵律活动中,发展幼儿做合作动作的能力是十分重要的。在研究中虽然我们为幼儿提供了"小雨和花"的故事情节,希望以此引发幼儿的合作动作,但幼儿的合作行为仍旧是很少见的。因此,在日常的音乐活动中,教师一方面可以为幼儿提供合作律动的主题内容或情节,启发幼儿做合作动作的意识;另一方面教师要尝试与幼儿一起探讨与归纳做合作动作的技能技巧,以此来促进幼儿做合作动作的能力与情感的发展。

南京师范大学教育科学学院 2008 届教育学硕士　徐莹莹
2008 年 5 月

4.2　准实验研究

研究 1:座位空间布局对幼儿学习积极性的影响

一、幼儿参与的概念

本研究中的幼儿参与特指幼儿在幼儿园集体音乐教学活动中的参与性,即指幼儿在集体教学活动中生理和心理能量的投入状况。幼儿参与通常由行为参与(或身体参与/表面参与)、认知参与和情感参与三部分构成。虽然在实际情况中,这三者并不是全然分离的,但是为了对幼儿参与进行更加深入的研究,研究者有必要对幼儿参与进行分类。

二、幼儿参与的类型

行为参与指幼儿取得参与幼儿园集体音乐教学的资格并且出席活动。在此研究中,行为参与不作为本研究的主要研究对象。认知参与是幼儿心理参与的一个层面,指"幼儿在完成教学任务的过程中,感知、记忆、想象、思维等的投入情况"。而幼儿在集体音乐教学活动中的认知参与和集体音乐教学活动(包括歌唱活动、韵律活动、打击乐演奏和音乐欣赏)所涉及的知识技能密切相关。因此,本研究对幼儿在集体音乐教学活动中认知参与的考察主要是基于幼儿对集体音乐教学活动所涉及的知识技能的掌握程度。本研究中的情感参与是指幼儿对集体音乐教学活动感兴趣的程度以及其兴奋、愉悦、淡漠、厌烦等心理状态。在本研究中,研究者主要通过观察幼儿在教学中的面部表情、言语表情以及身段表情来判断幼儿的情感参与水平。在集体音乐教学活动中,幼儿的情感参与一般表现为四种形式:积极参与、消极参与、积极非参与和消极非参与。

积极参与指幼儿积极主动地采用适宜的方式参与活动,并且伴随有愉悦、适度兴奋等情感体验。幼儿不仅能投入到活动中,还能感受到音乐活动带给他的乐趣,"微笑"、"摇头"等面部表情和身体动作将该幼儿内心对音乐的享受淋漓尽致地表现了出来。除了愉悦的情感体验之外,幼儿还可能产生适度紧张,甚至是过度紧张的情感体验,即幼儿为了完成认知任务,精力高度集中,从而导致情绪紧张。虽然过度紧张属于消极的情感体验,但考虑到此类幼儿的参与动机强烈,研究者也将幼儿的该类情感参与归于积极参与一类。

消极参与指幼儿消极被动地采用适宜的方式参与活动。幼儿虽然参与到了活动之中,但其注意力并不集中,只是应付式地完成动作。具有这种情感参与的幼儿在集体音乐教学活动中比较常见。他们对活动的参与更多的是盲从的,应付式的。盲从和应付可能是由于他们见到周围同伴参与活动之后,习惯性地、机械性地跟随他们一起做,或者是习惯性地、机械性地对教师的指令做出反应,也可能是由于规则的驱动,即不参与就要受到惩罚,才消极被动地参与到活动中来。总之,这类幼儿的参与动机不是音乐活动所给予他们的乐趣和愉悦的情感体验,而是音乐活动之外的一些东西,诸如规则、习惯等的束缚。

积极非参与指幼儿积极主动地采用不适宜的方式参与活动,或积极主动地干扰其他幼儿参与活动,以期获得教师和同伴的注意。第一种表现是"'不怀好意'地玩弄前排幼儿的衣服帽子,干扰其上课"。该幼儿没有参与活动,而且还干扰了其他幼儿的参与,这种类型的幼儿通常是班上的"调皮鬼",是教师和同伴经常关注的一类幼儿。第二种表现是"用力地拍手或跺脚,表情异常兴奋"。该幼儿虽然按照教师的要求参与了活动,例如拍手或跺脚,但他/她有可能是通过表面的"参与"来哗众取宠,以期获得教师和同伴的注意。

这里需要说明的是:除了哗众取宠、吸引注意之外,"幼儿用力地拍手或跺脚"还有另一种可能性,即某些幼儿(特别是年龄偏小的幼儿)由于身体动作技能发展不够成熟,不能主动有效地控制自己身体动作的协调性和强弱程度。因此,他们为了保证动作的准确性,往往投入了过多的能量来参与,但结果却造成动作幅度过大,或强度过于猛烈。幼儿的这种情感参与类型应该倾向于第一类,即积极参与。

那么,如何区分这两种可能性呢?在本研究中,研究者主要是通过观察幼儿的面部表情来区分的。哗众取宠的幼儿目光不专注,只是偶尔注视教师,同时,他们更加关注外部其他人对其行为的反应。例如,某幼儿在用力敲击铃鼓之后,会得意地"坏笑",然后缩着脖子以逃避教师责备的目光;而不善于控制身体动作的幼儿则不关注外部其他人对其行为的反应,而是身体微微前倾,极其认真地观察教师。

消极非参与指幼儿完全游离于活动之外,且表现出淡漠甚至厌烦的情绪。这种类型的幼儿拒绝参与活动,要么和周围同伴低声讲话,要么静静地坐在那里,沉浸于自己的情绪之中。造成幼儿这种情感参与的原因可能有以下两种:第一,幼儿对活动的内容不感兴趣,没有参与动机。第二,有的幼儿性格比较怯懦,通常不能快速地投入到活动之中,而是需要一段时间的"预热期",即需要通过一段时间的观察和感受之后,才能慢慢投入到活动中来。这种类型幼儿缺乏的是一种安全的、接纳的,甚至是热情激发的参与环境。

三、座位编排方式与打击乐教学活动中幼儿参与性的关系

本研究探讨了三种座位编排方式与打击乐教学活动中幼儿认知参与和情感参与的关系。这三种座位编排方式分别是,直排型(X1)、马蹄型I(X2)(即两侧幼儿正面向教师)、马蹄型II(X3)(即两侧幼儿侧身45°面向教师)。见下图:

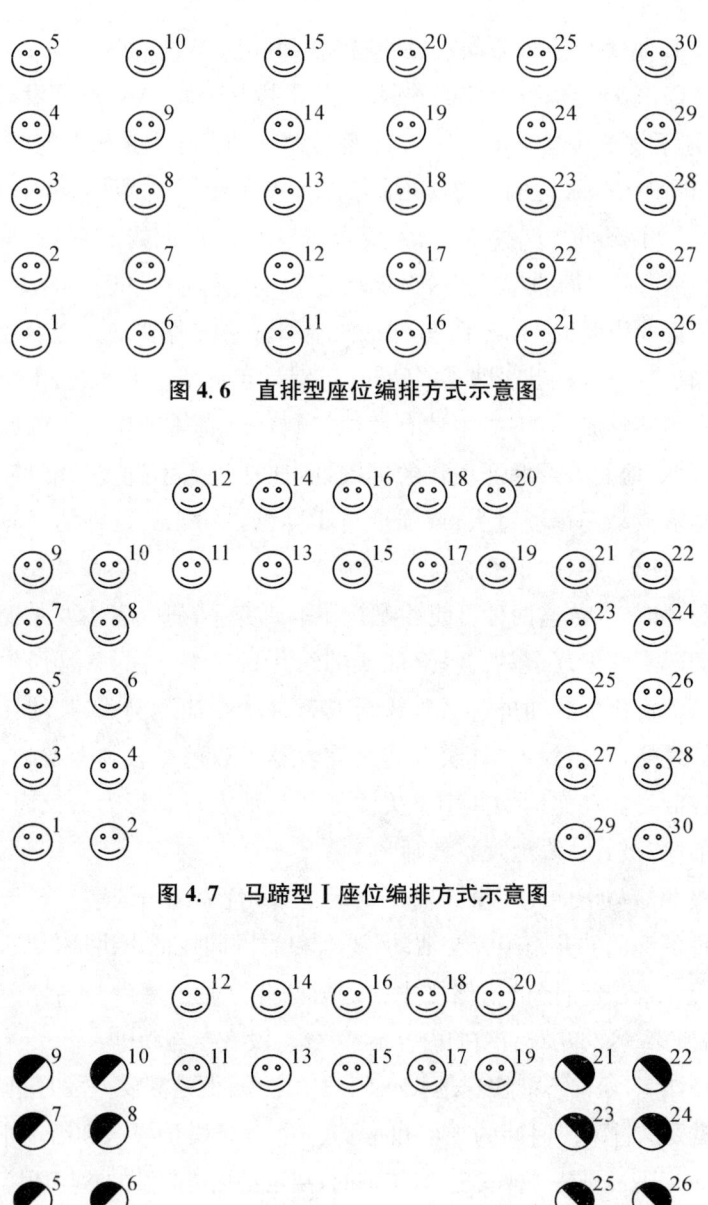

图 4.6 直排型座位编排方式示意图

图 4.7 马蹄型 I 座位编排方式示意图

图 4.8 马蹄型 II 座位编排方式示意图

通过对比实验和统计分析,该研究得出了以下结论:

在直排型座位编排方式中,前两排幼儿和后两排幼儿的认知参与水平不具有显著性差异(sig.值为0.272),情感参与水平具有显著性差异(sig.值为0.000)。前两排(黑色区域)幼儿的情感参与水平最高,后两排(虚线区域)幼儿的情感参与水平最低。如下图所示:

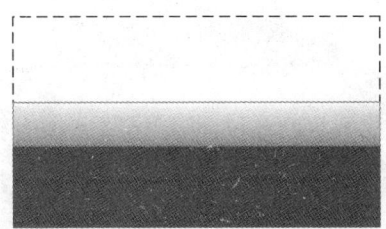

图 4.9 直排型座位编排方式中幼儿情感参与水平分布图

这表明座位的编排并不明显地影响各区域幼儿对集体音乐教学活动中相关知识技能的掌握。而各区域幼儿的情感参与水平仍然存在统计学上的显著性差异。这可能是因为前排幼儿(黑色区域)最容易与教师进行眼神交流和肢体语言交流。

首先,教师可以通过眼神关注监督幼儿的非适宜性参与行为。例如当幼儿出现精力不集中、扰乱课堂秩序等行为时,教师可以用眼神提示幼儿注意,及时引导幼儿进入积极参与的状态;其次,当幼儿遇到认知困难时,教师可以走到幼儿身边,通过近距离地演示示范动作,帮助幼儿克服认知困难,同时给予幼儿情感支持并为其创设安全、接纳的参与环境。后排幼儿(虚线区域)为了能够看清教师的示范和指挥动作,需要仰头从而使视线穿越前面几排的幼儿,而长时间的仰头要求幼儿有意识地对自己的身体进行控制并克服身体的不适,即使这些幼儿最初具有积极参与的动机,但长时间的身体不适会导致幼儿渐渐失去参与的兴趣,从而影响幼儿的情感参与。除此之外,由于后排的幼儿受到前排幼儿的阻挡,处于教师不易关注的区域,这些幼儿容易出现侥幸心理,即"老师看不到我,我可以自己干自己的"。因此,心理的放松也会导致幼儿的自控能力减弱,从而降低其情感参与水平。

在马蹄型Ⅰ座位编排方式中,马蹄型外侧、马蹄型内侧和蹄端幼儿的认知参与和情感参与水平均具有显著性差异(sig.值分别为0.041和0.000),

并且情感参与水平间的差异极其显着。马蹄型内侧(黑色区域)幼儿的认知参与和情感参与水平最高,马蹄型外侧(灰色区域)幼儿的认知参与和情感参与水平次之,蹄端(虚线区域)幼儿的认知参与和情感参与水平最低。如下图所示:

图 4.10　马蹄型Ⅰ座位编排方式中幼儿认知参与和情感参与水平分布图

　　这可能是因为马蹄型内侧(黑色区域)幼儿基本处于教师的视野范围之内,即使教师向凹陷区域移动,该区域的幼儿也能轻松地与教师及其他幼儿进行眼神和肢体语言交流。另外,当该区域的幼儿出现非适宜性的参与行为和认知困难时,教师也能快速地移动到该幼儿身边,给予认知帮助和情感支持。马蹄型外侧幼儿(灰色区域)的视线容易受到前边或旁边幼儿的阻挡,但是,与蹄端幼儿相比,该区域幼儿较容易得到同伴的支持。蹄端幼儿(虚线区域)虽然处于最前端,但是当教师向凹陷区域移动时,这部分的幼儿则被"抛"在了身后,完全处于教师的视域之外。为了与教师及同伴进行眼神和肢体语言的交流,该区域的幼儿需要回头甚至是转身才能看到教师及同伴。因此克服身体不适对幼儿的自控能力和坚持性形成了挑战,从而影响了幼儿的情感参与水平。另外,当该区域幼儿回头或转身观看教师的示范和指挥动作时,教师是背对幼儿的,幼儿既不能清楚地观察教师的示范和指挥动作,又需要对教师的动作进行方位的转换,这两点均增加了幼儿的认知负担,从而也影响了该区域幼儿的认知参与。

　　在马蹄型Ⅱ座位编排方式中,马蹄型外侧、马蹄型内侧和蹄端幼儿的认知参与水平具有显著性差异(sig.值为 0.004),情感参与水平不具有显著性差异(sig.值为 0.132)。蹄端(黑色区域)幼儿的认知参与水平最高,马蹄型内侧（灰色区域）幼儿的认知参与水平次之，马蹄型外侧（虚线区域）幼儿的认知参与水平最低。如下图所示：

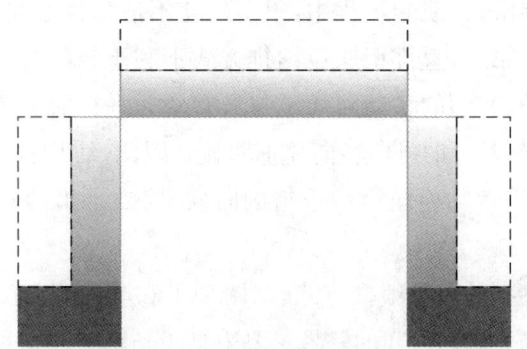

图 4.11　马蹄型 Ⅱ 编排方式中幼儿认知参与水平分布图

这可能是因为左右两侧幼儿统一向内侧旋转 45°之后，原来处于教师视域外（马蹄型外侧和蹄端）的幼儿能够更加容易地与教师进行眼神交流，同时，左右两侧幼儿由原来的平行关系转变为了现在的相交关系，同伴间也能够进行更多的相互支持。而各区域幼儿的认知参与水平仍然存在统计学上的显著性差异。不同于马蹄型 Ⅰ 的是，蹄端幼儿（黑色区域）由认知参与水平最低转变为了认知参与水平最高。这可能是因为左右两侧幼儿统一向内侧转动 45°之后，即使教师向凹陷区域移动，蹄端幼儿（黑色区域）也可以直接或通过余光与教师及同伴交流。因此，该区域的幼儿不用克服身体的不适，也不用对教师的示范和指挥动作进行方位转换，认知参与水平自然得到了提高。

座位编排方式对集体音乐教学中幼儿的认知参与和情感参与都有统计学上的显著影响（sig. 值均为 0.000）。其中，马蹄型 Ⅱ 的座位编排方式最有利于幼儿的认知参与和情感参与，而直排型的座位编排方式最不利于幼儿的认知参与和情感参与。

在集体音乐教学中，相对于马蹄型（Ⅰ 和 Ⅱ）的座位编排方式，直排型座位编排方式具有明显的劣势，主要体现在：第一，直排型编排方式会导致更多的幼儿无法畅通地与教师进行眼神交流。在马蹄型的座位编排方式中，虽然处于外侧的幼儿的视线也会受到内侧幼儿的阻挡，但毕竟这一层阻挡对幼儿与教师的眼神交流不会产生较大影响。第二，直排型座位编排方式不利于集体音乐教学活动中幼儿的分组。在幼儿园集体音乐教学活动中，分组表演十分常见。例如在本实验所采用的打击乐演奏《拔根芦柴花》中，幼儿被分成三个小组（相近的两列为一组）进行分声部演奏。由于组与组之间没有明显的界限，在演奏过程中，很多幼儿不清楚自己究竟属于哪个组，从而导致混乱。第三，直排型座位编排方式不利于教师的指挥。在直排型座位编排方式中，教师的移动路线是与所有幼儿平行的一条直线，因此，当教师指挥的时候，教师的身体转向并不明显。因此，幼儿容易错误理解教师的指挥。例如，当教师面向第一小组的时候，第二小组的幼儿也开始演奏乐器。

同样是马蹄型的座位编排方式，马蹄型Ⅰ和马蹄型Ⅱ的座位编排方式也是存在差异的。它们之间的差异主要来自于马蹄型Ⅱ这种座位编排方式将左右两侧的幼儿统一向内转动45°。这样做的优势在于：第一，蹄端的幼儿能够轻松地与教师交流。在马蹄型Ⅰ的座位编排方式中，蹄端的幼儿需要回头甚至转身才能看清教师的示范和指挥动作，而这两个身体动作均需要幼儿对自己的身体进行主动控制，即要使自己的身体处于一种反常规的状态。一方面，幼儿需要付出意志努力才能保持这一姿势；另一方面，长时间的回头或转身的动作会使幼儿感到十分疲惫，从而削弱其参与的积极性。第二，马蹄型两侧的幼儿能够得到更多的同伴支持。由于两侧幼儿统一向内转动45°，他们与另一侧幼儿的位置关系由相互平行变为相对，这就使得幼儿更容易得到同伴支持。具体表现为，当幼儿出现认知困难时，可以通过模仿对面的幼儿的动作来完成认知任务（分声部演奏时除外）；在分声部演奏时，幼儿可以通过观察另一侧幼儿的演奏来提醒自己耐心等待，准备演奏。

通过这个研究，我再次认识到：了解儿童的需要的确不是一件容易的事。在没有进行这样的研究之前，可能没有人可以单凭直觉或日常经验如此确切地认识到座位编排的不同竟然会对幼儿的安全、舒适、快乐体验产生这样大的影响。而且当幼儿的合理需要经常在集体教学活动中被忽略时，幼儿本应从中获得的积极经验就会被削减，幼儿本应从中养成的对学习的热爱就会遭受损失。

因此，人们常说，教育无小事！教师应该从小处着眼，关怀、关注幼儿在学习过程中表现出来的蛛丝马迹，设身处地地体察他们的需要，为他们的快乐学习提供真正合适的支持。

南京师范大学教育科学学院2010届教育学硕士　陈明娥
2010年5月

研究2：幼儿园歌唱教学音准问题研究——教学因素的分析视角

一、研究缘起（缩略）

二、研究目的

1. 导致幼儿在歌唱时不能正确把握音准的原因有哪些？如果说生理方面的原因不可改变，教师可以对歌曲进行恰当选择的话，那么为什么有些班级幼儿的歌唱水平会显著高于其他班级？

2. 在幼儿学得轻松、愉快的前提条件下，教师怎样通过改善自己的教学来努力提高幼儿的歌唱水平？

三、概念界定（缩略）

（一）音准

（二）其他相关概念

1. 学习效率

2. 学习习惯

（三）对本研究的两点说明

1. 由于幼儿可以接触和学习歌曲的机会很多，所以本研究限定在幼儿园集体教学的情境中所进行的新歌教学活动，也就是全班幼儿一起参加的、由教师组织的教学活动。幼儿在家庭或者其他环境中，跟随其他人学习歌曲或者幼儿自发的歌唱行为不在本研究关注的范围之内。

2. 由于在歌唱中，衡量唱歌水平的高低，同时要考虑到很多种因素，如节奏是否稳定、音高是否准确，以及歌唱是否具有表现力等。这些因素同时在幼儿的歌声中反应出来，而本研究关注的重点是在歌唱活动中幼儿对音准的把握,在教师所组织的歌唱教学活动中,教师的指导则要同时关注到各个方面,以促进儿童的整体歌唱能力的发展。

四、文献综述

通过两次在国内期刊网以及各种幼儿音乐教育的书籍中进行检索,发现国内外对幼儿歌唱音准的问题进行了如下研究:

北京师范大学李晋媛老师的研究,是一个一般性经验总结的研究。[①] 报告只说明如果教师重视音准问题,幼儿的音准反应水平就提高;如果放弃了对音准问题的关注,幼儿的音准水平又回落。

南京师范学院汪爱丽老师对幼儿音乐能力发展所进行的研究,发现音准能力的发展是各项歌唱技能中进步最慢的一种。[②] 她们编写了一些针对音准能力发展的歌曲给幼儿唱,采取一些灵活的方式进行教学,取得了较好的效果,幼儿的音准能力得到了发展。

南京师范大学许卓娅老师的一个行动研究报告只说:倾听习惯和演唱习惯(如过度兴奋地大声喊叫等)对幼儿音准反应水平有影响。

美国哈特福德大学约翰·费尔拉班德教授介绍的美国同行的相关研究[③](没有书面资料)有:1.幼儿个人独自演唱和在集体中与他人同时演唱,前种情况下幼儿音准反应水平更高,幼儿跟小组齐唱的能力随着年龄的增长而提高。[④] 推论是,个人独自演唱条件下自我监控的警惕性更高,因为没有可以依赖的对象。2.要求的教学原则之一是:教师范唱时幼儿不跟唱,幼儿模唱时教师不跟唱。其理由是:需要逐步培养幼儿输入音响形象和输出音响形象时对信息的精确性的警觉习惯。3.要求制造机会和不断激发动机让幼儿反复倾听高质量的范唱,以形成高质量的听觉表象。4.在教师范唱的时候采用清唱、钢琴右手旋律、钢琴右手旋律加左手伴奏、有旋律的乐队伴奏录音的四种演唱条件下,越是靠前面的情境幼儿的音准反应水平越高。

---

① 李晋媛.幼儿音乐教育.北京:北京师范大学出版社.1997:89
② 汪爱丽:《幼儿音乐能力测验初探》、《幼儿园音乐教学中音乐能力的培养》。
③ 约翰·费尔拉班得教授2005年5月在南京师范大学所做的报告。
④ Goetze, Mary; Horii, Yoshiyuki. A Comparison of the Pitch Accuracy of Group and Individual Singing in Young Children.

推论是：复杂的与旋律不一致的音响环境对音准表象"不太坚定"的幼儿的再现活动具有一定的干扰作用。但是费尔拉班德教授并没有对具体的研究进行详细介绍。

国外有研究者研究了两种教学程序对儿童歌曲学习的效果的影响。[①] 浸入式就是歌曲不断地被完整地重复，分句式就是歌曲是以片段的形式呈现的。结果显示，用浸入式方法学习的儿童在唱歌的时候犯的错误更少。

不同的研究者所提出的影响幼儿歌唱音准的因素分别有：儿童的生长发育水平，歌曲的难度，幼儿的情绪状态，幼儿原有的歌唱经验，幼儿的学习习惯，教师的教学等。他们提出的解决音准问题的策略有：为幼儿创作一些有助于提高歌唱音准的歌曲，培养幼儿良好的倾听习惯，要求增加幼儿的倾听次数，让幼儿从轻声入手，用自然的声音唱歌，教师良好的范唱等。

本研究采用实证研究的方法，对影响幼儿歌唱音准的因素进行系统深入的分析，并尝试提出相应的解决策略。

五、研究方法（缩略）

（一）研究对象的选取与资料的搜集

1. 测量法； 2. 观察； 3. 问卷调查法； 4. 访谈法； 5. 测量法。

（二）资料的分析与整理

测量用于了解儿童发展现状；准实验用于获得不同教学处理下的不同后果；问卷调查与教师访谈作为一种辅助手段，来证实我所观察到的现象的普遍性与真实性。

六、研究结果

（一）幼儿歌唱音准的现状描述

我们采用了把音准放在整个歌曲的"语境"中来进行测量的方式，用以下的评价工具对幼儿的歌唱能力进行了测量。

从这项研究结果可以看出，就歌唱这项活动而言，不同年龄段的幼儿对

[①] Klinger, Rita; Campbell, Patricia Shehan; Goolsby, Thomas. Approaches to Children's Song Acquisition: Immersion and Phrase‐by‐Phrase

音准把握的程度不同,歌唱的音准随年龄增长在逐渐提高,其中中班阶段是幼儿歌唱水平发展的一个飞跃时期。

(二)影响幼儿歌唱音准的因素分析——"歌曲"及"幼儿"的因素(缩略)

(三)影响幼儿歌唱音准的因素分析——"教师教学"因素的调查研究

1. 教师对幼儿的倾听习惯、歌唱音量及姿势和方法的态度及相应行为

表 4.5 教师态度及相应行为调查表

	经常		有时		偶尔		从不		缺失	
	人数	%	人数	%	人数	%	人数	%	人数	%
倾听习惯	129	85.4	17	11.3	2	1.3	0	0	3	2.0
安静倾听	135	89.4	12	7.9	0	0	0	0	4	2.7
制止跟唱	27	17.9	65	43.0	40	26.5	18	11.9	1	0.7
要求大声唱	16	10.6	75	49.7	34	22.5	25	16.6	1	0.6
要求小声唱	17	11.3	87	57.6	31	20.5	14	9.3	2	1.3

从以上结果可以看出:

绝大部分教师都经常关注幼儿的倾听习惯,并且经常要求幼儿安静倾听,但是在"如果幼儿在您范唱的时候跟着唱,您会制止吗"这个问题的回答上也出现了观念和具体行为之间的差异。造成这种结果的原因可能在于教师所关注的倾听习惯和安静倾听并不局限在歌唱教学活动中,而在新歌教学活动中,教师们认为幼儿如果能够自发地跟着教师的范唱开口唱,那是他们对歌曲非常有兴趣,他们有这个能力跟着老师唱,所以不应该制止,甚至应该鼓励。

半数以上的教师会要求幼儿"大声唱"或"小声唱",说明可能在幼儿园的歌唱教学活动中,幼儿在歌唱时对音量的控制不是很好,需要教师对此进行一定的调控。

2. 教师的范唱音量

表 4.6 教师范唱音量调查表

宏亮		中等		轻声		其他	
人数	%	人数	%	人数	%	人数	%
20	13.3	110	72.8	13	8.6	8	5.3

从以上数据可以看出,有 14.4% 的教师范唱时采用宏亮的声音,大部分教师采用中等音量范唱,8.6% 的教师是轻声范唱的。

3. 教师在新歌教学时采用的范唱方式

表 4.7 教师范唱方式调查表

清唱		录音		钢琴右手		钢琴左右手		缺失	
人数	%	人数	%	人数	%	人数	%	人数	%
51	33.8	13	8.6	55	36.4	30	19.9	2	1.3

在教师的范唱方式上,许多教师经常采用多种方式为幼儿进行范唱。

4. 新歌教学的程序

表 4.8 新歌教学程序调查表

听 1~2 遍跟老师唱		连续听,连续唱		其他		缺失	
人数	%	人数	%	人数	%	人数	%
84	55.6	17	11.3	43	28.5	7	4.6

在新歌教学的过程中,一半以上教师采用的程序是先让幼儿倾听 1~2 遍教师的范唱,然后让幼儿跟着老师一起唱的方式,只有少数教师采用的是先让幼儿连续倾听几遍教师的范唱,然后再跟着教师唱的方式。也有一些教师采用的是另外的程序。对这些教师所描述的教学程序进行归类,发现他们所采用的程序是:用游戏的形式进行新歌教学;让幼儿直接跟着唱;教师首先创设一个情境,用情境导入;有的教师还会加入熟悉节奏这一环节;大部分教师是首先范唱 1~2 遍,然后提问以检查对歌词的理解,熟悉歌词,然后幼儿跟着教师学唱。如果歌词太难,教师会先解决歌词的难点;部分教师还采用图谱和动作的辅助手段来帮助幼儿理解并记忆歌词。

5. 给幼儿倾听范唱、练唱以及教师带唱然后退出的次数

由于在设计问卷的时候没有对数值段进行划分,因而在填写问卷的时候教师们的答案各异,将教师的答案输入 SPSS 以后,针对统计结果在这里对答案进行分类,将 2~3 遍、2~4 遍也都划归为 3~4 遍这一类,将 3~5 遍、4~5 遍、4~6 遍都划归为 5~6 遍这一类,以方便统计。如若划分过细,

如 2～3 遍、4～5 遍,研究者认为意义可能不大。在统计时作此调整,在此予以说明。

表 4.9 教师范唱遍数调查表

	1～2 遍		3～4 遍		5～6 遍		缺失	
	人数	%	人数	%	人数	%	人数	%
倾听遍数	68	45.0	76	50.3	4	2.7	3	2.0
练唱遍数	1	0.7	89	58.9	51	33.8	10	6.6
带唱遍数	36	23.8	94	62.3	13	8.6	8	5.3

在幼儿开口学唱歌前倾听歌曲的遍数上,45%的教师给幼儿倾听1～2遍教师范唱,50.3%的教师给幼儿倾听3～4遍范唱。这可能与大部分教师采用的新歌教学程序是"先让幼儿倾听1～2遍教师范唱,然后让幼儿跟着教师学唱"的程序有关。在幼儿练唱的次数上,只有一名教师让幼儿练唱1～2遍,大部分教师让幼儿练唱3～6遍。绝大多数教师在带幼儿唱歌3～4遍以后开始退出,不再带唱,但是据研究者观察和对教师的访谈,这种退出只是教师自己的范唱退出,钢琴伴奏并不退出,也就是幼儿没有清唱歌曲的机会。从这个数据也可以看出,教师们对幼儿练唱普遍比较重视,练唱次数要比倾听范唱的次数多。

(四)两项关于歌曲学习效率的准实验研究

教师在新歌教学的时候为幼儿范唱的次数,即幼儿获得歌曲范本的输入充分吗?幼儿在学习新歌的过程中是不是一定需要借助钢琴?研究者就这两个问题分别进行了实验研究。在这两项研究中,音准是衡量歌曲学习效率的一个重要标准。

实验一 倾听遍数对幼儿歌曲学习效率的影响

1. 问题的提出

美国著名儿童音乐教育家约翰·费尔拉班德教授曾做过的研究表明,中等难度的歌曲,幼儿在倾听5遍以后才能形成比较清晰的听觉表象,在紧接下来的学唱中,能够用这些准确、清晰的听觉表象来监控自己的发音器官唱出正确的旋律,学唱的效果比较好。那么到底在幼儿学唱歌曲之前让他们倾听多少遍才能更有效地帮助他们学好、唱准呢?带着这个问题,我进行了这项验证性的实验研究,试图找出这个问题的答案。

2. 研究方法

(1) 研究对象

本研究于 2005 年 10 月 12 日至 14 日进行。研究对象均来自安徽省一所省级示范园,通过对班级进行方便取样,在大、中、小三个年龄段中共抽取幼儿 259 名。实际抽样过程是以班级为单位,抽取人数最多的两个班级,将幼儿随机分为三组,原则上要求每组的幼儿人数在 15 人左右,而实际人数保持在 12～16 人之间。

(2) 研究材料

研究者要求教师们根据自己的经验选择适合小、中、大三个年龄班的中等难度的歌曲,教师们经过一番取舍以后分别选择了以下三首歌曲:大班《小树叶》;中班《小弟弟早早起》(是一首新疆风格的歌曲);小班《小乌龟》(小班歌曲可能偏难,因为小班幼儿入园才一个半月)。

(3) 研究设计

把所抽到班级中的幼儿随机分为三组,即每个年龄段各有六组幼儿,每组中男女幼儿人数基本保持均等,分别倾听教师范唱3～8遍。

要求教师在上午进行一首新歌的教学,下午带幼儿复习一遍歌曲后再由研究者对幼儿进行单独测试。同一个年龄段均由同一名教师执教。对参与实验的教师在教学过程中提出以下要求:教师的范唱用清唱,可以用钢琴给出前奏,以便给歌曲定调;教学过程中不允许幼儿随意跟唱,要求安静倾听;教学过程应该尽可能保证一致,这样才能突出倾听遍数这一因素的影响;幼儿学唱遍数保持一致。

(4) 研究结果

测量工具来自"建桥项目"表演艺术领域中的"歌唱活动"评价标准。为保证研究信度,采取每个年龄段各由两名教师共同评分的方式,在评分前对已有的评分标准都进行了较深入的交流,评分者信度分别达到:大班 0.830,中班 0.892,小班 0.899,显著相关。在评分过程中,由两人单独评分,进行统计时取其平均分。对所评定的数据进行统计分析,结果表明:

(A) 总体情况概述(共 218 人,男 125 人,女 93 人)。

(B) 从各组的平均分来看,各组间的成绩呈上升趋势,倾听 6 遍组与倾听 7 遍组成绩较突出,尤其是倾听 7 遍组,但是倾听 8 遍组平均成绩下降,低于倾听 6 遍组,但超过倾听 5 遍组。

表 4.10　各组平均分调查表

组别	平均分	人数	标准差
倾听 3 遍	2.176	34	1.4028
倾听 4 遍	2.606	33	1.4403
倾听 5 遍	2.743	35	1.0598
倾听 6 遍	3.363	40	1.2709
倾听 7 遍	3.897	39	1.0524
倾听 8 遍	3.243	37	1.1094

总的来说,倾听 6~7 遍的小组的成绩总是与其他各组之间呈显著或极其显著差异,倾听 5 遍与倾听 8 遍成绩差异不显著,但后者成绩从平均分看高于前者。

(C) 各年龄班各组之间的平均分比较:

从下表也可以看出,各年龄班中各组成绩的趋势呈现高度的一致性,说明在各年龄段,倾听 6~7 遍的输入是必要而且高效的。

表 4.11　各年龄班平均分调查表

	人数	3 遍	4 遍	5 遍	6 遍	7 遍	8 遍
大班	82	1.88	1.92	2.32	3.13	3.97	3.62
中班	73	2.67	3.54	3.31	3.63	4.13	3.42
小班	63	1.95	2.28	2.56	3.42	3.58	2.71

(5) 分析与建议

从以上的总体情况概述和各年龄的情况来看,学习新歌时倾听 5 遍以下对幼儿而言是不够的,他们对歌词和旋律的理解和记忆有困难,学习效率不高,而倾听 6~7 遍学习效果比较好,尤其是第 7 遍,但是倾听遍数过多,对学习不但没有促进作用,反而会产生疲劳,导致学习效率下降。

从教师的教学过程来看,三位教师在执教的过程中,都有一致的感觉,也就是幼儿在倾听 3~4 遍的时候,对歌曲刚刚有一点熟悉和了解,似乎是刚刚进入审美阶段,还没有充分感受到歌曲的美,此时开始学习唱歌,现场效果不太好。而在对倾听 5 遍组进行教学的过程中,明显感觉幼儿的反应比前两组好,学习进入状态,情绪也较愉快。在对倾听 6 遍与 7 遍组进行教学的时候,幼儿的状态更好,情绪非常投入,对词曲有了一定的了解,比较充分地对歌曲进行了欣赏,歌声明显好于其他各组。但倾听 8 遍的小组感觉不很耐心,情绪也不够高,说明 8 遍的输入已经达到饱和,幼儿出现审美疲劳,学习效率下降。

实验二　钢琴伴奏对幼儿歌曲学习效率的影响

1. 研究缘起

在 20 世纪二三十年代,我国就有音乐教育家提出在进行新歌教学的过程中,钢琴只是用来给歌曲定调,在幼儿已经学会唱以后再用钢琴进行伴奏。[①] 在教学中既不用乐器为歌唱、游戏伴奏,也不用它教唱新的歌曲,这是匈牙利音乐教学的特点。他们认为过多使用乐器是人为地"制造拐杖",会抑制儿童发展自己的歌唱能力。[②] 约翰·费尔拉班德教授与同行曾做过实验,将幼儿分成四组,第一组幼儿倾听教师的清唱范唱,第二组幼儿听钢琴右手旋律为教师伴奏的范唱,第三组幼儿听由左右手钢琴伴奏的教师范唱,第四组幼儿倾听录音机范唱。经过六次实验,研究的结果表明,学习效果从好到差依次为第一组到第四组,也就是倾听教师清唱范唱的第一组的学习效果最好,最差的是第四组。因为在第一组中,幼儿需要非常专注地倾听教师范唱,要求自己记住歌曲的旋律和歌词。而在第四组中,幼儿不需要用心倾听和记忆歌词和旋律,因为录音机会马上把自己不会唱的部分唱出来,幼儿对录音机形成了一定的依赖感。[③] 在一个关于钢琴伴奏对幼儿歌唱能力发展的影响的实验研究中,研究者对 203 名幼儿进行了一年的教学,最终发现影响不显著。[④]

[①] 俞玉滋主编.中国近现代学校音乐教育文选.上海:上海教育出版社.2000
[②] 杨立梅编.柯达伊音乐教育思想与匈牙利音乐教育.上海:上海教育出版社.2000:116
[③] 约翰·费尔拉班德教授 2005 年春在南京师范大学所作的报告.
[④] Atterbury, Betty W.; Silcox, Lynn. The Effect of Piano Accompaniment on Kindergartners' Developmental Singing Ability.

以上的研究对我们来说非常有借鉴意义,但是与我们的教学现状不符,于是我带着这个问题,进行了这个钢琴伴奏对幼儿新歌学习效率的影响的实验。

2. 研究设计

研究对象为南京市两所省级示范园的 2 个大班、3 个中班。将全班幼儿进行等距抽样分为 3 组,每组 10～12 人。第一组幼儿在学习的过程中,不使用钢琴,也就是倾听教师的清唱范唱,学唱的时候也不用钢琴;第二组倾听教师的清唱范唱,但是在开始学唱的时候加入钢琴伴奏;第三组无论是倾听老师的范唱还是自己开始学唱,都有钢琴进行伴奏。三组幼儿的教学过程尽可能保持一致,差别只在对钢琴的使用方面。教师选择一首中等难度的歌曲,在上午进行新歌教学,下午集体复习 2 遍以后,进行幼儿单个测试(由于学习的因素非常复杂,因此在本研究中不考虑记忆与复习等因素的可能影响)。

3. 研究结果

注 1:各班所选择的歌曲难度不一样,教学方式也不一样,幼儿的基础也不同,所以,不进行各班之间平均分的比较,而主要进行班级中各组间的比较。

注 2:在这 5 个班级中出现了两种不同的教学程序。一种程序为教师范唱 1～2 遍,然后幼儿一遍一遍地跟老师学唱 4～5 遍(在表中以"A"代替);另一种是连续让幼儿倾听教师范唱 4～5 遍,然后跟老师学唱 4～5 遍(在表中以"B"代替)。

注 3:大 2 班教师弹钢琴时只有旋律,没有左手的伴奏。在教学活动结束后马上让各组幼儿齐唱一遍,很明显听出清唱组幼儿的歌声好于其他两组,没有出现明显的走音现象,但是完全听琴组的幼儿明显走音,歌词也出错。但是下午测试的结果与当时的表现有较大出入。

注 4:中 3 班的第二组在教学过程中受到两次较大的无关干扰,可能影响了幼儿学习时的注意力。

两个大班之间的成绩出入太大,似乎找不到共同点。但是从大 2 班到中 3 班的成绩来看,完全清唱组的成绩普遍比较好,其他两组的成绩各有千秋,很难说哪组更好。

4. 分析与建议

清唱组为什么会取得比较好的成绩？一方面在于没有钢琴所造成的"声音遮蔽（掩蔽）"现象。[①] 钢琴声，尤其是音量过大时，可能掩盖教师范唱的歌词；钢琴的左手伴奏可能会掩盖主旋律，尤其是在伴奏音型非常复杂的情况下；教师在有钢琴伴奏的情况下，无法听清幼儿唱歌的实际情况，所以很多教师认为自己班的幼儿在跟琴唱的时候不存在音准问题，而幼儿歌唱准确与否，关键在于教师的耳朵，教师的耳朵越灵，幼儿唱得越好。另一方面，在教师不使用钢琴的时候，幼儿就必须要求自己仔细倾听旋律，同时要求自己记忆歌曲的旋律，在唱歌的时候仔细监控自己的发声，而在有钢琴伴奏的情况下，幼儿可以不用动脑筋，可以依赖钢琴，自己只要"有口无心"地跟着琴声唱就行了。在教学活动结束后，清唱组的幼儿能够很放松地唱出歌曲（当然不一定都很准确），但是跟了琴的幼儿缺少了琴的伴奏，似乎不敢放声唱，钢琴成了他们的拐棍，同时也成了他们表达时的一种限制。

虽然钢琴在教学过程中也扮演着非常重要的角色，比如：可以很快地营造出一种音乐的氛围；很快地把幼儿的注意力集中到唱歌这项活动中来；能够很好地烘托出歌曲的情绪；还能够在出现休止、句尾时值很长的情况下，提示准确的拍子，让幼儿不至于抢拍；能够更好地保证教师与幼儿歌唱的音准；在很大的程度上减轻教师的嗓子负担等。如果考虑到钢琴伴奏对幼儿学习新歌并无太大帮助的话，教师在教学过程中应该尽量多采用清唱的方式进行教学，自己清唱，让幼儿也清唱，这对于发展他们的注意力和记忆力及监控能力都有很大的好处。研究者认为可以在幼儿学会这首歌以后给他们配上钢琴伴奏，作为对他们自己的一种奖励，让幼儿自己感受自己歌声的美好，激发他们唱出更美歌声的愿望和热情。如果的确需要采用钢琴伴奏，那么应该考虑到在何时使用，想要达到什么目的，自己是否已经达到了使用的目的。还应该注意：自己的钢琴伴奏音量要适宜；左手伴奏音型不要太复杂；配班教师应该把自己纳入教学活动这个"场"，不要把自己作为配角，在情绪上要与主班教师所创造的"情绪场"保持一致，伴奏的速度应该与主班教师教学的速度保持一致，快慢适宜，不要不顾教学现场的情况，只顾自己

[①] 张凯. 音乐心理. 重庆：西南师范大学出版社. 2001：67

弹琴表演;在没有配班教师的情况下,更应该妥善处理好幼儿与钢琴谁更重要的问题。

七、教育建议(缩略为提纲)

(一) 选择合适的歌曲

(二) 培养良好的学习习惯

1. 培养良好的倾听习惯
2. 培养良好的歌唱习惯

八、研究者的反思

(一) 对幼儿获得快乐体验与正确把握歌唱音准的关系的思考

(二) 用复杂的眼光看幼儿歌唱的音准问题

参考文献(缩略)

南京师范大学教育科学学院 2006 届教育学硕士　曹玉霞

2006 年 5 月

4.3　行动研究

研究 1:5~6 岁幼儿创造性律动教学的探索性研究

一、研究的背景和目的

在近年来的全国幼儿园音乐教育研讨会上,来自一线老师普遍反映:"我教呢,别人说我扼杀孩子的创造性;我不教呢,别人又说我没起到教师的作用。"因此,我一直在思考如何去应对"教"与"不教"的矛盾,"教"又究竟应该怎么教?

本研究旨在考察集体韵律活动中,幼儿是如何从简单创造到复杂创造的,在其中教师使用了什么策略,从而了解幼儿在律动中创造性发挥的影响因素,为创造性律动教学提出建议,并且在一定程度上丰富幼儿创造性律动的"关键概念体系"。

二、研究方法——行动研究

遵循行动研究的步骤"计划——行动——观察——反思——再计划",本研究开始摸着石头过河。

收集资料主要采用参与型观察法。研究者与教师、幼儿一起活动,在密切的相互接触和直接体验中倾听和观看他们的言行。为了能反复分析活动现场,采用摄像机拍摄收集影像资料。

整理资料主要是将观察录像、与老师讨论的录音转成文字描述。资料分析是类属分析和情境分析两种方法相结合使用。希望利用两种方法的长处,既能够再现研究历程中鲜活的场景、生动的细节,又能够提取出创造性律动教学开展的保障条件,而不至于让读者读到一堆零散的概念和策略。

三、文献综述

追溯古代舞蹈发展的轨迹,是逐渐从简单到复杂,层层递进的。心理学家霍尔提出了复演理论,认为应该把个体心理的发展看作是一系列或多或少复演种系进化历史的理论。由此看来,创造性律动的课程开展应该依照舞蹈发展轨迹这样由易到难,使得幼儿逐步达到"有中生有"。在本研究中,课程可以循序渐进地这样来开展:律动的内容方面,幼儿动作来自对生活经验的描述;律动的结构方面,从随意的动作造型,到有节奏、有段落、有情节的一系列动作表演;从形式方面,从独自做动作,到两人结伴律动、领头人带领集体律动,再到集体配合的律动,并且后期可以加上乐器等道具的伴奏。

国内外关于创造性律动的研究检索到的较少,其中对本研究有重要启发的是由美国芝加哥埃里克森学院研究人员提出的一种"建桥评估"工作思路:教师观察幼儿在活动中的表现,给予幼儿评价,并由此确定幼儿下一步应该发展到何种水平,从而将幼儿推向更高级的水平。本研究中,活动的步步开展就借鉴了这种"评估——建桥"的思路。

建桥中强调了关键概念对于儿童学习的重要作用,这里的关键概念被界定为掌握某个课程领域内容所必需的中心概念或理论。韵律活动的关键概念有:倾听音乐;感受节奏、情绪及身体意识;根据各种音乐类型用身体表达心境和情感。

鲁道夫·冯·拉班(1879~1958)是著名的运动分析学家和中欧现代舞的先驱者。他的运动分析理论主要由四个部分组成:身体意识(Body awareness)、空间意识(Spatial awareness)、效果(Effort)和关系(Relationships)。在以拉班的运动分析理论为基础而开展实践活动的指导性书籍《动作教学》一书中,美国学者卫卡特列出了支持幼儿整体动作技巧发展的基石——八项核心动作经验。综合以上内容,我将在研究中从动作与自身、动作与语言、动作与音乐、动作与他人、动作与物体几方面的关键概念来为儿童的发展提供支架,归纳为律动分析表如下:

表 4.12 律动分析表

动作	非移动式身体动作	部位
		方式
	移动式身体动作	形式
		方向和路径
动作与语言	用语言描述动作	
动作与音乐	节奏	
	结构	乐句
		乐段
	情感	
	速度与力度	
动作与他人	合作	
	交流	
动作与物体	用物体装饰身体	
	操作物体	

四、研究过程

我在某幼儿园选择了一个班级,与带班老师结成合作伙伴。热身操期间的经验,缩短了磨合期,使得我从一个旁观者,较快地进入状态,融入班级,成为一个参与者。从 2008 年 3 月到 12 月期间,我们的正式活动共进行了 23 次,期间我们不断从行动中发现问题,不断反思、求助外援,更从行动中解决问题、验证假设、谋求进步。

为实现这一目标,就要把目标状态分解成许多子目标,然后通过逐个实现这些子目标最终走向那个我们向往的状态。因此我们在活动中逐步累加前言中律动分析表上的各要素。很多要素会重复出现,但是这种再次出现已不是简单重复,而是螺旋式上升。

一路沿着活动从易到难开展的思路"评估——建桥——再评估——再建桥"走下来,我们将过程分为五个阶段:1. 动作造型的丰富性;2. 动作与音乐的协调性;3. 动作与他人的协调性;4. 动作模型化;5. 动作与物体的协调性。展现了幼儿如何在老师的支持和帮助下一步一台阶迈向高级水平。

(一) 动作造型的丰富性

造型指的是幼儿用静止的身体动作表现出的线条。从前言的律动分析表上来看,这一阶段主要涉及非移动式身体动作的身体部位运用和运动方式。如下表(阴影部分为本阶段所涉及的要素,后同):

表 4.13 课程计划表(一)

动作	非移动式身体动作	部位	
		方式	
	移动式身体动作	形式	
		方向和路径	
动作与语言	用语言描述动作		
动作与音乐	节奏		
	结构	乐句	
		乐段	
	情感		
	速度与力度		

(续表)

动作与他人	合作
	交流
动作与物体	用物体装饰身体
	操作物体

活动案例　小老鼠打电话

[活动简介]

《小老鼠打电话》是一首歌曲,教师要求幼儿边唱边表演歌里唱的简单动作,在歌曲唱毕,教师增加了一个创造性动作表演环节:一个人扮演猫,其余扮演老鼠,"老鼠"用身体动作来表现陷阱,以期套住"猫"。

[反思与讨论]

在《小老鼠打电话》活动中,可以看到幼儿创意的一步步发展,动作造型越来越丰富:从一开始的大部分都趴在地上模仿插头,到趴、蹲、坐、弯腰、站立等下中上空间的不同层次;从一开始的手指、手臂运用,到腿、屁股、上半身等身体各部位的调动;从静态的插头、小河造型,到动态的火、移动墙、箭等模仿动作;从被动等待的插头等陷阱,到主动去吸引猫的放鱼的夹子、盛开的鲜花等陷阱;从个人的表演,到几人的合作。

这一阶段是单纯的动作创作,去除了音乐元素,幼儿负担比较轻,只要求动作与自身和谐。**下一步建桥方向是幼儿的随乐能力,即加上音乐后,幼儿是否能与音乐和谐,动作能否与音乐匹配。**

(二)动作与音乐的协调性

律动自然以节奏为基础,所以这个阶段我们主要的目标是幼儿的动作能够与音乐节奏匹配,即动作与节拍、速度相吻合。本阶段涉及的律动元素如下表:

表4.14　课程计划表(二)

动作	非移动式身体动作	部位
		方式
	移动式身体动作	形式
		方向和路径

（续表）

动作与语言	用语言描述动作	
动作与音乐	节奏	
	结构	乐句
		乐段
	情感	
	速度与力度	
动作与他人	合作	
	交流	
动作与物体	用物体装饰身体	
	操作物体	

活动案例　赶花会

[活动简介]

音乐是 ABA 结构的，A 段音乐欢快，B 段较为舒缓。让幼儿随乐表演鸭子去看花的过程。

[反思与讨论]

幼儿能够跟随音乐节奏"一下一下地"做动作。本活动的重难点在于动作要随两个风格不同的乐段而改变，并且一个乐句要做一个动作。老师引入了"ABA 结构"这一关于乐段的概念词，帮助幼儿明确区分两个乐段。通过在前奏设计不同于 A、B 段象征意义的动作，让幼儿有前奏意识。这些是在之前的活动中所没有的。

在活动《小老鼠打电话》中，幼儿也出现了两两合作扮演一个陷阱，并且这种合作受到老师极大的赞扬和鼓励。这次活动中，我们看到幼儿自发地出现了两两合作，而更加高级的是女孩宝仪在每个乐句都更换一个合作对象，短时间内交换了几个伙伴，扩大了交往圈。可以看出宝仪也很自豪于自己的行为，最后她对自我的评价是"为自己骄傲，跳得好"。下一步的建桥方向，是让幼儿主动积极交换合作对象，享受人际交往的乐趣。

（三）动作与他人的协调性

这一阶段，在幼儿动作有节奏的基础上，还要能够与他人配合做动作。

在第一次活动中,幼儿就出现了与他人合作做动作,这个阶段我们更加强调与他人的合作交流,不止是肢体语言上,还包括眼神、表情。本阶段涉及的律动元素如下表:

表 4.15　课程计划表(三)

动作	非移动式身体动作	部位
		方式
	移动式身体动作	形式
		方向和路径
动作与语言	用语言描述动作	
动作与音乐	节奏	
	结构	乐句
		乐段
	情感	
	速度与力度	
动作与他人	合作	
	交流	
动作与物体	用物体装饰身体	
	操作物体	

活动案例　小雨和花

[活动简介]

这是一个音乐故事表演,有两个角色——雨和花。音乐有 A、B 两个乐段,A 乐段雨轻盈地下,B 乐段雨和花摇曳呼应。在集体熟悉了故事表演后,老师安排小朋友两人一组上台合作表演,并请台下小朋友做评委。

[反思与讨论]

在这次活动中,幼儿模仿小花的动作种类明显比前次活动《赶花会》丰富,运用了更多的身体部位表现花,乃至用整个身体来表现。有的幼儿还表现了花开放的动态过程,有的还用扭动的动作表现花的摇曳。在"一起去山谷"活动中幼儿学习了概念词"方向",因此在做小花时幼儿不断改变花开在身体的不同方向,使小花造型愈发丰富。表现小雨时,通过动作的快/慢、大/小诠释了大雨、中雨、小雨、毛毛雨,还迁移了活动"小鱼"中的漂浮动作。

关于幼儿评委的评价:每组表演完,就会有几个"热心观众"把手高高举起嚷嚷"我来点评"。点评多是说表演者的不足。老师引导他们:"你除了看到不足的地方,你还看到什么好的地方?你提出不足的地方,那你还要提出建议呢。"这是老师对幼儿评价能力的建桥。幼儿能够对他人的表现做出评价,需要能够动作与语言互译,过去让幼儿会做就行了,现在要幼儿评价,他们必然要有动作与语言互译的能力——动作表现了什么,表现得是否合适。幼儿利用头脑中的关键概念来进行评价。这些关键概念包括:音乐变换,动作也要变换;与他人合作需要密切的关注与互动;动作的水平(高中低);面部表情表现音乐的情感。幼儿的评价目前已经涉及动作本身(如"小雨应该从上面下下来")、动作与音乐的关系(如"他们另一段没换动作")、动作与人的关系(如"小花向下雨的方向去接水")。

老师很关注面部表情显示音乐的情绪,常会提醒幼儿:"小花和小雨要笑嘻嘻地看着对方。"但在这样的提示下,仍然有很多幼儿没有面部表情,即使有笑容也比较僵硬。之后看录像时,我们注意到第9组的两个孩子一直很投入,很开心地咯咯笑,原来是小雨两手指做成剪刀的样子,每次"滴落"在小花上就夹小花一下,两人因此玩得很高兴。我们遗憾当时没能把第9组的两个孩子作为高级榜样,他们能相互激发对方的积极情感,这种逗乐获得的发自内心的愉悦以及对表演的投入,是单靠提示"你们要笑"做不到的。所以老师要找到吸引幼儿的那个"乐趣点",而不是去要求幼儿笑。

(四)动作模型化

在本研究中,音乐律动中的模型就是指动作排列组合的规律,即某些动作在某时间单位上按一定的规律排列组合形成一个单元,再将该单元进行重复。

有模型的音乐律动包含了动作的丰富性和规律的复杂程度,以及对音乐结构更熟练的把握,对幼儿的抽象思维能力要求很高。因此本阶段可以说是本研究中最难开展的一段,但也是很有意义的一个阶段,是过去的研究中所没有涉及过的。本阶段涉及的律动元素如下表:

表 4.16　课程计划表(四)

动作	非移动式身体动作	部位
		方式
	移动式身体动作	形式
		方向和路径
动作与语言	用语言描述动作	
动作与音乐	节奏	
	结构	乐句
		乐段
	情感	
	速度与力度	
动作与他人	合作	
	交流	
动作与物体	用物体装饰身体	
	操作物体	

活动案例　狮王进行曲

[活动简介]

根据音乐《狮王进行曲》分角色表演故事。故事是森林里,乐队在奏乐欢迎狮子王,狮子王出场,狡猾的狐狸带领一群小动物跟在狮子王后面,想叫狮子王吃小动物,但被狮子王识破,一口吃掉狐狸。

[反思与讨论]

这个活动同样包含了图谱、音乐、故事(语言)、动作四个符号体系的转换。在这个准舞剧表演中,幼儿有随乐的追求,动作一直跟随节奏,但动作较单一,模仿某种动物走路就一直重复一个动作走路。因此下一步建桥方向就是动作逐渐有复杂模型。复杂模型是多样化动作的排列组合,这需要幼儿有关于动物动作的丰富经验,对动物的动作有更加细腻的模仿,我们想到的一个策略就是引导幼儿观看动物精细动作的录像。

在之后的几次活动中,老师用各种途径,例如让幼儿迁移熟悉的数学经验理解模型,利用数字口令规范动作模型,提供律动模型的高级榜样等,极大地丰富了幼儿的模型经验。然后,我们再一次进行了《狮王进行曲》音乐剧表演。

再次分组表演时,我们发现,幼儿动作模型和音乐模型之间关系的和谐水平提高了。在大部分情况下,幼儿创编的模型是在一个八拍内,前四拍一个动作,后四拍一个动作;由过去的无稳定模型,到现在幼儿可以自己数节拍控制自己的模型,甚至有的不用数了;由无视模型,到现在追求模型。

在本次活动中,还有幼儿想象故事来诠释自己的动作,例如一伟解释他的动作是"长出一棵小树来,小鸟飞来了绕一圈",这是幼儿用动作对生活意义的理解和表达,语言和动作互译的水平提高了。老师还提出了概念词"高低层次",要求幼儿的动作要有高、中、低水平。幼儿在理解了这个概念词之后,创作动作多了一个维度,更加丰富。

幼儿的评价能力也在逐渐提高,在这次活动中,不仅要求幼儿观察后要说出别人的优点和不足,还要提出改进的建议。

大多数幼儿在正式跟随音乐表演时,没有把动作探索时想到的那么多高级动作用上去,可能是因为表演时任务比探索时多,注意力分散造成的。例如表演时要与音乐配合,与他人配合,要考虑故事情节的发展,还要考虑如何表现角色特征,任务多元化。下一步活动我们仍然让幼儿创作动作模型,希望他们提高熟练程度后,能够在音乐表演时更容易地迁移。

(五)动作与物体的协调性

在本阶段,我们希望发展幼儿与物体一起运动的能力。如果幼儿在动作活动中有物体可以使用,他们就有机会以新方式来运用动作协调,并发展轻松面对物体的态度。[①] 因此我们在活动中给幼儿提供了一些物品,让其自由选择,练习动作与物体的配合协调。当然,过去的阶段积累下来的动作的丰富性(高低层次、模型,等等)也是本阶段继续追求的。本阶段涉及的律动元素如下表:

---

① [美]菲里斯·卫卡特著.林翠湄译.动作教学.南京:南京师范大学出版社.2006.9:103

表 4.17　课程计划表(五)

动作	非移动式身体动作	部位
		方式
	移动式身体动作	形式
		方向和路径
动作与语言	用语言描述动作	
动作与音乐	节奏	
	结构	乐句
		乐段
	情感	
	速度与力度	
动作与他人	合作	
	交流	
动作与物体	用物体装饰身体	
	操作物体	

活动案例一　大树和小鸟

[活动简介]

伴随音乐《钟表店》，让幼儿自由想象创作大树和小鸟的动作，双人结伴分角色表演。音乐是 A—A′—B—A 结构，A 段欢快，B 段舒缓，A、B 段之间有短短的一个过渡段 A′。

[反思与讨论]

练习创编时，幼儿对音乐结构和动作关系的把握越来越清晰，幼儿在创作设计时更加理性。分组合作表演的时候，很多幼儿的动作比较随意，没有用上练习创编时那些动作模型，就算出现模型也只坚持一两个乐句，只有少数幼儿坚持动作模型。原因是表演时，任务复杂了，要与他人合作，若自己有一个模型动作，还不一定能和别人配合起来，因而打乱了动作模型，而且还要顾及道具的使用。任务复杂时会影响单项子任务的发挥。

老师再次与幼儿讨论总结了创造动作的三种常用思路：日常生活中对事物的观察、老师传授的动作、同伴动作的启发。在《一起去山谷》活动中，这个问题也讨论过，但因为知识和技能的熟练运用需要反复，特别是对能力较弱的孩子更是如此,所以对如何寻找创造素材的问题,老师在活动中都会渗透。

本次活动只提供了纱巾、发箍,让幼儿随意选择用还是不用。除了一两名幼儿,其余幼儿都使用了纱巾,可以看出幼儿是热衷于使用道具的。大多数幼儿是披在肩上、头上,即道具成为了身体装饰物,但装饰的身体部位较单一。此次活动中出现了对道具的想象性运用,有个幼儿将纱巾披在头上说自己是柳树,有个幼儿将纱巾搭在手上说这是树洞。确定幼儿敢于并且乐于使用道具后,我们决定下一步建桥方向是给幼儿提供更多种类的道具,鼓励幼儿摆弄道具,让道具发挥更多的价值。

活动案例二　赛马

〔活动简介〕

抽取音乐《赛马》的中间一段,由老师填词哼唱,四个乐句每个乐句八拍,给小朋友们一些乐器,让幼儿随意选择,自由表演。

〔反思与讨论〕

在这次表演中,幼儿有两个迁移:

1. 运用了模型概念,编排的乐器演奏都是有模型的,使得不同音色有序组合,成为悦耳的伴奏。将律动中的经验迁移到打击乐演奏,这是比之前活动中出现过的更难的迁移。

2. 创造性思维的迁移。不但在律动中创造,在使用乐器时也表现出创造性:用不同方式演奏同一个乐器,想象性地使用乐器。乐器的非常规使用方法有:用自己的小铃与同伴的小铃对敲;用小铃敲铃鼓鼓面;用作为小铃手柄的木棒敲铃鼓鼓面;把圆舞板放在别人的肩上,以肩为依托拍响。乐器的想象:把圆舞板想象成下雨的工具,每敲一下,雨就从圆舞板的张口处落下;在飞翔时,铃鼓成为翅膀的一个部分;在啄食时,铃鼓成为鸟儿的嘴。

五、研究结果:我们的发现——如何学会创造且乐于创造

研究发现了关键概念体系、动机激发在幼儿创作中的重要作用。关键概念体系和激发动机是相互作用的,关键概念体系促进了知识的发展,动机促进了知识的利用,将内化的知识用行为表现出来。此外,培养幼儿在集体中共同学习的能力,也是让幼儿学会创造、乐于创造的有效途径。

(一) 在教学中运用关键概念体系

1. 本研究中涉及的关键概念

概念是任何一个学科知识体系最基本的构成元素。若干概念及其相互关系构成规则(又称命题、定理或公式),概念和规则构成了学科的知识体系。概念也是思维的基本单位,掌握概念是个体学习规则、解决问题乃至进行创造的必要前提。本研究中的关键概念引用建桥中对关键概念的界定——掌握某个课程领域内容所必需的中心概念或理论,包括概念词和规则。在本研究中,幼儿创造性律动的关键概念归纳如下:

(1) 动作的丰富性:用不同种类的动作反映自己思想或情感的变化。不同种和类的数量越多,丰富性越高。

本研究中出现的具体概念词见下表:

表 4.18 运动概念词分析表

非移动式身体动作	身体部位	手指;手背;拳;手掌;手臂;手肘;腿;屁股;脚;肩膀;肚子;胸;腰
	身体形状	弯曲;伸直;倾斜;扭转
	运动方式	挥舞;打击;钻;扇动;漂浮;下落;耸动;旋转
	运动方向	前;后;左;右;上;下;同时向相同方向;同时向相反方向
	运动路径	直线;圆圈;波浪线
移动式身体动作	形式	行走;小碎步;滑步;小跑步;并步跳;单脚跳;跑步;后踢步
	方向	前;后;左;右;上;下;内;外
	路径	直线;圆圈;螺旋线
空间层次		高;中;低

注:
  非移动式身体动作——身体在固定位置上所做的动作,可以是躺着、坐着、站立或跪着,不涉及双脚间重心的转移。[1]
  身体形状——身体可以形成的某种状态、姿态。
  运动方式——绕着身体的轴线运动或稳定的运动,在空间上不发生位移(脚不走动)。
  运动方向中的"同时向相同方向;同时向相反方向"指两手或两脚同时的运动。
  运动路径——动作在空中划的线条。
  移动式身体动作——通过空间的动作,在空间里到处走动,涉及重心的转移。[2]

---

[1] [美]菲里斯·卫卡特著.林翠湄译.动作教学.南京:南京师范大学出版社.2006.9:59
[2] 同上,第79页。

(2) 动作的结构:动作模型化。

(3) 动作的意义:用动作来表现生活经验。

(4) 动作与语言的互译:用语言描述做的动作,根据语言指令做出动作。

(5) 动作的随乐性:动作跟随音乐的节奏和结构(乐句、乐段、前奏、间奏、尾奏);动作表达对音乐的体验、表达音乐的象征意义。

(6) 动作与他人的协调性:合作者之间密切关注、交流、互动。

(7) 动作与物体的协调性:在律动中与物体协调地运动。

2. 幼儿利用关键概念进行创造性学习

倘若幼儿近似于一张白纸,就不可能有光辉灿烂的创造。创造是从"已有"中生出"新有"来。那么什么是"已有"呢?

建构主义认为学习是认知结构的建构或重新建构的过程,在建构的过程中同时获取知识。所谓认知结构,就是学习者头脑中的知识结构,即学习者观念的全部内容和组织。强调关键概念,就是使儿童自己形成有关的知识体系,能够更多地从自己内部对学习过程进行调控和评价。例如,当幼儿逐渐建立了身体部位的关键概念后,他们在创造动作时会按从上到下、从前到后的逻辑顺序企图穷尽身体所有部位;当幼儿有了"方向"的概念之后,动作立即由 n 种变为 6n 种,在空间中的层面立即丰富起来;在有了"模型"概念之后,动作能够排列组合起来,表达更加丰富的意义。将方向、模型等等逐步纳入概念体系后,幼儿的创造不再是干瘪的、完成任务式的,而是丰富的、灿烂的、投入的、享乐的。关键概念体系影响着幼儿思考、解决问题的方式,帮助他们发挥出自己的潜能。

再从创造力与知识的关系来看,创造力与知识的质成正比关系,在知识的质得到保证的前提下,创造力与知识的量也成正比关系。知识的质通常指知识结构的合理性程度。现代心理学认为合理的知识结构有利于同化旧有的知识或概念,形成新的观点和概念。学科关键概念体系就是合理的知识结构,在这个框架中,一些具体的下位概念(如身体部位的下位概念头、手、肩等等)作为知识的量,与创造力成正比关系。借用数学表达方式来说明,若我们将非移动式身体动作、移动式身体动作、动作与音乐结构的匹配方式、与他人合作的动作、动作与物体的匹配方式看成是变量 A、B、C、D、E,那么每个变量下面有 a、b、c……n 个动作类型。动作的创编就是 A+B+

C+D+E这样一个组合,只要调整各个变量,就会出现丰富的动作型。在创编律动时,Aa+Ba+Ca是一套动作,Aa+Ba+Cb是一套新动作,Aa+Ba+Ca+Da也是一套新动作,有无数种排列组合的可能。当幼儿有了关键概念体系,同时丰富了其下位的具体概念之后,创作的灵感可以源源不断,创作将不是一种负担。

律动创作的公式:A+B+C+D+E(A,B,C,D,E都为有n种可能性的变量)
A:非移动式身体动作　　　　　B:移动式身体动作 C:动作与音乐结构的匹配方式　D:与他人合作的动作 E:动作与物体的匹配方式

3. 教师利用关键概念体系评估幼儿,支持幼儿发展

要做一个好教师,需要有教育素养和学科专业素养两根支柱,才能双腿走路。倘若教师缺乏学科专业的关键概念,就如同近视,观察幼儿只是模糊一片,无从评估幼儿发展水平。学科关键概念就好似一副眼镜,使得老师能够看清幼儿的现有水平,推测幼儿将有的水平,在这之间搭建桥梁让幼儿从现有水平过渡到下一水平。

在活动《单簧管波尔卡》中,最初老师让幼儿做"旋转"动作时,幼儿大多都只是用手臂在空中划圈,老师判断:只能做单一的动作是动作多样性问题。老师头脑中有关键概念体系,先从身体部位入手提问:"还可以转身体的哪些部位?"于是幼儿出现了转头、肩、肚子、脚等。接下来老师从运动的方向入手,幼儿的动作立即出现了在身体两侧对称旋转和同一方向旋转。接着利用同伴引领,找出高级榜样启发幼儿从移动式身体动作的形式、方向、路径发散思维,于是幼儿出现了移动式身体动作:单脚跳旋转身体(自转),围着椅子跑圈(公转),往前走手臂画出螺旋线状的圈。之后从空间层次提升幼儿,出现了下蹲到直立的高低层次变化。老师依寻关键概念"动作丰富性",支持幼儿从单一动作表现发展到复杂动作表现。

在这个过程中,教师依据儿童的认知水平和表现方式对儿童的概念结构进行解读与推测。这种译解是教师理解儿童从而推进儿童概念建构的一个关键策略。教师作为译解者的必要条件,就是自己本身具备学科领域的关键概念体系。关键概念体系是个体在情境中吸收、分析、消化信息的工

具,因而成为教师观察幼儿和帮助幼儿提升的支架。当教师利用关键概念体系来观察时,他们知道幼儿能做什么,正在做的是什么,什么时候以及如何提供新的挑战来支持幼儿的学习。

(二) 在教学中激发幼儿的创作动机

关键概念体系促进了知识的发展,但还需要动机来促进知识的利用,将内化的知识用行为表现出来。早期的动机研究如传统的联结主义和行为主义比较注重学习外部动机的作用,他们的研究大多集中在关于外在奖惩对激发成就动机的作用上。而当代的动机理论认为并不是所有奖惩都会对人们产生相同的动力作用,强调自我在动机中的主动和支配作用。马斯洛认为人的行为动机发自人的内在需要,并将这些需要从低级到高级依次分成七个层次:基本生理需要、安全需要、归属与爱的需要、自尊需要、认知需要、审美需要、自我实现需要。这对于教育的启示就是可以从这几方面出发,以满足幼儿需要来激发动机。若使幼儿从活动过程中获得需要的满足,学习过程本身就构成了对自己的奖赏,进行创造性学习就不需要外力的推动和外在的奖赏了。

1. 于自我——自我挑战、不断超越

教师的一个重要作用就是激励幼儿,唤醒幼儿的潜能,向满足更高层级的需要迈进,才能带来稳定持久的愉悦。正如第斯多惠所言:"教学的艺术不在于传授的本领,而在于激励、唤醒、鼓舞。"那么怎样才能让幼儿体验到自我实现感?

(1) 营造和谐的氛围

宽松的氛围对创造性学习是很重要的,老师的亲切、包容、耐心、体贴使得他们与班级幼儿融为了一体。幼儿在这种氛围中很放松、很大胆,他们可以自由地表达自己的想法而不用害怕受到老师的斥责,不会畏惧老师。孩子们需要自由的探索和宽广的"犯错"空间来发展他们的创造力。不同的想法被作为潜在的学习资源和学习动力。这种和谐融洽的师幼关系,使教学活动中充满激情、活力又不乏理智。

(2) 创设情境,激活幼儿原有的知识经验

幼儿是童真的,富于幻想的。创设幼儿喜爱的情境,当身处于一种有趣的情境中时,他们的创作动机就会立即被激发出来。教师可以挖掘大自然、大社会中适合幼儿学习的元素,借助语言、音乐、形象、情感氛围的创设多通

道地作用于幼儿的感官。在《一起去山谷》活动中,老师请小朋友们想象自己是身处于一个山谷中,他们立即模仿了小兔、恐龙等动物在山谷中活动的动作;在《大树和小鸟》活动中,幼儿想象自己是树、是鸟,故事情节变得丰富起来,动作表演更加精彩;在《狮王进行曲》中,老师要求幼儿用动作和表情刻画出狐狸狡猾的样子,使得幼儿更投入于表演中,努力去追求意义的表现。让动作表演具有意义,能够给予幼儿创作的思路以及提高幼儿的表演能力。

(3) 给予幼儿适度的挑战

著名的叶克斯—多得森定律告诉我们,在学习难度是中等的时候,学习动机与学习效果之间呈倒 U 型曲线的关系。① 也就是说,当老师给幼儿的任务难度适中的时候,激发起幼儿的学习动机就能取得理想的学习结果。在布鲁纳看来:"向学生提出挑战性的问题可引导学生智慧。"老师若使幼儿探索的问题处于最近发展区,"桃子"是诱惑的并且跳起来能摘到,那么他们在展示自己、肯定自己的过程中就更能体验到自我实现。

2. 于他人——我就是要逗你玩

在《小雨和花》活动中,当"小雨"和"花"有眼神交流、表情流露、身体接触时,律动也变成一种身体语言般丰富起来,小雨和花用身体运动展开了对话。在《逗一逗》活动中,老师提出挑战"看谁做的动作能把别人逗乐",激发了幼儿用自己的表情、动作、眼神向对方传达一种幽默,让更多的人享受集体游戏的乐趣,追求交往的快乐。

人是群居的,害怕孤独,害怕受排挤,需要归属于一个集体。人不仅是一个自然人,同时还是一个社会人,有归属与爱的需要,渴望与他人的感情联系,渴望与同伴有良好关系。奥苏伯尔提出的外部学习动机——附属的内驱力,是指个体为了得到教师和家长的赞许与认可而产生的学习动力。在活动中设计人际交往的环节,就是希望调动幼儿的附属内驱力,以此为创作的动力。引起他人的情感共鸣也是一种使自己在集体中得到认可的方式,给他人带来快乐的人,是受集体接纳和赞许的。

美国社会心理生理学家约翰·卡西波(John Cacioppo)致力于情绪交流的研究,他认为:"看到他人的表情就可能激发自己的这种情绪,不论你是否

---

① 皮连生主编.学与教的心理学.上海:华东师范大学出版社.1997.5:294

意识到自己在模仿对方的表情。情绪的同步协调决定着交往的成功与否。"①在本研究后期,教师不断通过提问、评价、同伴榜样来让幼儿关注和重视用眼神、表情、动作来向同伴传达一种积极的情绪,从而得到对方积极情绪的回应,以追求人际交往的快乐,作为创作律动的动机。

(三)在教学中培养幼儿共同学习的能力

集体活动是我国幼儿园的常规活动。不应是为了便于老师看管而将幼儿聚在一起"圈养",既然聚在一起,共同学习,就要充分发挥集体学习的价值,团结成为一个学习共同体。在学习发生的过程中,学习者的参与是以共同体的形式出现的,学习是一种共同体的实践,儿童的认知发展既依赖于教师的支持,也依赖于有能力同伴的帮助。创造性学习更加依赖于学习共同体。创造的"有中生有"的前一个"有",就是在集体中建构出来的,集体中的各种思维的碰撞,使得创造之火生机蓬勃。

1. 创造性学习中的"拿来主义"

"拿来主义"语出鲁迅,即吸收外来事物的长处为我所用。当幼儿在创编动作时,我们鼓励幼儿大胆地"拿来"。从哪里拿来呢?对于幼儿来说,日常生活中的所做、所见是最易迁移的素材。

(1) 回忆过去

幼儿生活的环境的刺激会给幼儿头脑中印下很多表象,记忆的发展为他们日益丰富的心理世界创造了必不可少的条件。这许许多多残留的表象,成为幼儿创作的素材。教师若能恰当地提取线索,就能帮助幼儿再现从而进行模仿。一般来说,我们给予幼儿提取的线索是生活习惯、自然环境、电视书籍等媒介这样三条线索。

(2) 观察当下

观察他人的动作,也是我们在活动中对幼儿提出的一贯要求。有时老师会要求幼儿在自己做动作的同时,也留心同伴在做什么动作。这样做的目的就是当即兴快速创编律动时,可以"拿来"别人的动作。提取别人动作的要素,再按照自己的想法重组,在别人动作的基础上创新,这也不失为创作的好方法。

---

① [美]丹尼尔·戈尔曼著. 耿文秀等译. 情感智商. 上海:上海科学技术出版社. 1997.8:127

2. 学习如何评价和利用评价

评价是根据一定的标准,对教育过程中所产生的思想、学业、行动和个性等方面的变化进行估价并确定其价值的过程。[①] 本研究中的学习如何评价,就是要幼儿学习运用一定的评价标准对自己和他人的行为作出判断。学习利用评价,就是要幼儿能够根据他人对自己的评价改善自己的行为。

我们从以下几个方面来培养幼儿的评价能力:

(1) 向幼儿提供评价的维度和标准,丰富幼儿的评价词汇。当幼儿缺乏标准时,他的评价往往是一种直觉的判断而没有上溯到理性的反思。[②] 这里,评价的维度又与关键概念体系相连。实际上评价就是从关键概念体系出发的,只要学习者头脑中建构了关键概念体系,就能据此作出评价。从这个角度上,可以说评价也是对关键概念体系的一个学习和巩固的过程。在《赶花会》活动中,老师请幼儿对自己的表演作出评价时,幼儿只能说出"挑战成功"、"很开心"、"很好玩",于是老师引出关键概念动作跟随节奏,"因为我们走路都跟随节奏"。在以后的活动中,幼儿会自己使用这个概念来评价——"他没有跟随节奏"、"我跟随节奏了"。在后期的《狮王进行曲》活动中,幼儿已逐步建立了"对称"、"模型"、"高低层次"等概念词,能用这些概念词来进行评价。

(2) 增加评价机会,即时作出评价。幼儿的评价能力是需要锻炼的。并且让幼儿作出评价应该是在当时的情境中立即反馈,否则幼儿的回忆可能会不清晰,使得评价有误差和想象化。在创造性律动中,教师最应该抓住的评价时机就是当幼儿充分自我探索后,其中有部分幼儿的行为具有创新性和示范性时,教师就应该组织集体讨论,发挥高级榜样的教育价值,总结归纳评价的维度。

(3) 小组间相互评价。集体互动中,幼儿通过聆听、交流,在老师的引导下,利于提升整体的评价能力。在活动《小雨和花》中,我们可以看到小组相互评价的过程中逐渐建构起了丰富的评价维度,同伴间真诚的相互评价,提高了幼儿的评价能力。除此之外,老师会要求幼儿:"你说了他不足的地方,也要给他建议呢,你还要说说他的表演好在哪里。""别人夸奖了你,你要谢谢他。"这样一种情感支持的氛围营造,有益于幼儿良好学习态度、品格的养成。

[①] 车文博主编. 心理咨询大百科全书. 杭州:浙江科学技术出版社. 2001:657
[②] 王海英. 智慧的跷跷板. 南京:江苏教育出版社. 2005.12:212

六、结语——我们的声音

（一）加强学科关键概念体系理论和实际应用研究

支架式教学就是通过提供一套恰当的概念框架，来帮助学习者理解特定知识、建构知识意义的教学方法。借助学科关键概念框架，学习者能够更加独立地探索并解决学科问题，建构学科意义。换句话说：只有当幼儿有机会不断完善学科的关键概念体系时，他才能够更好地成为一个发挥主体性的自主学习者，更好地进行自我评价、自我调控。但目前的教师培训课程和幼儿园课程中，这种学科关键概念体系还很不完善。教师缺乏学科关键概念体系的知识，也就很难有效支持幼儿的有效学习和发展。

（二）通过创造性律动发展幼儿健康人格

生命就是追求自我体验、自我实现的持续运动。《幼儿园教育指导纲要（试行）》在艺术领域特别强调"注意不要把艺术教育变成机械的技能训练"。因此，教师应该使创造性律动教学过程成为培养幼儿健康人格的良好平台。在这个平台上，幼儿不仅可以融于音乐，尽情地用肢体表达自己内心的情感而获得审美感动，还可以增进与他人、社会环境之间的相互理解、交往与合作，并通过创造性的努力来不断获得自我实现的成功体验。

南京师范大学教育科学学院 2009 届教育学硕士　葛晓穗

2009 年 5 月

研究 2：支架式教学理念下的幼儿园打击乐器演奏教学研究

一、研究缘起（缩略）

二、文献综述

（一）支架式教学的相关理论研究（缩略）

（二）支架式教学理念在具体领域中运用的相关研究（略去部分）

支架式教学作为一种教学理念，没有规定其适用的学科领域，需要教师把它与某个具体领域的教学结合起来,才能使之变为现实。支架式教学理念在具体领域落实过程中,遇到的最大挑战在于如何在某种具体领域中发现儿童发展的"最近发展区"。而建构服务于教学的评价正是支架式教学实施的重要基础。通过基于课程的评价,使教师了解儿童在某一领域活动中已有的发展水平以及下一步可能达到的发展水平,确定儿童的"最近发展区"。

(三)幼儿园打击乐器演奏教学研究(缩略)

三、研究目的与意义

(一)提高打击乐器演奏活动中幼儿创造性表现能力

(二)有利于教师理解和实施社会建构主义的学习观和教学观,有助于教师提高支架式教学的水平

四、概念界定

(一)支架式教学

1. 什么是支架

从"支架"的本义来说,是作为一种必要的工具存在,但是当目的达到时,就会被撤走。人们逐渐将支架隐喻为在"最近发展区"里有效的教与学的互动。①

2. 支架式教学——一种教学理念

所谓"支架式教学",是在社会建构主义思想影响下产生的一种以实现儿童认知发展潜能为根本目的、以师生平等交往为基本途径、以教师对儿童发展的准确把握为鲜明特征的教学理念。在文中,研究者对支架式教学理念的理解作了进一步的阐释:首先,支架式教学不局限于师生之间的支架行为,也体现在生生之间的支架行为。其次,教师支架行为的起点在于教师对幼儿学习行为的评价,而评价的角度不局限于学科知识技能的把握,还应该包括幼儿的认知特点、个性和社会性方面。

---

① [美]劳拉·E.贝柯等著.谷瑞勉译.鹰架儿童的学习——维果斯基和早期幼儿教育.台湾:心理出版社.1999:45

（二）幼儿园打击乐器演奏

幼儿园打击乐器演奏是幼儿运用打击乐器表达自己的想象与情感的活动。

（三）打击乐器演奏活动中的表现性评价指标

表现性评价的思想是在一个学习的环境中，通过观察、记录评价儿童的表现，更好地理解儿童的知识、能力或成绩。本研究通过借鉴以上文献中的已有研究，尝试在打击乐器演奏活动中建构我们对评价指标的解读，如下所示。

音乐能力：

1. 探索不同乐器的音色；

2. 能保持准确的速度和节奏；

3. 演奏乐器富有表现力（如通过改变演奏的力度、速度、节奏型或动作幅度对音乐的节拍或情绪做出反应；在达到以上表现的基础上，更高水平为能用新颖的方法演奏乐器来表现音乐结构中的重复与变化）；

4. 联想、想象与声音有关的意象；

5. 在集体演奏中能合作协调（如对演奏中的各种音响关系的倾听、判断与调节能力）。

活动风格：计划性、创造性、合作性、主动性、反思性等。

五、研究方法

（一）行动研究

（二）资料收集

资料收集的时间跨度为 2006 年 3 月到 2007 年 1 月，我每周去一次班级。总计进行了 30 次活动。收集的资料主要包括以下内容：

1. 30 次活动的现场记录。这些活动都是以发展幼儿运用乐器演奏创造性表达自己的能力为目标。

2. 对教师的访谈。谈话的内容有我们对幼儿表现的评价、活动设计及活动反思，还有我们对研究的计划、研究中碰到的各种问题的探讨。

3. 实物收集。包括对教师的教案、反思日记等资料的收集。

六、研究的过程

为了更加清晰地整理我们工作的思路，在下面的描述中，一方面我们将每个阶段的研究内容按照两类进行区分：一类是围绕音乐的要素,进行感受与表达情绪情感的活动；一类是通过联想、想象,运用乐器表达生活中各种意象的活动。另一方面,鉴于清晰表述支架式教学理念落实情况的需要,本文基本按照"教师初始评价——活动投放——教师再次评价——我(研究者)的反思……"这样螺旋上升的线索开展思路。

(一)行动研究的第一阶段——主要关注如何让幼儿拥有探索的机会

研究者在对幼儿演奏乐器能力的最初评价中发现,幼儿缺乏探索性使用乐器、创造性表达自己的能力,同时,教师也缺乏组织幼儿进行探索性活动的经验。这促使我们在研究中,首先从关注如何给予幼儿探索机会入手,尝试打破日常打击乐器演奏教学的束缚。

1. 围绕音乐要素的感受

这一节研究内容的叙述逻辑主要遵照行动研究中的研究步骤。我们此时主要围绕音色与节奏两个基本音乐要素,引导幼儿进行探索活动。

活动背景：

投放音乐活动《瑶族舞曲》,引导幼儿自由地敲击乐器。

教师初始评价：

(1)当教师指挥或不指挥的时候,大部分幼儿的节奏感是跟随音乐的,大多时候能够合拍,还有一部分幼儿节奏感不稳定。

(2)幼儿对乐器几乎没有任何的创造性使用。

(3)幼儿在演奏乐器时表现出在力度、速度等方面变化的能力还很弱。

支架的方向：

幼儿没有创造性使用乐器的表现,正是目前需要着重改善的方面。应该在后两个星期中让幼儿尝试使用各种不同方法对乐器进行探索。

(1)音色探索

重点是引导幼儿通过玩乐器来探索音色的不同,幼儿能够有意识地运用乐器奏出想要的特定音响,表达自己的情绪情感以及各种意象。

① 音色探索系列活动:玩乐器(内容略)

教师的评价：

在两个星期的建桥后,幼儿开始对乐器的多种使用方法有了一定的兴趣,并特别乐意大胆尝试,尝试出了许多新的方法,其中有些新奇的方法是令我惊喜的。在整个探索过程中,由于我们还没有给这些方法命名,所以,幼儿的发现是非常杂乱的,并且基本不能再次重复。

教师支架的方向:

引导幼儿给各种演奏方法进行命名以便于再次使用,这应该是我们需要进一步支架的方向。

研究者的反思:

在玩乐器的活动中,幼儿的注意力与兴趣集中在探索新的可能性上,满足于探索的过程,而没有对自己所发现的演奏方法进行有意识的记忆,即没有进行有效编码。对于孩子来说,他们发现的演奏方法并没有进入长时记忆,很难保存并被提取。

② 音色探索系列活动:给声音命名(内容略)

教师的评价:

幼儿已经有意识地进行命名,其使用的描述性语言大多围绕着演奏者的手型、拍击方位,而且描述的语言比较近似。各种方式的命名杂乱无章。虽然幼儿记忆起来相对容易,但是仍然无法很好地迁移到音乐活动中来表现感觉和情绪。

当给幼儿过大的空间时,幼儿的行动目的容易模糊。给予幼儿探索的空间应该有明确的指向。

教师支架的方向:

希望在以后的活动中围绕音色的情感体验进行探索(具体如何支架,教师当时还没有清晰,所以该活动暂缓)。另一方面,我希望幼儿能够在随乐演奏中使用自己发现的演奏方法,并在此过程中加强幼儿的节奏感。

研究者的反思:

对动作描述的命名方式的反思:"动作描述的命名"方式没有指向声音的艺术表现,因为它不涉及情感体验,缺少审美性。我们希望幼儿能够使用乐器表达自己的想法与情绪,尤其需要围绕音色的表达效果进行探索。

对教师教学行为的反思:关于音色的探索到底该往什么样的高水平发展这个问题,教师已有的认知结构里缺少相关经验,所以无法清晰确定幼儿在活动中表现的已有水平以及可能达到的水平,也无法给予幼儿合适的支架。因此需要吸取新的关于音色教学活动方面的信息。

(2) 节奏探索

在打击乐器演奏活动中,幼儿的节奏感尤其需要教师重点培养。节奏感的稳定是幼儿运用乐器演奏创造性地表达自己的情绪情感以及想法的重要基础。在这阶段中教师一直在放手与控制两个极端中摇摆和困惑。

活动背景:

幼儿在活动中已有对乐器使用方法(音色)的探索。教师希望幼儿能够在随乐演奏中迁移已有经验。教师在对幼儿初始评价中,发现相当一部分幼儿节奏感不稳定。教师希望在后面一系列活动中不断提升幼儿的节奏感。

① 节奏探索系列活动:《小红帽》(内容略)

教师评价:

在幼儿节奏感发展方面,很大一部分幼儿的节奏感不稳定,少部分幼儿能够一直稳定地跟随音乐拍出节奏。当天预设的配器方案限制了幼儿自由选择乐器的范围。

教师支架的方向:

希望下次幼儿能够放松、投入地使用自己的经验来随乐演奏乐器,而不是被灌输、训练。因此应该更多地在情感方面支持幼儿的行动。

研究者的反思:

在这次活动中,教师尝试着引导幼儿探索使用各种身体动作感受音乐,也反馈了幼儿的经验。但是在最终的演奏方案上,教师还是采取了预设的图谱灌输给幼儿。在访谈中,教师反思自己在教学中还没有清楚意识到,教师习惯了用预设的演奏方案来指挥幼儿演奏,这已经形成了一种动力定型。教师在反思中已意识到了自己原有观点对教学的束缚,还需要在实践中有意识地去重建自己对儿童学习与教师教学之间关系的理解。

② 节奏探索系列活动:《小老鼠与大花猫》(内容略)

活动背景:

在《小红帽》活动中,教师发现了部分幼儿节奏感并不稳定,希望幼儿能够在教师创设的审美情境中自然地改善节奏感的问题;教师又希望能尝试着创设一种游戏的情境,引导幼儿在想象的情境中欣赏音乐,自由表达自己。同时,教师在活动中也能有更多的精力去观察、评价每个幼儿的情况。

教师的评价：

在这种想象性游戏中,幼儿能够非常投入地尝试用自己的方式去感受音乐与表达情绪情感。这是一次自主的演奏乐器活动。令人意想不到的是,竟然有几个幼儿不仅有稳定的节奏感,而且能够积极探索与别人不同的节奏。他们可以作为大多数幼儿的高级榜样。我也正期望让幼儿通过分享同伴的经验来帮助自己发展节奏感。在活动中,我发现仍然有相当一部分幼儿的节奏感不稳定,这需要进一步围绕节奏这个基本音乐要素设计活动来进行支架。

教师支架的方向：

在游戏情境中让一部分幼儿通过音乐活动发展节奏感,并能够探索出更多不同的节奏。

研究者的反思：

教师运用想象性游戏将幼儿的歌唱、律动、打击乐器演奏融合成一个整体。对于教师来说,这是一种勇敢而成功的开拓。对于幼儿来说,这是一次全身心投入音乐活动、表达自己情绪情感的机会。

从支架式教学角度看：在《小老鼠与大花猫》活动中,教师从幼儿的行为中发现,对于不同的幼儿来说,节奏感方面的"最近发展区"存在很大的差异。这种差异要求教师对不同水平幼儿的支架也应有差异性。对于节奏不稳定的幼儿来说,有效的支架一方面是给予情感上的鼓励,让其感受到温暖、有成就感；另一方面是分享同伴探索出来的节奏并随乐练习来加强自身的节奏感。对于节奏稳定的幼儿来说,有效的支架在于如何创设审美的情境激发其探索节奏的兴趣,并在演奏中积极运用自己的经验来表达情绪情感。

③ 节奏探索系列活动：拍球1(内容略)

活动背景：

教师在活动中发现一部分幼儿的节奏感仍旧不稳定,另一部分能够合拍的幼儿演奏水平大多仅仅停留在合拍上,只有几个幼儿探索出不同的节奏型。另一方面,本班幼儿在演奏中表现力(力度、速度)比较缺乏。

拍球进行了两次活动：第一次活动中,教师引导幼儿探索拍球的可能性。第二次活动中,教师引导幼儿观赏《破铜烂铁》,并再次尝试拍球的可能性。

活动记录:(现场实录,2006年5月15日,中班下学期)

活动环节一:在教室内,教师引导幼儿跟随音乐来探索。

活动环节二:在室外,教师引导幼儿探索拍球的力度与各种音色。

教师的评价:

在这个活动中,教师的支架在于引导孩子将关注点放在探索拍球的可能性上,但由于缺乏思路,孩子的表现相当沉闷!

教师支架的方向:

《破铜烂铁》是一系列专业经典的打击乐器演奏作品。在其中的"拍球"片段中,艺术家运用球表现出各种节奏、音色、力度与速度。我希望幼儿能够通过欣赏这样的高级艺术作品,关注到演奏中的表现力,从抱怨的状态转变为好奇、探索的状态。

④ 节奏探索系列活动:拍球2(内容略)

活动环节一:引导幼儿观赏艺术作品,吸取经验。

活动环节二:室外活动场地,教师引导幼儿探索拍球中的表现力。

教师的评价:

我希望幼儿能在拍球中感受节奏的形式美。但是拍球这项运动本身对于中班的幼儿还存在一些困难,而且按规定的节律去拍更是困难。所以,幼儿在手忙脚乱中很难有精力去体验节奏的形式美。

教师支架方向:

创造适合幼儿的情境、提供适合幼儿的器材,让节奏活动与想象联系在一起应该比较适合这一年龄的孩子。另外希望幼儿能够在合作性上有所发展。

研究者的反思:

"球"这样的乐器,给幼儿带来了过大的负担,妨碍了幼儿对音乐的感受与表现。过多的视角导致了学习任务超越了幼儿的"最近发展区",反而干扰了幼儿本应该获得的美好观察体验。

2. 围绕生活意象的表达

活动背景:

教师在最初引导幼儿探索乐器演奏方法(音色)的过程中,幼儿难以重复自己的发现。接着,教师引导幼儿给自己发现的方法进行命名。幼儿的命名大多是动作描述的方式,没有情感体验,不利于艺术性表达。

通过小组讨论,教师逐渐弄清楚:在打击乐器演奏活动中,幼儿对音色的探索有两种通道:一是可以用"一种演奏方法发出的声音像什么"的方式进行命名;二是可以先确定一个需要表现的生活意象,再尝试用不同的敲击方法表现。教师尝试采取故事的活动形式,通过情境的创设,引导幼儿对乐器的音色进行审美体验。这两者都是既符合幼儿特点又符合音乐特点的。

(1) 运用音色类比故事

① 故事系列活动:《风婆婆》1(内容略)

环节一:引导幼儿探索"纸"的各种演奏方法。

环节二:教师提取幼儿的经验,创编故事。请幼儿通过演奏表达特定的意象。

教师评价:

幼儿在音色匹配上不存在困难,音色的想象联想也非常丰富。但由于我的指挥暗示动作没有做好,只在开始演奏处有明显的点头暗示动作,幼儿不知道该延长到什么时候结束,所以演奏出来的音效比较混乱。

教师支架的方向:

使我的指挥动作能够更好地支持幼儿的演奏——让音效能够与故事更好地匹配。

② 音色类比故事系列:《风婆婆》2(内容略)

教师的评价:

可能是由于幼儿对乐器使用方法的熟悉程度有所提高,促进幼儿合准了节奏;也有可能是由于教师的暗示动作帮助幼儿合准了节奏。幼儿对"纸张发声"的探索活动显示出了比较浓厚的兴趣。

教师支架的方向:

引导幼儿更多地接触这类活动,充分感受音色与生活中意象的联系。

研究者的反思(针对以上两次活动):

在《风婆婆》活动中,教师引导幼儿对"纸"进行探索,再将纸产生的音色与各种意象联系起来,这对她来说是一种新的尝试。但是,教师引导幼儿想象的意象种类比较少,学习任务在难度上对于中班幼儿缺乏挑战性,尤其是在对音色与生活意象的匹配方面。

③ 音色类比故事系列之三:《滑滑梯》(内容略)

活动背景:

该活动采用幼儿熟悉的材料:故事《滑滑梯》与音乐《小松鼠吃松果》。二者有相同的音响"刺溜——"。该活动的设计,来自于教师对幼儿已有经验的考虑。幼儿在自由探索中发现了撕废纸的方法,音色与"刺溜"比较相似。

环节一:引导幼儿在故事中通过演奏表现滑滑梯的意象。

环节二:引导幼儿在歌曲中通过演奏表现特定意象。

教师的评价:

我原先的设想是帮助幼儿把纸张缩小,或者告诉幼儿一些方法。在与幼儿互动中,我发现孩子自己有解决问题的能力,而且这种解决方法对于他们自己来说是最适宜的。因为这来自于他们自己的生活经验。

我发现幼儿开始关注不同方法发出相同声音的问题了。而且我还发现故事中匹配乐器的方法比较适合刚刚使用新方法的幼儿,因为节奏可以相对宽松。

教师支架的方向:

引导幼儿对声音进行更多的联想、想象。

研究者的反思(针对故事系列活动):

支架式教学需要教师对幼儿的尊重,教师发现了倾听幼儿的重要性;教师对学科关键概念的理解程度影响支架教学行为。如:教师对于音色这个学科关键概念的理解比较模糊,使教师往往从自己熟悉的角度——节奏进行评价,从而使教师在引导幼儿对音色的联想、想象方面受到一定的限制。

(2) 音乐中的意象表达

音乐中的意象表达系列活动:《七式进阶》

活动背景:

教师希望在本次活动中通过想象性的游戏,让幼儿来尝试使用一种乐器来分别表现延长音与短促音的音效。

环节一:通过"点炮仗"的游戏情境探索乐器的使用方法。

环节二:教师引导幼儿对"5～3"的音效进行多种想象。

教师的评价：

在想象性游戏中，幼儿通过演奏乐器表现音符的时值长短。幼儿能够较好地感受与表达这种诙谐的情绪。幼儿由这种诙谐的情绪联想到各种生活意象，而且丰富多彩，这让我看到了幼儿的进步与巨大的潜力。尤其是在对音色的感知上，他们能够体验乐器音色的闷与音乐诙谐的情绪不匹配，这又是让我为之惊喜的地方。总体来说，在如何通过乐器表达生活中各种意象的音乐活动中，幼儿的已有经验还比较不足。一方面，教师激发得不够；另一方面，教师本身的知识储存比较缺乏，在扩大幼儿经验的范围上比较缺乏力量。

教师支架的方向：

引导幼儿进一步感受音色，并联想、想象生活意象，发展幼儿对音乐的想象力。

研究者的反思：

从建构主义视角看这次活动：在活动中，由幼儿主动探索出一种音色，但是并不能很好地匹配"爆"的声响。教师给予的支架不是直接地告知"这个声音不像"，而是引导幼儿倾听自己探索出的声音，进行自我验证，独立思考。这其实坚持了支架式教学的宗旨，即引导幼儿最终成长为具有自我规范能力的学习者。

教师对幼儿评价的角度开始丰富：在本研究的预期中，教师对幼儿评价的角度应该有三个方面：音乐学科、幼儿学习特点以及个性、社会性。但教师在前一阶段研究过程中，主要关注点仅仅在幼儿音乐感发展水平以及幼儿在学习中探索能力发展水平。在《七式进阶》活动中，教师开始关注到个别幼儿，比如幼儿小小的个性发展。小小在自我评价方面，倾向于将事情的原因归为外部，经常认为任务过难使自己无法完成，而忽视了自己的内部努力。教师反映，小小比较缺乏安全感，在小班的时候，她甚至不愿同伴接触她，总喜欢用叫嚷来引起成人的关注。如何对小小的个性发展进行有效支架需要教师进行长期努力。

3. 第一阶段工作小结

总的来说，这个阶段的行动研究是一种艰难的、缺乏系统性的尝试。

在具体的研究过程中，教师以节奏、音色作为幼儿探索、感知体验的核心。在节奏活动中,教师尝试创设游戏情境;在探索乐器的可能性方面,教师引导幼儿接触非常规乐器,它们包括幼儿自己的身体、纸等物体,并将幼儿发现的演奏方法、声响与生活中的意象进行联系。但是,教师在活动中也明显感觉到:自己对打击乐器演奏领域的关键概念理解比较模糊、片面,因此在对幼儿探索经验的提升、总结方面有困难。

改进的方向:

针对第一阶段的情况,我们反思:如何进一步解读学科的关键概念,系统地组织幼儿进行探索活动。

(二) 行动研究的第二阶段——主要关注如何系统地引导幼儿积累创造性表现的经验

在第二个阶段,我们将核心问题聚焦到:幼儿的创造性表现到底需要什么作为基础?我们认为,只有弄清楚在打击乐器演奏这个特殊领域中,幼儿创造性表现需要的具体经验,我们才能够明确幼儿的"最近发展区",才能真正做到有序的、系统的支架教学。经过研讨,我们尝试着理解创造性表现的基础,并确立第二阶段的总体研究思路。

核心问题的理解——创造性表现的基础。

所谓创造是"有中生有",即通过强化已有的东西之间的交流和联系,促动一种新生。[1] 创造是建立在一定的经验基础上的。幼儿园打击乐器演奏活动中,幼儿的创造性表现能力是建立在以下的基础之上的:一定的演奏技能;一定的节奏语汇;对各种乐器音色的一定了解;运用乐器演奏进行想象、联想和表达音乐的能力;一定的运用乐器进行表达各种音乐概念的经验。[2]

总体研究思路:

音乐的呈现是借由音乐的要素——概念来传达的。它们包括:音色、节奏(汉节奏型)、旋律、和声、曲式(汉句子和段落)、强弱等。有研究者发现,儿童最先发展的概念是音色与强弱,其次是快慢节奏,音高位于下一阶段,而和声及曲式是最后才发展的概念。

1. 围绕音乐要素的感受

我们围绕着音乐的基本概念设计了一系列的活动。首先,从节奏的感

---

[1] 滕守尧.艺术与创生.西安:陕西师范大学出版社.2002:308
[2] 许卓娅,孔起英编著.学前儿童音乐与美术教育.苏州:苏州大学出版社.2001:179

知与探索入手,让幼儿对最基本的四拍"节奏型"的时值进行感知,并引导幼儿进行四拍节奏型的即兴创编。在节奏活动的基础上,加入了音色的感知,引导幼儿对"多声部"演奏音响效果进行体验。接着,引导幼儿通过身体律动对音乐的"结构"进行感知与体验。

(1) 节奏(四拍节奏型)的感受——运用诗歌的形式

节奏是音乐最重要的形式要素,而节奏的最小单位是节奏型。随乐演奏时往往采用某种节奏型。对于幼儿来说,四拍节奏型是在音乐活动中常见的,也是容易掌握的节奏类型。我们选用四拍节奏型作为起点。

著名音乐教育家奥尔夫认为,利用说话作为起步的音乐教学,会使孩子们感到非常熟悉、亲切。从孩子们熟悉的环境与事物入手,在语言的要素中,如语音以及相关的语调、语气,在某种程度上,与音乐音响构成的要素如音高、音长、音量、音色,甚至情境的表现特征、风格都是相通的。[①] 我们希望运用语言的形式,创设情境让幼儿进行节奏感的练习。

① 诗歌系列活动:《鹅》(内容略)

教师的评价:

我很受挫!我希望通过朗诵儿歌的形式,使幼儿感性认识四拍节奏型的时值长度。但是为什么幼儿连拍打出我的节奏动作都存在困难呢?

(在和研究者进行讨论之后)教师再次评价:

在活动之前,我以为复杂的节奏动作对于本班幼儿没有挑战,他们可以模仿拍出。但是,我忽视了本次活动的目的是让幼儿感受四拍节奏型的长度。我没有准确地认识幼儿的水平,他们其实是缺乏对四拍节奏型这种最基本节奏型的时值感受的。当我呈现给幼儿复杂的、变化多端的节奏时,幼儿很难感受到稳定的节拍。我的示范干扰了幼儿的感受。

教师支架的方向:

首先引导幼儿感受四拍节奏型的均匀时值。

研究者的反思:

关于支架的合适度的思考:

在活动中,我们希望教师给幼儿示范节奏动作是为了帮助其感受基本

---

① 李妲娜,修海林,尹爱青.奥尔夫音乐教育思想与实践.上海:上海教育出版社.2002:62

的结构,即感性认识四拍节奏型的均匀时值。教师凭借着自己在平时活动中对幼儿的主观印象,想当然地认为幼儿对各种非均匀四拍节奏型都能有较好的把握,这样导致了教师示范的节奏动作难度过高,给幼儿增添了不必要的负担。

② 诗歌系列活动:《上山打老虎》(内容略)

环节一:引导幼儿复习儿歌,并尝试跟着教师的节拍进行朗读。

环节二:请幼儿轮流即兴创编儿歌最后一句的节奏。

教师的评价:

在对四拍节奏型时值长度的感知方面,幼儿已经在教师的引导下对空拍和延长音有了感性认识的积累,部分幼儿已经出现了多样的四拍节奏型。

教师支架的方向:

在幼儿对四拍节奏型时值感知的基础上,希望在即兴创编上加强难度,并通过变式练习进一步增强幼儿对四拍节奏型时值的感知,以及让幼儿意识到生活语言的节律美。

研究者的反思:

在本次活动中,小静主动与其他幼儿合作,使集体节奏活动打破了"单打独奏"的樊篱。其他幼儿受到小静的启发,开始合作创作。这个活动中体现的人际交往的价值是我们在设计之初希望能够实现的。

③ 诗歌系列活动:即兴创编(内容略)

这是在《上山打老虎》活动结束后不久的一次即兴活动。上次活动主要在于对同一语句,即兴创编不同的四拍节奏型。教师试想能否用一种逆向思维来进行尝试:对四拍节奏型,如何创编不同的语句。让幼儿体验到日常说话也可以具有稳定的节奏感。

教师的评价:

在这一系列活动中,幼儿开始对四拍节奏型这种最常用的节奏类型有了感知、理解和在日常生活中自然的游戏化的应用运用。这有利于幼儿在自主配器活动中更好地进行创造性表现。但是在即兴创编方面,幼儿的水平差异比较大,能够自如地即兴创编的幼儿只是少数,部分幼儿仍然需要一些节奏活动来加强节奏感的发展。

教师支架的方向:

将节奏活动与音色感知融合在一起,加强幼儿的节奏感,并引导幼儿对多声部的体验。

研究者的反思:

在支架幼儿的过程中,教师本身也在自我超越。

这次即兴创作的过程,是幼儿自主探索的过程,也是教师探索的过程。教师在这个活动中引导幼儿用新的方式进行即兴创编。这对幼儿是一种挑战,因为要给固定的节奏加上一句有意思的话语,幼儿是有困难的。教师在了解幼儿困难的基础上,进行了即兴创编,这让幼儿可以有借鉴的经验,这对于教师来说也是一种新的挑战。

(2) 多声部音响的感受

在音乐教学中,多声部奏乐的体验有着特殊的功能:它能使得奏乐的各个声部取得彼此之间的平衡和协调。我们希望在活动中让幼儿参与集体活动来感受多声部音响,加强对音色的敏感性,感受个人演奏音响与其他声部的和谐。这次活动为后期的自主合作演奏进行经验积累。

教师的评价:

幼儿对于乐器的认识已经比较开阔,不仅可以使用日常用品,还能将自己的身体作为乐器。我希望他们能在活动中体验到任何东西都可以用来表达自己,这是我所期望的。

对于多声部的感受,现在仍然是我来引导幼儿进行。我希望在一系列的积累活动后,他们能够主动关注与同伴组成多声部的和谐。

教师支架的方向:

在节奏感发展的基础上,开始准备引导幼儿对音乐结构的感知。这有利于幼儿在随乐演奏中对音乐的感受达到细致、清晰。

研究者的反思:

身体乐器的意义:将身体作为乐器,是人类宣泄、表现、交流情感最原始、最直接的方式。将身体作为乐器,还可以引导幼儿发现身边的各种可能作为乐器的事物,让幼儿善于运用各种事物来作为表达自我的手段。

多声部感知对打击乐器演奏活动的意义:音乐作为"流动的建筑",其表现力在很大程度上仰仗着多声部的音乐结构。在多声部音乐中,每一个声部都是整体中的一个有机组成部分,必须在整体中起到相互配合的能动作用。在本次活动中,教师通过指挥的方式引导幼儿用自己的节奏、各自的身体乐器加入演奏团队。在此基础上,幼儿更高的发展水平,是逐渐能够自主地进行合作协调,感受各种音响关系。

(3) 对音乐结构的感受

从乐句的感知与表达入手:结构是对音乐的内部关系和外在形式的设计。如果音乐没有结构,没有设计,那它就很难被人记住或将其作为音乐而去理解它。感受音乐中的重复是学生们感知音乐结构的开始点。这个学习常常从认识乐句的相同与不同开始。①

以身体律动的方式进行感知与体验:著名的音乐教育家达尔克罗兹认为,人的身体运动包括着对音响和情感反应的一切基本要素。

在随乐律动中,我们主要采用身体动作的方式来感知音乐的情绪情感,以及音乐的形式要素。我们期望幼儿能够通过律动将再现音乐所必需的要素"融化"于他们的身心,不断加强音乐、听觉、动觉与情感、思维之间的内在联系。

① 音乐结构感受系列活动之一:《月亮婆婆》(内容略)

活动目标:观察孩子是否有乐句感。

环节一:引导幼儿集体复习歌曲。

环节二:在小组活动中开展魔法师游戏,引导幼儿分享小组同伴的经验。

环节三:教师引导幼儿进行对小组同伴的评价与自我评价。

教师的评价:

关于音乐能力:我发现有三分之一的幼儿没有关注到乐句。这是需要进一步支架的重点。

关于幼儿的反思性:幼儿自评比较客观、诚恳,但是比较笼统。在评价他人的时候常说别人的不足处,具有很大的主观性。如何引导孩子关注别人的长处促进自己的发展? 这是我心中的问题。

教师支架的方向:

一方面,在音乐活动中让幼儿有意识地感知乐句,体验情绪情感以及按

---

① 尹爱青,曹理,缪力.外国儿童音乐教育.上海:上海教育出版社.1999:62

乐句来律动。另一方面,引导幼儿明确评价的标准,发展自我评价的能力。

研究者的反思:

关于乐句的思考:比较拍子而言,乐句具有更长的时值,而且每个乐句的旋律具有异同。在随乐律动中,我们发现幼儿并不是都能关注到乐句。即使关注到乐句的幼儿,也并非都能关注到乐句的重复与变化。只有少数幼儿既能关注乐句的起止,又能关注乐句的异同。幼儿乐句感的发展水平差异较大,这需要教师有针对性地进行支架。

支架式教学对幼儿自我评价的关注:独立的学习者首先应该是自主的人,这需要幼儿在学习中对自己有一个客观的、积极的评价。幼儿的自我评价能力处于发展之中,还很不成熟,尤其是幼儿在评价中体现出内隐自尊心向:对自己以肯定为主,对他人以否定为主。这同样需要教师的引导与帮助:引导幼儿明确相应的评价标准,确立客观、积极的评价态度。

② 乐句感受系列活动二:《一闪一闪小星星》(内容略)

教师的评价:

在运用动作这个媒介活动中,幼儿已经能在教师的引导下感知与表达乐句。但是,在动作的流畅性上,有的幼儿做得很好,有的幼儿还存在不足。

教师支架的方向:

通过前面的活动,幼儿在对音乐结构的感知中,已经对节奏型、乐句有了一定的积累。下一步可以引导幼儿通过感知音乐不同乐段中的情绪情感,而对乐段有一定的感性认识。

研究者的反思:

支架的针对性:在前面的《鹅》活动中教师期望追求的价值过多。在这次活动中,教师适当调整,紧紧抓住乐句的感知和表现这个目标,动作仅仅是感知、表现乐句的一种媒介。所以,教师在动作种类上给幼儿减轻了负担。

支架式教学对教师专业素质的挑战:这个活动的出发点是引导幼儿对音乐乐句的感知与表达。但是,在活动后与专家进行研讨时,我们发现,这个歌曲的结构没有被准确地分析。我们当时只是将眼光停留在乐句上,仅仅以为这个歌曲是一段体,实际上它是三段体。这引起了我们深深的思考。

支架式教学中对教师的专业素质提出了较大挑战。如果支架者本身无法对音乐材料有比较透彻的理解,就无法全面挖掘材料,这影响了教师对任务难度的设计,也影响了教师对幼儿进行适度的支架。

2. 围绕生活意象的表达

这是一个从面到点逐步深入的探索过程。教师在评价幼儿的基础上,引导幼儿联想、想象与音色、节奏运动有关的生活意象。共设计了四个活动:在《节节和拍拍》两次活动中,引导幼儿将节奏运动与生活意象进行充分联系。接着,在《气球》活动中,教师引导幼儿将身体律动与打击乐器配合,探索表现气球的运动变化与蛇的生活意象。在这个过程中,教师开始越来越关注幼儿的合作。

活动背景:

在一次座谈会上,我听到一个生动的故事。在北京的行为艺术展中,有人同时使用了各种时钟发出滴滴嗒嗒的声音。当时有一群幼儿正好经过并成了欣赏者。幼儿们面对同样的声音,却感受出不同的节奏,而且想象出各种意象。这个故事激发了我们。我们期望,在下面这个活动中,幼儿能够把节奏与更多生活意象联系起来。

(1) 单个意象的表现:《节节和拍拍》系列活动之一(内容略)

教师准备了两个节拍器,分别设置了固定的速度,表现四分音符和八分音符的节奏。(这都是幼儿最熟悉的音符)

第一环节:引导幼儿感受四分音符的意象。

第二环节:引导幼儿感受八分音符的意象。

第三个环节:角色游戏活动,加入了四分音符和八分音符的意象。

教师的评价:

我感到了一点的成就感。在预设的时候,我想到了跑、走、闹钟,但是没有想到洗碗、小鱼、插雪花片。孩子带给教师很多的感动。让我惊喜的是,当我问帅帅是如何感受节奏的,他说在他脑子里都记住了"拍拍"运动的声音。其实,这体现了幼儿对节奏的内化,也是幼儿迁移已有经验的表现。幼儿在这一系列节奏活动中已经感受到节奏运动的稳定感。我觉得今天的活动就像一个交响乐团,大家积极主动地表达自己个性化的经验,分享同伴经验。没有谁最优秀。

教师支架的方向:

今天我从幼儿的经验中只提取了一个意象——小鱼,让幼儿通过角色表演感受节奏运用中的意象。我打算再进行一次活动,尽量将幼儿的经验进行整合,让他们有机会尝试用自己的方式去表达他们心中的多种生活意象。

(2) 多个意象的表现:《节节和拍拍》系列活动之二(内容略)

活动环节一:让幼儿感受四分音符的意象性。

活动环节二:引导幼儿感受八分音符的意象性。

活动环节三:教师总结幼儿的经验,即兴创编故事,并引导幼儿自由选择乐器为故事配乐。

教师的评价:

在这两次活动中,幼儿在生活意象的联想方面有了比较全面的尝试。这能够为以后的自主创编故事并演奏的活动积淀更多的经验。让我惊喜的是,在这种想象性意象表达中,竟然有幼儿关注到故事中表达的情绪与节奏表达的情绪之间的匹配。比如,有幼儿说故事中的"早晨雾蒙蒙的"很缓慢,像节节的节奏。这是我自己当时都没有意识到的地方。幼儿的感受力太敏锐了。他们的经验也是我成长的一种支架。

教师支架的方向:

在幼儿将节奏与生活中各种意象结合之后,开始能够通过演奏来表达特定意象。我们希望幼儿在演奏中的表现力方面进一步得到提升,并且也希望进一步给幼儿的合作协调创设机会,以便于日后团体性的自主演奏的开展。

研究者的反思:

教师的故事创编其实就是一个典型的社会建构过程,她在吸收幼儿们的各种想法,并且集中在一个故事情境中让大家共同分享。这是多么激动人心! 教师的行为让幼儿看到了自己与别人的闪光点,感受到了集体力量的巨大与美好!

在打击乐器演奏活动中,教师也在积极吸取幼儿的各种想法,在此基础上建构自己的新经验,在这种社会建构性的学习过程中,教师不仅是指导者,也是学习者。

(3) 律动与乐器演奏的合作:《气球》(内容略)

活动环节一:观察吹气、放气运动方式和声音,运用身体动作来表现气球的运动。

活动环节二:与幼儿探索乐器演奏的表现力。

活动环节三:让幼儿自由结伴,进行身体律动与乐器演奏的合作。

教师的评价:

音乐能力方面:幼儿能够比较好地探索用不同的乐器表现断顿与连续,也能创造性地用身体动作表现事物的形态与变化。

合作能力方面:有少数幼儿已经有主动合作的意识,大部分幼儿能够在教师的引导下,积极地与同伴互动。但是,仍有几个幼儿缺乏与同伴合作的意识和能力,他们在活动中一直盯着教师的动作。

教师支架的方向:

创设情境,提供线索,让幼儿能够自主创编故事,构建配器方案。

让幼儿能够更好地进行同伴合作,借助同伴的支架发展创造性表现的能力。

研究者的反思:

引导幼儿从周围的生活中提取经验:气球,是幼儿非常熟悉的事物。在活动中,我们更多关注如何将活动建立在幼儿生活经验之上,帮助幼儿激活生活中的经验,让幼儿在过程中充分地想象,并分享同伴彼此的经验,引导孩子充分挖掘关于身边熟悉事物的经验,这是提高幼儿在音乐活动中创造性表现能力的一个很重要的方面。这种活动给予幼儿丰富的内在图式。

本次活动为幼儿自主合作的发展提供了土壤:在以往的打击乐器演奏活动中,幼儿听从教师的指挥,与教师进行"合作"。在所谓的"合作"中,幼儿处于一种相对被动的状态。在这次活动中,律动与打击乐器演奏的配合是幼儿之间一对一的同伴合作。幼儿面对伙伴,面对共同的任务,这样就有了商量和交流,有自己的想法以及实现自己想法的机会。在活动过程中,我们发现幼儿存在的困难主要是如何更好地两两合作。如何在不同的情境中为幼儿的合作性发展提供支架,对于教师来说,这仍然是一个漫长的探索过程。

3. 第二阶段工作小结

在对第一阶段的反思中,我们发现,幼儿创造性表现能力发展的目标可以通过教师的支架式教学逐步实现。同时,在已有的活动中,我们发现幼儿创造性表现能力受到现有经验水平的限制。幼儿在随乐活动中大多仅仅合拍,难以表现出不同的节奏类型,从而很难表现不同的情绪。我们在研究的基础上发现,创造性表现需要幼儿具有对音乐相应的感知与体验能力。

在第二阶段研究中,我们根据音乐学科的结构,引导幼儿通过动作、语言来掌握基本的节奏型与音乐的结构。幼儿有了一些明显的变化。首先,在对音乐基本要素的感受方面,幼儿已经感受到四拍节奏型的均匀时值长度,并能即兴创编各种非均匀四拍节奏型;能用身体动作比较清晰地表现乐句及其情感。在表现与音乐有关的生活意象方面,幼儿已经能联想丰富多样的意象。其次,在教师的引导下,幼儿的合作意识、能力有所增强。在《气球》活动中,幼儿初次尝试两两合作,在教师的引导下,大部分幼儿已经开始关注同伴。而且,有些幼儿的合作能力超出了我们的预期,他们对自己、对同伴都有很高的合作要求。在角色表演者与演奏者之间进行合作的过程中,教师给予幼儿充分的自由表现空间。对于角色表演者来说,他们可以自由运用肢体、表情来表现意象。对于演奏者来说,他们可以自由选择乐器,可以使用自己喜欢的节奏型来表现。再次,在教师的引导下,幼儿的反思能力得到发展,尤其是自我评价的标准逐渐清晰与客观。

改进的空间:

在教师的引导下,幼儿在合作方面建构了一些经验,比如关注同伴,用眼睛看。在解决问题的过程中,幼儿已经出现为了达到共同目标密切合作的意识。另一方面,幼儿已经处于大班,合作能力是教师重点关注的方面。同时,在打击乐器演奏活动中,合作协调能力更是关系到演奏的整体效果,也关系到幼儿在团队中能否顺利进行创造性表现。所以,我们将进一步关注如何引导幼儿在合作中发展创造性表现的经验。

(三)行动研究的第三阶段——主要关注如何引导幼儿在合作中积累创造性表现的经验

在这个阶段中,教师基于对幼儿的评价,尝试运用小组合作的方式帮助幼儿积极建构自己对音乐的感知、体验与创造性表现的能力。我们主要围绕着"在小组合作中,幼儿如何自主地进行协商,建构配器方案,并顺利演奏"开展教学。在这个阶段中,幼儿的艺术表现比较复杂和综合。所以,在对行动过程的描述中,我将两种探索的维度(音乐形式要素的感知与探索、与音乐相关的想象)汇合起来。

1. 行动的起点:自发的小乐队之发现

在这个活动中,部分幼儿自主建构小乐队,教师将这种学习形式扩展到全班幼儿。这是一个新的起点。幼儿以小组的形式,自主结合,自主商量,自主创作。教师的引导也在不断地提升。

活动材料:幼儿自制的乐器、《郊游》(内容略)

环节一:教师引导幼儿对自制乐器进行探索。

环节二:教师引导幼儿关注音乐《郊游》的情绪,并用自制乐器随乐演奏。

生成环节:自主小乐队演奏。

教师的评价:

演奏水平方面:大部分幼儿在演奏中表现出稳定的节奏型。对于不同乐段的情绪,幼儿能够比较好地区分,能用不同的方法演奏。但是,对于相同乐段的关注不够充分。令我欣喜的是,已经有少数幼儿可以自主地合作演奏,而且能够很好地分工,有多声部表达的雏形。比如,小静这组已经能针对不同情绪的乐段进行演奏,而且有稳定的节奏型。小小所在的组已经对乐句有所关注。在第一乐句,小小让同伴击奏自己的乐器。在第二乐句,小小自己击奏自己的乐器。这样按照乐句重复进行。

合作协调方面:我发现,大多数幼儿在合作上面存在两种差异较大的对比:在协商过程中,积极的、自信的幼儿自始至终命令其他幼儿。不过,也有一个组能够在协商中互相倾听、关注同伴。

关于我的教学行为方面:今天,幼儿第一次自主组建小乐队,选择自主协商的配器方案来表达音乐的情绪。我很好奇他们的协商结果,而这种新奇的心情使我忽视了对幼儿协商过程的支架。

教师支架的方向:

在下次的活动中,关注幼儿在合作过程中参与的程度。这段时间,我关注的焦点——小乐队的成长!

引导幼儿进一步关注音乐的情绪以及表现要素,尤其关注音乐不同乐段的情绪情感。

研究者的反思:

幼儿的音乐感受力——对乐段的体验:乐段是由若干乐句组成,具有完整乐思的段落。在活动中,幼儿对不同乐段的掌握,有利于感受音乐音响的结构,有利于幼儿在演奏时清晰地运用乐器去表现自己在音乐中体验到的情绪情感。在教师的启发下,幼儿已经能够很好地感受音乐的不同乐段的情绪。

从支架式教学角度看教师的教学行为:在这次活动中,教师第一次尝试让幼儿小组协商配器方案。教师非常好奇幼儿协商的结果,所以,她选择了在远处等待结果,却忽视了幼儿在协商过程中的表现,这本是教师观察、评价与支架幼儿的好机会。

2. 合作中问题的发现:"一言堂"

音乐:《七式进阶》活动(内容略)

环节一:引导幼儿通过身体动作感知、体验音乐,提取幼儿的节奏型。

环节二:幼儿组建小乐队,自主协商配器方案并合作演奏。

教师的评价:

合作方面:整个活动中,幼儿虽然都很快乐,但是他们的合作效果存在很大的差异。在部分小组中,出现小领头人的角色,而别的幼儿一直被小领头指挥,没有发表意见的机会。小领头人一般都是比较积极的幼儿,但是他们的演奏水平差异很大。极少数的幼儿能够顺利指挥乐队演奏,像小静这样的。有的把乐队指挥得乱七八糟,自己都不清楚。还有的小组中,互相不服,没有协商。

在整个演奏水平上:大部分幼儿有稳定的节奏。在节奏类型上存在简单与复杂的区分。每个小组都能区分不同情绪的音乐,并匹配相对应的节奏类型,比如快的、慢的。让我感动的是雪儿这一组,虽然他们演奏得比较简单,但是大家从一开始协商到最后,都是互相倾听,互相关注。这是别组幼儿需要学习的榜样。

教师支架的方向:

让每个幼儿在小组中充分合作,而避免"一言堂",即一个人命令其他小组成员。一方面,在合作过程中引导幼儿积极参与的态度;另一方面,引导幼儿在合作之前对音乐充分感知,拥有可供表达的经验。在下次活动中,我打算首先引导孩子充分体验不同乐段的情绪,并且在幼儿的节奏动作中提取出节奏型。

研究者的反思:

对合作中出现问题的考虑:在活动中,我们发现有些幼儿没有主动表达的意愿是因为缺乏对音乐的充分感知,不明确如何去用某种节奏随乐演奏,处于糊涂的状态。我们在反思中明确:真正有效的合作应该建立在每个成员对所要达成的任务的理解,以及责任心的投入之上。如果只有部分幼儿理解任务,明确小组目标,这无法达成真正的有效合作。

对幼儿自我评价标准的考虑:幼儿的自我评价是一个不断社会建构的过程。幼儿的自我评价能力在其与周围社会环境互动中处于不断的发展过程中,引导幼儿明确自我评价的标准是一个重要的支架。有了评价的标准,不但可以让幼儿明确从哪些方面对自己的行为进行恰当的评价,而且还有利于他们在合作演奏中明确努力的方向,从而进行自我监督与调节。

3. 合作的改进:帮助幼儿意识到自己在乐队中的责任

音乐:《瑶族舞曲》(内容略)

环节一:教师引导幼儿感受乐曲的情绪与结构,并帮助幼儿提取节奏型。

环节二:教师引导幼儿自主合作演奏。

教师的评价:

演奏能力方面:幼儿已经能够比较好地将节奏与音乐的情绪相匹配,关注音乐的结构。幼儿的演奏水平存在很大差异。在对音乐充分感知的基础上,大部分幼儿能够有话可说。但是仍有少数幼儿处于比较模糊的状态。在幼儿中,自发出现了小指挥的现象。但是,小指挥的水平差异较大。有的小指挥反而干扰了小组的协商与演奏。

自我评价方面:幼儿的自我评价越来越清晰、客观了!教师的引导促使幼儿更加关注如何改进,而不再是一味互相指责不足。

教师支架的方向:

在合作中合理发挥小指挥的作用,并引导幼儿关注多声部的音响。这是我认为幼儿需要支架的发展方向。

引导幼儿自主建构心中的评价态度以及评价标准。

4. 第三阶段工作小结

(1) 反思小组合作对幼儿发展的重要性

支架式教学的直接理论来源是维果斯基提出的"最近发展区"。根据"最近发展区"的定义,师幼以及同伴的认知冲突促进学习者的自我建构。小组合作是幼儿社会建构的一种方式。小组合作对幼儿学习的重要性具体可以表现为认知与情感两个方面。

① 认知方面

在自主小乐队成长的过程中,幼儿需要机会思考和讨论他们所做的事情。当他们说话时,他们听到自己,其他人也学会了认识他们了解或不了解的地方。放声讨论也帮助幼儿澄清他们自己的想法。在这种团体活动的情况下,他们参与了更高层次的思考技巧,像运用、分析、综合和评估,而不只是持续在知识和理解层次上运作而已。

② 情意发展

当孩子在合作的团体中工作的时候,他们获得了社会技巧,比如,倾听、轮流、表达、支持他人,以及辩论。从这个阶段的小组合作中,我们可以看到一个孩子所提供的想法往往能激发另一个孩子的想法,这自然会大大鼓励最先发现、表达想法的孩子,不只对自己的想法感觉良好,同时也会促使其进行更高层次的思考。当孩子了解自己的想法被同伴接受时,就会产生积极的自我效能感。这样,孩子都有高度动机去投入到音乐活动中,不管是高成就还是低成就的学生,都能体验到成功的快乐。尤其是在教师的引导下,幼儿将自己的责任与小乐队这个团体的目标结合在一起,帮助团体中有困难的同伴,而不是互相指责。这对于帮助与被帮助的幼儿都是一种情意发展的动力。

(2) 反思自主小乐队对于幼儿积极作用产生的条件

在行动研究过程中,我们发现,要想将幼儿的责任感与小组目标结合起来,让幼儿在小组活动中有创造性表现,这需要教师适当的支架。一方面,教师需要创设情境将幼儿参与活动、表达自己的积极性激发出来;另一方面,教师需要引导幼儿熟悉任务、活动材料,这样才能使幼儿产生自己的想法,"有话可说"。

在小乐队的成长过程中,我们逐渐发现:教师是引导顺利合作的关键所在。如:需要帮助幼儿建立合作的规范;引导幼儿逐渐学会关注同伴的表达,积极帮助小组中演奏能力不同的同伴,协商出适合小组全体成员舒适演奏的配器方案。

七、研究结论

(一)关于幼儿创造性表现的思考

1. 在艺术活动中,幼儿的创造性表现需要幼儿有独立探索的机会。
2. 在艺术活动中,幼儿的创造性表现能力需要知识技能的积累。

(二)有关支架式教学的思考

1. 支架式教学的落实需要以幼儿独立探索为前提。
2. 支架式教学的落实需要以教师的评价为基础。

(1)"最近发展区"与教师评价的关系。

(2)有关评价的思考。

① 学科知识(关键概念)对评价的重要性。

② 在评价中,教师对儿童发展、教学法与学科知识的理解是一个不断融合、建构的过程。

③ 教师的评价能力的发展直接影响着幼儿的发展。

参考文献(缩略)

南京师范大学教育科学学院 2006 届教育学硕士　季琴

2006 年 5 月

第五章 教学实例与分析

● **本章简介**

本章为幼儿园教师撰写的教学方案及其探究分析。对于幼教工作的学习者和从业者来说,这些研究更易直接引导其进入真实的教育现场。

5.1 歌唱教学实例与分析:《捏面人》(大班)

一、活动方案

活动目标

1. 学唱歌曲《捏面人》,感受歌曲稚趣、生动的风格。

2. 在原有歌曲的基础上,借助多媒体、图片、同伴间的讨论,即兴创编与演唱歌曲。

3. 在创编歌词与由慢到快的演唱中,接受挑战,体验乐趣。

活动准备

1. 看过捏面人,并见过一些面人形象。

2. 老爷爷捏面人的PPT课件,孙悟空、唐僧、沙和尚、猪八戒的图片。

活动过程

1. 进场:律动《泥娃娃》

教师:我们都见过泥娃娃,今天,我们听音乐,学学泥娃娃的样子吧!(幼儿与教师共同模仿泥娃娃机械般的动作,随音乐跳舞)

在音乐进行到一半时教师引导幼儿有节奏地"舞"到座位上。

2. 教师借助多媒体生动地讲述,引出歌曲部分内容

(1) 教师:泥娃娃不是没有家,它的家就在我们无锡。今天老师还请来了一位老爷爷,老爷爷本领可大了,他呀,会捏各种各样的面人。来!瞧瞧看……

幼儿:哇……

教师:老爷爷带来了好多面人,有什么呀?

幼儿:福娃!

教师:京京。

幼儿:贝贝。

教师:还有呢?

幼儿:小猪。

教师:多可爱啊!胖嘟嘟的。还有呢?

幼儿:小牛、小狗、孙悟空、美女……(幼儿七嘴八舌地说了起来)

教师:好多好多,我们都看不过来了!

(2) 教师帮助幼儿理解比较难的一句歌词。

教师坐回幼儿中,边做动作边说:老爷爷捏的面人,把我的眼睛都看花了!随后按歌曲节奏念:老爷爷捏出来的面人把眼看花。

教师:咱们一起跟老师说说看。(引导幼儿一同念歌词中的这句)

3. 教师范唱歌曲,用身体动作表现歌词

教师:老爷爷今天还想捏几个面人,大家一起来看看,老爷爷到底捏了啥?

(前奏响起)教师轻声说:老爷爷来了……(随后范唱。在范唱中,以念白的形式表现第二句"面人把"这三个字,并将整个第二部分"面人"四个乐

句有节奏地用主角动作表现）

4. 幼儿运用已有经验，根据教师的身体动作演唱部分歌词，根据幼儿回答，教师逐一出示图片，帮助了解歌曲的部分结构

（1）教师：老爷爷到底捏了啥呢？你看出来了吗？说说看……

幼儿1：孙悟空！

教师：你从哪个动作看出来的呢？学学看！

幼儿做打的动作，说：从金箍棒看出来的啊！

（幼儿2做孙悟空看的动作）

教师：这个……我们大家一起学学看！

（全体幼儿共同模仿这个动作）

教师说：老爷爷，捏一个……谁？（同时伴奏有节奏的响声）

幼儿齐声说：孙悟空！

教师：他在干嘛？

幼儿：打妖怪！

（教师引导幼儿共同有节奏地念"捏一个孙悟空打妖怪"。这句歌词在练习第二遍时出示孙悟空的图片贴在黑板上）

（2）教师：还捏了谁？

幼儿1：唐僧！

教师：唐僧是什么样子的？

幼儿2：骑马！（同时做出骑马的动作）

教师：哪个是唐僧啊？你们教教我。

（许多幼儿做出唐僧念经时双手合十的动作）

教师做这个动作后，问：唐僧在干嘛？

幼儿回答：骑马。

教师：骑的是什么马呢？

幼儿：白龙马！

（教师随音乐节奏边说"老爷爷……"边做动作引导幼儿说出"捏一个唐僧骑白龙马"。在不断练习中出示唐僧图片贴在黑板上）

（3）教师：还捏了谁？

幼儿1：捏的是沙和尚。

教师:哪个动作是沙和尚的?

幼儿2:挑着箩。(并做出挑东西的动作)

(教师请幼儿2示范整句"捏一个沙和尚挑着箩",并引导大家一起说)

(幼儿齐念这句。在幼儿随伴奏念白时,教师出示沙和尚图片贴在黑板上)

(4)教师嘟起嘴,故意变粗嗓音说:小朋友,你们忘了我了,我是谁?

幼儿纷纷说:猪八戒。

教师:猪八戒在干嘛呢?

(幼儿:吃西瓜。

在教师动作引导下,幼儿随节奏念白这句歌词"捏一个猪八戒吃西瓜",教师随后将猪八戒的图片贴在黑板上)

5. 老师做动作,幼儿随乐按节奏念部分歌词

(1)教师指着图片问:老爷爷捏的这些是哪个故事里的人物啊?

幼儿大声回答:《西游记》。

教师:是《西游记》里的人物,咱们来跟着音乐节奏把他们表演一遍,好吗?

幼儿:好!(教师鼓励幼儿边说边做动作)

(2)教师范唱歌曲第一部分,在"捏面人"时,只做动作,幼儿跟节奏边做动作边念四句歌词。

6. 幼儿学唱歌曲

(1)教师:面人都给大家念活了!现在老师来演老爷爷,你们来表演面人,好吗?

幼儿:好!

(前奏响起)教师:老爷爷来了……

(在幼儿表演时,教师在每个乐句,预先只做一个动作提示,幼儿有节奏地念白第二部分,并在教师的动作提示下,尝试演唱乐句的最后一句"你说是啥就是啥啊……")

(2)教师:你们学得真棒!来来来,和我一起当老爷爷,好吗?

幼儿:好!

(师生共同演唱歌曲。教师尝试唱每个乐句的第一部分,其余用动作提示幼儿自主演唱,并在幼儿演唱"面人"第二部分的后两句时,不做任何提示

动作,幼儿边做动作边演唱完乐曲)

7. 启发幼儿创编一个故事主题

(1)教师:老爷爷捏的是《西游记》的故事。如果我们也会捏面人的话,我也想捏一个属于我们自己的故事。你想吗?(鼓励幼儿讨论故事主题)

幼儿:想!

教师:来,赶快和朋友商量商量,捏一个什么故事好呢?

(2)歌曲音乐持续不断地轻声伴奏。幼儿与同伴热烈地讨论,教师即兴加入讨论。

(3)教师:刚才老师听了很多小朋友的讨论,谁来说说看?

幼儿1:我想捏小鲤鱼的故事。

幼儿2:我想捏白雪公主。

幼儿3、4:我们想捏小鼹鼠。

(4)教师:我们班的贝贝一直想编一个故事,但贝贝现在不敢说,我来帮你说,有一个人的名字和你一样,他叫……

幼儿1:福娃贝贝。

教师:老爷爷也编了福娃的故事,我们来试试看,好不好?

幼儿:好!

(5)教师:我们来看看他们的名字,你们都知道吗?

(在教师的指引下,幼儿齐声很快说出五个福娃的名字)

教师:对!2008年奥运会就要在我们中国举办,小朋友,我们来编一个福娃的故事唱给大家听!

8. 教师选取幼儿讨论的某一主题,对部分歌词进行替换创编,用图片提示幼儿创编内容

(1)教师:可是……我要捏一个贝贝在干什么呢?

幼儿纷纷说:游泳!在游泳!

教师:咱们来跟着节奏商量商量,说说看。

(音乐节奏响起)教师引导幼儿:捏一个贝贝……

幼儿:游泳!在游泳!

(引导幼儿做出模仿游泳的动作)

(教师随后统一创编的词:"捏一个贝贝在游泳!"并用简笔画在纸上画

出游泳的动作形象,贴在黑板上)

(2)(音乐节奏继续演奏)教师:捏一个京京……

幼儿:在举重!

教师:没错,就是举重。(并引导幼儿做出模仿举重的动作)

(在幼儿反复练习中,老师将举重形象绘到黑板上)

(3)教师:捏一个欢欢……

(幼儿七嘴八舌地说了起来)

教师请一名幼儿说:捏一个欢欢在打球!(并引导幼儿做出模仿打球的动作)

(教师将打球形象绘好,并引导幼儿们随着音乐节奏念出这句歌词)

(4)教师:捏一个迎迎……

幼儿们大声说出:在跑步!

(教师随即绘图,并鼓励幼儿反复随节奏练习这句,引导幼儿做出模仿跑步的动作)

(5)教师:哎呀……妮妮……妮妮……

幼儿们纷纷说出:做体操……在做体操!

教师边绘图边引导说出:捏一个妮妮做体操!

9. 在图片的提示下,幼儿演唱由自己创编的歌曲

教师:福娃的故事是我们大家一起编的,那我们要记得很棒、记得很牢哦! 来,咱们把他们编到老爷爷捏面人的歌里,好不好?

幼儿齐声:好!

教师:试试看!

(师生共同演唱创编好的福娃歌。)

10. 教师一步步提高演唱难度,激发幼儿不断挑战,精神饱满地演唱

(1)教师:福娃的故事太棒了! 2008 年一定要到北京去唱一唱! 我就不信难不倒大(五)班的小朋友! 这样,请伴奏老师弹快点,看看小朋友能不能跟上?

教师轻声问:能不能跟上?

幼儿:能!

(音乐加快,教师提示并激励幼儿加速演唱)

(2) 教师:难不倒你们! 再想个办法。(教师做思索状)

(教师抽掉其中一张图片贝贝)

幼儿:难不倒的!

教师:我不信,那你们唱唱试试看。

(幼儿在演唱福娃部分时,教师不断用身体挡住后面的几张图片,引导幼儿凭记忆歌词演唱)

(3) 教师:妮妮在体操,哈哈,我扮演妮妮,你们就出错了吧! 我们再把妮妮说一遍……(引导幼儿纠正为"做体操")

(4) 教师:真的难不倒? 我不信! 现在我请大家起立,向后转,什么都看不见了,我们看到的是谁啊?

幼儿:老师们!

教师:现在我们就对着老师唱。

教师:老师们,我们要是真的忘了,你们就做动作提醒我们,好不好啊?

台下老师:好!

教师:还有,如果我们唱得好,请大家帮我们喊"好!"我们先练一遍。

(教师做双手举拇指的动作指挥台下观众说:好!)

教师随即又对孩子们说:这不是喊给你们的,你们要唱得真好才行! 好! 准备! 老爷爷来了……

(幼儿面向台下观众表演,演唱完毕后,台下教师齐声喊:好!)

11. 教师:小朋友们! 还有好多好多故事等着我们编呢! 我们边唱着福娃的歌边跟我来吧!

幼儿边唱边离开活动场地,台下响起热烈的掌声。

附乐谱:

捏 面 人

$1=\flat E \quad \frac{2}{4}$

史莉 词曲

```
 1 1  1 6 | 5 5  6 1 | 3  2 3 | 1 - | 2 2  2 1 | 7 7
 捏面人的  老爷爷     本领   大，  捏出来的   面人
 6 5 | 5  2 3 | 5 - | 5 5  5 5 | 1 - | 5 5  5 5 | 1 -
 把眼  看 花。  捏的  什 么   呀？ 捏的  什 么   呀，
```

```
2 1 2 1 | 2 5 | 5 3 2 5 | 1 — |
你 说  是 啥    就 是     啥!
× ×× | ×× × | × — | ×× | ×× × | × ×× | × — |
捏 一个 猪八 戒 吃西 瓜,  捏 一个 唐僧 骑 白龙 马,
× ×× | ×× × | × — | ×× | ×× × | × ×× | × — |
捏 一个 沙和 尚 挑着 箩,  捏 一个 孙悟空 打妖 怪!
2 1 2 1 | 2 5 | 5 3 2 5 | 1 — ‖
你 说  是 啥    就 是     啥!
```

(上述教案实录由南京河海大学幼儿园老师由佳提供)

二、反思与讨论:提问与后退——试论激发幼儿主动学习的两种常用策略

前两天在一个幼儿园和老师们座谈,有位老师提到:新授歌曲时老师似乎总是不得不一遍又一遍地带着幼儿唱,不但自己容易感到疲劳和乏味,幼儿们也往往因为乏味而容易显现出疲劳和消极,不知道这种现象是否正常,是否有可能避免。我告诉老师们说避免这种现象产生的方法有许多种,但最近刚好看到江苏省第四届幼儿园优秀教育活动评选录像集中的一个获奖课例,就和大家分享一下我自己从中获得的一点启发。

活动选用的歌曲《捏面人》的词曲作者是南京市鼓楼幼儿园的史莉老师,设计执教这一歌曲新授活动的是南京市河海大学幼儿园的由佳老师。下面我就来和大家分享由佳老师反复使用的两个教学策略的奇妙功效。这两个教学策略分别是:提问和后退。

心理学的相关研究告诉我们说:人的原始学习冲动的力量来自内部对快乐的追求倾向,即在熟知的知识中发现新内容,自发地进行探索,进行学习,并在这些学习的过程中找到对自己的才能的信心,找到自我完善的新方向,从而获得发现自己、肯定自己的快乐。因此,主动学习——积极的自我评价——主动学习,其实更像是一种自我力量不断获得自我证实的一种仪式。

那么,怎样才能让幼儿在教师组织引导的集体学习中更强烈地感受到这种自我证实呢?教师实际上可以经常使用的两种教学策略就是提问和后退。其中激励幼儿自我发现自我完善的机制就在于:只有将告知幼儿转变

为提问幼儿,将抱着搡着幼儿走转变为放手让幼儿自己尝试走,幼儿才能够有机会自我发现自我完善,也才有机会真正体验到自我发现自我完善的快乐!

在教学活动一开始,教师通过表演复习和谈话活动,自然地帮助幼儿提取出了关于泥娃娃(泥人)的相关经验,紧接着又通过幻灯把泥人和面人的经验联系到了一起,再接着就提出了第一个与新歌曲学习有关的"桥梁性"的问题:"我们来看看老爷爷又捏了啥?"(教师开始第一次范唱)

歌词:捏面人的老爷爷本领大,捏出来的面人把眼看花。捏的什么呀?捏的什么呀,你说是啥就是啥!捏一个猪八戒吃西瓜,捏一个唐僧骑白龙马,捏一个沙和尚挑着箩,捏一个孙悟空打妖怪!你说是啥就是啥!(当唱完第一个"捏一个"的时候,老师突然将后面所有关于师徒四人的念词全部省略——即后退,而改成仅仅在钢琴的伴奏之下做相关的表演动作)

刚一结束范唱,教师立刻提问:"老爷爷到底捏了啥呢?你看出来了吗?"(幼儿:孙悟空!)

教师提问:"你从哪个动作看出来的呢?"(幼儿做举金箍棒打击的动作)

教师念:"捏一个……谁?(幼儿填充:孙悟空!)……他在干嘛?"教师做举金箍棒打击的动作。(幼儿填充:打妖怪!)

教师提问"还捏了谁?"(幼儿回答:唐僧)教师自己做骑马动作并提问:"他在干嘛?"(幼儿:骑马!)教师:"骑什么马?"(幼儿回答:白龙马!)

教师提问:"还捏了谁?"(幼儿回答:沙和尚)教师:"哪个动作是沙和尚?"(幼儿:模仿沙和尚挑担动作)教师:"这是在干啥?"(幼儿:挑着箩!)

教师模仿做猪八戒的动作并提问:"小朋友,你们忘了我了,我是谁?"(幼儿回答:猪八戒!)"猪八戒在干嘛呢?"教师模仿吃西瓜的动作。(幼儿回答:吃西瓜!)

教师指着已经逐一贴出的师徒4人的图片提问:"老爷爷捏的这些是哪个故事里的人物呀?"(幼儿回答:《西游记》!)

……

在第二大教学环节,教师引导幼儿创编新歌词的时候,从五位福娃的名字到每位福娃所做的运动项目,也都无一例外地使用了提问引导的方式!实际上,教师将自己的行为从告知转变成提问,本身也就是一种后退!正因为有了教师的退,才给幼儿腾让出了挑战自我的空间,他们才可能有机会主动地回忆其原有经验,并将原有的相关经验创造性地迁移、转化为新的特定念唱经验。正是由于幼儿在这种提取、发现、创造性地迁移、转化的过程中能够体会到自我发现、自我完善的快乐,我们也才能够看到幼儿在这一过程中的积极主动的状态。

在这次活动中,教师的另外一种后退主要体现在"代唱"的过程中,教师从第一次范唱开始就不断地使用了"动作代替歌词"的策略。最初,教师使用动作替代主要是为了吸引幼儿注意、提取原有相关经验,和自己将动作转化为歌词。而随后,教师越来越多地使用动作替代,是为了既保持对幼儿情感、想象方面的激励性,又保持对幼儿记忆、再现歌词动机方面的激励性。我们可以很容易地发现:只要幼儿可以根据教师的动作提示和黑板上的图片提示,自己有意回忆出来歌词,教师便主动地转变成只有动作、表情和口形的参与,甚至只有动作和表情的参与了。随着幼儿对歌词熟悉程度的不断递增,教师自己唱出的歌词也在不断地递减,最后甚至减到仅仅在幼儿最容易唱错的地方教师才开口唱出声音来。请不要小看教师这样的行为,它对幼儿发出的"潜台词"是:我相信你们自己能行!让你们自己努力来验证一下,你们自己究竟有多么行吧!

最后还需要提一下的是:在活动接近尾声的那一段时间里,教师的提问变得越来越具有更加明显的挑战性。这种问题一般也应该出现在活动接近尾声的部分:如"福娃的故事是我们大家一起编的……咱们把他们编到老爷爷捏面人的歌里,好不好?"

"福娃的故事太棒了!2008年我们一定要到北京去唱一唱。"

"我就不信难不倒大(五)班的小朋友!这样,请伴奏老师弹快点,看看小朋友能不能跟上?"

"现在我拿掉一张图片,怎么样?"

"真的难不倒?我不信!现在我请大家起立,向后转,什么都看不到了,我们看到的是谁啊?"(只能看到客人老师)……

在这一公认的优秀活动中,我们看到教师的语言非常"吝啬",甚至吝啬到几乎没有教学组织性的语言。但为什么教师又能够一直紧紧抓住幼儿的注意力,随时激发出幼儿的投入热情呢?其中的窍门就在于我们在前面就分析出的那些激发幼儿自我发现自我完善的机制:在新活动内容本身是可以从幼儿的原有经验中建构起来的前提条件下,教师有效地使用提问作为桥梁,让幼儿不断发现自己可以通过迁移原有经验进行新学习!在幼儿需要通过努力练习逐步达到技能熟练的时候,教师通过逐步地后退让幼儿不断发现自己可以逐步摆脱教师、图谱等"支持性"条件,越来越多地体验到独立达成流畅表现的、自我肯定的喜悦。

最后,衷心希望老师们可以从这个范例中学会使用提问和后退这两招!

南京师范大学教育科学学院　许卓娅
2008 年 1 月

5.2　律动教学实例与分析:《森林狂欢节》(大班)

大班创造性集体舞《森林狂欢节》

一、活动方案

活动目标

1. 在感受音乐和感知队形图示的基础上,用动作和队形表现音乐形象。
2. 创编舞蹈动作,并选择合适的动作变换队形。
3. 学习小组合作,共同完成表演任务。

活动准备

1. 音乐、音响设备。
2. 队形图示(一个人为单位的操作图示),底板(磁性)。

活动过程

1. 难点前置,出示队形示意图,幼儿玩"看图示站队形"的游戏

(1) 教师:这是我们跳舞的队形示意图,你们能否看出来,这表示什么队形吗?

幼儿:两横排。

(2) 教师：◐ 标记是一半黑一半白的，黑的代表什么？白的代表什么？

幼儿甲：表示半圆形。

幼儿乙：表示月亮。

(3) 教师：◐ 标记表示脸和头发，白的在下，表示脸朝前，白的在上表示脸朝后。

（幼儿对队形示意图以及具体的 ◐ 标记表示什么意思不是太理解。教师通过引导幼儿观察和组织讨论，帮助幼儿感知、理解队形示意图的意义，这是幼儿学习看舞蹈队形示意图站队形的准备阶段）

(4) 教师：你们会站这个舞蹈队形吗？

幼儿：会！

（幼儿对教师提出的挑战非常愿意尝试，情绪高涨）

(5) 教师：我们一起来玩"看图示站队形"的游戏。（以小组为单位，尝试站两横排的舞蹈队型）

(6) 教师：你们对他们站的队型满意吗？有什么建议？

幼儿1：站得太挤了。

幼儿2：高个子站在后面。

幼儿3：前面和后面的小朋友要对齐。

幼儿4：不要站歪了，不要偏台。

(7) 教师请另一组幼儿再站两横排的舞蹈队型给大家看。（站的时候，总结前面小组的经验，将队形站得漂亮）

2. 倾听音乐感受音乐的旋律

(1) 教师：今天森林里开晚会，仔细听，是哪个小动物来参加音乐会了？（幼儿倾听音乐）

(2) 教师：你从音乐中听出来了吗，哪个小动物来参加音乐会了？

幼儿1：小鸭。

幼儿2：小鸡。

幼儿3：小鸟。

（确定下来一个大家都认可的小动物）

(3)教师：××(小动物)来参加晚会表演节目了,那××(小动物)做了些什么动作?

幼儿自由创编动作。

(4)教师：××(小动物)做了些什么动作?

幼儿1：飞来的(做飞的动作)。

幼儿2：跳来的(做跳的动作)。

幼儿3：摇一摇(做摇的动作)。

(孩子们想出了许多动作,教师将幼儿的动作进行组合,并有意识地将三种不同动作的顺序根据音乐的旋律进行了调整,便于幼儿进行下一阶段的学习)

(5)教师：我们一起来向他们学一学。(做固定下来的动作)

(6)教师：我们请一组××小动物上台表演,那么他们站什么样的队形表演呢?

(7)教师出示舞蹈队形示意图：●● , ●●●● 这是什么舞蹈队形呢?看明白了吗?要很快站好队形哦,请一组××小动物来表演。

幼儿：我们小组表演。

3. 创编不同舞蹈队型

(1)教师：刚才××动物表演是站一横排,我们还可以站什么样的队形来表演呢?

幼儿1：站圆形。

幼儿2：正方形。

幼儿3：三角形。

(2)教师：在表演中,可以站圆形、正方形、三角形等队形表演,做哪个动作变队形最合适呢?

幼儿：飞的动作,因为可以移动起来。

(3)教师：请小朋友仔细地听听,音乐里小鸟飞的动作做了几次?

幼儿1：飞了四次。

幼儿2：飞了两次。

(4)教师：飞的动作在音乐里出现了两次,那我们可以变几次队形?

幼儿:两次。

(5) 教师:老师给你们带来了编队形的材料,这是底板,底板上有两个数字,1表示编第一次队形,2表示编第二次队形。

教师(出示标记图):这单个的标记代表每个小朋友自己,一个小组几个人?(6个)每一种队形都由6个人组成。我们6个小朋友一起商量,编两种队形,排好队形后,每个小朋友要知道自己站在哪个位置上。

(教师提供了活动的舞蹈队形创编操作材料,既让幼儿明白自己是小组的一分子,又让幼儿知道一个小组是一个整体,在编排队形的过程中,学会商量、合作,明确自己和同伴之间的相互关系,清楚地知道自己所在队形中的位置和方向)

(6) 以小组为单位,商量队形变化,确定本小组创编的两个不同的队形。

(7) 教师巡回指导,鼓励幼儿和同伴合作,共同完成创编任务。

(8) 各小组展示表演。

4. 活动结束

小结本次活动的情况,鼓励幼儿大胆地创造。

(上述教案实录由南京市长江路小学幼儿园老师李漫和赵俊提供)

二、反思与分析:从评价出发的幼儿音乐教学活动的设计与组织

追求适时、适当、适宜的教学方法、教学策略、教学形式,提高教育教学的实效性,是教师进行教学研究的永恒主题。然而什么样的教学方法、教学策略、教学形式是适时、适当、适宜的? 其依据来自哪里? 衡量的标准是什么? 笔者认为依据来自教师对幼儿的观察和评价,衡量的标准是幼儿通过活动是否获得了应有的发展。笔者试图以韵律活动《森林狂欢节》的三次调整为例加以论述。

第一次活动,在大班下学期的中旬进行。

课堂实录

片段一:教师出示一个单圆形的舞蹈队形示意图。教师:"这是我们跳舞的队形示意图,你们能否看出来,这表示什么样的队形? 这是一半黑的,一半白的圆形,黑的代表什么? 白的代表什么?(脸和头发。)白的在圆形的

下面,表示脸朝前,白的在圆形的上面,表示脸朝后。你们会站吗?我们一起玩'看图示站队形'的游戏。"三组的小朋友(每组六人)都根据图示很快地站好了单圆的队形,而且很圆,六名小朋友的间距很合适。教师对孩子这样的表现觉得很满意。

片段二:小朋友开始创编两种舞蹈队形,教师提供的操作材料是各种队形示意图的卡片供幼儿选择,三组中有两组选择了相同的队形,出现了雷同的现象。

片段三:小朋友开始表演了,他们在展示自己设计的两种队形。有两组小朋友都不约而同地设计了双横排的队形。在表演的过程中,一组幼儿队形是基本上站出来了,但比较拥挤,幼儿为了做动作的时候尽量不碰到旁边的小朋友,动作的幅度明显变小,显得缩手缩脚。另外一组小朋友队形站得更加拥挤,表演到一半突然听到一个小朋友大叫:"你干嘛!"原来是两个小朋友因为相互碰撞而发生了矛盾,幼儿的情绪大受影响,其中的一个女孩子在后来的活动中脸上笑的表情少了很多。

评价反思

教师在活动的第一个环节出示什么样的跳舞队形示意图,是经过考虑的,出示单圆舞蹈队形示意图,其教学的意图在于:一方面能起到激活幼儿已有经验(幼儿在以往集体舞表演中积累了比较多的站单圆队形的经验)的作用,另一方面调动幼儿参加活动的积极性。从片段一的教学实录中我们也感受到了教学意图的落实。片段二中创编舞蹈队形雷同现象出现,教师提供现成的舞蹈队型示意图,在一定程度上限制了幼儿的思维,幼儿创编的空间相对比较小,大家主要的思考在于选择,而且选择的对象基本是一致的,因此,出现雷同的几率相对就比较大,幼儿的创编能力也许已经超出了教师对幼儿的估计。片段三中两组幼儿出现的相互之间空间站位不合理的现象表明,虽然是大班下学期了,在舞蹈表演的状态下,幼儿自主调整与同伴间距离的能力还是不够,这是需要教师加以引导和指导的,这就成为教师教学的重点和难点。

活动调整

针对以上的分析评价和反思,对原有的教学设计方案进行修改,在教学活动的第一个环节,将出示单圆舞蹈队形示意图改为出示站双横排的舞蹈队形示意图,这样就将主要是激活原有经验的教学策略改为既有激活原有经验又有难点前置意图的教学策略。教师运用引导幼儿观察、讨论的教学方法,指导幼儿将队形站整齐,相互间有适当的距离,不仅让幼儿会站队形,而且引导幼儿追求舞蹈队形的艺术审美性。另外,将现成的舞蹈队形示意图,改变为能够活动的材料,让幼儿能够自由地摆放,给幼儿以尽可能多的自主创编的空间,看一看幼儿能够创编出哪些舞蹈队形。

第二次活动,在大班下学期的中下旬进行。

课堂实录

片段一:玩"看图示站队形"的游戏的环节。幼儿以小组为单位,看图示站队形,教师注意引导幼儿观察、讨论,将队形站整齐、美观。当一组幼儿已经站好双横排的舞蹈队形后,教师说:"你们对他们站的队形满意吗?还有什么建议?"一个小男孩说:"他们偏台了。"教师马上说:"你的建议真好。"接着对站队形的小朋友们说:"你们赶快调整一下。"小朋友们很努力地往左边移动又往右边移动,可仍然偏台,后面一组幼儿站队形的时候,孩子们也注意到了不能偏台的问题,但也没有能做好。

片段二:到了小朋友完成两种舞蹈队形的创编开始表演的时候了,三组小朋友分别创编了三种不同的舞蹈队形,在表演的时候,三组幼儿都出现了小朋友间相互争抢所谓主角位置的小矛盾和小摩擦,也就是小朋友都争着要站在最能让观众看到的位置,谁也不让谁。

评价反思

片段一,幼儿有了不能偏台的意识,但幼儿的空间感以及空间判断的发展状况尚不能支撑他们很好地完成不偏台,更何况是一组幼儿共同做到。孩子已经很努力,但是仍然没能做到,这种状况明显地告诉我们这个要求对此年龄阶段的幼儿有一定的难度。

片段二中幼儿出现的小矛盾和小摩擦并不奇怪,这是幼儿好胜、好强、好表现的心理特点导致的。

活动调整

让幼儿完成不偏台,产生正确的空间判断,需要有一个参照物。在活动场地的中间设置一个参照直线,在活动的过程中,教师引导幼儿发现并主动地运用这条直线作为参照物,尽量做到不偏台。

针对片段二的问题,可以这样解决。当幼儿讨论与确定出舞蹈表演队形以后,如果有产生所谓主角的队形出现,教师在幼儿表演之前,手指舞蹈队形示意图中"主角"的位置询问小朋友们:"谁站在这里?"这时,往往最先回答或能力较强的幼儿能够争取站到这个位置,其余幼儿因为对最先回答的幼儿的认同,或碍于教师的情面,不再提出反对意见。对能力较强幼儿的认同,来自于平日里对他(她)的崇拜。这样就能有效地避免幼儿间因争抢而引起的摩擦,使活动得以顺利进行。

第三次活动,在大班上学期的开学第二周进行。

课堂实录

片段一:小朋友开始创编两种舞蹈队形,教师提供的队形示意图的操作材料是能活动的那一种。三组幼儿都出现讨论好了队形,在合作摆放的时候不是这个幼儿摆偏了,就是那个幼儿摆得不端正,另外的幼儿要去纠正帮着摆放好,结果引起不必要的误会,时间到了,队形示意图也没有摆好。

评价反思

大班上学期的幼儿在创编舞蹈队形的经验和相互合作能力方面与大班下学期的幼儿相比显得不够成熟,水平有差距。教师提供活动的队形示意图操作材料显然给幼儿的活动带来了不必要的困难,因为此活动环节的教学目标是让幼儿创编舞蹈队形,结果幼儿的一部分精力被牵扯到要整齐摆放队形图上了,而重要的任务反而模糊了。

活动调整

一种是直接给幼儿提供各种队形示意图的卡片供幼儿选择,不同的队形尽可能多一些。另外一种是先提供活动的队形示意图操作材料,让幼儿自主创编,教师注意观察幼儿的活动情况,一旦幼儿出现困难或问题,教师马上将各种队形示意图的卡片提供给幼儿。

幼儿园教育教学确实是一项十分纷繁复杂的工作,教师无时无刻不在面对变化和挑战。要做到运筹帷幄,应对自如,笔者认为善于观察、分析、评价幼儿是法宝之一。

南京市长江路小学幼儿园　李漫
2008 年 11 月

5.3 奏乐教学实例与分析:《吹气球》与《切分的时钟》(大班)

一、《吹气球》活动方案与自评

表 5.1 《吹气球》活动方案与自评分析表

活动目标
1. 学习用身体动作和乐器表现气球吹气、放气的方式和音响效果。
2. 通过观察气球吹气、放气的方式,感受其节奏,尝试用乐器表现断顿和连续的节奏。
3. 感受气球变化和同伴合作表达的快乐。
活动准备
1. 小铃、铃鼓、圆舞板若干,大鼓一面。
2. 碟片一张。
3. 各种生活中的物品:塑料瓶子、塑料勺子、塑料小球;石头;铅笔;金属勺、金属盒及其他一些幼儿搜集的相关生活物品。
活动过程
一、复习打击乐活动《雷神》
1. 幼儿使用乐器进行演奏。
2. 幼儿加入大鼓进行演奏。
二、节奏活动:吹气球
(一)幼儿尝试用肢体语言表达气球的吹气和放气
  1. 幼儿观看气球的变化,感受节奏的断顿和连续。
  2. 幼儿再次观看气球的变化,并用身体表现气球状态的变化。
  3. 反馈幼儿有关气球的身体动作,教师尝试做高级示范。
  4. 幼儿再次尝试,到教室的中间进行相互的游戏。
(二)幼儿尝试用乐器表现气球吹气和放气的状态
  1. 幼儿尝试选择合适的乐器。
	
	开放了学习身体动作的过程,幼儿通过观察、模仿的方式,积累有关气球变化的动作经验。
	
	通过观察教师吹气球、放气的过程,感受节奏的变化、气球外形的变化,并迁移生活经验,将物象的变化用自己的肢体语言表达。在表达过程中,幼儿按照一定的节奏,充分调动自己的肢体经验,并与教师的肢体经验碰撞,提升自己的动作元素。
	
	主题形式的身体动作模仿与创造,让幼儿在一定节奏的引导下,将体验到的东西表达出来。

	(续表)
2. 幼儿尝试用乐器合拍地演奏气球吹气和放气的状态。 （1）幼儿尝试看教师的身体动作进行合拍的音乐演奏。 （2）教师引导幼儿关注指挥的结束动作。 （三）幼儿尝试两两合作演奏 1. 幼儿尝试两两合作演奏，一个做身体动作或唱歌，一个用乐器演奏。边做边注意自己有什么困难。 2. 幼儿发现自己尝试中的困难，并解决困难。 当幼儿说自己没有困难的时候，教师可以把自己的发现与幼儿进行交流。 幼儿尝试解决其中的问题，如果幼儿没有好的方法，教师可以提供一些方法与幼儿交流。 三、欣赏交响乐：《破铜烂铁交响曲》	开放了乐器的概念，生活中的物品都可以做乐器，只要合准相应的节奏即可。 幼儿看教师的身体动作（即模仿气球变大变小）进行演奏，以迁移自以往的演奏经验。过程中，教师关注幼儿看指挥的状态，能否同时结束，保证在后面两两自主合作演奏的环节，幼儿可以迁移合作（相互注视，观察对方）经验。 开放了演奏过程，幼儿在合作演奏中，担任指挥、演奏员，进行自主合作。幼儿将自己观察到的物象尽情表达，感受到了乐器说话的效果。 在合作演奏的过程中，幼儿反思困难，并尝试解决困难。建立一种开放、健康的课堂氛围。

反思与困惑

活动尝试进行了幼儿之间的一对一的同伴合作演奏乐器。幼儿面对伙伴，面对共同的任务，这样就有了商量和交流，有了实现自己想法的机会。

在过程中，问题的发现和解决也是从幼儿来，到幼儿中去。教师的观察和活动的推进，让幼儿在反复尝试的过程中意识到问题，并最终让自己和教师的经验相互碰撞，解决了问题。

教师开放了身体表现的多种可能、乐器的多样性、使用方法的多样性、两两合作中的配合方式的多种可能，这么多的可能性都是建立在幼儿原有经验的基础上，找到"最近发展区"，让幼儿在反复尝试的过程中不断建构知识。教师关注幼儿在学习过程中出现的问题，并帮助他们寻找解决问题的方法。

低结构的活动对教师课堂活动中的调控能力有一定的挑战，教师需要根据幼儿在活动中的情况去调节或调整自己的策略，并根据幼儿多样化的表现，进行价值筛选，选择当前最有价值的问题进行讨论并尝试解决。

但是，在这个活动中，因为关注主题形象的变化与发展，所以音乐性显得比较少。在整个新授过程中，没有音乐的伴奏与参与。但是，如果加进音乐,就有合乐的问题,幼儿必须及时合乐,幼儿的自我调试时间就短,幼儿看指挥的学习,就显得分量不够。如何解决这个问题也是我比较困惑的。

二、《切分的时钟》案例与自评

表 5.2 《切分的时钟》案例与自评分析表

活动目标: 1. 欣赏音乐《切分的时钟》,感受乐曲的 ABA 结构,在进行身体动作模仿的基础上,使用双响筒和三角铁为乐曲伴奏。 2. 通过观察实物,迁移生活经验,尝试用身体动作合乐表现时钟上发条、钟摆晃动的动作。 3. 感受用身体动作模仿生活实物的幽默与快乐,体验使用乐器伴奏时的音响效果。 **活动准备:** 1. 物质准备:双响筒、三角铁若干,小闹钟一个,音乐"切分的时钟"的 CD 或磁带。 2. 经验准备:幼儿观看过有关时钟钟摆摇晃的录像。学习模仿了双响筒的空手动作并学习空了手模仿三角铁连续敲击的声音。 3. 幼儿的座位要分成两组,两组幼儿在坐的时候,要有面对面的感觉。 **活动过程:** 1. 教师出示闹钟,给闹钟上发条,幼儿感受并用语言模仿闹钟上发条的声音。 师:我今天带了个好朋友来,看看是谁啊?(看闹钟不动的视频)现在,小闹钟在睡觉,让我上个发条把它叫醒吧。(教师说并示范)我们一起来学学上发条的样子吧。 2. 教师带领幼儿学习用语音和身体动作表现钟摆摇晃的状态。 师:上完发条以后钟摆会怎么样呢?(看钟摆晃动的视频)我们的膀子也可以来做钟摆呢!(预备——教师的预令问题) 3. 幼儿倾听闹钟响铃的声音,模仿闹钟响的样子。 (闹钟突然响起)师:闹钟走啊走啊,咦,怎么啦?(闹铃响啦)那我们用小手来学学闹铃响吧。	 在教师的引导下,感受音乐,学习观察、模仿闹钟的钟摆走路、闹铃响、闹钟散架的状态与声响效果。在模仿学习的过程中,感受音乐与游戏结合带来的惊奇感受与快乐。

(续表)

4. 听音乐,并用身体动作表现闹钟散架的有趣样子。 师:现在,我们听着音乐让小闹钟摆动、响吧。(教师在学做闹钟钟摆摆动的时候,自然地加入嘴巴的伴奏音) 师:最后,闹钟怎么了呢?闹钟们听着音乐来吧。 5. 完整听音乐,跟随做相应的身体动作。 师:好,小闹钟睡着了。准备,我们上个发条让他醒过来。 6. 幼儿匹配乐器。 师:我们的小乐器也想听着音乐学学小闹钟呢!看看,这是什么啊?(双响筒)这个呢?(三角铁) 教师分别敲击两种乐器,幼儿感受并倾听。师:双响筒的声音像闹钟做什么呢?三角铁的声音像闹钟做什么呢? 7. 集体跟音乐做乐器动作。 师:现在,我们学着小乐器的样子听音乐做一做吧。(教师指挥的时候,暗示幼儿用眼神为另一半幼儿加油、鼓励) 8. 分声部,看指挥,跟音乐做乐器动作。 师:请右边的小朋友拿双响筒,左边的小朋友拿三角铁,放在自己小椅子下面。 师:现在,我们用乐器的样子学闹钟咯。 9. 使用乐器,看老师的指挥演奏。 师:现在我们要用乐器学闹钟。要看着指挥,让你的小乐器和音乐的速度一样快哦。 10. 幼儿尝试做小指挥,大家演奏。 师:谁愿意来指挥小闹钟们啊?需要我帮忙么?我在你的后面,如果你需要帮忙,就可以看看我。	在教师的引导下,倾听不同乐器的声响效果并与音乐游戏匹配,尝试演奏。从感受声响效果,到模仿乐器动作,到使用乐器演奏的过程,这是在教师引导下,逐步递进的学习过程。 演奏过程中,教师的体态非常重要,能给孩子一定的暗示。当教师指挥部分幼儿演奏时,将身体转向另一部分幼儿,通过眼神与体态的暗示,让幼儿尝试在演奏过程中,相互呼应与伴奏,进一步感受使用乐器对话的过程。 当个别幼儿做指挥,指挥大家演奏乐器时,教师需要提供一定的帮助。而站在所有幼儿的对面,能让指挥在需要帮助时,及时向老师学习。

反思与困惑

这是安德森的一首曲子,叫《切分的时钟》,将其改编成 ABA 结构,是为了让幼儿清楚结构,并可以按照乐曲的结构演奏与表演。乐曲中有非常明显的上发条、闹钟的指针行走、闹铃响的音响。按照乐曲中的音响,我们尝试设计了这个活动。

在整个活动中,幼儿模仿教师有关闹钟指针行走的动作;幼儿在教师的引导下,感受音乐的 ABA 结构;幼儿在教师引导下,学习使用三角铁、双响筒的演奏方法;幼儿在教师指挥下,按照音乐的节奏演奏乐器;幼儿创造性地表现闹铃响的动作、闹钟散架的动作与状态,倾听两种乐器的不同声响效果,自己为乐曲匹配乐器。

在相对高结构的活动中,幼儿应该是感受到了游戏的快乐,乐器演奏中相互对话的快乐,和谐的奏乐音响与录音音乐匹配的美感,感受到了参与打击乐演奏活动的整体积极效果。

但是高结构的活动给幼儿的空间看上去似乎相对较小,幼儿在过程中的模仿性学习占有比较大的分量,而创造性活动的空间似乎不是很大。许多同行往往会质疑这一点,说是应该给幼儿更大的创造性活动的空间。而我的困惑是:究竟多大的空间才是合适的呢?这应是今后需要进一步思考和实践的。

南京师范大学幼儿园　周　洁

5.4　欣赏教学实例与分析:《孤独的牧羊人》(大班)

一、活动方案

(一) 教材分析

歌曲《孤独的牧羊人》是 1959 年美国音乐剧《音乐之声》的插曲。我分析此歌曲可挖掘的价值有三:第一,音乐价值。作品是一首用美声唱法演唱的英文歌曲,是一首经典的音乐文化作品,女声那忽高忽低、真假声交替的演唱方式形成了奇特效果。通过旋律、衬词的重复、重唱、合唱、配器等多种形式来表现诙谐、幽默的音乐作品在幼儿音乐教材中是比较缺乏的。不仅可以让幼儿感受优秀的音乐作品,还可以让幼儿参与其中,体验对唱和二重唱在此处的诙谐、有趣,从而形成一种新的认知经验和音乐经验。第二,文化的传递。初步了解和体验不同民族的歌曲——接触"约德尔"歌词中采用很多的以"依、哦、来"一类无意义的字音,来呼唤远方的人们,呼唤天、地、羊群等的交流方式。向幼儿传递牧羊人的文化,了解牧羊人都是孤独的,所以他们更关注周围事物,会对天、对地等一切事物高歌,开拓其文化视野。第三,人文价值。表现了孤独的牧羊人独自放牧时借助唱歌与人交流等来排解寂寞的积极的生活态度。在目前都是独生子女,家庭中工作节奏紧张,人的交往能力降低和孤独感日益增加的情况下,可以启示现代人在生活中,用更积极的态度和更智慧的策略来面对各种消极情绪。

(二)幼儿分析

为了准确地把握幼儿的已有经验和学习特点,找到与新的学习任务间的联系点,我对此班幼儿原有的认知条件、情感态度和需要意图进行了研究和分析。第一,接触过《小小萤火虫》的二部合唱歌曲,可以调动原有经验来学习此部作品,并引导幼儿建立新旧知识间的联系,让幼儿在温故探新的过程中建构新的知识体系。第二,幼儿对孤独有一些家庭中的经验和从故事、影视作品中获得的零散经验,可以调动幼儿自己的经验来验证作品的风格特点。第三,此部作品的二部合唱部分速度快、节奏密、用英文演唱,加之又是听录音演唱,所以会给幼儿在听辨感受上带来一定的难度。由于幼儿有看图谱演唱和演奏的经验,有一定的理解符号的能力,所以教师可采用视觉符号帮助其理解——将流动的唱做成静态的图谱让幼儿通过视觉参与来精确观察和学习理解、掌握二部合唱。

二、教学方案

教学目标

1. 初步感受歌曲的旋律和活泼诙谐的风格,尝试演唱衬词和二部合唱部分,感受衬词重复、合唱声音效果的趣味。

2. 体验参与"小羊、王子等学牧羊人唱歌"的游戏表演和看图谱演唱等策略在学习中的作用。

3. 理解"孤独",感受牧羊人的幽默和快乐的情感,知道在孤独时可采取唱歌等积极的方法使自己和别人快乐。

教学准备

1. 手提电脑,《孤独的牧羊人》的录音和电影资料片段。

2. PPT——二部合唱的图谱。

3. 幼儿已学过简单的二部合唱歌曲,有初步的经验。

教学过程

1. 提问,引出歌曲

(1)你们知道"孤独"是什么意思吗?你们有过孤独的时候吗?在什么时候会感到孤独呢?

(2)"牧羊人"是干什么的?在哪儿放羊?

教师通过问题帮助幼儿提取自己的已有经验来理解《孤独的牧羊人》是什么样的,引导幼儿说出是"寂寞、一个人、没有朋友、很忧伤、可怜"。

(3)教师引导说:"今天老师给你们欣赏一首歌曲,名字就叫《孤独的牧羊人》。你们仔细听听看,这个牧羊人是不是像你们说的那样?为什么?"

2. 完整欣赏歌曲英文演唱(只提供英文歌曲,便于将幼儿的注意力集中到音乐风格本身上来)

(1)"听了这首歌,你们认为他是一个孤独的牧羊人吗?你是从哪里听出来的?"教师引导幼儿从歌曲的旋律、演唱的速度、演唱者人数等方面感受出"牧羊人"不是孤独的,而是快乐的。

(2)欣赏歌曲录音:"你认为歌曲什么地方最有趣、好玩?学一学。为什么?好像在做什么事?"教师引导幼儿说出自己感到最好玩的地方:衬词"咪咿噢都咪咿噢都咪咿噢"、低音处、音色不断变化等处。

(3)"现在我们玩小羊学牧羊人的游戏。我做牧羊人先唱衬词'咪咿噢都咪咿噢都咪咿噢',我唱完后你们做调皮的小羊跟我学唱一遍同样的衬词。"此游戏满足了幼儿对此部分演唱的需要,同时进一步体验其幽默性,也为下一个环节的对唱做好准备。

3. 教师用中文完整演唱歌曲

(1)教师演唱前引导:"这个牧羊人到底是孤独的还是快乐的?这首歌里说的是什么呢?现在老师用中文来唱,你们仔细听歌词,说的和你听到的感受是一样的吗?"(教师用清唱、慢唱帮助幼儿听清歌词。目的是让幼儿借助歌词来验证自己的判断:牧羊人不孤独)

(2)教师演唱后引导幼儿讨论:① 他快乐吗?他是用什么方法使自己和别人快乐的?引导幼儿说出:通过歌声将所有人都吸引来,用歌声给自己和他人带来快乐。②你在孤独的时候除了唱歌还会用什么和他不一样的方法使自己和别人快乐呢？引导说出：可以开玩笑、看漫画书、看电视、跳舞、找好朋友聊天做游戏等多种方法来排除孤独。引导幼儿在找论据的过程中体验到一种积极向上的生活态度——笑对困难，自然地实现了音乐欣赏和人文价值的传递。

（3）"'咪咿噢都咪咿噢都咪咿噢'唱得都是一样的吗？"教师演唱第一段的前两句让幼儿仔细听辨并练习。

（4）教师用中文与幼儿完整对唱歌曲。教师唱歌曲叙述部分，幼儿演唱衬词"咪咿噢都咪咿噢都咪咿噢"部分。（让幼儿亲身参与体验歌曲的活泼、幽默，亲历牧羊人不孤独的情绪）

4. 再次完整欣赏歌曲的英文演唱

（1）教师在欣赏歌曲前引导："这首歌曲有多少人在唱？从头到尾唱的都是一样吗？你能听出有几种唱法？"

（2）教师在欣赏歌曲后引导："什么叫二重唱？哪个地方是二重唱？"

（3）教师分别让幼儿欣赏齐唱和合唱部分，请幼儿分辨、感知、体验二者的差异。教师引导幼儿仔细分辨：

①"歌曲里除了有牧羊人的歌声还有谁的声音呢？"倾听合唱部分。

②"小羊很调皮，它们用歌声和牧羊人在玩游戏。你们能听出小羊和牧羊人怎么玩游戏吗？"第二次倾听合唱部分。

③"小羊第一句就学牧羊人唱歌了吗？"提问："小羊是从第一句还是第二句开始学牧羊人唱歌的？"第三次倾听合唱部分。

④"小羊最后一句有没有学牧羊人唱歌？"第四次倾听合唱部分。

⑤出示两声部的图谱引导幼儿观察并帮助其明确符号所代表的意思。"这个图谱又是什么意思？谁能看懂？"

⑥看着图谱第五次欣赏合唱部分。

（4）幼儿跟着录音机的歌声试唱二重唱部分。

①"你们需要听几遍后可以开始唱了？"教师根据幼儿的需要给予欣赏的次数。

②幼儿自由结伴尝试跟着录音唱第二声部。"你们需要练习几遍？练习好了告诉老师。我们分组来表演。"教师在幼儿练习的过程中巡回观察，

征询幼儿是否需要帮助,并给予适时指导。

③组织交流:"你们在练习中有什么问题?谁能帮助解决?"

5. 欣赏电影《音乐之声》中"孤独的牧羊人"的片段

观赏《音乐之声》中"孤独的牧羊人"的片段。幼儿进一步体验歌曲的活泼和幽默的风格。教师向幼儿介绍:此曲是美国很著名的电影《音乐之声》中的音乐。

三、教学方案设计实施后的自我评析

由于倡导探究性学习、生成式教学、以幼儿为主体的教学,教师忽略了自身的引导作用,降低了课堂的教学效益。有效教学强调追求课堂教学效益的最大化,要求教师有时间与效益的观念。教学之功,贵在引导,引导的核心是学习方式和思维方法的启示和点拨。教师的引导能够保证学生在有意义的思考路线上进行有意义的探索,从而避免学生盲目的瞎猜和无效的活动。这是提高教学效果和效率的关键。[①] 有效教学理念恰是提示我们要重视通过教师的引导作用来提高课堂的效益性。下面仅从案例《大班歌曲欣赏:孤独的牧羊人》来谈如何落实有效性教学的理念。

教学第一环节以幼儿自己理解歌名《孤独的牧羊人》展开,引起他们学习的意向,自觉进入仔细欣赏环节,进行搜索证据和思维活动。在课的开始教师提问:"你们知道'孤独'是什么意思吗?你们有过孤独的时候吗?在什么时候会感到孤独呢?'牧羊人'是干什么的?在哪儿放羊?谁知道孤独的牧羊人是怎样的?"当幼儿说出"寂寞、一个人、没有朋友、很忧伤、可怜、孤单、可能会有点难过、可能会有点不高兴"时,教师说:"今天老师给你们欣赏一首歌曲,名字就叫《孤独的牧羊人》。你们仔细听听看,这个牧羊人是不是像你们说的那样?为什么?"一下子就将幼儿吸引住了,极大地调动了他们的学习积极性,使得他们能够主动调动自己心理活动,将注意力自觉地集中在新知识的学习上。教师的一串问题,以幼儿已有的知识为切入点,并使之与新内容相联系,让幼儿卷入不断生成的问题思考之中去。此举不仅通过问题帮助幼儿提取出自己的已有经验来理解"孤独的牧羊人",使他们感受

---

① 余文森.优质教学的教学论解读.教育研究.2007.4:67

到学习的意义,也启动了幼儿对后面学习的期待——去验证和判断后面的结果是否真的如自己所说。同时在幼儿叙述自己的经验时,对于没有经验的幼儿也是有指向性的,在倾听别人的发言中获得了对"孤独"的理解,然后又依据新获得的概念去寻求"证据"。

教学第二环节围绕让幼儿自己举证证明"为什么不孤独?"来展开,让他们处于必须运用该知识去解决问题的情境之中,让他们的思维卷入知识的再发现的过程。"你们认为他是一个孤独的牧羊人?你是从哪里听出来的?"幼儿已进入主动投入的状态。每个人都在认真细致地感受歌曲旋律、速度、乐器使用、演唱人数、演唱形式等方面的特点,从而来逐一举出具体的证据证明为什么不孤独。幼儿非常积极地不断要求教师放录音和清唱歌曲给他们听,且在听的过程中特别专心和仔细。虽然听了几遍,但他们丝毫没有感受到是在一遍遍欣赏学习,而认为是一种游戏比赛——比试谁搜索的证据多和准确。在此过程中,幼儿自然运用已有的经验和知识来加深对"孤独"的理解,教师将知识的发现过程交给了幼儿,让幼儿在建构知识的过程中,揭示隐含在其中的精彩又独特的思维过程,并引导幼儿的思维深入到知识的发现或再发现的过程中去,使结论的形成过程生动、丰富,将知识增长和智力发展自然地融为一体。

教学第三环节围绕让幼儿直接参与演唱"衬词和二部合唱部分"来亲历牧羊人的不孤独,体悟表达事物的精确性。"我们也来学学牧羊人'咪咿噢都咪咿噢都咪咿噢'来将对面的人们喊来。"——学唱衬词部分。"我们也来和牧羊人用'噢都咪咿'玩追逐游戏。"——尝试二部合唱部分。这不仅满足了幼儿对此部分模仿演唱的需要,也让幼儿用自己的身体去亲自经历,用自己的心灵去亲自感悟,在亲身参与中体验到牧羊人的快乐、智慧、积极的生活态度,以及歌曲的活泼和诙谐的风格。同时,教师激发出幼儿要准确表现的欲望,并通过精确的问题帮助幼儿学习不断地去清晰问题直至澄清,引领幼儿达成思维的精确性。如:教师问:"一共8句,每句人们都学'话'的吗?第一句就开始了吗?"听完一遍让幼儿自己确定后,继续引导"最后一句学了吗?"

在这个部分的学习中,我给予幼儿自己选择学习遍数、方法的权利和空间。在教学中安排了:自己尝试跟着"二重唱"录音来演唱,发现自己的难点。自己跟着学习:"你认为需要练习几遍?是否需要老师的帮助?学会后告诉老师。"老师巡回了解、指导幼儿的困难。当幼儿练习后,再请幼儿提出自己感到困难的地方:"你感到了什么困难?谁可以帮他解决呢?有什么好办法帮助自己唱准呢?"带领幼儿运用其他幼儿提出的解决策略进行练习。

"你需要听几遍?"将选择权给予幼儿,他们可以根据自己的能力来选择欣赏的遍数。而现在幼儿首先要有一个自己诊断自己需要的过程:我需要几遍?可以不必要与别人一样。当"我"还有需要时还可以再调整,而学习能力强的孩子,可以挑战自己,听的遍数少一些。这样的教学方式适应了各个层次的幼儿发展需要。交流时,幼儿提出的问题都是针对个人的,是幼儿自己体验后自己发现和判断得出的,他们此时是非常渴望别人给予帮助解决的,因此,教师给予的指导——提供讨论和练习是适时的。此时不仅练的内容重点突出,有坡度、深度,有针对性,且是从幼儿角度出发的,因此,他们练得认真投入,练而有效。

"你有什么问题?""你需要帮助吗?""谁能帮助解决?"这些问题都利于引起对话,即教师提出问题请幼儿表达自己的观点,并在幼儿观点的基础上再提出新问题,幼儿也可向教师提出质疑,就某一问题共同讨论,幼儿对问答的进程和方向有较多的支配机会。同时,它真正关注到每个孩子现有的水平和习惯学习水平,满足了不同学习层次水平的需求,能力弱的受到能力强的孩子一一对应的指导,能力强的在不断辅导别人的同时不断强化了自己的准确度,更满足了当小老师帮助别人的强者的心理需求,从而使得每个幼儿积极和主动参与。

在本节课中,我不满足于让孩子得到一个结果——孤独是什么意思,而是让孩子在学习的过程中有自己的体验,有自己的表达,有自己的疑问,有自己的思考,有自己的探究,有自己的发现……让孩子经历一个丰富的、立体的、有深度的过程。通过本是"孤独"的牧羊人如何到"不孤独"的牧羊人的感受体验,让孩子从一个简简单单的过程中得到更多的东西。

有效教学的效益观是我们永远的追求。正如刘水在《优教·优学——善导 精讲 会学 巧练的策略》中所说,"教师通过优教达到有效教学,学生通过优学达到有效学习,这是我们的追求"。

南京市北京东路小学附属幼儿园　吴邵萍
2009 年 1 月

第六章 幼儿园集体音乐教学与幼儿学习品质发展研究

● **本章简介**

与各种学科或领域的知识、技能的"鱼"相比,学习品质相当于"渔"。本章集结了笔者及同行最近10年对此问题积累的思考,以期引发读者更广泛的关注、实践和思考。

6.1 在音乐活动中培养幼儿的学习品质

2010年7月,中国学前教育研究会课程与教学专业委员会在湖南长沙举行了第七届全国幼儿园音乐教育观摩研讨大会,在"游戏音乐快乐成长"的核心主题引领之下,圆满结束了对"游戏化音乐教学"问题的第一轮研讨。按照专业委员会的计划,2012年将在四川成都召开第八届大会,核心主题是

"我学习·我成长·我快乐",新的研究焦点主要集中在如何通过音乐领域的有效教学,更好地帮助幼儿养成良好的学习习惯,让幼儿热爱学习和善于学习,更好地促进幼儿不断完善学习品质。

目前,国内已有部分幼儿园的一线教师和相关理论工作者在研究如何培养幼儿的学习品质,并在第七届大会期间以公开课或工作坊形式与广大幼教工作者进行了交流。但是,仍有许多教师提出了疑问,关注焦点主要集中在以下两个方面:一是应该从哪些具体方面,促进和评价幼儿学习品质的发展;二是究竟具体怎样做,才能达成对幼儿学习品质发展的有效促进。

为了让广大幼教工作者能在先期研究初步建立的基础上更进一步研究,我们现将先期获得的研究信息与大家分享。

"学习品质"是指个体在学习中形成并在学习活动中表现出来的,影响学习效果的稳定的心理倾向或个人特征。它不是指所要获得的具体学科或发展领域的知识、技能,而是指学习者以怎样的态度、方式及效率去获得具体学科或发展领域的知识、技能。对此,古人有一非常精辟形象的比喻,"授人以鱼不如授人以渔"。

态度和能力是潜伏于个人内部的一种品质(相对稳定的心理特质或倾向)。只有个人在处理具体学习任务的时候,才能够从外部看到态度和能力共同外化合成的"学习行为"。当个人在面对相对类似的学习情境或任务,经常性地表现出类似的行为时,就可以说,该个人已经养成了某种"学习习惯",或可以说,这些相对稳定的态度和能力的"合成物"已经转化、积淀,建构成为个人的一部分,即"学习品质"。

其中,"态度"可再分解为三个相对独立的成分——"认知"成分、"情感"成分和"行为倾向"成分。能力又可再分解为"智慧技能"或称为"对外办事",即处理学习任务的能力,"认知策略"或称为"对内调控",即对学习行为进行管理的能力。

要更进一步了解态度形成的内部机制,主要可以用马斯洛的需要层次理论来作为基础:先有潜在需要的激发,然后有目标的明了,最后才会将潜在的"行为倾向"转化为实际的"具体行动",即能够满足人的合理需要的活动,人就会自然趋向之,妨碍人的合理需要满足的活动,人就会自然回避之。

在查阅了相关文献后,我们将初步学习、研究的结果整理如图 6.1 和图 6.2。

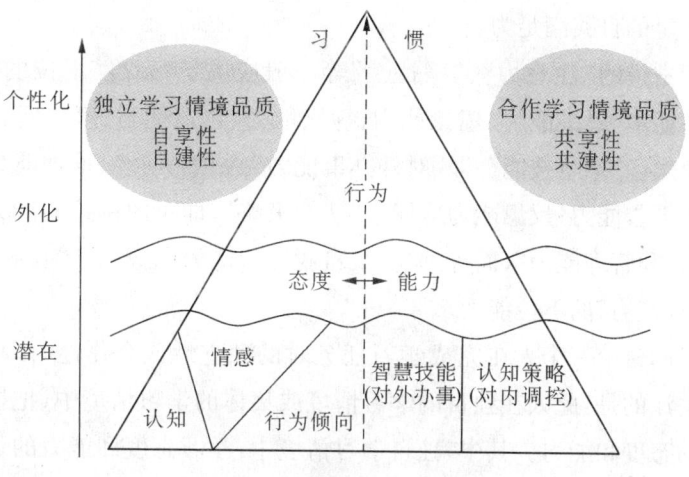

图 6.1 "海底冰山"示意图

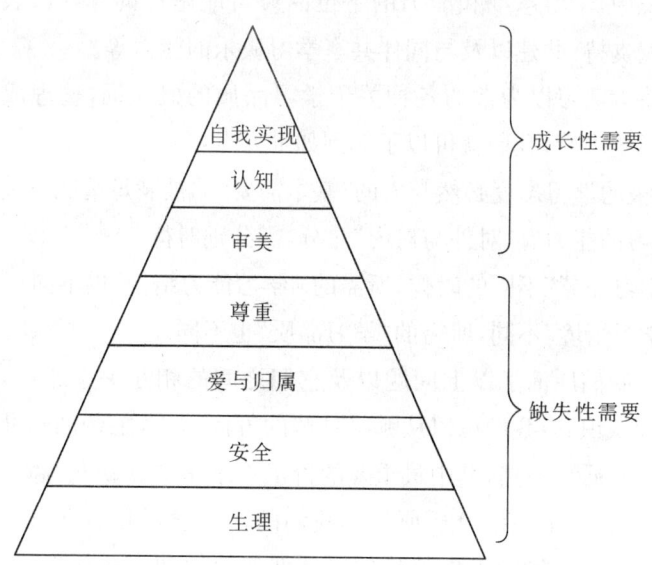

图 6.2 马斯洛的需要理论的层次结构图

在运用"智慧技能"即"对外办事"时,学习者可能首先需要判断当下自己面对的是哪种性质的学习——是观察还是模仿,探究还是创造或是发现问题、解决问题?而在运用"认知策略"即"对内调控"的时候,学习者可能首先需要判断当下自己面对的是哪个阶段的管理任务——是确立目标,还是统筹设计?抑或是执行规划,还是反思评价,或是返回调整目标或规划?直至达到一定的自我满足为止。

我们常说的"注意力"、"坚持性"等一般应属于"态度"下位的"行为倾向";观察能力、思维能力、想象能力、探索能力、创造能力、解决问题的能力等一般应属于"智慧技能",即"对外办事能力";归纳、演绎、推理能力应归于"思维"的下位能力;反思能力应属于"认知策略",即对内调控的能力或称为学习的"自我管理能力";而计划能力、自我评价能力则应归于"自我调控"或"自我管理能力"的下位能力。

当我们讨论一个人在完成学习任务时的独立性或合作性时,我们相对可能更关注的是:此人在独自的学习情境或集体的学习情境中,把握有效学习进程的态度和能力。其中,独自学习情境中,学习态度和能力的下位品质可能是独立思考能力、自我提升能力以及独自享受学习快乐的能力等;而集体学习情境中,学习态度和能力的下位品质可能是征询、倾听、表达、交流、研讨、激励、支持、共建以及与同伴共享学习快乐的能力等。

如果将大家习以为常的各种关于学习品质的概念词,整理成一个多层级的逻辑系统以后,我们就可以了解到如下要点:

1. 积极的学习态度必然与人的"基本需要"的被满足情况有关;
2. 学习的能力有"对外与对内"之分,需分别对待;
3. "学习任务"不同的时候,所需的"学习能力结构"也不同;
4. "学习情境"不同,所需的"学习品质"也不同。

只有当我们厘清了以上问题以及它们之间的相互关系之后,我们才能够更清晰地认识到:我们可以从哪些具体的方面入手,来帮助幼儿不断完善他们的学习品质。当然,其中最重要的价值追求是要让幼儿"越学习越热爱学习"。但正如以上系统分析所告知我们的,"爱学习和会学习是必定相互作用的",教师所要做的工作就是创造外部的引导和支持条件,让态度和能力的成长形成良性互动关系。

下面将仍旧在我们自己相对更熟悉的音乐舞蹈教学领域中,探析完善学习品质的途径及策略。

一、合理需要与"游戏化"教学

我们所倡导的"教学活动游戏化"就是努力提升教学活动的游戏性水平

的过程。有人对"游戏性"做了以下结构分析,认为它包含着:第一,自我享用性,包括自由性与轻松愉快的体验、自我娱乐精神;第二,积极的开放或自我更新性、自我超越精神;第三,对话性,即建立共同愿景以及共同建设、共同享乐的精神;第四,目的与手段、形式与精神、发展与享乐的高度统一性,即享受当下与追求理想的和谐统一的精神状态。

我个人非常喜欢以上分析,并以此来作为支持分析的一个引言。

(一)生理舒适、心理安全需要与游戏化教学

至少在目前,我经常注意到,影响幼儿心理安全感的问题有以下两方面,而且这两方面经常相互关联。一是学习任务难度过高、负担过重,同时又缺乏循序渐进的规划和有效学习策略的引导;二是教师简单地用"对/错"标准进行评价。

当以上两方面问题相互叠加在一起时,往往无异于对幼儿的心理安全需要,产生了"雪上加霜"的负面影响。这种威胁性的心理环境绝对无益于"自我享用性"、"自我娱乐精神"的产生。

比如,在歌唱律动《头发·肩膀·膝盖·脚》的活动中,教师如果总是在关注幼儿是否会摸错身体部位,是否在应该默唱的身体部位唱出声来,并经常不经意间就将全班幼儿的注意力集中于发生"错误"的幼儿身上,当然就容易造成所谓"犯错"幼儿的内疚、羞愧和恐惧感,而且还容易在全体幼儿中造成大面积的紧张、自危情绪。如果教师能够认识到,这种游戏既应该让幼儿获得感受挑战自控的乐趣和发展快速反应能力的机会,又应该让幼儿获得体验无意犯错后的幽默感的机会。这样,在自由轻松的心理氛围中,幼儿反而更容易获得自我把握、自我调整的自信心和流畅感。

再如,在律动表演《老鼠和猫》的活动中,教师如果创作出与伴奏音乐结构相匹配的儿歌,让幼儿事先能够轻松地通过随乐朗诵儿歌或演唱歌词,具体了解在歌词中哪个"字"的时间位置上要做出某种特定动作反应,并在以后的游戏中能够自己调控表演,这样就不再需要教师总是用大声的语言或夸张的动作提醒幼儿,"现在要这样啦"、"下面要那样啦"。这样的提示往往"成事不足败事有余"。首先,因为它是外控的,而非内控的。越是提醒得多,越是容易造成干扰和紧张气氛,越是会削减幼儿对自主、自由、流畅感的体验。其次,它是不精确的。"现在"、"下面"等词汇所提供的时间位置是一

种相对模糊的时间位置,根本不能帮助幼儿准确地在音乐进行的过程中定位。

又如,在打击乐演奏《常山战鼓》的活动中,教师如果没有将随乐朗诵的传统儿歌与乐曲录制在一起,而在借班教学的时候,让幼儿既要背诵前不久才学习的还相对陌生的儿歌,又要做刚刚学习的还非常不熟悉的舞蹈和奏乐动作,造成幼儿的注意分配负担过重,幼儿很快就会感到疲劳,也就再也没有精力来努力追求表演的流畅性了。

然而,当教师将随乐朗诵的传统儿歌与乐曲录制在一起后,铿锵的朗诵和激昂的乐曲相互呼应,提示并激励幼儿及时做出舞蹈和奏乐动作,传统儿歌的记忆负担被削减了,大声朗诵给发声、呼吸和心肺系统造成的负担也被削减了,轻松、流畅、愉快的活动体验自然就产生了。

最后再看一个例子,律动表演《喜羊羊和灰太狼》的活动中,最难版本是"双手同时做不同的动作",即一只手做喜羊羊,一只手做灰太狼,在音乐特别的延长音处相互"逗",在紧接其后的短促音处,装扮喜羊羊的手要躲避,装扮灰太狼的手要扑捉。而且在音乐的七遍反复中,这种"长—短音"结构出现的次数、"长音"的长度都是不断变化的。这样的难度,即便是在音乐舞蹈方面训练有素的幼儿教师,也会觉得要一下子做得流畅不是那么容易的。

但当我们的学习流程从最简单的版本开始——双手同时做相同动作,每人双手同时先扮演喜羊羊,随乐表演;再双手同时扮演灰太狼,再随乐表演;然后,两人结伴合作表演,一人先扮演一个角色,然后交换角色;最后,才进入"双手同时做不同的动作"的版本。最初,我们将音乐剪辑成4段,且每段的"长—短音"结构出现的次数、"长音"的长度都完全相同,直到幼儿高度熟练后,再恢复为复杂结构版本的音乐(复杂结构版本中,音乐重复七遍,每遍的"长音"长度都不同,且每遍的"长—短音"结构出现的次数依次递增)。在全国巡回进行的教师培训中,我和广大教师模拟了该类型的教学活动将近百次,由于每次教学前,学习者都认可已经通过前一难度层次,同意进行新的难度挑战,因此每次完成最难版本时,全体学习者都激动得自发热烈鼓掌。若问大家为何如此高兴,大家答曰:对自己的成就非常满意。

(二)审美感动需要与游戏化教学

正如上面所说,生理、心理的舒适、安全、流畅体验是审美感动的重要来源之一。在审美实践的过程中,如果总是硬要从高难度版本开始,一味重复练习,难免总是磕磕绊绊,审美的体验还没有或刚刚进入,就被中断,心情必然会焦虑和懊恼,身体也非常容易在短时间内就感到疲劳。疲劳了若还要勉强坚持,就难有轻松愉快的体验。

审美感动的另外一个重要来源就是审美想象。年龄幼小的儿童一般不容易对纯形式的动作产生太大的兴趣。但具有"生活经验再现"意义的,特别是具有想象或幻想性质的动作(创造性地超越真实生活经验)则往往更容易引起幼儿的热情投入。

比如,律动表演《辣椒乐》活动最初被设计成一个以拟真辣椒串为道具的纯形式的幼儿舞蹈,尽管音乐、道具、动作都相当"高级",相当"热闹",可幼儿在学习的时候却情绪冷淡。后来,我们将表现的内容改为《烧辣菜》——依次表现菜肴在锅里翻动、厨师剁辣椒(将自己身体各部分当做辣椒来剁)、菜肴在接触了辣椒后变成"金刚菜"、厨师吃辣菜、厨师被辣倒、辣菜们欢庆胜利。学习的时候,尽管没有任何道具可以玩耍,但幼儿仍旧始终欢天喜地、热情高涨地投入创作和表演。

再如,打击乐演奏以往都更强调纯形式表现。自从《大象和蚊子》、《吹气球》、《蛋炒饭》、《鸭子拌嘴》、《小狗看门》等活动被设计出来以后,学习和表演的过程便少了不少严肃,同时也多了更多欢乐。

(三)社会交往需要与游戏化教学

马克思也说过,人是一种社会性的动物。人际交往,特别是"逗乐式"的、纯粹为了交往而进行的交往,是社会人快乐的重要来源。当教师明确了其中原委后,便可以创造条件来激发幼儿的这种需要,同时也激励幼儿通过自己的社交努力去满足自己的这种需要。

比如,前面所举的律动表演《喜羊羊和灰太狼》活动中,当难度上升到两人结伴相互配合的层次时,参与者第一次总是情不自禁地爆发出笑声。

再如,在律动表演《按摩》活动的过程中,幼儿从观看教师的示范时就开始笑,到幼儿与幼儿、幼儿与教师相互按摩时,更是从头到尾笑声不断。在律动表演《包饺子》活动中,最初并没有设计人际的互动,幼儿的参与表现非常平淡。但后来遵循了"创设互动机会"的原则,从让教师发饺子馅(依次拍击幼儿的手),再到让幼儿在父母身体上做将饺子皮捏起来的动作,我们就亲眼看到、亲身体会到了：互动机会的创设对幼儿的投入热情究竟有多么大的积极影响。

当我们将一般的拍手节奏练习，转化成两人结伴甚至多人合作的《打鼓》律动游戏后，幼儿参与表演的积极性立刻大幅度提升。这里不仅印证了激发"审美想象需要"的重要性，也印证了激发"人际互动需要"的重要性。

"虫虫虫虫飞……"在中国，过去几乎是一种家喻户晓的"亲子逗弄"游戏。在我们的童年记忆中，我们经常会和祖父母、父母、老师、同伴一起玩这种游戏或类似的"两人捉手"游戏。在稍年长后，我们也许觉得自己可能更关注是否被捉住或是否能捉住别人——就是赢的结果。但是，在我们心灵的深处，我们更在意的，其实仍旧是和亲爱的家人朋友在一起玩的那种亲密感。只不过，我们往往不会认真追问"自己的心究竟更在乎什么"而已。

（四）认知挑战需要与游戏化教学

当然，以上这种不定结果的输赢游戏也是全世界儿童甚至是成人最爱的游戏之一。当我们将《虫虫飞》、《切西瓜》、《开锁》、《丢手绢》、《猫捉老鼠》等含有追捉情境的传统体育游戏，换上新的稍微复杂的经典音乐或流行音乐，再创设出《逗牛》、《司马光砸缸》、《孙悟空打妖怪》等新的情节，也立刻获得了幼儿和老师的热烈欢迎。这就说明，一定的认知或技能的挑战难度的确是激发幼儿主动努力和自我实现快感的重要心理激活机制。

而《老狼几点钟》等带有"快速克制反应"色彩的游戏，就是不换上新音乐、新情节，强烈的紧张刺激本身也能够带来强烈的愉悦感。当我们面对大班年龄幼儿，将简单的"造型不动游戏"的规则换成：需两人结伴造型，而且还进一步换成两人只允许三条腿、两条腿或一条腿着地，甚至不允许任何一条腿着地时，当幼儿希望通过自己的努力去应对这些不断升级的挑战时，幼儿参与活动的积极性更是越来越高涨。

（五）自我实现需要与游戏化教学

马斯洛认为，人类最高级的需要是自我实现，即"使每一件事情都能够得以实现的愿望"。当人通过自己的努力最终在某种程度上实现了自己的愿望时，就会获得一种"自我实现的高峰体验"。这种高峰体验既包含对自己付出的努力和拥有的能力的自我肯定，又包含对自我完善或自我超越的自我欣赏。经常能够获得这种体验的人，便更容易发展出独立、自信、心胸开阔、具有开拓创新精神的积极向上的人格特质。

在各种音乐教学活动中,如果教师能够经常有效地创设情境,让幼儿被合理的教学目标所激发,通过自己的努力,在各种不同的学习情境中都不断获得新的成就,那么,在不断获取新的"自我实现的高峰体验"的需求驱动下,全身心投入学习自然就会成为他们自己主动追求的事情。

比如,在律动表演《烧辣菜》活动中,成功地想象并表现出新的"香辣菜肴"品种——在努力完成审美想象后,获得自我实现高峰体验;在《按摩》、《大西瓜》等律动表演中,成功地与同伴合作并把同伴逗高兴——在努力实现交往成功后,获得自我实现高峰体验;在《虫虫飞》游戏中,成功地逃避别人的追捉或捉住别人,以及在律动表演《几肢着地》中,成功地完成两人无腿触地的困难造型,并成功地抵抗了教师的干扰,坚持足够的时间没有丝毫移动——在努力应对认知或技能挑战胜利后,获得自我实现高峰体验等。

二、不同类型活动的教学与学习品质完善

最近,我看到一篇关于今年诺贝尔物理学奖获奖者的文章,称科学家从事科学研究就如同儿童进入迪斯尼那么快乐和着迷,科学探究如同孩童的游戏,是一种壮丽的探险。其实,对照科学活动的类型,我们发现,音乐舞蹈学习活动同样可以分为三种非常相似的类型,即观察(模仿)类活动、探究(创造)类活动和制作(表演)类活动。

在每一类活动中,幼儿获得了不同机会来发展不同的学习品质。其中,关键在于教师是否能够意识到并抓住这些促进幼儿发展的大好机会。

(一)观察模仿学习

观察模仿学习中,最需要发展的学习品质之一就是观察/模仿的"迅速和准确"。前提条件之一是快速集中注意,并在一定时间内保持注意的稳定性。所以,教师在示范之前需迅速激发幼儿的观察动机。比如,用提问立刻激发幼儿的好奇心或好胜心:"我的手伸出一秒钟,看谁能看清楚我伸出的是哪几根手指头。"

保障"迅速和准确"的第二个前提条件就是能够使用相应的概念和概念词来帮助关键信息的输入和储存。比如,律动游戏《萨沙》第一段的第一部分,包含着2个关键概念——"数量"和"顺序":每个动作连续做3次(如自拍

3下),4个不同动作的顺序依次是自拍、拍腿、再自拍、对拍。第 2 部分包含着 2 个关键概念——"方向"(双手由内向外或由外向内绕圈,双手打开或合拢)、"时间"(双手轮流绕圈,绕圈持续 6 拍,第 7 拍打开,第 8 拍静止不动)。我们在近百场教师培训时进行过实验,如果不引导受训教师使用这些"数学概念"进行观察,示范带做 20 遍以后,经常还有三分之一甚至以上的教师不能正确再现。而当使用了这些概念以后,经常在示范 1 遍之后,就能够达到全体正确。少数时候,有少数人犯错,但纠正从不会超过 3 次。

保障准确的第三个重要条件就是给机会让学习者自己决定学习的步距和速率,并给机会让学习者自己来评价学习的达标情况,反思问题症结,并提出可能的改善方案,也可能会反复尝试调整,直到解决问题。

教师必须做到以上这些工作,表面上看,似乎是指向有效地模仿再现的结果,但仔细向纵深思考,在达成高效模仿结果的过程中,同时也是在稳健地培养各种重要的学习品质,如注意力、观察力、思维力、原有经验应用能力、审查能力以及自我管理能力等。

(二)探究创造学习

律动游戏《萨沙》的第二段中,游戏要求学习者自上而下依次探索躯干及下肢各部位(颈、肩、胯、膝、踝关节)的可能运动方式,比如折,拧,抬升,下压,环绕,伸缩,平移以及模拟书写文字、数字符号和绘画等。这里所牵涉的关键概念主要是身体部位和运动方式。但在探究创造学习情境中,学习者不再需要精确识记和再现示范者的动作模式,而是需要根据示范者提供的部位和运动方式的思路,去探索各种部位的可能运动方式,并按照对音乐的感觉有节奏地创造出自己的随乐动作来。

如同在前面的律动游戏《常山战鼓》的流程中,当学习层级上升为鼓(创造不同的鼓的造型)和鼓手(创造不同的击鼓的方式和节奏)都可以在一定范围内进行创造性表现时,学习者的热情也上升到了一个新的沸点。

学习者的收获既是创造出了新的表演形式,又是获得了重组使用要素、不断探究拓展自己的创编思路的策略,同时还获得了管理创造过程的流程和方法。而且,这种创造的经验在未来的创造性学习过程中不但能够被不断应用,而且还能够被不断发展。学习者会因以上双重的收获而获得更高水平、更为强烈的"自我实现的高峰体验"。

(三) 问题解决学习

问题解决学习其实是无处不在的。这里特指在学习过程中,临时生成的各种阻碍学习有效进展的问题。问题解决学习时,可能发展的最重要的学习品质就是发现存在的阻碍,寻找、澄清阻碍的所在,并尝试找到解决问题的最佳方案。

比如,前述的《虫虫飞》、《切西瓜》、《开锁》、《丢手绢》、《猫捉老鼠》、《逗牛》、《司马光砸缸》、《孙悟空打妖怪》等含有追捉、赛跑等情境的律动活动中,幼儿最初学习时经常会遇到游戏规则的公正性问题。过去,教师往往事先宣告游戏的规则以及违反规则时的处罚方式。但现在,教师则更倾向于保留一些规则,让问题发生,然后再与幼儿一起讨论、澄清问题,补充完善旧规则或建设新的规则。这样做的结果不仅仅是保障了活动的顺利进行,而且更让幼儿发展了问题解决的意识,锻炼了问题解决的能力,享受到问题解决的乐趣,同时还提升了幼儿在社会公正、社会秩序以及社会责任方面的综合品质。

再如,在学习的过程评价环节中,评价学习标准达成情况、判断困难形成的原因和提出尝试解决方案等责任,以往都是由教师来承担的。但近年来,在先期进入研究的幼儿园中,幼儿正在教师的帮助下逐步学习如何来承担这些责任。四年前,我们研究团队中的教师应邀到其他城市借班教学时,那里的大班幼儿还没有监控自己的学习进程的意识,明明不能够正确唱出全部新歌的歌词,却坚持说全部会唱。在借班老师的引导下,他们体会到了自我监控、自我提升的快乐,他们自己的老师也认识到了"自我管理学习能力"的重要性。一年后,当我们的老师再次来到这座城市,那里的小班幼儿就知道用自己的方式告诉老师,在再现歌曲的具体何处上遇到了具体哪方面的困难。

总之,幼儿的学习过程是一个整体发展的过程。作为教师,我们需要学习看到这个过程中更丰富的对幼儿发展的促进价值,并自觉努力地帮助幼儿去获得这些价值,无论是学科知识技能习得方面的价值、学习品质完善方面的价值,还是人格健全方面的价值。

南京师范大学教育科学学院　许卓娅
2011 年 3 月

6.2 "学习品质"关键词剖析

在学前教育领域以往的教学研究中,"学习品质"作为单独呈现的发展领域是较少为人们所关注的。2003年,有美国学者对美国29个州的学习标准进行调查,只有8个州将"学习品质"作为单独领域进行阐述,占调查总数的近四分之一。但是,到了2009年4月,美国有35个州的早期儿童学习与发展标准(或入学准备等),将"学习品质"作为单独领域进行呈现,数量已占到美国所有50个州的一半还多。可见"学习品质"在美国已越来越得到学前教育界人士的关注和认同。

首先应当明确的是学习品质的概念。凯根(Kagan)等人认为,"学习品质"是一个经常与身体发展、社会性发展、情绪发展等一起出现的术语,但与这些领域相比,"学习品质"一直没能得到较好的定义。在美国各州的早期儿童学习与发展标准的文献中,有关"学习品质"的定义以华盛顿州的表述最具代表性:"它不是指儿童所要获得的那些技能,而是儿童自己怎样使自己去获得各种各样的技能。"该定义与我国传统学习理论中"鱼和渔"关系的比喻非常类似。另外,通俗地讲,理想的学习品质也就是我们一般人常说的良好的"学习习惯"、"学习素养"或"学习态度与学习能力"等。

学习品质是一个复杂的结构,可以从不同的维度进行不同的划分。只有对学习的维度作出比较具体的分析,才能反映学习品质各构成因素之间的联系,也才能反映学习品质的结构和具体内涵。只有弄清楚学习品质的结构和具体内涵,就学习品质而进行的教育和培养才能够"有的放矢"。

从学习主体的维度上说,学习既可以是个体学习,也可以是集体学习。绝大多数的学习品质定义都指向个体学习环境,人们最关注的往往也都是儿童在个人学习中表现出来的良好习惯,而对个人在集体学习中应当具备的基本素质论述较少。但是,儿童在进入正式的教育机构以后,学习主要在集体环境中进行,与他人的正常人际关系及集体环境下的良好学习素质既保证了他们的健康成长,也为他们的持续发展打下了良好的基础。比如,在集体学习中,"合作性"就应当成为学习品质发展领域不可缺少的一部分。

从影响学习成效要素的维度上说,学习活动涉及儿童生理、心理和行为诸要素,因此学习品质应该从学习的生理、心理和行为习惯三个方面进行区分。描述学习者的生理品质,可以用智力、遗传等描述身体和生理状态的发展变量;描述学习者的心理品质,可以在知、情、意等意识品质层面上展开;描述学习者的行为品质,可以从智力技能和操作技能两个方面进行。

本人在导师和研究团队的帮助下专门针对学习品质的"关键词"进行了调查。关键词在此是指:与学习品质的"内涵"密切相关的词语。这种研究方法主要是通过向不同人群征求与所研究问题相关的词汇,避免研究者界定问题内涵时受自身狭隘经验的限制。这次调查共有来自7所幼儿园的98位一线教师参加,在整理、归纳了一线教师提供的词语后,共得到66个关键词。(见表6.1)而从美国2009年单独列出学习品质的州的早期儿童学习与发展标准中,共整理归纳出39个关键词。(见表6.2)

表6.1 中国幼儿教师提出的"学习品质"主要关键词列表

关键词	出现次数	关键词	出现次数	关键词	出现次数
专注	94	自我监控	13	动机	4
坚持性	93	求知欲	13	愿意跟随	3
倾听	53	独立性	12	自我评价	3
合作	45	自我调整	11	请教他人	2
探索	42	态度端正	11	气质	2
创造力	40	分享	10	克服困难	2
认真	34	主动性	9	判断力	2
应用能力	34	交流能力	9	条理有序	2
思维	33	喜爱	9	目的性	2
反思	33	兴趣	9	采纳意见	2
观察力	29	尝试	9	服从	2
好奇心	25	记忆力	8	稳定性	2
严谨细致	23	模仿	7	统筹能力	2
积极性	23	自信心	7	理解力	2

(续表)

关键词	出现次数	关键词	出现次数	关键词	出现次数
表达能力	22	接纳	6	实事求是	2
问题意识	22	执著	6	分析能力	1
耐心	22	总结能力	6	认知水平	1
思考	22	计划性	6	智商	1
想象力	19	情感	6	遗传	1
抗挫折	18	灵活性	6	礼貌	1
个性	18	钻研	5	反应力	1
勤奋	16	刻苦	5	习惯	1

表6.2 美国早期儿童学习标准中列出的"学习品质"主要关键词列表

关键词	出现次数	关键词	出现次数	关键词	出现次数
坚持性	24	灵活性	4	审美感知	1
好奇心	23	自我管理	4	服从	1
主动性	16	应用能力	4	倾听能力	1
创造力	14	兴趣	3	遵守规则	1
问题解决能力	10	合作能力	3	转变	1
反思	10	计划能力	3	满意	1
积极参与	8	自信心	3	记忆	1
推理	7	责任心	2	搜索	1
热心	6	独立性	2	尝试	1
解释	5	学习风格	1	热情	1
注意力	5	信息搜索	1	积极性	1
游戏	5	审查能力	1	学习的多样性	1
冒险精神	5	数据整理能力	1	动机	1

将本次收集的关键词与美国各州学前儿童学习标准中出现的关键词进行比较后可以看出：两个不同国家不同性质人群（前者为中国，幼儿园教师个体；后者为美国，学前教育专业研究团队）对学习品质的关注基本集中于

以下七个方面:坚持性、创造力、问题解决能力、反思能力、好奇心、主动性与合作能力。我们的研究团队从相关文献和研究者先期获得的集体经验中归纳出了这七项关键词的具体行为标准。

一、坚持性

"坚持性"指儿童在早期发展的坚持能力,在参与任务时能够持续地进行,面临困难时也能表现出坚持不懈的精神。从坚持性的定义来看,专注、抗挫、耐心、钻研、执著等关键词也应当属于坚持性的范畴。

具体标准如下:

1. 能够集中注意力做一件事。

2. 能够在做一件事情时持续5~10分钟;参与完成开放性任务时,可坚持20~30分钟;参与有兴趣的活动时,能够持续3~5天。

3. 能够按照自己制定的目标、计划和步骤开展活动,能够完成4~5个步骤的任务。

4. 遇到干扰时,也能够集中注意力做自己的事,或在中断后能独立将注意重新转移到原来的活动上来。

5. 遇到困难、挫折和失败时,还能继续尝试并自我调节。

6. 能接受合理的挑战,并在沮丧中坚持不放弃,争取成功。

7. 遇到困难,能够主动寻求帮助,并愿意接受帮助。

二、创造力

"创造力"指儿童表现出用独特的方式来认识环境和与环境互动的能力,还包括应对新情境和新问题的能力。

具体标准如下:

1. 利用想象、创造和发明来进行学习。

2. 用多种方式进行表达,特别与艺术表达有关,如用假装或象征游戏、戏剧游戏、绘画等表现出现实经验或幻想,通过添加动作和角色来改编故事等。

3. 能用多种视角看待问题。

4. 能对一个想法进行延伸、拓展和仔细推敲。

5. 喜欢尝试以新的方式进行活动和探索,如用新的方式组合活动、材料与设备,用与其他儿童不同的方式来完成活动等。

6. 能欣赏幽默,善于观察和模仿他人的行为。

三、解决问题能力

"解决问题能力"主要指儿童在面对疑难、困难或阻碍时,愿意面对问题,并能够努力澄清问题、解决疑难、克服困难和阻碍的能力。相关的关键词主要有经验迁移、运用、总结、思考、推理和调整等。

具体标准如下:

1. 能够在日常生活中寻找问题。
2. 发现问题、描述问题,并尝试通过不同的途径解决问题。
3. 能够将已有的经验应用于新的情境中。
4. 能够根据具体的情景,及时调整自己或自己的计划。
5. 具有思考能力和口头解决问题的能力。
6. 解决问题或完成任务后,表现出满足和高兴。

四、反思能力

"反思能力"主要是指通过对先前的经验进行思考,有所发现、创造和解决新问题的能力。

具体标准如下:

1. 对一些有趣的事或想法表现出较长时间的记忆。
2. 能够计划活动,预言事情的发展,在先前经验的基础上进行学习。
3. 对发生过的事情进行描述、再现或演绎。
4. 遇到困难,能够思考、讨论、改进或改变完成任务的方式。
5. 能够讨论、归纳重要的经验和定义。
6. 能够明确自己是在先前的经验基础上进行学习。
7. 能够对自身和活动作出较为公正的评价。

五、好奇心

"好奇心"和儿童探索环境的一切方面有关,从物质、人到想法、风俗。

儿童因好奇心去寻找问题的答案,从而构建自己的知识体系。

具体标准如下:

1. 喜欢主动问问题。
2. 愿意学习和尝试新事物。
3. 愿意参与更多不同种类的活动。
4. 对周围更多的人、事物及其变化感兴趣。
5. 积极探索尝试,通过对物质材料的调查、研究或探索来进行学习。

六、主动性

主动性指儿童展现出独立的精神和控制自己选择的能力,也指儿童独立发展社会关系,表现出自给自足的意识,当与别人进行互动的时候表现得自信。出现的关键词主要包括目的性、计划性、自我监控、自我调节、积极向上、独立性、自信、自我欣赏、探索和尝试。

具体标准如下:

1. 自给自足(主要靠内源性动机支持活动,表现为对活动过程感到满意)。
2. 积极参与各种学习或游戏活动。
3. 愿意独立完成任务。
4. 面对多种选择机会时,能独立选择。
6. 主动与他人互助或合作。
8. 愿意尝试一些有难度、有挑战性或有风险的活动。
9. 独立形成自己的计划,基本不需要他人的帮助。

七、合作能力

合作能力指在集体学习情境下,能够通过与他人的相互配合,达成学习目标的一种能力。

具体标准如下:

1. 能够积极参与集体活动并能享受集体学习的快乐。
2. 遇到困难时,能与同伴进行讨论。
3. 必要时能够寻求同伴、教师的帮助。
4. 愿意与他人分享自己的经验或意见。

5. 乐于倾听他人,并吸纳他人的经验或意见。
6. 集体活动时,能够模仿并跟随同伴或教师。
7. 能够对他人进行积极公正的评价。

以上七项关键词的具体行为标准应该还有进一步完善的空间,如对条理性、观察力、统筹规划能力等一些重要品质,尚未进行特别分析。但目前,至少已经可以供广大关心儿童学习品质发展的人士作为参考,以便能够从这些已经相对比较清晰具体的描述中,找出在集体教育教学情境中教师可以特别关注的儿童行为,评价这些行为和教师自身教学指导的关系,以便不断寻找提升"授人以渔"之教学规律,更有效地促进儿童学习品质的发展,使儿童能够通过享受学习过程,越来越善于学习、乐于学习。

南京师范大学教育科学学院 2010 届硕士研究生　高　杰
2011 年 3 月

6.3　任务调节策略与学习的内源性动机激发

幼儿园的集体教学活动是培养幼儿良好学习品质的主要途径。适宜的教学任务有助于幼儿不断获得成功的学习体验,从而激发他们自我实现的内源性动机。然而,一线教师常常感到困惑的是如何制订适宜的教学任务,尤其是如何对已经出现难易失调的任务进行调整。经过实践和理论两方面的探索,我们对韵律教学任务的调节策略获得了一些初步的认识。为了便于与广大同行展开对话,我们将结合律动游戏《大西瓜》这一典型案例进行阐述。

《大西瓜》是一首幼儿歌曲。原曲共有两部分,因教学任务设计的需要,本案例仅截取其中的第一部分(歌曲附后)。老师依据歌词内容设计了 2 个动作:动作 1 是五指张开,表现"大西瓜";动作 2 是五指聚拢,成钩手状,表现"嘴巴"。活动的主要环节如下。

环节一:学习动作

1. 师幼一起双手同时做动作 1(西瓜),1 拍 1 次,在第 1、2 句歌词处连续做 8 次;再换另一个动作(嘴巴),1 拍 1 次,在第 3、4 句歌词处连续做 8 次。

2. 师幼一起双手同时做动作1(西瓜),第1句连续做4次,1拍1次;再换动作2(嘴巴),第2句连续做4次,1拍1次;第3、4句分别重复第1、2句的动作。

3. 师幼一起双手同时做动作1(西瓜),在第1句的前半句连续做2次,1拍1次;再换动作2(嘴巴),在第一句的后半句连续做2次,1拍1次。按上述顺序交替进行至歌曲结束。

4. 师幼一起双手同时做动作1(西瓜),在每小节的强拍做1次,1拍1次;再换动作2(嘴巴),在每小节的弱拍做1次,1拍1次。按上述顺序交替进行至歌曲结束。

环节二:合作表演

1. 每个人一只手当"西瓜",一只手当"嘴巴",双手相互触碰,模仿嘴巴吃西瓜的动作,分别按照8次、4次、2次、1次的频率做两手的动作交替。

2. 每个人找一个伙伴,面对面,商量一个人先当"西瓜",另一个人先当"嘴巴",两人各出一手,合作模仿嘴巴吃西瓜的动作,并按照8次、4次、2次、1次的频率进行动作交替。

3. 每个人找一个伙伴,面对面,每个人的一只手当"西瓜",一只手当"嘴巴",一个人的"嘴巴"去"吃"另一个人的"西瓜",分别按照8次、4次、2次、1次的频率做两人的动作交替。

显然,律动游戏《大西瓜》中,教师在不断调节幼儿的学习任务。调节是一个经常与"层级"相联系的词。当我们说调节某事物时,说明该事物存在着提高或降低某种特性层级的可能性。比如,温度、湿度、锻炼的强度、学习任务的难度都有可能上升或下降。这就意味着我们在论述教学任务难易调解的策略时,首先要明晰划分教学任务层级的维度和具体标准,才能使针对学习者实际需要的"教学现场应答性调节策略"有明确的落脚点,明晰当下和未来的任务走向。

落脚点一:调节动作的"交替频率"

交替频率是指单位时间内不同动作相互转换的次数。"不同动作的转换"是理解这个概念的核心。假设以8拍为1个单位,如果模型中仅含1种动作,8拍共拍8次手,这种情况应被称为"相同动作重复的频率"为8次。如果模型中包含拍手和拍腿2种动作,那么动作顺序如图6.3所示,交替频率则为 3 次；动作数顺序如图 6.4 所示，交替频率则为 7 次。

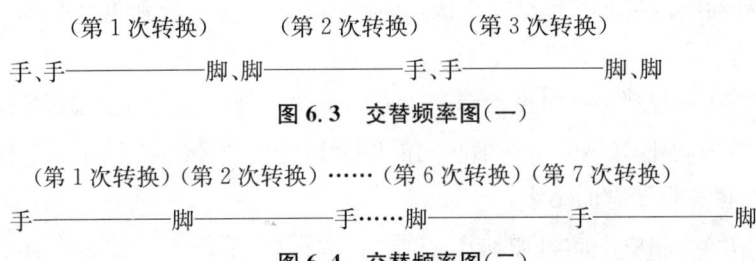

（第 1 次转换）　　（第 2 次转换）　（第 3 次转换）

手、手————————脚、脚————————手、手————————脚、脚

图 6.3　交替频率图（一）

（第 1 次转换）（第 2 次转换）……（第 6 次转换）（第 7 次转换）

手————————脚————————手……脚————————手————————脚

图 6.4　交替频率图（二）

等长的时间内，在动作数量和动作类型差异不大的条件下，不同动作的转换次数越少，动作交替的频率越低，对应的动作转换速度就越慢，做出反应的时间就越长；反之，在条件不变的情况下，不同动作的转换次数越多，对应的转换速度越快，做出反应的时间就越短。幼儿园韵律活动通常以 8 拍转换一次为交替频率的起点。这种转换方式因其符合人体的一般动律需求，成为一种被幼儿园普遍使用的初始层级。以 8 拍为 1 个时间单位，2 种动作之间，每增加一次转换，就意味着难度的递增。这样，从易到难就可以划分出 8 拍 1 次、8 拍 3 次、8 拍 7 次、8 拍 15 次（半拍转换 1 次）这 4 种不同的难度层级。（图 6.5）

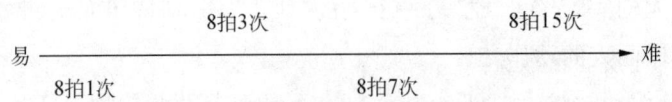

图 6.5　交替频率的难易层级图

律动游戏《大西瓜》中，虽然幼儿最终可能达成的目标是 8 拍 7 次的交替频率，但老师没有让幼儿在最初接触新任务时就挑战最高难度，而是将交替频率下降为 8 拍 1 次，这就满足了大多数幼儿学习新内容需要更长“反应时”的需求。这是因为当学习内容较为陌生时，中枢神经条件反射尚未建立，大脑对刺激信号的选择性越大，刺激信号历经的大脑突触越多，中枢神经对刺激信号的分析时间越长，反应时就越长。当幼儿练习了 8 拍 1 次、8 拍 3 次的交替频率后，再挑战难度系数较高的 8 拍 7 次的交替频率就显得“水到渠成”。研究表明：当动作技能日益成熟时，动作转换的“反应时”就会明显缩短。简单动作转换的“反应时”平均可以缩短 11%～18%，而复杂动作转换的“反应时”则平均可以缩短 15%～20%，并且反应的稳定性也有很大程度的提高。

落脚点二：调节动作的形态

美国人体运动学专家菲里斯·卫卡特将幼儿在韵律教学中需掌握的动作形态从易到难分为 5 个层级：单一双边对称动作→可预测的单一交替动作→单一非对称动作→单一非对称移动式动作→两边对称的连续动作。

单一双边对称的动作是指相同的身体部位做一个相同的动作，比如双手同时放在耳朵上。菲里斯·卫卡特认为这是动作学习中最简单的阶段。

可预测的单一交替动作指的是用身体的两侧轮流做一个相同的动作，比如将一只手放在下巴上，再将另一只手放在下巴上。在这个阶段，由于孩子是用相同的方式来移动身体的部位，因此，形成了可预测的顺序。这个阶段之所以较上一阶段困难，是在于幼儿一次只能移动身体的一侧，他们需要付出一定的控制力。

单一非对称的动作是指分别或同时用相同的身体部位做一个不同的动作，比如将一只手做招手的动作，将另一只手做插腰的动作。对幼儿而言，这个阶段的困难在于记忆负担的增加。

单一非对称移动式身体动作是指移动身体一侧的某个部位，从一个地方到另一个地方，然后再移动身体另一侧相同部位至一个新的位置。比如，一只手放在头上，另一只手放在膝盖上，然后将头上的手移动到腰上，将膝盖上的手移动到脚趾上。这个阶段，幼儿必须先要辨别身体的部位，然后要记忆新位置，在移动过程中还要监控自己的行为，使移动顺利开展。显然，这个阶段较为困难。

两边对称的连续动作是指用相同的身体部位做两个以上的动作，动作一个接一个地进行。比如，双手做插腰、鸟飞、啄食的动作。在这个阶段，幼儿必须记住一系列的指令，然后再用动作做出回应。较前几个阶段，幼儿的记忆负担更重，自我监控的力度更强，保持注意力的时间更长，因而该阶段的难度最大。（图 6.6）

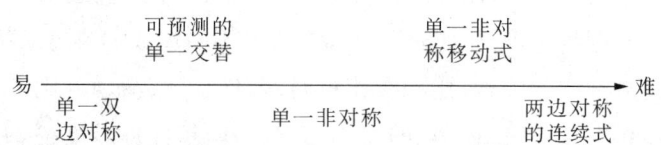

图 6.6 动作形态的难易层级图

根据菲里斯·卫卡特的理论,律动游戏《大西瓜》中,终极动作落在第三层级——单一非对称的动作上,即一只手做西瓜,另一只手做嘴巴。教师在活动之初没有让幼儿马上接触这个最高难度的动作,而是将任务先下降到第一层级——单一双边对称动作,即两只手一起做西瓜或嘴巴的动作。在认知负担相对较轻的情况下,幼儿对动作的结构、动作和音乐的关系有了明确的认识。在此基础上,教师再提高任务的挑战性,激起了幼儿新的学习动机,即看到了新的努力方向——动作难度层级更高的单一非对称动作。

落脚点三:调节动作的合作水平

合作表演能够激发和满足幼儿的人际交往需求,因此也经常被教师作为增加韵律活动趣味性的设计策略。但是,当幼儿与同伴一起表演时,动作的难度也自然增加了。合作表演的难易层级可以从以下维度考虑:第一,在动作相同的情况下,参与合作的人数越多难度越高;第二,各自表演,仅以目光表情交流相对简单,而相互以身体直接接触进行配合则相对困难;第三,相互配合的身体部位越多,合作的困难越大。

律动游戏《大西瓜》包括非移动、单部位、双人结伴的表演"层级"。为了帮助幼儿能够成功地进行合作,教师首先将双人结伴下降到各人单独做动作。通过第一部分循序渐进的学习,幼儿习得了单独表演的经验。在进行第一次结伴练习时,教师又将幼儿已经习得的单一非对称性动作(一只手做西瓜,一只手做嘴巴)退回到单一对称性动作(双手同时做西瓜或嘴巴)。这与菲里斯·卫卡特的观点不谋而合:"当你在进行这些比较困难的阶段的动作时,记得经常回到较简单的阶段;要慢慢移动,并协助幼儿成功完成动作。"正由于教师对教学任务进行了先降后升的处理,幼儿才能在循序渐进的过程中更容易获得成功体验,并享受审美愉悦。

以上对律动游戏《大西瓜》的解析表明:韵律活动中,动作的难易层级可能来自动作先天的因素,比如走、跑、跳之间形成的自然难度层级,也可能来自动作的内在制约因素,比如时间、空间、力度不同造成的难度层级,还可能来自动作的外部制约因素,比如操作材料、合作伙伴、活动规则产生的难易序列。这些维度及层级"视角"的建立,为教师调控任务难度提供了重要的参照依据。当然,在具体的教学调控和决策过程中,教师还可以根据学习者的实际需要,对层级进行更为细致的拆解或合并。

需要特别说明的是,韵律活动的基本要素是音乐和动作,调控也应该从音乐和动作两个方面着手。本案例中的《大西瓜》原本有 ABA 三个不相同的乐段,且 B 段与再现的 A 段词曲较为复杂并含较深刻的内涵。由于教师已经将"动作"作为主要教学内容,不断挑战幼儿的"主导调控"内容,所以对音乐这一维度的调控便是省略 B 段与再现 A 段。

教学内容难度层级的研究是一个需要不断深入和细化的过程,我们期待着更多的教育理论和实践工作者将自己的相关研究与大家分享,帮助教师更方便、有效地为幼儿提供适宜的学习任务,提升他们对学习的渴望。

附乐谱:

大 西 瓜

$1=G \quad \dfrac{2}{4}$ 广东童谣

(A部分)

3 6 6	1 7 6	4 4 6 6	3 —
大 西 瓜	真 好 呀,	个 个 都 想	吃。
3 6 6	#5 7 7	3 3 1 7	6 — ‖
大 家 分	切 开 它,	味 道 顶 呱	呱。

(B部分)

6 2 2	1 7 6	3 3 1 7 6	#5 6 7
不 小 心	吞 下 子,	圆 圆 几 粒 么	哎 呀 呀,
6 2 2	2 1 6	3 2 3 2	3 —
问 妈 妈	咋 整 嘛,	头 顶 长 西	瓜!

(再现A部分)

3 6 6	1 7 6	4 4 6 6	3 —
妈 妈 笑	着 答,	长 了 多 瓜	吃
3 6 6	#5 7 7	3 3 1 7	6 — ‖
从 春 天	到 秋 天,	时 时 有 西	瓜!

南京师范大学教育科学学院 2009 级博士研究生   吴巍莹
2011 年 3 月

6.4 提升幼儿任务意识的有效策略

任务意识是重要的学习品质之一。马克思说:"作为确定的人,现实的人,你就有规定,就有使命,就有任务。"这里,确定的、现实的人的"规定"、"使命"和"任务"指的就是人生责任。显而易见,幼儿的任务意识和能力完善,是对将来生活、学习、做事的根本保证,对其一生的发展都有重大意义。著名教育家陈鹤琴先生也说过:"儿童习惯养得不好,终身受其累。"

然而,在日常的教育活动中,教师往往忽视或没有能够充分关注"任务意识的培养"这个问题,导致幼儿的任务意识发展受到阻滞,进而严重影响了幼儿当下和未来的学习与生活质量。

具体而言,"任务意识"是指幼儿对于自身所应完成的任务内容及其标准的觉察、认识、追求、维系与调控,是良好的学习品质的重要组成部分,是促使幼儿在学习活动中集中精力、探索、思考,为最终达成目标而努力的动力。本文中的"任务意识"主要是指幼儿在老师的带动下,有目的地完成某一任务的愿望和全程自我监控调节的能力。一般而言,评价幼儿任务意识的强弱包含三方面内容:

1. 是否有主动承担任务的意愿、勇气与责任感;
2. 是否了解和理解完成任务的标准;
3. 是否始终监控和调节自己达成任务标准的努力过程。

下面将以音乐教学过程中幼儿的"任务意识培养"为主要焦点进行阐述。

在音乐教学活动过程中,我们发现,幼儿的任务意识会通过各种表情、言语、体态等外显的行为真实细微地表露出来。

任务意识强的幼儿,在学习中能够控制自己的"分心行为",努力克服遇到的困难,做事有始有终,不大需要成人提醒,能在规定的时间内按照标准完成任务,学习效率较高并能取得较好的学习效果。

而缺乏任务意识的幼儿在活动中则往往不能够控制自己的"分心行为",经常表现得随心所欲,拖三拉四或丢三落四,不但需要成人经常性地提醒督促,而且常常半途而废,或不能按照既定标准完成任务。

具体而言,幼儿任务意识的缺陷主要表现为以下四个方面:

1. 缺乏专注性。任务接纳环节不能清楚了解任务内容和完成标准,任务执行过程中经常自己另设自娱活动内容。

2. 缺乏主动性。依赖性强,懒散拖拉,经常需要成人或同伴的提醒、督促。

3. 缺乏质量意识。标准执行不到位,或经常自行下降任务标准。

4. 缺乏坚持性。在执行任务过程中常常表现为"虎头蛇尾":经常遗忘、偏离任务或半途而废。

《国务院关于当前发展学前教育的若干意见》中明确指出:"坚持以游戏为基本活动,保教结合,寓教于乐,促进幼儿健康成长。"著名的苏联教育家马卡连柯说:"游戏在儿童生活中具有重要意义,游戏对儿童的意义犹如事业、工作对成年人具有的意义一样。儿童在游戏中的表现怎样,长大以后也会这样。"因此,强化幼儿的任务意识,首先应努力提升学习任务的游戏性水平。

"游戏"在我国的幼教界,已经是一个老生常谈的话题。但近年来,人们似乎已经越来越体会到,要想说清楚到底什么是游戏,困难重重。因此,可以姑且放弃谈论什么活动是或不是游戏,转而来谈谈吸引人们主动投入的活动通常具有哪些关键特质。于是,我们找到了"人本主义"心理学家马斯洛的"人的基本需要层次理论"。

该理论帮助我们明确地了解到:人的需要被内、外部刺激激发出来后,便产生了主动追求需要满足的动力,当这些需要被满足以后,人便进一步获得了"需要被满足"本身的快感和"发现自己具有能力满足自己需要"的高峰体验以及"更坚定自己具有自我超越潜力"的高峰体验。这些积极的情感体验正是不断激励人持续投入能够获得积极体验活动的心理机制。因此,我们也可以说:正是低、中级的"缺失性需要"被满足的快感和高级的"发展性需要"被满足的快感造成了活动吸引人持续主动投入的"游戏性"!

于是,根据马斯洛"人的基本需要层次理论",我们提出:在保障幼儿最基本的生理和安全(包含生理安全和心理安全)需要的前提下,从"爱、接纳、尊重"、"认知"、"审美"和"自我实现"四种层次的需要激发入手,引导幼儿通过自身的主动努力去获取需要满足的积极体验。只有当教师的"教学任务"

通过"能够激发满足幼儿合理需要的游戏化活动"转化为幼儿愿意主动追求的"学习任务"时,幼儿的"任务意识发展"才有可能进入良性循环的轨道!

如在音乐欣赏活动中,针对幼儿任务意识发展的规律,教师可采用"人际支持"、"认知挑战"、"审美感动"和"自我调控"四种游戏化策略对幼儿的"学习任务意识以及学习任务标准意识"进行培养。

在大班音乐欣赏《野蜂飞舞》中,依据幼儿的实际水平、音乐的性质与情绪,教师设定了三个活动目标:

1. 感受乐曲快速、紧张的性质;
2. 尝试运用绘画、语言、动作表演等游戏方式表达对音乐作品的理解;
3. 体验领袖引领团队,团队掩护领袖相互配合,以及"蜜蜂团队"与猜领袖者"斗智、逗乐"的趣味所在。

一、审美感动——唤醒原有经验

产生审美感动的机制主要有二:一是激活幼儿原有的日常生活经验,通过激发审美想象和相关体验,使幼儿的日常生活经验以及相关的情感体验获得升华,上升为审美意境中的审美体验;二是激活幼儿原有的艺术生活经验,通过调动幼儿各种已经具备的艺术感知和表达的知识技能,使幼儿的现场审美操作更加丰富、深刻和流畅。这两者的结果便能够进一步使幼儿获得心灵和身体上的"自我感动"体验。

俄罗斯著名作曲家李姆斯基的《野蜂飞舞》是一首根据童话故事创作的标题音乐,主要通过快速并带有紧张感的小提琴演奏,表现野蜂飞舞的戏剧场景。首先,幼儿日常生活的经验激活可以这样做:在幼儿倾听作品时,教师请幼儿用叙事性的语言表达其对音乐的感受。比如,教师可以这样对幼儿的生活经验进行激活:这首音乐听起来是不是有些紧张呢?想想看,讲一个什么样的故事,可以表现你的紧张心情呢?

讲故事,这是主要处在"表象思维阶段"的3~6岁幼儿相对更为擅长的强化(向内)和分享(向外)音乐体验的方法。我们通常会发现:当联系到幼儿感兴趣的原有生活经验时,他们语言表达的内容往往会更为丰富并充满激情。如:"这个音乐像大灰狼在追小红帽"、"像小老鼠被猫追着逃跑"、"像有人在原始森林里走"、"我感到害怕"、"感到紧张,心里嘭嘭跳"……

对于幼儿表达的种种感受,教师不但要给予接纳、拓展与提升,最好能够这样用平等的身份来肯定幼儿对音乐性质的直觉判断:真是的,我也觉得自己好像是一只被一个大怪兽追着的小白兔呢!我的心不但嘭嘭跳,手和脚还发抖了呢……

其次,幼儿艺术生活经验的激活可以这样做:在幼儿倾听作品时,引导幼儿用线条绘制游戏来对刚才倾听音乐的感受进行表现。如:考虑到本班幼儿近期绘画学习中有"线描画"的经验积累,教师便可以用这样的提问来激活幼儿的已有经验:我们最近学过的线条有哪些?你觉得这首曲子的让人害怕的故事用哪种线条来表现会更好?至此,教师又为孩子创设了一个生活经验、音乐经验与线条画经验充分整合的机会。

活动中,有的幼儿画了曲折线,表示人在发抖、害怕;有的幼儿画了螺旋线,表示人在跑,像龙卷风;有的孩子画斜线,表示人从坡上滑下来,速度最快;有的孩子画方格,表示士兵们在战场上打仗时身上穿的盔甲。从孩子的作品中可以看出,生活化的经验唤醒能很好地打通幼儿潜意识中的音乐与线条之间的"通感"通道,获得不同领域经验的整合效应。

接下来,在幼儿欣赏音乐作品时,一般都不能忘记引导幼儿用动作表演来感知和表达对音乐的理解,因为3~6岁幼儿同样主要处在"感觉行动阶段",此时,动作几乎是幼儿最为擅长的强化和分享音乐体验的方法。用传统的游戏理论来解释,这就是一种"假想或假扮游戏"。因此,教师可通过这样的提问方式进行导入:我不知道音乐里是小小的野蜜蜂害怕大怪兽呢还是大怪兽害怕小小的野蜜蜂?你们要不要来试一试,看看自己到底是一只什么样的小小的野蜜蜂?(注意:由于该作品的结构不易感知,教师只要鼓励幼儿用上肢的各种快速运动的方式来自由表现野蜂飞舞的紧张状态就可以了)

二、认知(技能)挑战——激发学习斗志

尽管大班幼儿已经具备更强的付出意志努力的可能性,但要较长时间维系意志努力仍旧需要他们付出很多心力。因此,如果活动过程本身不能同时满足更多不同种类的需要,使他们产生快乐体验的话,外人是很难说服或强制他们真正全身心地投入活动的。

随着年龄渐长,5~6岁幼儿会越来越喜欢含有竞争、输赢、斗智、悬疑色

彩的智力游戏。"猜领头人"游戏就是传统斗智游戏中的一种。

在前面活动的基础上,教师在活动中引入了"请你跟我这样做"的创造性动作模仿游戏和"猜领头人"的斗智游戏。在音乐制造出的紧张背景下,全体幼儿在领头人的"秘密带领"下,不断变换各种自创的野蜂飞舞的上肢动作;而担任猜领头人的幼儿志愿者,必须在音乐结束之前,运用各种已知的线索和谋略,将领头人"挖掘"出来。

于是,在教师的激励和引导下,幼儿逐步发现:担任猜领头人的角色时,可以使用一段时间盯住一个区域的方法或退到能直观全体的位置上用目光快速扫射的方法进行筛选或排除;可以用反身假装不看,再用突然袭击的方式回头,以便让领头人在丧失警惕的情况下自己暴露等策略争取胜利。领头人可以用尽力缩小动作转化幅度和频率等策略来隐蔽自己,努力争取坚持到最后的胜利。

三、人际和谐——赋予相互支持(个性化——让任务适合每一个幼儿)

在这个活动中,由于其他人员需要用表情、动作来干扰猜谜者,掩护领头人,与猜谜者进行角色之间的斗智较量,也就自然形成了领袖和团队,以及团队中每一分子精诚团结、共谋胜利的共同愿景。

而尽管猜谜者的任务是一定要将领头人挖掘出来,但他也并非一个真正意义上的对立面,而是共同游戏情境中的另外一个重要的协作性元素。因为,如果没有这个假想的对立面,斗智斗勇的需要就不再存在,团队协作的愿景、协作策略的探索以及协作成功等众多的乐趣也就不可能生成了。因此,这个所谓对立面,也是整体游戏协作的一种重要组成部分。"斗智斗勇"其实也是孩子和教师之间的"逗趣逗乐"。

四、自我调控——获取自我认可与超越体验

《野蜂飞舞》中,我们意图运用"造场策略"创设一种与作品协调的、带有审美情境的教学情绪场,将幼儿群体的情绪始终保持在舒适的适度兴奋水平范围之内。具体做法是:首先,"请你跟我这样做"与"猜领袖"两个游戏,前者的游戏规则是密切关注领袖的动作变化,关注的目的不仅仅是挑战个人快速观察、理解和模仿的能力,更是要努力承担掩护领袖"不被猜出"的责

任。尽管"猜领袖"过程的感觉更紧张,竞争、获胜的游戏心境与音乐表达的情绪非常相似,本身非常容易诱发幼儿的过度兴奋和情绪、行为失控。但音乐的开始与结束,作为游戏的时间限定;模仿领袖、掩护领袖,以及游戏中假想对立面双方的斗智斗勇、高度责任感和坚定的追求胜利的愿望,都自然成为幼儿自觉追求的目标。因此,自我选择、自我承担、自我监控、自我挑战和自我超越在这里已不再仅仅是教师的教学要求,而自然转化成为幼儿自己的学习需求了。

最终,幼儿不但在游戏中自然地体验到了音乐的高低起伏、强弱、时值以及节奏的丰富变化,发现了音乐与游戏活动在情绪上的共通性,增进了对音乐紧张、快速性质的理解,增强了肢体动作的快速创造、快速模仿的能力,提升了将音乐感觉转化为语言故事和绘画故事的经验,同时,又在参与"猜领袖"游戏中不断获得掩护、发现领袖的策略,进一步加深了幼儿对团队协作、相互支援、共同承担追求终极愿景的责任。

通过研究,我们认为,如果学习任务、流程、方法合适,即教学设计和实施过程充分考虑了幼儿身心发展及学习的特点,充分保障在教学程序和环境的组织方面有着良好的内部秩序,那么幼儿园欣赏活动完全可以达到在继承性(即经验的迁移应用)、音乐性、创造性、自律性等多方面发展目标的完满结合。而当幼儿通过上述活动的学习,充分收获了自我成长(自我实现)的高峰体验后,幼儿对学习任务的积极态度就会随之自然发展起来。

五、其他影响任务以及任务标准意识发展的因素

当然,前四节内容我们主要是集中在讲幼儿"积极心向"的激发与维持问题。下面还需要补充的是:幼儿对学习任务、学习任务标准的"认知效果"对幼儿积极学习态度的影响,以及在教学过程中需要教师认真调控的其他重要影响因素。

因为在一个具体教学过程中,教师——幼儿双方的一些已经存在的发展缺陷,对幼儿积极的学习心向是必然会产生消极影响的,所以必须认真关注和调控!

近年来,许多教育心理学家和学习心理学家也越来越关注到认知因素与情绪情感因素之间的"相互作用"问题。

如:在教师提出任务和幼儿接受任务的环节,当教师因自身局限讲不清楚或不能更好地讲清楚,幼儿因自身局限不能或不能完全明了时,同样会产生任务以及任务标准明确程度不高的后果,继而会进一步导致幼儿学习任务完成效率低下,自我实现追求受挫,积极体验减少、消极体验增多的结果。

因此,教师首先应该密切关注:我在开始布置任务之前充分吸引幼儿注意力了吗?我讲清楚了吗?我有没有真正帮助幼儿有效记忆和理解这些任务和标准呢?我有没有给机会并鼓励和帮助幼儿学习如何向教师澄清任务和任务标准呢?自己提出任务时,孩子们都注意听了吗?都听见了吗?都理解了吗?还会有没有听、没有听清楚、听了但不理解或不太理解的孩子吗?孩子们不能够很好倾听、记忆、理解的具体原因可能会有哪些?遇到了困难的孩子有愿望或有习惯向自己澄清任务以及任务的标准吗?如果有孩子在这个环节中产生了问题,自己应该负有什么责任?自己又该怎样补救呢?如:哇,我们给他鼓掌,他没有弄清楚就会问老师!再如:对不起,刚才老师没有讲清楚(或没有让你们看清楚),现在老师重新讲(或做)一遍。现在谁还有什么不清楚的吗?

其次,教师还应该密切关注:我提供的任务、任务达成的标准是以符合幼儿学习进度的流程提出的吗?在每一阶梯上,有多少幼儿是能够通过自身努力获得自我实现高峰体验的呢?真正有困难(认知或技能上有困难)或仅仅是畏惧困难(缺乏应有自信)的幼儿应该如何具体支持他们获得自己的积极体验呢?如:没有关系,你可以先这样做(下降到对其更适合的标准)!再如:你看,你是完全可以做到的呀,你不是做到了吗?没有你刚才想象得那么困难吧!

再次,教师还应该密切注意对幼儿"过程监控品质"的培养。应努力避免由于教师自身疏忽(如教具摆放或空间安排不合理等)引发的幼儿分心行为,并努力帮助容易分心的幼儿提升专注性、坚持性水平。如经常关注他们的状况,经常用表情、眼神、体态语言、空间接近、身体接触等方式,提醒他们关注当下的阶段目标。

我们知道,好习惯的养成不是一日之功!而坏习惯的养成,也是冰冻三尺非一日之寒!因此,教师还应该严密监控自己的教学行为,不断努力完善自己的教学技术,以免因为自己的失误而不断养成幼儿学习的坏习惯。比如，如果教师经常不能够让幼儿明确自己的学习任务和任务标准，如果教师经常不能够给予合适的任务和完成任务的合适流程，就非常容易导致幼儿对学习任务的"退缩性反应"和麻木的"无视性反应"，以及对学习任务标准的"忽视性反应"！

南京师范大学幼教中心　王　玥

2011年3月

后　　记

从上世纪 80 年代至今,可以说这本书前后写了近 30 年了。在这 30 年中,对许多问题的认识,有些改变了许多,有些改变了一些,有些没有什么改变。

不管怎么样,今天,我们把这些工作的结果奉献给大家,希望能够对大家的工作学习有所帮助,更希望在我们走过的路上,能够有新的路被新的人走出来。

在本书中,我作为编者收录了许多同行朋友的研究成果。其中有我敬爱的导师汪爱丽老师和我的老友谈亦文老师的研究报告;还有多年和我一起从事幼儿园研究团队的老师们以及学生们所做的研究报告。他们是:施晓慧、崔薇薇、褚明洁、曹玉霞、王平、华敏、洪秦英、费颖、冯婉燕、葛晓穗、徐莹莹、陈明娥、季琴、晏炎、由佳、李漫、赵俊、周洁、吴邵萍、王玥、吴巍莹、高杰。还有许多其他朋友也间接为这些成果的形成做出了重要贡献。

对大家的慷慨,在此一并表示感谢。同时,也衷心感谢江苏教育出版社金玲老师、沈静明老师近 10 年来对这本书编写工作的大力支持。

南京师范大学教育科学学院　许卓娅
2011 年 7 月 1 日　于南京